第四届《安徽古籍叢書》編審委員會

主任委員

黄德寬

副主任委員

諸偉奇

丁　放

彭君華

委員（按姓氏筆畫順序）

卞　利　方錫球　牛繼清　王啓才

吴先伍　施立業　胡傳志　紀健生

陳　林　張玉才　曹小雲　曹天生

程德和　楊　軍　楊應芹　趙國華

鮑　恒　樊嘉禄

安徽古籍叢書萃編

敬孚類稿

清・蕭穆 撰 項純文 點校

黄山書社

图书在版编目(CIP)数据

敬孚类稿 / (清) 萧穆撰 ; 项纯文点校. —合肥 : 黄山书社, 2014.1
(安徽古籍丛书萃编)
ISBN 978-7-5461-4276-0

Ⅰ. ①敬… Ⅱ. ①萧… ②项… Ⅲ. ①社会科学-中国-清代-文集
Ⅳ. ①C53

中国版本图书馆 CIP 数据核字(2014)第 006221 号

敬孚类稿

出 版 人　任耕耘
策　　划　任耕耘 赵国华 汤吟菲
执行策划　汤吟菲 徐娟娟
责任编辑　任耕耘 朱莉莉

装帧设计　未　氓
责任印制　戚　帅

出版发行　时代出版传媒股份有限公司(http://www.pressmart.com)
黄山书社(http://www.hspress.cn)
官方直营书店(http://hsssbook.taobao.com)
营销部电话:0551-63533762　63533768
(合肥市政务文化新区翡翠路 1118 号出版传媒广场 7 层　邮编:230071)
经　　销　新华书店
印　　制　安徽联众印刷有限公司

开本　880×1230　1/32　　印张　20　　字数　420 千字
版次　2014 年 9 月第 1 版　　2014 年 9 月第 1 次印刷
书号　978-7-5461-4276-0　　定价　240.00 元

序

黃德寬

值此《安徽古籍叢書萃編》編輯出版之際，欣逢新時期安徽古籍整理出版工作步入而立之年！三十年來安徽的古籍整理出版工作，很值得認真地進行一番回顧總結。

一九八一年，中共中央發布《關於整理我國古籍的指示》，成立了以李一氓同志爲組長的國家古籍整理出版規劃領導小組，正式拉開了新時期古籍整理出版工作的序幕。一九八四年，中共安徽省委決定建立安徽省古籍整理出版領導小組，由時任省人大常委會副主任魏心一同志挂帥，聯合了省新聞出版局等政府部門和安徽大學等高等院校、研究單位，正式啓動安徽省古籍整理出版工作。同年，安徽專業古籍出版單位黃山書社也宣告成立。安徽古籍整理出版工作由此翻開了嶄新的一頁。

三十年間，安徽省古籍整理出版工作堅持初衷，克服困難，在政府部門的支持和社會賢達的關心下，經過學者們的艱辛努力，取得了豐碩成果，其最有代表性的成果就是《安徽古籍叢書》的編纂出版。

《安徽古籍叢書》凝結了當代安徽傳統文化研究領域衆多學者與專家的心血和汗水。以吴孟復先生爲代表，組成《安徽古籍叢書》第一届編審委員會，賡續安徽先哲編刊地方叢書盛業，梳理文獻綫索，擬訂叢書子目，擘劃編纂體例。遵循嚴格的學術規範，《安徽古籍叢書》自一九八九年三月刊出第一種——《舊聞隨筆》，截至二〇一三年底，連同修訂再版，出版已突破百種，成爲我國當代古籍整理一個有影響力的品牌。

收入《安徽古籍叢書》的各類古籍，既有朱熹、戴震、俞正燮、凌廷堪、程瑶田、黄生、包世臣、楊仁山、吴汝綸等學術巨擘的著作，也有張孝祥、錢澄之、方苞、方文、施愚山、姚鼐、吴敬梓等文學名家的作品；此外，包拯、朱升、朱元璋、阮大鋮、姚瑩、方孝標、劉銘傳等皖籍著名歷史人物的著述也盡在其中。正是因爲歷代賢哲創造的精神財富，使得《安徽古籍叢書》一經出版即蜚聲海内外，産生了廣泛的社會影響。李一氓同志曾經撰文，欣喜地表示：

『現在有一個好現象，安徽要編印新的《安徽叢書》。』當代著名學者金克木、胡道静、張岱年、程千帆等先生稱道『這是安徽文化事業的一項盛舉』。法國漢學家戴廷傑也對《安徽古籍叢書》堅持嚴格的學術規範稱賞不已。

《安徽古籍叢書》的順利編輯出版，還因爲改革開放帶來的時代機遇。改革開放三十多年來，我國經濟文化繁榮昌盛，使得《安徽古籍叢書》能够得到有關方面的財力支持。上個世紀八十年代，《安徽古籍叢書》編纂在發軔之時，就不斷有項目入選國家古籍整理出版規劃，得到國家各方面的有力支持。最新公布的《二〇一一—二〇二〇年國家古籍整理出版規劃》中，包括《方以智全書》在内的新列《安徽古籍叢書》項目品種就多達四十八種。安徽古籍的整理編纂工作，正是在改革開放的大背景下，在全國古籍整理出版工作的大格局中，取得了突出的成就并展現着美好的未來。

《安徽古籍叢書》的編纂出版，安徽大學『省古籍整理出版辦公室』發揮了重要作用。古籍辦的同志們長期堅守在古籍整理出版崗位，甘於清苦，默默奉獻，辛勤耕耘，爲《安徽古籍叢書》的編纂和安徽古籍整理出版工作做出了突出的貢獻。二〇一〇年，在『全國專業古籍出版社社長年會暨全國優秀古籍圖書評獎會』上，時任國家新聞出版總署副署長鄔書林同志作題爲《無愧歷史 珍惜時代 出好精品》的講話，指出：『安徽是堅持地方古籍整理工作最好的省份。不少地方古籍辦幾乎都撤了，或名存實亡，安徽則堅持不輟，并做了大量工作。』

黨的『十八大』從戰略層面提出扎實推進社會主義文化强國建設，豐富人民精神文化生活，『建設優秀傳統文化傳承體系，弘揚中華優秀傳統文化』。《安徽古籍叢書》立足鄉邦文獻的整理編纂，因應了國家文化建設的宏偉規劃，是文化强省乃至文化强國建設事業的題中應有之義。這項事業遠非一兩代人所能完成，正如一九八一年中央三十七號文件所指出的，『整理古籍是一件大事，得搞上百年』。

《安徽古籍叢書》煌煌巨制，結構開放，歷時久遠。回顧過去，出版較早的圖書有些已經絶版；叢書版式、裝幀也屢經變更。爲適應集中展示、收藏和研究的需要，對已經出版的《安徽古籍叢書》進行階段性的集中梳理，適當遴選，統一版式，影印出版本套叢書是十分必要的。

作爲首套《安徽古籍叢書》選編本，我們希望通過這套書的出版發行，能使更多的讀者瞭解、認識和利用好《安徽古籍叢書》，有更多的皖籍、非皖籍專家學者參與到安徽地方歷史文獻的研究整理工作中來，讓《安徽古籍叢書》在未來不斷發展壯大。這是我們在新時期安徽古籍整理出版事業三十年之際的殷殷屬望！

二〇一四年六月

凡例

一、本編從二〇一〇年（包括二〇一〇年）以前出版的《安徽古籍叢書》中選取文獻資料價值大、校點整理質量上乘、學界仍有需求的圖書進行重印。

二、二〇一〇年以後出版者因市場上新書尚多，此次不復列入。早期所版《文學研究法》《舊聞隨筆》《桐城文學淵源考·撰述考》《桐城耆舊傳》《爾雅翼》等雖均爲叢書的中堅，因已有修訂新版，此次亦不復列入。《安徽古籍叢書附輯》整體不予列入。

三、所選圖書按初版時間先後順序編排。

四、采用原版掃描影印，不重新録排，儘量保存原書面貌。原書頁眉中的明顯編輯錯誤，逕改不出校；《竇山公家議校注》《康輶紀行 東槎紀略》兩種原書無頁眉，現統一補加。

五、重新設計製作封面，統一規格、工藝。一律采用大三十二開本，精裝。《説文假借義證》一書原版爲十六開，一個頁面放兩個中國頁，此次按統一開本重新排版，一個頁面放半個中國頁。

并新附《説文假借義證索引》於該書書末，以方便讀者檢索。《毛詩後箋》《吴汝綸全集》《田間詩學》《説文假借義證》等原書規模較大，爲方便讀者閲讀，現重新分册。另，《竇山公家議校注》保留原書西式裝訂方式。

六、收録叢書文獻由於各種原因，還存在這樣那樣的不足，請讀者批評指正。

第四届《安徽古籍叢書》編審委員會

二〇一四年六月

敬孚類稿

〔清〕蕭穆 撰 項純文 點校

黃山書社

安徽省古籍整理出版規劃委員會

顧　　問　張愷帆●　丁繼哲　王惠鵬　光仁洪　杜維佑　李天敏　李廣濤　胡　坦　胡雲龍
　　　　　侯　永　崔劍曉　陶若存　張立一　傅大章　鄭淮舟　鄭　銳　潘鍔鐘

主　　任　魏心一

副 主 任　陶有法　蔡德麟

委　　員　吴孟復　金隆德　祖保泉　鹿世金　賈文昭　黎　洪　劉景龍

安徽省古籍整理出版基金會

理 事 長　崔劍曉

副理事長　丁繼哲　杜維佑　胡　坦　潘鍔鐘

秘 書 長　朱　揚　汪慎琳

理　　事　田照臨　李庭榮　李炳忠　吴存心　汪石滿　沈基政　馬素英　孫智林　陳昌茂
　　　　　陶顯斌　張其果　張金環　張振明　張繼忠　萬洪翹　鈕　漣　鄭英保　潘培咸

安徽古籍叢書編審委員會

學術顧問　王子野　吴小如　吴作人　吴組緗　周一良　周紹良　金克木　宛敏灝
　　　　　胡道静　殷焕先　張滌華　舒　蕪　蔣元卿

主任委員　吴孟復

副主任委員　金隆德　施培毅　祖保泉　賈文昭

委　　員　朱一清　朱世力　汪福潤　沙宗復　徐凌雲　殷呈祥　孫文光　梁垣祥
　　　　　傅玉璋　劉學鍇

●以下按姓氏筆畫排列

安徽古籍叢書編印緣起

偉大祖國，歷史悠久，典籍豐富。我省地處南北之交，學術尤擅其盛。數千年來，哲學、史學、文學、藝術、語言、科技，作者輩出，著述如林，或自名一家，或蔚然成派，多爲中華民族文化之菁華，有裨於社會主義文化之建設。允宜及時整理，以廣流傳。

粤自明清，以至近世，南北郡邑已有涇川叢書、龍眠叢書、貴池先哲遺書、南陵叢書諸刻。一九三一年，復有安徽叢書之編印，所收皆皖人著作，分期影印。出至第六期，以抗戰軍興而中止。盛業未竟，論者惜之。

今者，中央倡導整理古籍，我省領導對此尤爲關心。省古籍整理出版規劃委員會幾經商討，決定編印安徽古籍叢書。最其體例，約有數端：一、所收皆爲歷代皖人著作。地域，以現行省區爲准。時間，一般以成書於「五四」之前爲限。内容，以文、史、哲爲主。二、整理方式：包括輯、校、標點或註釋，尤注意於稿本、稀見本之搜輯與傳布。校勘，力求採用善本爲底本，校以他書，或加補輯、編次。標點，採用新式標點。註釋，務求精確，但不作煩瑣考證。整理中，盡量吸收國内外研究的新成果。三、先秦、兩漢著作及文字、訓詁之書，皆用繁體字；其餘則多用簡體字。版皆竪排，以期一律。四、凡熱心於本叢書編印及捐資助刊者，得於書内題名。

安徽古籍叢書編審委員會

一九八九年七月

徐騎省集校本後序

徐騎省集世間無通行本數年前乃得舊鈔本讀之大抵以沖融雅淡為宗為雕繢組織之學者所尚也余性不甚嗜古今駢儷之文而獨有取于此譬如絕代佳人天生麗質不假鉛妝玉顏獨着足辟易群美集中諸廟碑銘及神道碑銘諸大篇尤横極才力鎔鑄偉詞氣魄沈雄於王楊盧駱之外別樹一幟又非抽黃對白家所能步其什一也惟此集宋槧既不得見近代各家流傳鈔本每多譌脫至有不可讀者余故不憚博訪舊

萧穆手迹之一

管氏有三歸說

余幼讀論語管氏有三歸朱注臺名事見說苑即疑三歸為臺何[illegible]關不儉之旨意說苑必有所謂以此書一時無由得觀默識于心而已稍長讀何晏論語集解戰國策韓非子晏子春秋及漢諸書有載三歸之事者詳其文義均無有作臺名者東周國策曰宋君奪民時以為臺而民非之無忠臣以掩蓋之也子罕釋相為司空民非子罕而善其君齊桓公宮中女市女閭七百國人非之管仲故為三歸之家以掩桓公非自傷於民

二之迹手穆蕭

目次

蕭穆手迹
前言……項純文 一
序一……李濬 一
序二……施補華 二
序三……袁昶 三
卷一
論
泰伯論……一
漢高帝論書蘇明允權書後……四
説
周公不作易爻説……六
漢文帝詔朝錯往伏生受尚書説……八

禹貢三江説……一〇
鄘風柏舟説……一二
管氏有三歸説……一四
淮泗入江説……一六

解

孟子夏諺兩節解……一九
楚辭招魂解……一九

卷二

書序

重刊毛詩要義序代唐鄂生中丞……二三
重刊朱子詩義補正序代……二五
校刊湖北通志檢存藁序代……二六
光緒續修句容縣志序代……二八
徐騎省集校本後序……三〇
重刊況太守集序代……三二

重編左忠毅公文集并年譜定本序改訂馬通伯序……三五
孫麻山先生遺集後序……三七
劉海峰先生唐宋八家文選序……三九
劉海峰先生歷朝詩約選後序……四一
校刊古文辭類纂序代……四四
國朝桐城文徵約選序改訂陳濤如作……四七
新刊惠松崖先生文集序代……五〇
重刊六朝文絜後序代馮竹儒觀察……五一
張慕蘧詩序……五二
馬木庵詩稿序……五三
陳叔伊八家四六文補注序……五五

贈序

貞壽堂贈言序已刻原書之首但刻本從初稿此復加改訂……五五
贈太康李明經序……五七

壽序

吴桐雲先生五十壽序……五九

黄母胡太夫人七十壽序代沈制軍……六〇

卷三

書後

書朱文公楚詞集注後……六五
書亳州志盧公見曾龍鳳溝碑記後……六六
方息翁包公祠記書後代邑人姚慎思作……六八
書方望溪先生湯司空逸事後一……六九
書方望溪先生湯司空逸事後二……六九
書留侯世家後……七四
書桐舊集後……七七
書曾太傅讀書録後……七九

卷四

書

答姚麗山書……八一

與鄢陵蘇菊村先生書……八三
與李又哲先生書……八四
上朱久香閣學書……八六
復熊純叔書……九〇
與溥玉岑大司空書……九一

卷五

跋

跋方望溪先生朱子詩義補正……九五
跋日本舊槧春秋經傳集解……九六
跋日本舊槧論語集解及趙注孟子……九七
跋孫莘老春秋經解……九八
跋爾雅臆辨……一〇〇
跋宋本孔氏家語……一〇〇
再跋宋版孔氏家語……一〇二
跋影刊宋槧孔氏家語……一〇二

跋四明萬氏明鑑舉要……一〇三
跋方望溪先生所傳録歸震川史記標録……一〇五
跋顔師古漢書注……一〇六
跋方息翁漢書辯注……一〇七
跋四庫全書總目韻編……一〇八
國朝碑傳集馮氏鈔本跋……一〇九
跋程伯敷太守武進管君傳……一一〇
跋薛考功奏議……一一三
跋新刊新安志……一一四
再跋新刊新安志……一一五
跋寶應圖經……一一五
跋新刊黑龍江外記……一一六
跋吉林外記……一一七
跋善鄰國寶記……一一九
記金正希先生年譜……一二一
跋孫徵君書江村年譜序墨蹟……一二二

跋黄梨洲先生年譜……一二四
跋陳忠裕自撰年譜……一二五
跋近腐齋筆記殘本……一二六
記田間先生年譜……一二七
跋蔣一个先生徵君劉公伯宗行略……一二七
跋遵編……一二九
跋啓禎記聞録……一三〇
跋留都聞見録……一三一
跋讀書記疑……一三二
跋文史通義……一三三

卷六

跋

跋畢校吕覽補正……一三七
跋七修類藳……一四一
跋客坐贅語……一四三

跋嵩談録……一四三
跋鄭桐庵筆記……一四五
跋潛邱劄記……一四六
跋柿葉軒筆記四則……一四六
跋東塾讀書記……一四八
跋盧陽客記……一五〇
跋盧抱經手校賈閬仙集……一五一
再跋皇甫持正集……一五二
跋桂苑筆耕……一五六
跋徐騎省集……一五八
再跋徐騎省集……一六〇
跋徐騎省集金迂齋手鈔本……一六一
跋朱竹垞先生所藏徐常侍集……一六二
跋歸安陸氏所藏徐公文集舊鈔本……一六三
吕東萊先生遺集跋……一六五
跋孫淵如家藏明人寫本張乖崖集……一六五

又跋乖崖先生集……一六六

卷七

跋

跋雪交亭集……一六九
跋黄梨洲先生集外文……一七〇
跋田間先生藏山閣集……一七一
跋曝書亭集外稿……一七二
跋張良御依歸草……一七三
跋杜谿文集……一七四
跋惜抱先生書海峰詩集後……一七七
跋左叔固先生删訂海峰文集……一七七
跋嚴修能評閲鮚埼亭集……一七八
跋嚴修能評閲鮚埼亭集外編……一八〇
跋阮文達公茗柯文編序……一八一
跋程子香文鈔……一八一

跋柳子厚河間婦傳……一八二
跋臨川桂氏摹刻唐搨孔子廟堂碑拓本……一八三
跋曾南豐齊州二堂記……一八三
跋方是閒居士小藁……一八四
跋歐陽文忠公瀧岡阡表……一八五
再跋歐陽文忠公瀧岡阡表……一八六
跋舊本左忠毅公尺牘……一八八
跋蕭尺木先生山水畫卷子……一八九
跋徐相國元文感蝗賦卷子……一九〇
再跋徐立齋相國感蝗賦卷子……一九〇
三跋徐立齋相國感蝗賦卷子……一九二
四跋徐立齋相國感蝗賦卷子……一九二
跋冒巢民徵君庚午秋菊飲倡和詩稿卷子……一九三
跋望溪先生與雷副憲手札……一九四
跋海峰先生與姚惜翁手札……一九六
跋林文忠公與周介堂太守手札……一九六

跋沈文肅公夫人林氏與遵義鎮饒公書……一九七

卷八

書記

世宗憲皇帝硃批西林覺羅文端公鄂爾泰未刻摺稿恭紀……二〇二
記何子貞太史所纂高宗政要……二〇四
讀仁宗睿皇帝哀敬折獄論恭紀……二〇五
記榕村語録續集……二〇七
記高麗本朱子四書集注……二〇八
記方植之先生臨盧抱經手校十三經注疏……二〇九
記莫氏舊鈔毛詩要義……二一三
記附釋音周禮注疏……二一四
記宋建安本史記及慶元本兩漢書……二一五
記惠半農松厓兩先生閲明北監本漢書……二一七
記舊鈔本大日本史……二一八
記孫淵如先生水經注手校本……二二一

記廣西通志謝中丞啓崑所修本……二二二
記乾隆亳州志……二二三
讀宿松縣志附記……二二四
記咸豐固安縣志……二二五
記景城紀氏家譜第三刻本……二二八

卷九

書記

記天禄琳琅目録三四兩編本……二三一
記山東藩庫所藏乾隆内府書畫……二三三
記永樂大典附記王萬二家明史稿……二三四
記年大將軍手録繪圖兵法……二三六
記日本丹波元堅校勘經史證類大觀本草……二三八
記北宋史載之方……二四〇
記舊鈔本至正直記……二四一
記朝鮮版祖庭事苑……二四二

附録本書雲門雪竇小注……二四四
記朱文公昌黎先生集考異原本……二四五
記舊鈔本吕和叔文集……二四七
記皇甫持正集舊鈔本一……二四八
記明天順本歐陽文忠公全集……二五〇
記湯文正公全集……二五二
記汪文摘謬……二五四
記方望溪先生文集新舊兩刊本……二五五
記海峰先生文集舊刊本遺文……二五七
記章氏遺書……二五九
記吴三桂上聖祖仁皇帝書……二六二
記方恪敏公畫像……二六三
記汪稼門先生退思圖卷册……二六五

卷十

傳附事略

故前欽天監監正楊公光先別傳仿阮文達公元擬國史儒林傳稿本……二六九
戴憂庵先生事略……二七四

卷十一

墓表

故前欽天監監正歙縣楊公神道表……二八七
原任貴州都勻府知府劉公墓表代……二九〇
二品封典通奉大夫原任桐城馬踏石廵檢山陰陸公神道表……二九二

志銘

按察使銜江南安徽即補道奏調陝西委用道易君墓志銘并序　代……二九五
朱魯岑先生墓志銘并序……三〇〇
劉悌堂先生墓志銘并序……三〇二
張舜卿先生墓志銘并序……三〇四
節孝先生烏程周君墓志……三〇七
馬慎庵先生墓志銘并序……三〇八

卷十二

傳附事略哀辭 近人

左沅州傳……三一二
左文思先生暨子公虔孫采一家傳……三一三
方息翁先生傳……三一六
朱孝子傳……三一七
故奉天府府丞提督學政陳夢湖先生別傳代……三一八
孫孝子傳……三二一
鍾繼昌傳……三二二
錢謷石先生傳……三二四
汪梅村先生別傳……三二六
劉融齋中允別傳……三三三
左端臨先生傳……三四〇
循吏陸枚傳擬桐城縣志名宦傳……三四一
文斗垣先生事略……三四三

贈侍講學士張敬堂太史事略……三四五
外祖左鴻志先生事略……三四六
孫文雅事略……三四七
蘇懋甫哀詞……三四八
趙静涵哀辭并序……三五〇

卷十三

傳附事略
倪烈婦傳……三五四
江甯二烈傳……三五五
四烈婦傳……三五七
應烈女傳……三五九
張貞婦傳……三六〇
太平蘇氏二烈傳……三六一
朱節婦傳代……三六三
廬江胡氏三節婦傳……三六五

節孝黄孺人傳……三六六
金孝女傳……三六八
女士王德卿傳……三六九
黄母沈孺人傳代……三七一
丁安人傳……三七三
孝烈丁安人傳附記……三七五
孫氏二節婦傳……三七六
丁節婦贊并序……三七七
記黟縣老節婦鄭氏事略……三七八
葉念庚聘妻方氏貞節紀略……三七九

卷十四

記事

記宋紹興十八年戊辰科榜首王佐事……三八三
記明徐中山王遺事示諸生……三八四
記鄭鄤獄……三八六

記鄭成功遺蹟碑銘及傳……三八七
記甯化雷貫一副憲遺事……三八八
記開化戴簡恪公軼事……三八九
記方恪敏公軼事二則……三九一
記海甯陸辛齋處士逸事……三九二
記吴文節公遺事一則……三九四
記通州徐清惠公遺事……三九六
張愛濤先生軼事……三九七
周端孝先生遺像記……三九八
記嘉慶戊午科湖南鄉試事……三九九
記鼇金……四〇一

卷十五

雜記

大禹陵記……四〇四
娱園記……四〇五

就光明室記……四〇八
游滕王閣記……四〇九
桃花塢記……四一一
豐山杜氏宋梅記……四一三
川沙新築外圩塘碑記代……四一四
海甯馬氏槐蔭祠堂記……四一六
桐城篤山重修包公祠記……四一八
蘇州龍壽山房觀元僧善繼血書華嚴經記……四二二

卷十六

雜記

先宅記……四二六
先考溪源府君序略……四二八
先妣事略……四三一
先繼妣范太君事略……四三二
先從兄延春事略……四三四

亡妻左氏事略……四三五
長孫榮觀哀辭并序……四三七

補遺（文七十八篇，詩二首）

卷一

趙高論……四四〇
閨秀李吏香遺稿序……四四一
鄭福蘭堂丸药品目序代……四四二
懷寧黄氏新修宗譜序代……四四四
桐城白荅澗姚氏八修宗譜序代龍贊清大令……四四五
圩缺孫氏新修宗譜序……四四七
送張生北歸鄉試序……四四九
陳心泉觀察五十壽序代……四五一
周翁壽序……四五三

方宗屏七十壽序……四五四
方母蘇太宜人六十壽序……四五六
旌表節孝姚母王老孺人六十三壽序……四五八
馬母方太夫人七十壽序……四六〇
過岳州登岳陽樓書范文正公記後……四六三
書朱子張魏公行狀後……四六六
校宋本夢溪筆談書後……四六六
書戴田有先生與余生書後……四六七
書錢辛楣跋方望溪文後……四六九
書張舜欽先生中庸補釋後……四七〇
書三魚堂文集後……四七一
題休復居詩集……四七二
謝吴絅齋學使……四七四
與子培太守一……四七五
與子培太守二……四七六
寄曾保農通守……四七六

卷二

跋日本圖書館書目……四七八
跋野獲編補遺……四八〇
跋潛書……四八一
跋朱武曹遊道堂集……四八三
跋居業堂文集……四八四
跋蜀輶日記……四八五
跋聰訓齋語……四八七
跋明桂王致吴三桂書……四八七
跋趙司寇申喬題参戴編修名世疏……四八八
跋劉伯宗徵君無他技堂類稿詩説……四九〇
跋黎尊齋庶昌上穆宗毅皇帝兩書……四九一
跋新化游氏家譜……四九二
新刊亭林先生餘集跋代……四九三
跋臨川桂氏摹刻唐搨孔子廟堂碑拓本……四九四

再跋臨川桂氏摹刻唐搨孔子廟堂碑拓本……四九五
跋東坡赤壁賦……四九六
跋東坡所書柳子厚始得西山宴遊記墨蹟……四九七
跋石鼓文……四九九
跋董文敏公小楷書四种……五〇〇
跋趙子昂墨蹟……五〇一
記徐元歎先生閱本北史……五〇二
讀湖南通志名宦傳附記……五〇三
記烏程縣志重修本……五〇五
記咸淳臨安志舊鈔本……五〇七
記潘少伯林臯間集删刻本……五〇七
記宋本渭南文集……五〇九

卷三

欽加二品封典賞戴花翎鹽運同銜江蘇候補知縣桐城張君墓誌銘并序　代李相國作……五一一
原任福建莆田縣知縣兼襲雲騎尉桐城馬君繼配周宜人墓誌銘代……五一三

誥封夫人林公元配楊夫人墓誌銘并序……五一四
姚曉帆先生暨子植齋處士家傳……五一五
祭左氏節母文……五一七
答諸生問明建文出亡事……五一八
記漢長沙太守韓玄墓……五二〇
記年羹堯遺事……五二一
記曹文正公軼事……五二三
吳文節公遺事附記……五二五
書趙恭毅公官偏沅巡撫事……五二六
書自作武進趙恭毅公軼事後……五二九
記姚薑塢先生軼事……五三〇
記章墨亭談印度洋海島事……五三一
記莫菁林事……五三二
書李子鶴事……五三三
記甘鳳池事……五三六
記句容黃墅村巫氏牡丹……五三九

記夢……五四〇
湯陵記……五四一
追録舊遊何氏青山石屋寺後記……五四二
追録舊在京師承光殿前觀玉瓮及古栝記……五四四
紹興春波橋記并序……五四七
重修雲間書院碑記……五四九
遊百花洲謁張江沈三公祠記……五五〇
遊百花洲謁張江沈三公祠後記……五五二
寄舫記……五五四
贈復堂……五五五

附録

蕭穆傳……陳衍　五五七
蕭敬孚先生傳……姚永樸　五五九

蕭敬孚先生傳……馬其昶 五六一
文獻學家蕭穆年譜……吳孟復 五六三

前言

項純文

敬孚類稿十六卷，爲文二百四十三篇；新增集外文七十八篇、詩二首，編爲補遺，分三卷。爲近代以目録校讎著名的大學問家蕭穆所撰。

一

蕭穆，字敬孚（或作敬甫、敬父），桐城人。生於清道光十五年（一八三四），卒於光緒三十年（一九〇四）。終身只是一個秀才，連舉人也未考上，更没有做過官。他的精力，没有耗費在八股時文上，也没有耗費在詩詞古文上，更没有耗費在心性空談上。他自幼好學，長而抄、校書，以全部精力用在讀書、校書與搜輯明清史料亦即「網羅文獻」上。他三十歲左右，見到曾國藩。曾國藩稱之爲「今之讀書種子」。曾國藩接觸名流學者如許之多，而獨稱蕭穆爲「書種」，則蕭穆之博聞强記冠絶一世，已可想見。

當時，許多老學者如汪士鐸、錢泰吉、何紹基、莫友芝等，皆曾作客於曾國藩處；桐城的方宗誠也在幕中。蕭穆未嘗入於曾氏之幕，但卻因方宗誠而遍識曾氏幕中諸老。這些老輩不僅學有專精，而且見聞廣博。蕭穆從他們那裏學到了讀書門徑、治學方法，見到了許多人間稀見之書，聽到了許多未曾見於文字紀載或與文字紀載有出入的史料，亦即所謂「朝章國故」或掌故之學。清史稿文苑傳説：「蕭穆以攷據稱，博綜羣書，喜談掌故」，略得其實。

中年以後，蕭穆就一直在上海廣方言館，爲該館編譯的新書在文字上進行潤飾。當時譯書這種工作不多，潤色也不費力；蕭穆又無狗馬聲色之好，更不肯犇競鑽營，他仍把全部精力用在訪書、讀書、校書上。他節衣省食，用以購書，得書將近二萬卷，又以之與其他學者互借抄校。彼時南北學者從汪何到張文虎、王先謙、黎庶昌、劉熙載、孫詒讓、傅以禮、袁昶、江標以至繆荃孫、傅增湘、劉世珩、徐乃昌、陳衍、姚永樸，皆與他商量學問，交流奇書與異聞，因之見聞益廣，造詣益高。姚永樸在傳中説：

「先生壹意觀摩古籍，與後生言，於字句異同、刊本良否以及前聞軼事，歷歷如數室中物……在上海凡數十年，四方賢公卿，下逮遊客，語及見聞洽熟，必曰『蕭君』。先生既篤意文獻，見有力者必誘之刊書，所刊數十種，皆躬爲校讎，不取酬。」

陳衍在其所撰傳中又説：

「一寒士積書至數萬卷，間多善本。長沙王先謙任江蘇學政，刊皇清經解續編，又續姚氏古文辭類篹，取材出於穆者十八九。……爲文長於攷證，叙跋居多。楷書粗拙，得秘本校勘迻寫，夜静目昏不少休。……所刊若羅願鄂州小集、徐鉉騎省集，皆札記精詳。未有刻本者其餘則以屬大通李氏、貴池劉氏。與祥符周星詒、大興傅以禮、瑞安孫詒讓交久而摯。詒讓刻札迻、周書斠補，皆穆任校讎。」

他如袁昶之刻漸西村舍叢書，黎庶昌之刻古逸叢書，滁州李氏之刻古文辭類纂，亦皆資蕭穆之力，有的即全出於蕭穆之手。蕭穆爲作校勘記，既不取酬，亦不署己名；甚且典質己藏善本，得款以付工價。他以廓然大公之心，惟以中華文化與鄉裏文獻爲重，做了而不自表禩的事很多，他所校刻的書，我們還不盡知，但可以肯定的是，清末諸家所刻善本，多半曾得蕭穆幫助。他在文化史上的貢獻與在學術史上的成就，也就由此可見。

陳衍評論説：

「目録校勘之學，有清爲極盛。（蕭）穆蓋何焯、盧文弨、黄丕烈、顧廣圻之流亞也。」

目録校勘之學，既莫盛於清；在清代，又莫盛於盧顧，而蕭穆能與之爲「流亞」，則穆之學術成就之高，也就可想而知。但這還只是蕭穆學問的一個方面；他還有博聞廣識，熟於掌故的一面；而且，他雖不以古文名，而「爲文氣力醇厚，博辨馳騁」，「淵博泛濫，不爲空虚無補之言」，（桐城文學淵源攷）也是非常可貴的。

二

蕭穆的學問很博，文境很高，但校書以外，主要著作只有敬孚類稿。據桐城文學撰述攷載有雜抄、日記、評點歷代詩約選、尺牘、集外文、續碑傳集、增輯桐城藝文志、桐城文徵（此書二百六十四卷，約二百三十餘家）、桐城文約選（二十六卷，約五十七家），桐城文徵傳及句容縣志。續碑傳集、句容縣志乃代他人編撰，其書尚傳。桐城文徵等不知流落何處。雜抄、尺牘原件尚存於安徽省博物館，其中有已收入類稿者，其餘尚待整理。敬孚類稿是蕭穆主要著作，是他一生心血所凝聚者。其内容十分豐富，而文章亦有佳者。茲分述如下：

第一，卷二、卷三及卷五至卷七，即一些序跋之文，未刊稿中亦甚多。正如當時學者李鴻裔所云：

「諸作皆積學有得之言，而校勘攷訂諸篇尤爲擅長，有康、雍、乾、嘉先哲風氣，何義門（焯）、顧澗薲（廣圻）、孔顨軒（廣森）、黄蕘圃（丕烈）而後，斯爲嗣音。」（敬孚類稿李鴻裔題詞）

這中間還可以分爲三方面：

甲、是校勘成果的迻録。這當只是他成千上萬校勘成果中的一、二，但其中頗有發人深省者。如王勃滕王閣序是人們常讀的古文之一，舊時讀私塾的人幾乎人人讀過，現在「古典文學作品選」、「古代漢語·文選」中還常選它。但俗本題目就錯了；第一句「南昌故郡」原作「豫章故郡」；還有「時維九月，序屬三秋」，「九月」也應是「九日」之誤，否則上下合掌。我們每一個稍微涉獵過古書古文的人，對於這些，自會感到興趣。

乙、這些序跋之文，不僅是爲我們列舉出一些校勘成果，更重要的，是給我們的讀書、校書，提示出門徑、方法，特別是其中一些帶有規律性的結論。如云：

「校勘之家，遇不可解者，往往好以己意，直改本文，遷就己意。豈無千慮之一得？然天下之書，不能盡讀；即讀亦不能盡記。有昔人引用故事，今人不知其所本，輒以俗本習見者直改之，不訛而以爲訛，非是而以爲是，前誣古人，後誣來學，此亦昔人所論藏書之厄也。」

又說：

「務守古人闕疑之義，採諸本之精華，存諸本之同異，但期不失古書之真面目而已。」

這是把孔廣森、盧文弨、黄丕烈、顧千里等人的實踐，總結成了理論。但他並沒有停留在這一步，他又指出：

也有「訛字諸本皆同，萬不能從者，不得不據所本以正之；亦有各本皆同，萬不能改者，亦不得不援所本以存之。」

這就比盧顧諸家更進一層，而與方(苞)、姚(鼐)、戴(震)、段(玉裁)的校書相似。這種理論性的抽繹、概括，正是這種學問成爲科學學科的標志。

蕭穆這部類稿不僅在目録校讎方面提出了許多規律性的見解，並作了論證與闡述，而且在史志方面，在文學方面，也有許多提要鈎玄、言近旨遠的論述，足以啓人神思，耐人尋味。書中屢見，此不贅述。

丙、對一些名著、善本（古本、名家批校本）的評介。如書中說到何子貞（紹基）輯有高宗政要，陶澍撰有蜀輶日記，汪士鐸撰有胡文忠公撫鄂記等等，皆名家之作，爲重要史料，而迄今尚未行世（據鄧之誠云，胡文忠公撫鄂記稿本在清華大學圖書館。不知今尚存否），蕭穆所言，爲後來訪書者提出了綫索。目録學作用不僅在於「簿録甲乙」、分別存佚而已，還要「攷鏡源流，平章學術」。此書中，有對清代校勘學中一樁公案即水經註校勘中的趙戴是非的評判。乾隆中葉趙一清、戴震同時治水經註，趙書先成而晚出，戴書晚成而先出。趙書未刻之前，已被採進四庫館，而戴震曾在四庫館，於是發生了戴震是否先睹預竊趙著的問題，攻之者、辯之者議論紛紜。同治十三年（一八七四），蕭穆借孫星衍校水經註，歸録副本，作記孫淵如先生水經註手校本云：「近人有見戴氏校本多與趙氏相同，以爲戴氏竊趙氏之本成之。其實趙戴二公同時從事於此，戴氏書成較趙氏稍後，兩公意見時有相同，即孫先生『閉門合轍』之說也。」持論公允。又如跋孫莘老春秋經解一文，辨王安石未嘗以春秋爲「斷爛朝報」，所言信而有徵，足解千載之惑。又對元和惠氏舊藏北監本漢書書前的惠棟自記「余家世通漢學（按惠周惕子士奇、孫棟三世傳經，世稱「吴派」），嘗謂：亂左傳者杜預；亂漢書者顔籀。故左傳扶賈（逵）、服（虔），漢書宗古註」作評，指出「此等論說，皆好爲大言，好爲僻論。幸其所言未踐，使其用畢生之力，能爲兩書古註，世果能羣廢杜顔兩家之書而行惠氏之書乎？」其書錢辛楣跋方望溪文後，亦用事實反駁了錢氏對方苞文的譏評，皆持之有故，信而有徵，使讀者由衷信服。蕭穆對漢學家的悍然武斷既有諍議，對宋學家的「空談心性」也不以爲然，「近世儒者……掇元明以來語録，而實無當於身體力行」，他不持門户之見，纔真是實事求是。在此書中，關於學術源流、諸家得失，蕭穆還有不少深刻的分析與精湛的論斷，值得治學者探索與借鑑。

第二，除了目録校讎學外，書中還有許多内容是關於「方志學」的。蕭穆在修志方面，有過幾次實踐，並對當時的一些名志做了比較分析，提出了很多有益的見解。如記廣西通志謝中丞啓昆所修本一文，介紹了此志體例；對章學誠所撰和州志、亳州志、永清縣志及湖北通志檢存稿作了評介，指出前三志「因地立法，變動不拘，各有精義」，而湖北通志「全編條理峻整，體大思精」，「此志若成，似又在阮（元）、謝（啓昆）兩廣通志之上。」（校刊湖北通志檢存稿序）蕭穆論方志，既從理論上闡明方志應有之體例，又考慮到各地的具體情況，斟酌變通。如其作讀宿松縣志附記及記乾隆亳州志等文，指出：藝文志本來只應載邑人著述之書名、卷數，但「有關經世史事實用，而外間概未之見」者，亦不妨「載之」；而亳州志「藝文」一門，「載本州人文及外間名人有關本州諸文」，「蓋因本州人專著無多，不能成卷故也」，意謂此法亦有可取。

蕭穆在方志纂述中，尤重於圖。他在與吴汝綸書中曾提到這點。在跋劉寶楠寶應圖經時，又闡明古人所作圖經之本義，强調「圖經乃一方之文獻，爲後來史家所取裁，年代愈近，聞見較確而且廣」，這種注重當代史料的見解，至今已爲人們所共同接受。但從當時來看，彼時洪亮吉一派即以考古爲主，這對於那一派學者無疑是一劑良藥。

第三，卷八、卷九及卷十至卷十六諸卷等，即書記、傳、表、記事、雜記等類之文，皆有關於朝章國故與學術淵源；在未刊稿中此類亦頗多。這一類文章的價值是顯而易明的，約而言之，亦有三點：

甲、對於明清兩代一些歷史問題，提供了一些重要資料。首先是關於清代文字獄方面，如湖州「莊氏史案」、「桐城方、戴兩家書案」、「桐城孫學顔序晚村文集案」等等，這裏都搜羅了一些原始資料，如趙申喬題參戴名世的原疏；對受害者（如戴名世）、事蹟及事件（如莊氏史案）作了較爲公正的評介；對受害者的作品亦在多方搜求之後作了著録，如憂庵集（黄山書社一九九〇年版）是近年來新發現的戴名世作品，但在未刊稿中，蕭穆已經搜羅到，這就更加證實了憂庵集確爲戴氏之作。

乙、存留了許多明末史料。跋蔣一个先生徵君劉公伯宗（劉城）事略、跋啓禎記聞録、跋留都聞見録等文，對明清之際史實多所考證。特别值得一提的是關於明清二代許多帶有傳奇色彩的事件，一向異説紛紜，如明建文帝之出亡，徐中山王之死，吴三桂上康熙書，明桂王與吴三桂書，鄂尔泰與張廷玉，李光地與陳夢雷，楊光先與湯若望，還有甘鳳池……這些事件人物不僅爲歷史家所關心，而且爲全社會所關心。蕭穆在這些問題上，有的搜尋出原始材料，有的介紹了事件的真相，有的提供了某些可供參考的異聞，有的提出了一己的看法。在楊光先的問題上，蕭穆所見未必是；然其心情卻是可以理解的；他還記了一個故事：清高宗在看到西洋人進貢來自鳴鐘，便立即諭令沿海將帥加强國防，蕭穆記此，且反復贊嘆，充分反映了他的愛國深心。庚子那一年，他在跋臨川桂氏摹刻唐搨孔子廟堂碑拓本一文中，對八國聯軍侵略我國的罪行，深爲悲憤，他「北望神京，万感交集」，同時又擔心「大内所藏古今珍物，一旦空諸所有」，其憂慮痛惜之情，難以言表。

丙、有許多老學者的傳記，如錢謦石（泰吉）、汪梅村（士鐸）、劉融齋（熙載）諸傳，安徽籍女科學家的女士王德卿（貞儀）傳，對於研究清代學術史、科技史，均極有價值。這類記述不限於這些傳志中，還有許多存留在序跋中。其中講到了一些學術源流、治學甘苦，還提示了讀書的門徑與方法，對文史研究者更有作用。他所交往的學者遍及南北，還遠及日本漢學家，其中也有當年中外學者學術交往的反映，有許多值得後來借鑑之處。

第四，除上述幾方面外，從文學說，類稿中也有不少佳文。

蕭穆自言，他的「稍知古文之法」是由劉大櫆評選唐宋八家文選及劉氏文集的啓發。看來，蕭穆之文也確與劉氏相近。這可由以下幾點說明：首先，劉大櫆文中有一部份「氣清詞潔」，與歸方相近；而另一部份「氣肆才雄」之作，則非「桐城派」之所能範圍。蕭穆文章多爲考證之作、學術之文，與「桐城派」之以白描傳神、妙在氣韻的文藝散文不同。但所作錢泰吉、汪士鐸、劉熙載諸傳，內容多得自親身相處的經歷，出自性情，感人至深。又如張愛濤先生軼事，細節傳神，巧於烘託，誠如施補華所評：「傳循吏神氣生動。」其記親屬、記師友者，每於平凡處見精神，頗得歸有光散文神韻。其次，劉大櫆文中有一些大膽的言論，近於黃宗羲、唐甄，在當時具有啓蒙意義；蕭穆竟爲唐甄的潛書專作一跋，稱其「卓識偉論」；蒯光典的刊行亭林餘集也出於蕭穆之手；蕭的書三魚堂文集後，立論與劉的息爭，更是如出一轍。再次，蕭穆文的「氣力醇厚，博辯馳騁」（桐城文學淵源考），也很像劉氏文風，即近於陽剛之美，與歸、方、姚、梅之以陰柔擅長者各有其勝。至於馳騁之中，一氣而下，洋洋灑灑，因而字句上不暇推敲，間亦有之。此點與劉亦甚相似。

然而，從總體來看，蕭穆文考證精詳，氣力醇厚，旁徵博引，批郤導窾，記事者善於提要，說理者巧於鈎玄。文藝性之外，更爲學術文、應用文的寫作，提供了很好的典範，因而它的作用也就不僅限於文藝範圍。

蕭穆論文，最重性情與學問，他說：「文之爲道，無真性情、真學問，又安能有真文章耐人尋覽，放其遺聲也哉！」（與李又哲先生書）又說：「夫文章之事，根於性情。」（吴桐雲先生五十壽序）蕭穆的學問淵博，既如前述；他的性情，從上面的叙述中，也可看出：以一介寒士，毅然自任以文獻之重，在一生幾十年間，事親孝，與友忠，不爲名，不爲利，不好聲色，不肯犇競，矻矻孳孳，埋頭苦幹，一心以傳播古書、方便讀者爲務。從類稿看，其中有許多十分動人的事。例如，他抄書抄兩份，准備以一份供給別人借讀，其爲人設想何等周到！又如，他與一些友人同刻一書，在書未刻成而款已用盡時，他竟將自己家藏善本典押出來，得款以充刻費。受典者將其書翻刻，他不僅不加阻止，還爲之校勘；不僅不取酬，還每年必自資斧，兼帶禮物，親到各地就藏書家借舊本、秘本相參校。刊成後，猶繼續求書細校；寫成校勘記，又讓別人署名，他所換得的只是把書刻出來。他就是這樣自覺自願地做書史上的無名英雄。至於在家庭方面，在鄉鄰師友方面，蕭穆之尊愛親善，皆稱風範，如冒廣生、陳衍、姚永樸之始見蕭穆，時皆不過二、三十歲，蕭穆殷懃指導、誘掖，皆推心置腹。總之，在這三百一十多篇文中，處處流露出蕭穆的醇樸深厚的性情。他是至性過人的，他的文章正是從他的至性中滋生成長出來的。

三

敬孚類稿十六卷，刻於光緒丙午（一九〇六），成於丁未（一九〇七），時在蕭穆身後，是他友人沈曾植、蒯光典、徐乃昌、劉世珩等助資刻出的。這次另發現上海圖書館藏有敬孚文稿稿本，未分卷。稿本篇目與刊本互有出入，兩兩相較，多出未刊稿七十八篇，其他篇中，文字亦多勝於刻本，其中有不少還是蕭穆親筆所書，積有價值。本書的校勘即以刊本爲底本，校以稿本，而以未刊稿七十八篇作爲補遺，附於書後。陳石遺（衍）先生的蕭穆傳、姚仲實先生的蕭敬孚先生傳、馬其昶先生桐城耆舊傳中的傳、吴孟復先生的文獻學家蕭穆年譜，均有助於知人論世，今皆作爲本書的附録。

本書在校勘整理過程中，得到華東師範大學中文系趙山林先生、阜陽師範學院中文系湯華泉先生的支持，特别是到吴孟復教授的指導，在此一並致以深切的謝意！

一九九〇年八月于合肥

序一

辛酉春，余交桐城方存之於汴。存之爲余言曰：「桐城自癸丑後，再復再陷，一時文章氣節經濟之士，或死王事，或避他鄉，風流盡矣，獨遺東鄉。東鄉一再被兵，獨遺蕭敬孚里。敬孚環水爲居，宛若秋水蒹葭間。年少而文高，學博而識遠，桐城後起之英，無不推敬孚者。」余慨然慕其爲人。又曰：「桐城之學始於何省齋，文盛於方望溪，二百年来，其緒不絕。余友戴存莊，因徐公樗亭纂桐舊集，輯桐城文録，未卒業，託之余。余客山左時，復託之敬孚。敬孚之學之識，不負余託也。」余益慕其爲人。又以爲天生敬孚於福地，俾彙輯舊聞，網羅散失，蓄其德以待用，必樂而不出。而余衰朽，值道梗，不能作太史公遊，無緣與敬孚遇，則又以爲恨。惟存之時時爲余言，出示敬孚書，余因益知敬孚。存之間亦道余文於敬孚，不識敬孚之於余何如也。

今夏友人孫宇農過余寓齋曰：「蕭敬孚至矣。」出敬孚文一編，讀之，歎存之之言信然。又以病軀未能造訪爲恨。後數日，敬孚偕宇農過余，復出一編。乃得盡讀敬孚文，而益信存之之言不虛也。因以余文質諸敬孚，敬孚不以爲謬，推許且過當，贈以言，余滋愧矣。自惟朽拙碌碌，無所表見，今老矣，避地梁園，得交宇農數君子，又以空虛無用之言，得交存之。存之別余遊武昌，不及一晤，再晤將難卜；且自分與敬孚萬無相見理，而今又得交敬孚，夫豈偶哉！敬孚之来也，不及見存之，寡所合，顧傾倒余，余愧無益於敬孚。

敬孚今將南歸，假道宛南，過新樊，泛漢江，訪存之於武昌。余曩於友人處得存之書，羨存之遊武昌，多友天下文章氣節經濟之士，敬孚至，必獲與諸君友，其識將益遠，而學將由博而約矣。歸而益大畜其德，以不負天所付託之意，樂而不出，以待用於世可也，豈僅一邑之文獻是賴乎哉！

同治元年歲次壬戌閏八月二日太康李濬序。

序二

余與敬孚相見之日甚淺，而交甚深。去歲之冬，仁和高仲瀛邀余游上海，聞有桐城蕭敬孚者亦在此間，能爲詩古文詞，意必跅弛之名士也。越日往訪之，敬孚旋亦過余，温温儒者，語和而氣下。余兩人既甚重之，而敬孚亦甚重余兩人。每至談論竟日，或丙夜不去，所言皆經史大義，間或商榷文字，評議人才。僮僕熟睡於旁，鼾鼾之聲相和，相與撫掌大笑。他日，館人語余曰：「環黄浦十數里，妖童冶女，奇技淫聲，来遊之者，往往顛倒耳目，安所得翛然塵壒之外如君輩也！」及余兩人之歸，敬孚送之江岸，怊悵爲别。舟行超忽，驚濤駭浪中，仿佛見敬孚猶佇立也。

今歲，余復遊海上，敬孚尚在此間，相見加親厚焉。並出所爲詩古文詞，屬余審定。余於東南文學之士，多半交識，大都放言高視，縱恣不羈。可與言文學，或不可與言性情；或可與言性情，或不可與言品行。如仲瀛、敬孚，文學、性情、品行，粹然無可訾議，蓋千百之一二也。其諸古之良友也歟？

然敬孚明歲猶在此間，余與仲瀛將赴禮部試，别離之日既多。而余又將浩然西征，徑太行，出潼關，望終南，渡黄河，短衣匹馬，馳逐於酒泉、張掖之間。堅冰積雪，天地寂寥，懷念朋舊，必有仲瀛、敬孚在我意中。而仲瀛、敬孚，登高望遠，又必愀愴不怡，想望故人顔色於七千里之外，不知何日合并，論文講道，如此兩年事也。因爲文以視敬孚，並持歸杭州視仲瀛，問以何言贈我？

同治癸酉冬十二月朔日弟烏程施補華書於吴江蘆墟舟中。

序 三

居深山中，侶樹石，發篋讀書三十年，貌玉色，氣充然，採橡栗爲糧，縫野葛爲裳。人有問道者，曰：「吾布衣可以動人主，挾策可以致太平。」及一旦綴朝班，試授有司之事，則放紛不可爬梳，扞格而不能相通。其黠者，盡捐故業，别求所以諧世適俗之術，乃獲平進。豈嚮所挾持之道非邪？後世臣事君、賤事貴，與夫造士、使民、察弊、吏課，皆不以三代兩漢之道故也。然則士之名存而實亡也久矣。

蕭望之上書言事時，抱關疏布之士耳，而中宗識其姓名，稱曰：「此東海蕭生邪？」人主能貴士，而士知自重，其精誠相感何神也！然漢宣居民間久，聞望之名固宜。若我朝仁廟獎士氣，厚風俗，親策鴻博，識三布衣姓名而擢之翰林領史職；高宗巡幸江浙，以布衣召試，致通顯、充四庫纂修者相望也。而其時四夷来庭，海内亦得晏然無事，何其盛歟！

予以丙子秋識敬孚海上，蓋桐城之魁士也，誦習長者之遺聞也久，經傳義指，熟洽於中，久困場屋，槖筆游諸侯間以治生，遇悴矣；而好古汲汲，不懈益專。昨蛩然訪友走京師，與相見，温温無鄙言，青鞋布襪，留數日，蕭然負古書一囊別去。

揚子雲有言：「周之士貴而肆，秦之士賤而拘。」吾始以其言爲信然。道喪於世而寓於士，士豈有所待而後貴哉！有待而貴，則失其良貴矣。君其歸，卜居於龍眠、浮渡之間，服習先王之遺籍，求天人之故，察古今之變，前有高山，後有廣川，填填獨立，游於萬物之表，吾固以揚子之言爲不然也。

甲申六月桐廬袁昶敍。

敬孚類藁卷一

論說解

泰伯論

聖人之心，如日月經天，故其所行皆順乎天理之自然，而無自用私智之見〔一〕。然亦有瑰意琦行，令人不可端倪。此非聖人復起，不足以祛累代之惑。其以己意測者，多不能當於人心之公。今起而彊論之，未免牴牾前賢，且不能必聖人之心之果在於是。然苟度當日之勢，與義之所存、理之所有，則亦未爲不可也。

孔子曰：「泰伯，其可謂至德也已矣！三以天下讓，民無得而稱焉。」朱子謂：太王之時，商道寖衰，周日彊大。季歷又生子昌，有聖德。太王因有翦商之志，泰伯不從；太王遂欲傳位季歷以及昌。泰伯知之，即與仲雍逃之荆蠻。以此定泰伯之至德。愚竊以爲薄視太王，淺視泰伯，且未明當日之勢也。孟子曰：「由湯至於武丁，賢聖之君六、七作。」太王之世，商道雖不如曩時之盛，其猶未有可翦之道也。至文王時，三分有二，武王伐紂，實順天應人，然其先東觀兵於盟津，八百諸侯，皆請伐紂，尚以爲未知天命還師，猶於紂稱臣。太王之時，小乙、武丁之爲君，不若紂之昏庸，小乙、武丁之遇臣民，非若紂之酷烈。而必謂太王有翦商之志，於義何當？舍長立少，後世偏愛之君，暗於大義，如晉獻、齊景所爲者也。鄭武姜愛共叔段，欲立之，請於武公，武公弗許。豈太王之智，反與晉獻、齊景先後一轍，而乃出鄭武公之下乎？雖見季歷生文王昌有聖德，如泰伯無子，聽其後禪位於季歷，以及文王，亦如商人之兄終弟及可耳，不應先存此偏頗之私，令泰伯知之，以啓其與仲雍相逃也。且泰伯誠以天下讓商，則孰若姑從太王之志，使之傳位於己，終其身臣服於商，亦如文王之有天下而不取，此之謂讓商可耳；不從太王之志，而逃於荆蠻，是使太王傳位於季歷與文王，以成翦商之志也，安見其爲讓商哉！

然則詩人所謂太王實始翦商者何也？曰：此亦説詩之過也。詩之本意，蓋言商道漸衰，周德日盛，周之王業，創自太王，後人追遡之，言其勢，非言其志也。夫使太王果有其志，欲傳位季歷以及文王，則太王無父子之恩，而其志未免偏私；泰伯儻因此而逃，則泰伯反陷厥考於不仁，而倫常因之乖舛。然而太王既無翦商之志，亦無欲傳位季歷以及文王之心，則泰伯之逃，無與於太王，並無與於季歷與文王，何以言「讓」？何以言「至德」？

吾意其時季歷生文王昌有聖德，太王之鍾愛，異於諸孫，未始非天理人情之事；而泰伯早知天命之有在，故與仲雍假採藥而行。太王乃不得已傳位於季歷以及文王，而當日皆未及料。泰伯之讓，或如此。然此非「至德」，亦未易臻是也。且孔子曰：「泰伯三以天下讓，民無得而稱。」則是「三讓」之實，當時即未傳矣。而鄭玄、王充，必舉「三讓」以實之，何其鑿乎？然則泰伯之事，後之人亦度其當日之勢，與義之所存、理之所有而可也。鄭康成謂：「太王有疾，泰伯適吳越採藥，太王薨，季歷爲喪主，一讓也；季歷赴之，不來奔喪，二讓也；免喪之後，遂斷髮文身，三讓也。」王充祖吳越春秋之言，又謂：「太王薨，泰伯還，王季再讓，泰伯不聽，三讓曰：『吾之斷髮文身，刑餘之人，不可以爲宗廟主。』王季始知其不可而受之。」朱子不取鄭王之説，其識自卓。今案之集注，似亦未當于人心之公，姑以管窺之見，俟之深於經術者。

劉悌堂先生評云：「翦商」二字，見於魯頌，朱子集傳但言「太王自豳居岐，於是王迹始著，蓋有翦商之漸矣。」獨於論語下一「志」字，是已與詩傳不合。左傳「泰伯不從，是以不嗣。」杜注：「不從父命，俱讓適吳，亦不知其父命何事，傳聞異詞，實難憑信。」以理論之，庶幾有當。而文筆亦清折銛利，足使障翳一空。又曰：讓商讓周，已成聚訟。漢孔氏必舉「三讓」而實之，則鑿矣。論衡引吳越春秋，事或有之，而非孔子所以論泰伯也。竊思周家積功累仁，至武王克商，歷叙三后之德，周公制禮樂，舉行追王上祀之典，至於郊祀后稷，宗祀文王，而生民之詩，溯及姜嫄，所爲報本追遠，及於無窮者至矣。惟皇矣詩中僅稱泰伯二字，其文特以王季之「因心則友」爲緣起之詞耳，未嘗及泰伯之德也。孔子思周德之盛，而穆然有感焉。豈不謂文王之三分有二，武王之大定永清，是天下也，固泰伯所讓之天下也，雖當其先爲商之天下，泰伯之讓，亦第讓國而已。而自後世觀之，則泰伯之讓國，固即以天下讓也。古人禮成於三，凡「三揖」、「三讓」言於禮經者非一，泰伯之先意承志，上令太王無舍長立愛之嫌，下以全王季「則友其兄」之美，並不令天下後世知己有弟兄讓國之行，是其一往深情，德盛禮恭，渾然無迹，真有無窮無盡之心者，非徒一再讓之而遂已，故曰「三以天下讓」也，故曰「至德」，故曰「民無德而稱」也。向非孔子，雖周公且無從而稱之，何況民乎！

漢高帝論書蘇明允權書後

高帝病，吕后問帝百歲後，蕭相國死，誰可代之？帝謂：陳平智有餘，難獨任，周勃厚重少文，然安劉氏者必勃也，可令爲太尉。其後吕后崩，産禄等爲亂，賴大臣共誅之。周勃親握天子璽，授之文帝，卒安劉氏。蘇明允以爲漢高帝明於大而暗於小，其以太尉屬周勃也，知有吕氏之禍也。以予觀之，諸吕之誅，其功無與於勃，而勃之力，亦未能誅諸吕。吕氏之禍，高帝固未嘗知也。方吕后專政，欲王諸吕，訪於大臣，陳平知勢不能遏，乃僞聽之。諸吕擅權，欲危劉氏，陳平患力不能争，恐禍及己，幸陸賈爲之計，始與絳侯深相結。而朱虚侯又爲耕田之歌，以諷吕后，斬亡酒一人，威振吕氏。吕氏謀益壞，劉氏益强，其誰爲之也！洎吕后崩，産禄等居長安，聚兵欲爲亂。齊哀王举兵而西，諸吕以灌嬰爲大將軍往擊。而嬰乃屯兵滎陽，使使喻哀王及諸侯與連和，乃誅諸吕。當陳平聽辟彊之邪謀，以北軍屬吕禄，太尉不得入焉。雖使人刼酈商，令其子紿吕禄，乃得入據北軍，不得謂非勃之力，而要之陸賈不畫平勃交歡之計，朱虚侯不陰使人告齊王令發兵西，已與東牟侯爲內應，灌嬰不屯兵滎陽，與諸侯連和以待其變，豈真一周勃所能成功，以不負帝之令爲太尉者哉！然則彼平勃者，固所謂因人成事，而呂氏之禍，亦高帝當日所未及料也。

或曰：子之言固然，然當是時劉氏安矣，高帝乃曰「安劉氏者必勃」何與？曰：高帝晚節，猜疑之心愈甚，見當時定天下諸臣，多蓄不軌，獨以勃爲椎魯少文，木彊敦厚，以弱子付之，日後必無覬覦之志，所謂「安劉氏」者此耳。當高帝之欲廢太子，而立戚姬子如意，周昌庭争之，洎以如意爲趙王。帝憂萬歲之後，不能全也，心不樂悲歌。趙堯爲帝畫計，以周昌爲相。帝崩，呂后卒使使召而酖之。然帝非明於知勃，而暗於知昌也，亦以昌堅忍伉直，呂后及太子大臣素嚴憚之而已。亦非昌之負帝，而勃之不負帝也，亦以所遇之時，所處之地，有幸有不幸而已。而要之皆非帝當日所及料也。

蘇氏又以爲：呂氏既不可去，故斬樊噲，削其黨以損其權。是又不然。噲爲帝之故人，親且貴，方帝使之擊燕，一聞黨於呂氏之言，命平勃即軍中以斬者，亦帝病甚，一時之忿怒耳。故陳平知非帝本意，後必有悔，甯囚而致之，以待其自釋也。吾意噲苟不死於惠帝之六年，見呂氏作亂，亦必能助絳灌之屬，以誅諸呂。何者？噲雖發迹屠狗，猶諳大義，方帝之入咸陽，意欲留居，噲乃極諫還霸上；及帝病，卧禁中，詔無得入羣臣，噲獨排闥直入，爲上流涕，諫以趙高之事，皆忠君愛國之心，其始終爲帝者，至矣。顧謂其婦舉動，非尋常女子，遂以誣噲乎？且帝誠知後有呂氏之禍，斬噲以損其權，孰若即其生之時，並産禄等誅之，而乃以一弱子付之木彊之人，計日後之必能濟大事乎？即帝不欲自誅，俟其死後假手於諸大臣，亦惟曰周勃「可令爲太尉」耳，乃以「安劉氏者必勃」明言於呂后乎？

夫高帝之挾數用術，揣摩天下之大勢，誠不若張良、陳平諸人。微張良、陳平，天下誠不能以歸漢。然而三代之業，非一士之智也。矧開創之君，奮迹於干戈擾攘如高帝乎？夫帝以太尉屬勃，亦以勃他日無覬覦之心；令斬樊噲於軍中，亦一時之忿怒耳。必謂料其日後有呂氏之禍，諸大臣之巧於誅滅，天下之不動摇，依然有泰山之安，豈理也哉！吾故曰呂氏之禍，高帝固未嘗知，彼平勃者，實亦因人而成事也。

周公不作易爻説

陸德明經典釋文序易注解傳述人有曰：「宓犧氏始畫八卦，因而重之爲六十四，文王拘於羑里作卦辭，周公作爻辭，孔子作彖辭、象辭、文言、繫辭、説卦、序卦、雜卦，是爲十翼。」陸氏之説如此。自唐以来，儒者宗其説，無異議矣。

以予觀之，其論宓犧、文王、孔子所作易，皆原本易之繫辭及漢代馬班諸儒之説，確不可易。其説周公作爻辭，則予未之敢信。何以明之？太史公報任少卿書有曰：「文王拘而演周易。」其爲日者列傳述司馬季主語賈誼、宋忠有曰：「自伏羲作八卦，周文王演三百八十四爻而天下治。越王句踐仿文王八卦以破敵國，霸天下。」揚子雲曰：「宓犧綿絡天地，經以八卦，文王附六爻，孔子錯其象，彖其辭，然後發天地之藏，定萬物之基。」班氏漢書藝文志序曰：「宓戲氏始作八卦，文王重易六爻，作上下篇，孔子爲之彖象、繫辭、文言、序卦之屬十篇，故曰易道深矣。人更三聖，世歷三古」云云。「三聖」，韋昭曰：「伏羲、文王、孔子。」「三古」，孟康曰：「伏羲爲上古，文王爲中古，孔子爲下古。」又三國志管輅傳有曰：「上追文王六爻之旨，下思尼父彖象之義」云云，諸家皆精通易理者也。其說如此，皆無一及周公。即孔子繫辭，累及庖羲、文王，亦未嘗一及周公。予固知爻辭皆爲文王作，而周公固未嘗作易也。陸氏述宓犧、文王、孔子三聖作易，皆遠有根據；惟周公作易，自孔子暨漢魏諸家，無一道及。後之君子，從漢魏以前諸家之說，而舍唐人之說可也。

或曰：子歷引諸家之說信矣，而春秋左氏傳昭公二年春，晉侯使韓宣子聘於魯，觀書於太史氏，見易象與魯春秋，曰：「周禮盡在魯矣。吾乃今知周公之德，與周之所以王也，」則又似以周易專爲周公之書，而於文王無與焉，何也？曰：杜氏預注：「易象、春秋，文王、周公之制」云云，似杜氏以易象屬之文王，魯春秋屬之周公，抑或統文王、周公言之。然韓宣子只云周公，並未及文王，杜氏不過以易象春秋，萬非周公一人之典制，故補出文王以明之。愚則以韓宣子所云「周公之德，與周之所以王也」，當是統周家歷代聖王后稷、公劉、太王、王季、文王、武王、周公而言之，而韓宣子所觀魯太史氏之書，亦當不僅易象、魯春秋，意周禮、儀禮等書，必皆在其中。所以有「周禮盡在魯矣」之歎。左氏紀此，不過約而言之。不然，則是周家積累十五王均不足道，而周之所以成此王業，特爲周公一人之力，此萬無可通之理也。

吾固歷舉先儒説易，知其必遠有淵源，而韓宣子所云「周公之德，與周之所以王也」，蓋統周之先王、先公而約言之，可無疑義也。

漢文帝詔朝錯往伏生受尚書説

史記儒林傳：「伏生者，濟南人也，故爲秦博士。孝文帝時，欲求能治尚書者，天下無有，乃聞伏生能治，欲召之。是時伏生年九十餘，老，不能行。於是乃詔太常使掌故朝錯往受之」。漢書因史記之文。蓋當時事實如此。乃顔師古注漢書，復取衛宏定古文尚書序，云「伏生老，不能正言，言不可曉也。使其女傳言教錯。齊人語多與潁川異，錯所不知者凡十二三，略以其意屬讀而已。」自是説出，後儒莫不尊信之，且以爲能補史氏之缺略矣。

夫言「伏生老，不能正言，言不可曉，使其女傳言教錯」，猶可説也；至云「齊人語多與潁川異，錯所不知者凡十二三，略以其意屬讀」，則迂謬不切當日情事矣。濟南與潁川，相距不甚懸遠，以今時而論，言語亦大抵相同。即古今不可强同，而古人讀書，必先識字；伏生既以尚書傳女，則其女必具聰明睿智之資可知矣；女既具聰明睿智之資，其先豈不教之識字耶？且漢時能諷九千字以上，乃得爲吏，爲吏如此，傳經可知。即云「齊人語多與潁川異」，錯不盡知，伏女豈不能書以示之乎？萬一伏女即不能書，其家内外，豈無一識字之人，使代解伏女之言，爲書以明之乎？矧朝錯奉天子之詔，至濟南受經，何等鄭重！所不知者十之二三，即不深求，而猥以其意屬讀，罔上溺職，牴牾聖經，欺誤後學，得罪名教，莫此之甚，有是理乎？案其情事，無一而可，後人必信以爲真，陋矣！

史又云：「秦時焚書，伏生壁藏之。其後兵大起，流亡，漢定，伏生求其書，亡數十篇，獨得二十九篇，即以教於齊魯之閒。學者由是頗能言尚書，諸山東大師，無不涉尚書以教矣。伏生教濟南張生及歐陽生，以下兼采漢書歐陽生教千乘、兒寬，張生爲博士，寬以文學應郡舉，而伏生孫以治尚書徵」云云。是漢定，伏生求其書，尚有二十九篇；教於齊魯之閒，而其書已有傳寫之本；其受業之人及其孫多相傳述，源遠流長，在孝文之世，尤以爲盛。而史云孝文時「求能治尚書者，天下亡有」，又何謂也？

今細考此傳，前後本不甚分明，不免自相矛盾。由前言之，文帝以天下無能治尚書者，特詔朝錯往伏生傳受，更無伏女傳言之事；由後言之，伏生於漢初，已以尚書傳教齊魯諸生，山東大師皆涉尚書，濟南張生及歐陽生、兒寬及其孫，多在孝文之世，不得云「求能治尚書者，天下亡有」，亦不待詔朝錯就伏生往受也。

然史記「詔太常使掌故朝錯往受」，子長生當其時，年代甚近，自必確鑿可信。意其時文帝以伏生尚在，諸儒及其孫所治、所言，弗能明定，慮有差訛，不足深據，特詔朝錯親就伏生而受之，以昭核實，此正文帝尊崇經術之至意也。要之，伏生即老不能正言，朝錯亦必得濟南諸生及伏生之孫爲之佐證傳寫以明之；伏生即有女通經，亦不待此女傳言；即伏生以諸儒及其孫，均不如其女，特使其女傳言，朝錯所不知者十二三，斷不能不請此女傳寫以明之；而猥略以其意屬讀，草草塞責，以孤負文帝尊崇經術之至意也。

要之，史漢所紀，前後雖不甚分明，大旨無差，可以意會，自可傳信〔二〕，若顔師古引衛宏之謬説，存而不論可也。

禹貢三江説

前人之論地理，言人人殊，不能劃一者，莫過於禹貢之「三江」。蓋由於此三江特爲「震澤底定」而發，明皆在震澤數百里左右之近。班氏地理志既已明注之於前，郭景純又復申明之於後，後人推求古人著書之義，參之以今世地理水道之形勢，古今容有異同。神而明之，可也。

班氏地理志會稽郡吴縣之注曰：「南江在南，東入海。」毗陵之注曰：「北江在北，東入海。」又丹陽郡石城之注曰：「分江水首受江，東至餘姚入海，過郡二，行千二百里。」蕪湖之注曰：「中江出西南，東至陽羨入海。」此明以中江、北江、南江爲「三江」。郭景純曰：「三江者，岷江、松江、浙江也。」蓋景純之所謂岷江即班志之北江，所謂松江即班志之南江，所謂浙江即班志石城之注「分江水首受江，東至餘姚入海」，此不在「三江」之數，而班志之所謂中江者，今故道已湮不可考耳。又班志丹陽石城之注「分江水首受江，東至餘姚入海，」此文太寥闊無當，致起後人之疑，不知此餘姚乃餘杭之誤，賴有酈道元水經注以證之，明乎班志石城注「分江水首受江，東至餘杭入海」，則所云「過郡二，行千二百里」者，確爲有據矣。「過郡二」者，即會稽、丹陽也，「行千二百里」者，石城距餘杭以漢時道里較今稍小者言之，亦約略相合也。惟水經云「江水又東，至會稽餘姚入海」，此餘姚亦爲餘杭之誤。賴有酈氏注引述志多言「江水至山陰，爲浙江。今江南枝分歷烏程縣，南通餘杭縣，則與浙江合。」故闞駰十三州志曰：「江水至會稽，與浙江合。浙江自臨平湖南通浦陽江，又於餘暨東合浦陽江，自秦望分派，東至餘姚縣，又爲江也。」觀此引十三州志，江水至會稽與浙江合，又歷臨平、浦陽、餘暨、秦望等處，乃至餘姚，則班志石城之注「江東至餘姚入海」，餘姚之確爲餘杭益明矣。而酈注有「今江南枝分歷烏程縣，南通餘杭縣，則與浙江合」，則班志石城之注即景純之所謂浙江也。惟班志石城之注所云「江水首受江，東至餘姚入海，過郡二，行千二百里」，不細述此二郡、千二百里之故道，今但以水經酈注「江水至山陰，爲浙江。今江南枝分歷烏程縣，南通餘杭縣，則與浙江合」，可以知班志石城下之注江水入浙故道大略耳。惟酈注所云「今餘暨之南，餘姚西北，浙江與浦陽江同會歸海，但水名已殊，非班固所謂南江也」，亦爲得實。

郭景純曰：「三江者，岷江、松江、浙江也。然浙江出南蠻中，不與岷江同。」此則誤會山海經之文，是又當以班志丹陽郡黝注及許氏説文解字之「漸」字證明之。班志黝注云：「漸江水出南蠻夷中，東入海。」許氏説文解字「江」字下注云：「水出蜀湔氏徼外岷山，入海。」「沱」下注云：「江別流也。」「浙」下注云：「江水東至會稽山陰爲浙江。」此皆與班志之石城注及郭氏所云「三江」之浙江遥遥相映，明乎「浙」爲岷江之南江也。又「浙」字下逾四十三水爲「漸」，注云：「水出丹陽黟南蠻中，東入海。」明乎此，漸水别爲一水，與浙江無涉也。又水經云：「漸水出三天子都」，亦與班志、説文解字合，而郭氏誤引山海經漸江謂之浙江之誤文，往往以漸浙二江合而爲一，則大謬矣。但此漸江實由徽港歷建德桐廬，經富陽，乃會於浙江而入海。班志及許氏説文解字均未叙明，只云「出黟南蠻中，東入海」，故後人益疑爲漸江即浙江耳。因述三江而附論之。

鄘風柏舟説〔三〕

昔歸氏有光著貞女論，以女未嫁人，而或爲其夫死，其有終身不改適者，爲非禮。蓋彼以經所未載，直憑臆説斷以男女無自相昏姻之禮，所以厚别而重廉恥之防。歷引禮文，以遷就己意，其説可謂辯矣。夫古聖人原不責人以難行之事，然苟有冒難行者，行於舉世所不能行之時，聖人亦未嘗不深許之也。

余嘗讀鄘風柏舟之篇，反覆其辭，知共姜實爲貞女。聖人編詩，以此冠鄘風之首，未嘗無深意存乎其間也。蓋共伯爲衛僖侯之世子，共姜乃齊武公之女，序曰：「共姜自誓。衛世子共伯早卒，其妻守義，父母欲奪而嫁之，誓而弗許，故作是詩以絶之。」朱子作詩集傳宗其説，皆得詩之本義，獨未揭明共姜爲貞女耳。今就本詩涵泳之：「髧彼兩髦」之義，實古幼學之稱，童子之飾。齊風甫田之詩曰：「總角丱兮」，毛傳云：「總角爲聚兩髦是也」，共伯以總角死，明乎未娶也。共姜曰：「母也天只！不諒人只！」明乎共姜尚在母家，共伯以總角死，計共姜之年時，亦必與之上下。父母憐其幼而欲嫁之，亦人事之所必有者也。曰「髧彼兩髦」，乃想像之詞；「實爲我儀」，「實爲我特」云者，明己雖未適衛，成婚姻之禮，父母先已許字之，己亦以心許之，而夫婦之名分，已先定之矣。曰「之死矢靡他」，「之死矢靡慝」，反覆譬曉守義之志，己堅定不撓，正以感悟父母，欲諒其志也。共伯之死謚共，姜從共伯之謚亦曰共。禮：「婦人從夫爲謚也」。吾意共姜之母始欲嫁之，及共姜以死自誓，其母亦必感悟而聽之。共姜從夫之謚曰恭，後亦必適衛守義以死，乃從共伯之謚耳。

然則後世女未嫁而夫死，或終身不改適，守義以死，或即至夫家從夫死，正合於禮之文，禮之實，而爲聖人之所深許明矣。彼歸氏號爲深於禮經，獨未察於此詩之義，虛引禮文，遷就己說，特率後世敗傷名教之端，是豈有當於聖人經旨哉！

序言「父母欲奪而嫁之」。詩只言母。陸氏佃曰：「女子從母而已，故称『母只』。」呂氏大臨曰：「蓋止是母意，序并言之，文勢力當爾。如将仲子云『父母之言』，時鄭莊公亦止有母姜氏，此其比也。」案史記，釐侯立，「四十二年，卒，太子共伯餘立爲君。共伯弟和有寵於釐侯，多予之賂；和以其賂賂士，以襲攻共伯於墓上，共伯入釐侯羡自殺」云云。考齊武公立二十六年，以宣王三年卒，釐侯以宣王十五年卒，共姜曰「母也天只」，蓋齊武公卒已久矣。然史記載共伯弟和襲殺共伯之事，最不足信。呂氏祖謙辨之詳矣。總之，共伯之卒，大約在齊武公之後，而陸氏、呂氏之說，亦皆可通，以情事測之，可也。

管氏有三歸說

余幼讀論語「管氏有三歸」，朱注：「臺名，事見說苑」，即疑「三歸」爲臺，何關「不儉」之旨。意說苑必有所謂，以此書一時無由得觀。默識於心而已。

稍長，讀何晏論語集解、戰國策、韓非子、晏子春秋、史、漢諸書，有載「三歸」之事者，詳其文義，均無有作臺名者。東周國策曰：「宋君奪民時以爲臺，而民非之，無忠臣以掩蓋之也。子罕釋相爲司空，民非子罕，而善其君。齊桓公宮中，女市女閭七百，國人非之，管仲故爲三歸之家，以掩桓公，非自傷於民也。」韓非子外儲說：「管仲父出，先蓋青衣，置鼓而歸。庭有陳鼎，家有三歸。」又曰：「管仲相齊，曰：『臣貴矣，然而臣貧。』桓公曰：『使子有三歸之家。』孔子聞之曰：『泰侈逼上。』」晏子春秋内篇雜下：「景公曰：『昔吾先君桓公，宫中女市女閭七百，國人非之，管仲故爲三歸之家。』」又外篇云：「晏子老，辭邑，公曰：『桓公與管仲狐與穀以爲賞邑，昔吾先君桓公，有管仲恤勞齊國，身老，賞之以三歸，澤及子孫。今夫子亦相寡人，欲爲夫子三歸，澤及子孫。」」史記禮書：「周衰，禮廢樂壞，大小相逾，管仲之家，兼備三歸。」又公孫弘傳：「臣聞管仲相齊，有三歸，侈擬於君。」貨殖傳曰：「而管氏亦有三歸，位在陪臣，富於列國之君。」漢書禮樂志曰：「陪臣管仲、季氏，三歸雍徹，八佾舞庭。」又地理志曰：「桓公用管仲，設輕重以富國，合諸侯成伯功。身在陪臣，而取三歸，故其俗彌侈」〔四〕。包咸注論語曰「三歸：娶三姓女。婦人謂嫁曰歸。」顏師古注漢書禮樂志地理志，及公孫弘傳，與包氏同。

今考諸書所載，實皆指取三姓之女言之。然余終疑說苑所載，或別有他據，故朱子有取也。洎得此書善說篇讀之，有曰：「桓公謂管仲：『政卒歸子矣。政之所不及，唯子是匡。』仲故築三歸之臺，以自傷於民。」乃知其說即本國策記周文君事。蓋因子罕、管仲，同掩君過，連類不察，遂以三歸繫於築臺之下，誤爲臺名。不知彼文分明，以「子罕釋相爲司空」，承「宋君爲臺」說，「管仲故爲三歸之家」，承「齊桓公宮中女市女閭七百」說也。今由孔子「官事不攝」之言推之，而知國策及晏子所載，意在掩君之過，尚非事實。以仲之才，設輕重以富國，侈擬於君，其家事亦必殷煩，內外又自有別。官事不攝，治外事也；三歸之取，治內事也。外事既各有專司，而內之飲食起居聲色之娛，冰紈綺繡純麗之織，自非羣女之力，不能優辦。再由韓非子、晏子春秋之說推之，無論管仲三歸之家爲桓公所賜與否，其取三姓之女，亦必各有一家，分爲三處，而三處亦必各有家臣。官事可相攝而不攝焉，其豪侈過度，可想見矣。公羊傳亦曰「婦人以衆多爲侈。」孔子所云「三歸」意不外此。而朱子之取說苑，未及加察之過也。

然此諸書，朱子非必未見，意其先見説苑，未詳其誤會國策之文，故一以説苑爲據；後見諸家之説，概以爲新奇之論而置之歟？不知桓公之過在女閭，而管仲築臺以掩之，類耶否耶？後來王氏應麟有云：「惟正己可以格君，故管仲有三歸，不能諫六嬖之惑。」蓋已知朱子之據説苑爲誤中之誤矣。

淮泗入江説

孟子「決汝、漢，排淮、泗，而注之江」趙邠卿無注，至朱子注云：「據禹貢及今水，惟漢水入江，汝、泗則入淮，而淮自入海。此謂四水皆入於江，記者之誤也。」

近世新化鄒君漢勛特著此説，有云：「汝、漢、淮、泗同注於江之言也，子輿氏有之，墨翟氏有之，吕不韋氏有之。以爲記者之誤也，則不宜三氏同誤。」其説既美矣，至其所惑十載於斯，後乃恍然，則曰：「汝者，非天息之汝；淮者，非桐柏之淮；泗者，非陪尾之泗。皆注江之水也。彼三水者，與此同名者也。所謂汝者，漢地理志『豫章郡有臨汝縣，臨汝云者，邑臨汝水之上。』今南昌有汝水，即盱江也，西北流入湖漢，則所謂汝者，乃湖漢也。淮者，地理志引桑欽之言曰『淮水北入江。』今江南之青弋江合桐水注丹陽湖，又自丹陽北入江，過今地數郡，即所謂淮也。泗者，海内經有之：『泗出吴過胡陵東南，入東海。』漢廬江郡胡陵邑南有白湖，即巢湖，巢湖有四原：西曰肥水，東坫阜河、三叉河、柘皋河，皆注巢湖，又自巢湖入江，此即所謂泗也。」

鄒君此說，乍觀之可謂新奇，直祛向來之惑矣。其實謬之尤謬也！蓋孟子、墨子、呂不韋之書，皆舉禹貢所有及所未載天下之大川言之。孟子、墨子之所謂汝者，實天息之汝，淮者，實桐柏之淮，泗者，實陪尾之泗也。孟子此節，趙氏無注，蓋當時目驗其水道，實如孟子之說，不煩爲之注也。若如鄒君所指三水言之，趙氏及朱子豈不思慮及此，必皆大注特注，曰所謂汝者、淮者、泗者非天息之汝、桐柏之淮、陪尾之泗也，乃某地之汝、某地之淮、某地之泗，一如鄒君之所指也，不待闕文存疑，以至於今，乃有鄒君具此特識，拈出此三不甚著名之水〔五〕，而祛累代之惑矣。蓋大禹治水之績，禹貢特舉其大者言之，至其晚年東南治水之功，皆禹貢所不及載，導淮自桐柏，東匯於泗、沂，東入於海；及沿於江海，達於淮泗，其初治水之績如是也。禹貢已明著之也。暨天下大川既定，復施疏通各水總匯之功，以運貢由江至海，由海達淮。海道紆遠維艱，復以汝泗入淮，開通道路，導淮通江，此則禹貢所不及著也。何以言之〔六〕？春秋哀公九年：「秋，吳城邗，溝通江淮。」蓋大禹導淮通江，至春秋之時，此道不免淤塞，吳城邗而溝通之，乃因大禹之故道而疏通之也。不然，豈有前此大禹所未能通之道，而吳之城邗日淺，反不費多時之力而溝通之，是其智識功力高出大禹之上矣，有是理耶？孟子、墨子之時，不過百數十年，豈不知吳城邗有溝通江淮之事，而不舉吳而言禹者，以此功實出之大禹，不過年久稍塞，吳特稍加疏通之力云爾。然自吳溝通之後，歷漢晉至唐，江淮均尚相通，直至唐末五代之時，則禹之故道乃湮，一如北宋至今日之形勢矣。何以言之？郭璞江賦曰：「總括漢泗，兼包淮湘。」李善即援孟子「禹決汝漢，排淮泗，而注之江」

爲之注，此漢、晉、唐初，江淮尚通之確證也。又李文公來南録有云：「丙辰次泗州，見刺史，假舟轉淮上河，如揚州。庚申下汴渠入淮，風帆及盱眙，風逆，天黑色，波水激，順潮入新浦。壬戌，至楚州。丁卯，至揚州。戊辰，上棲靈浮圖。辛未，濟大江至潤州。」此中唐江淮相通之實證也。又沈括夢溪筆談有云：「唐李翺來南録云：自淮沿流至於高郵，乃遡至於江。孟子所謂『決汝漢，排淮泗，而注之江』，則淮泗固嘗入江矣。此乃禹之舊跡也。熙甯中，曾遣使按圖求之，故道宛然，但江淮已深，其流無復能至高郵耳。」沈括之書如此。以此益見李文公來南之時，江淮尚通，至宋熙甯中遣使驗之，故道宛然，則江淮至湮塞不通者，確在唐末五代之時矣。孟子之書，據春秋哀公九年「秋，吴城邗，溝通江淮，」及郭璞江賦李善之注，李文公來南録，沈括夢溪筆談，均確有根據實證，不煩再引墨子、吕覽之文。且此諸書均非僻書祕本，朱子注中庸「夫政也者，蒲蘆也」，曾引沈括之説，此亦在夢溪筆談之中，不知朱子讀此書，於此等記載之大，何獨忘之？然朱子注孟子之書，猶曰「記者之誤」，至顧亭林先生直云「孟子之誤」矣，豈此諸書概未之見耶！

鄒君漢勛所引墨子、吕覽，惟墨子有云：「南爲江、漢、淮、汝，東流之，注五湖之處，以利荆楚、於越、南夷之民」，似與孟子相合。而吕覽特泛言之，不足引用。且孟子之書已確，無煩更引此兩書也。

孟子夏諺兩節解

此諺乃夏之衰時，賢人君子憫時俗嫉時君不惜民命，專爲一己之樂而作。前半追想先王之時，勤政愛民，深被其澤，所以民咸望其王之出遊也。至後半，「今也不然」以下十句，言今時之王，全與前王相反，民不堪命，「一遊一豫」，無非「流連荒亡，爲諸侯憂」之事。所以確知爲夏諺者，緊接上文，亦用韻語以配之，至「從流」以下十句，乃晏子對景公解夏諺「流連荒亡」四字之義，與上文「天子適諸侯曰巡狩，諸侯朝於天子曰述職」，此亦晏子先引前人成語，已乃徐解「巡狩」、「述職」之義相同。既申明「流連荒亡」四字之義，乃正言之曰：「先王無流連之樂，荒亡之行」，此「先王」即指景公所述之先王也，結之曰「惟君所行也」，言君能無流連荒亡之行，乃可以比於先王之遊觀矣。

自朱子以「今也不然」以下，全屬之晏子之言，失之遠矣。豈臣子對君之辭，亦仿諺語用韻，自言之且自解之者耶？蓋前解「巡狩」、「述職」之説，亦是先引前人成説，非己率爾造出也。

楚辭招魂解

招魂一篇，自王逸以爲宋玉作，云宋玉招屈原之魂，後來昭明文選及宋人洪興祖、朱文公皆仍之，訛傳至今，莫不以爲宋玉招其師屈子之魂矣。而太史公史記屈原傳後贊語有云：「余讀離騷、天問、招魂、哀郢，悲其志。」則此篇實爲屈原之作。太史公雖不言招誰氏之魂，既云「悲其志」，則此篇作於楚懷王入秦既殁之後，屈原哀君惑於偏聽，輕入虎狼之國，幽羈而死，悲憤無聊，特爲此篇，望其魂歸故國。細玩通篇用意，尚有根據；若如宋玉招屈原之魂，首尾似可强通，中篇所述故國佳麗聲色之娱，飲食多珍之美，豈屈原生平有此嗜好，抑豈弟子招師之魂之道乎？惟屈原招懷王之魂，深望魂歸故國之樂，極言不但虎狼之國不可久居，即天地上下四方妖孽鬼怪、寒燠逾恒、可驚可駭，無一不爲險惡之境。篇中内外形容，立言雖不免於過當，將無作有，指虚爲實，至男女雜坐等句，荒淫猥褻，有乖臣下告君之體。即朱子所云「原之爲人，雖或過於中庸而不可以爲法。然皆出於忠君愛國之誠心；原之爲書，其辭旨雖或流於跌蕩怪神而不可以爲訓，然皆生於惻怛、不能自已之至意。雖其不知學於北方，以求周公、仲尼之道，而特馳騁於變風變雅之末流，以故純儒莊士或羞稱之，是也。」但朱子此序，只就楚辭大致言之，至招魂一篇，尚沿王氏、昭明、洪氏之誤，蓋於此篇，全不能解，不敢妄釋，尚得前人闕疑之意。特其所評，移於招魂中間一大段，頗爲深切著明也。

但此篇入首一段，主屈原招懷王之魂，宋玉招屈子之魂，兩説似皆可通。若主宋玉招屈子之魂，則入首「朕」字，當屬之屈原，若主屈子招懷王之魂，則「朕」字當屬之懷王。非若離騷入首之「朕」字，乃原之自謂也。雖然，此篇主宋玉招屈原之魂，譬如謂「臧三耳」，甚難而實非。主屈原招懷王之魂，如謂「臧兩耳」，甚易而實是也。今既主屈原招懷王之魂，則此「朕」字即指懷王言之矣。屈子託言懷王本生有自來，幼具廉潔，服義未沬，但主此盛德，無人輔佐，不免牽於流俗，漸與本性相違。所以然者，皆在高位之臣，不能考校君之盛德，引君當道，此「上」字乃屈原指楚國在上位之人，如上官大夫之屬是也。以致懷王胸無主宰，內惑於鄭袖，外欺於張儀，輕入虎狼之秦，殞身不反，即下文「長離殃而愁苦」是也。然幸爲上帝知之，特爲哀憐告巫陽，欲爲輔之。舊解「巫」爲「女巫」，何義門先生校三「巫」字，皆爲「筮」字之訛，是也。蓋陽者乃筮者之名，帝云「有人在下，將欲輔之，汝可筮其魂之所在也。」筮陽對曰「此乃掌夢之官所司之事，上帝雖有此命，然實難從，不如直招之之爲速也。若必筮予之，恐後謝之不能復。」句絶 前人均以「謝之」屬上句，「不能復用巫陽焉」爲一句，而王懷祖先生又以「不能復用」爲句，「巫陽焉乃下招」六字爲一句，皆非是。但「謝之」，舊本有作「之謝」。若作「之謝」，則當以「恐後之」爲句，「謝不能復」爲一句。若作「謝之」，則直以「恐後謝之不能復」爲一句。「後之」者，遲之也。「謝」者，言魂魄徂謝，不能復還也。筮陽之意，若待筮之，但恐失時，魂已徂謝，而不能復還也。「用筮陽焉」言帝於是用筮陽招之之說焉。但此句不明出「招」字，直至下文「乃下招曰」，以省重復，倍見精采。然前人頗有以「用筮陽焉」以上一段，疑有脱訛字句，其說近是。今即就原文，略正前人句讀之誤，尚未文從字順，其大意不過如是也。

自此以下，造語形容，陸離光怪，令讀之者心移目眩，辭旨極爲泛濫，造語極爲奇怪荒誕，熒惑視聽，無非出於忠君愛國之誠心，惻怛不能自已之至意者也。再讀「亂曰」一結，忽及楚王遊獵之事，初頗不解，細玩之，「獻歲發春兮汩吾南征」，乃知頃襄王放屈子於江南之時，在於春初，下文只言所經之地之風景也。「青驪」以下十多句，正隱寫頃襄王不念先王入秦之辱，卧薪嘗膽，整頓家國，而務爲遊獵之娱。既又規之曰：「朱明承夜，時不可淹，皋蘭被逕，斯路方漸。」言春水方生，不可再進，以致迷途，當早爲歸國計也。而頃襄王只知行樂，無父無君，輕棄宗臣，不能立國，意在言外矣。「湛湛江水」一句，承上起下，言己自此，與頃襄王遠離入江南所遷之地，目極千里，雖大地陽春，草木崢嶸，人皆暢悦，而已撫景思情，無非傷心可哀之境，無限悲感，不能一一説出，其心良苦，其志可悲是也。

【校記】

〔一〕「自用私智」，稿本作「自私用智」。
〔二〕「傳信」，刻本作「傳言」，今依稿本。
〔三〕稿本題爲「讀郦風柏舟」。
〔四〕「其俗彌侈」，刻本「俗」下有「稱」，今依稿本校删。
〔五〕「著名」，稿本作「名著」。
〔六〕「何以言之」，刻本作「何言之」，今依稿本。

敬孚類藁卷二

書序　贈序　壽序

重刊毛詩要義序　代唐鄂生中丞

余少時讀諸經注疏、通志堂宋元諸經解〔一〕，苦其文繁意復，握管研朱，終日不竟三兩卷。嘗聞桐城方望溪少宗伯曾竭三十年功力，將宋元諸經解删其繁蕪，所存不過三分之一，而理明詞達，學者易於觀覽，實遠勝全書〔二〕。惜當日未能刊行，而原本無由得見，未知今時尚在人間否。

旋讀宋史魏公了翁傳，及藝文志併方回周易集義跋、虞集九經要義序，知鶴山先生於理宗嘉熙初忤時相，謫靖州，嘗取諸經正義删摘之，名曰九經要義，深爲嚮往〔三〕，乃訪求數十年，迄無所得。恭讀四庫全書總目〔四〕，知七閣著録有周易、尚書、春秋左氏傳、儀禮四經，尚書尚佚第七、第八、第九三卷；春秋左傳尚佚二十九卷，僅存三十一卷。又讀孽經室外集〔五〕，知所進有補尚書要義三卷〔六〕，禮記三十一卷，缺曲禮上、下兩卷。最後聞吾鄉莫君子偲於同治間客遊上海，得見郁氏所藏宋本儀禮、禮記二經外，復有毛詩要義，心甚豔之。然終無由得觀，不無遺憾也。

前年春，余自蜀晉京，秋間返過上海，時同鄉莫君善徵適官斯縣，勾留數日，有桐城蕭君敬孚過訪旅舍，因詢此地友朋往還及書肆有無祕本，知郁氏所藏宋元諸舊籍出售殆盡。敬孚復爲搜得影寫宋本尚書毛詩兩要義〔七〕，毛詩尚有闕葉，而尚書首尾完整，大喜過望。玩讀數日，稍窺魏公當日別裁精審之至意，於學者最爲有益。因念毛詩要義自宋史藝文志後，雖著葉氏菉竹堂〔八〕、錢氏絳雲樓諸書目，而七閣未得著録，直至近世乃見，實爲罕遘祕笈。去年春，炯奉旨補授雲南佈政使，夏五月，將由蜀入滇。莫君先行開雕，屬敬孚及同鄉宦莘齋分校。爰屬莫君妙揀良工，仿其行款，及敬孚貽書，云刊已及半。今年秋，莫君復以書抵滇，并寄初印本十部。乃略述其原委，遥復莫君，即就此經覆勘印行；他時當更取尚書，并訪求近世所存諸經要義，次第校刊，廣爲流傳，以償夙願也。

敬孚又寄示所録方少宗伯與其門人雷貫一副憲手札六紙，知方公晚年曾以宋元諸經解删定本付託，又倩鈔胥及其諸孫爲録副本。今兵燹之後，方氏原書散佚已久。雷公晚年亦無力及此，其所藏諸經鈔本，儻尚留落人間，所願同志之君子勉力付梓，與魏氏之書相輔而行，則有功於藝林大矣。因牽連書此以俟之。

光緒九年冬十二月。

重刊朱子詩義補正序 代

桐城方侍郎經術文章，久著宇内，其所撰抗希堂十六種，某時喜讀之。然嘗考其説經之作，春秋、三禮之外，尚有讀易偶筆、讀尚書偶筆、朱子詩義補正三書。間嘗詢皖中人士，且有未聞其名目者。丙子夏，偶與桐城蕭君敬孚談及諸先達説經諸編，敬孚因出示手鈔侍郎朱子詩義補正八卷。案牘之餘，數加玩讀，其取義至精，高出近世説詩諸家之上。子朱子可作，亦必爲之心折也。

敬孚云：「此書侍郎脱藁後，爲其門人高密單君作哲所刊，當日印本無多，流傳未廣。咸豐初，桐城戴孝廉鈞衡搜葺侍郎内外集文，合刊全集，時合肥徐孝廉子苓曾以單氏所刊此書囑爲重梓，戴君以貸金不足，未獲從事。旋遭寇難，書亦散佚。而同縣徐氏藏有此書，嘗假手鈔以示同人。十餘年來，迄未有能繼戴徐二君之事者。」某深幸得覩是編，又嘉敬孚留心文獻，不憚雪鈔露纂。爰捐俸重刊，與侍郎所行十六種並傳。惜其所撰讀易及尚書偶筆今不盡見，無由與此書同刊，不能無憾也。

又野有死麕章引晉周伯仁之父遇絡秀汲井，率騎聚觀，絡秀容止如常，以此卜其爲賢，與此詩之義相證。其實，周浚知絡秀之能，乃密覘其作數十人飲食，事事精辦，不聞人聲。若汲井舉動容止如常，自是王汝南見郝嘗女事，侍郎所引，混而爲一。蓋一時失記，未及悟改故耳。今將西邁，適此書刊成，桐雲方伯既爲序其大旨，某因略記所見原委〔九〕，俾讀者詳焉。

校刊湖北通志檢存藁序 代

鎮洋畢秋帆尚書沅以乾隆五十三年秋，由河南巡撫，奉高宗純皇帝特旨，爲湖廣總督，辦理荆州水荒撫䘏事宜。數年間，畢公先後奏請與修湖北沿江各處堤工壩工，年穀順成，民安物阜。爰與同官益講求治理，徵文考獻，得雍正十一年湖廣總督邁柱公、湖北巡撫德齡公、湖南巡撫趙公宏恩所修湖廣通志一百二十卷。時吾湖已分南北兩省，此志尚沿康熙間所修通志舊例，仍兼南北兩省。惟彼時開局武昌，重近忽遠，未免略於南而詳於北。乾隆間，湖南巡撫□公□特創修湖南通志。畢公以雍正以來將六十年，湖北事蹟又多缺略，更慮年湮代遠，文獻無徵，乃集同官及巨紳，倡議開局，纂修湖北通志。此吾湖通志南北分修先後之情形也。

於是畢公特聘會稽章實齋先生學誠總辦其事，更延一時名俊，分纂各類，以期早爲竣工。章先生故深於史學，修志書尤爲專門名家，最後乃膺畢公之聘，特修湖北通志，不敢率爾操觚，慘澹經營，別裁獨斷，創體立例，往往出於前人意慮之表。乃爲旁預其事者及同事諸人所駭，腹誹心謗，匪朝伊夕。而章先生視同事諸人，除其老友桐城胡雒君徵士虔志同道合外，概以庸材馭之。而旁預其事者，亦時讒毁於他當道。後來畢公以事奉旨入覲，諸當道憑先入之言，委人磨勘，諸同事亦騰躍而起，駁議百出。督府仍需章先生登復，章先生復爲辨例，兼載駁議一卷以明之。以此與諸人大相抵牾。又以畢公回任無期，諸當道又無可與語，乃致書畢公，將已所纂修各種，席卷而去。然外人皆未測端倪，且不知章先生所爲别裁獨斷創體立例者究竟何似，又不知旁預其事及諸人之駁議又何似，又不知章先生所爲辨例力闢諸人之駁議又何似。大凡有識者，素知章先生深明此道，且曾有見其前此所修和州、亳州、永清、天門、石首等志，因地立法，變動不拘，各有精義；此次爲畢公所倚任，總纂湖北通志，必非苟作，鮮不以駁議諸人，才疏學淺，知識有限，亦如井蛙不可語海，夏蟲不可語冰也。

予舊知畢公聘章先生修吾省通志情事，欲求其所定體例稿本一閱，以釋所疑。乃服官中外二十餘年，迄無所得。去年夏四月，在蘇松太兵備道任，偶得章先生族孫石卿大令壽康所鈔章氏遺書三十卷，乃蕭山王晚聞太史宗炎所編，前二十六卷皆文史通義内、外、雜篇及文集内、外各卷，二十六卷以下即湖北通志檢存稿。統計通志全編，所就不過十之二三耳。幸所撰序例宏綱細目均存，可藉此得知全編條理峻整，體大思精。

近代直省通志，首推儀徵阮太傅元廣東通志，南康謝中丞啓昆廣西通志，體製特佳。章先生此志若成，似又在阮謝兩廣通志之上。今驗其所創各例，實皆鎔鑄歷代史裁，平正通達，絶無矜奇好怪、矯同立異等弊。惜其書半途而廢。古今來美事將遂，大功垂成，不幸敗於庸夫僉壬之手，大抵如斯，良可慨也！

章先生之書，予心嚮之久矣。先以湖北通志檢存稿四卷，未成稿一卷，附以通志辨例駁議一卷，付諸手民，以餉同好，且使吾鄉後進知畢公當時特聘章先生修吾省通志不成原委如是。其遺書全编，尚待他時公務之暇分别釐定付梓云。

光緒續修句容縣志序 代

紹棠嘗閲有明金陵顧文莊公起元客坐贅語。其古志搜訪一則，嘗謂「地方文獻，士大夫宜留心搜訪，至前代圖籍，尤當甄録，即斷編缺簡，亦當以殘珪碎璧視之」云云。又覩其前後所記晉及六朝唐宋元諸名公所撰金陵古志凡五十餘家，爲他日搜訪之地。紹棠考近今所存者，不過唐人許嵩建康實録二十卷，宋周應合景定建康志五十卷，張敦頤六朝事迹編類二卷，元張鉉至正金陵新志十五卷而已。然顧公當日所見，亦僅有金陵新志訛闕之本耳，其他均未寓目也。

己亥之春，紹棠攝篆句容，下車伊始，與邑之士大夫相接，即詢本邑志書所存凡幾。據云「本邑志書始修於明之宏治，再修於明之萬曆。洎國朝順治、乾隆，曾兩次修纂。今已一百四十五年，官、紳均未有計及於此者。今不惟宏治、萬曆、順治三志已久就湮，即乾隆間江右曹公襲先所修之本，鄉閭僅有舊鈔殘册，别無舊本可備校補。近有邑人楊芷香學博，聞杭州文瀾閣有舊刊本，乃倩其所親江寧傅苕生明經交錢塘丁修甫孝廉展轉假鈔，重刊金陵，尚未竣工。

紹棠遥想顧公所記金陵古志五十餘種，其中必多句容人物事迹，可備甄録，且撰建康實録二十卷之許嵩即爲句容人也。然在有明中葉顧公尚均未見，今又何求而得之哉！紹棠又閲嘉慶、光緒兩次所修江寧府志，於句容人物事迹頗有缺略，亦緣句容新志已久失修，文獻無徵，斷非妙手空空憑虛結構所能爲力也。然不及今爲之，再閱數十寒暑，雖有讀書稽古之君子出，慨然欲補前人未逮之業，亦恐無從措手者矣。

爰與駱君桐君、張君蓬仙、張君子升暨主講華陽書院修文姜君鑑堂及邑中名諸生等共相商搉，倡議續修。又有楊君饌清、芷湘兩哲昆首捐巨貲以爲之倡。逾年，庚子春三月，紹棠又奉上憲檄調署東臺，而邑諸生采訪分纂各類尚未就緒歸一。因念此等要務，倡之紹棠，未便遺累下任，仍屬桐君、蓬仙、子升暨諸士子加意搜訪，務期精粗俱舉，細大不捐，凡一切應行總理校勘刊板之事，紹棠一力肩荷。又逾寒暑，諸生所采及分纂各類頗備，悉繕清藁本十册見詒。紹棠於公務之餘，精心校閱，亦稍加拾遺補闕刊誤刪潤之功，似可與曹公襲先之書先後輝映。

紹棠又念，斯邑舊爲明太祖高皇帝故鄉，我朝聖祖仁皇帝、高宗純皇帝皆嘗六次南巡，多由瓜州渡大江，駐蹕金焦兩山，即巡幸蘇浙，迴鑾大抵莅丹陽、京口等地登陸，巡幸江甯，而句容實爲翠華所經，時承駐蹕。邑東門外長巷及寶華，睿藻頻摛，宸翰叠降，昭回雲漢，照耀湖山。兩朝禦製詩文諸集及南巡盛典等書，班班可考也。又念聖祖仁皇帝六次南巡，先文端公曾四次扈從，先文和公亦兩次扈從。先公均夙好山水，每扈從聖祖，登寶華而望三茅諸山，蜿蜒磅礴，峰巒奇麗，未嘗不時懸心目之間。而高宗純皇帝六次南巡，先伯叔祖先扈駕經此者，尤未可一一悉數。今紹棠忝涖茲土，慨想前徽，特於是邦，倍加尊重，而不敢與尋常下州小邑等量齊觀者，蓋非一端而已也。

夫山川能説，可爲大夫，文獻有徵，方能言禮。士君子伏處蓽門，迴翔文囿，而於桑梓土風，枌榆故事，詢其形勢，無馬援指畫之圖；考其人文，謝朱育宴見之對。一朝發迹閭巷，崛起雲霄，又安能具知天下阨塞、户口多少、强弱之處、民所疾苦，俾各區畫條理，而爲之所，悉臻至治乎？

今紹棠既嘉桐君、蓬仙、子升、饌清、芷湘諸君子協力同心，於年湮代遠、禮亡樂敝之餘，抽厥祕思，發抒才智，尋墜緒於既往，開新法於將來，深有合於鄉先達顧文莊公之明訓。更望邑之後進，景仰前修，隨時法守前言往行多識多聞。處則可以畜德，師表人倫；出則擴而充之，可以黼黻昇平，以永保我國家累代文明之盛，而紹棠亦可藉此竊取知所先務之名，稍免尸位素餐之誚，遥遥勉繼曹公之業也。

徐騎省集校本後序

徐騎省集，世間無通行本，數年前，乃得舊鈔本，讀之，大抵以冲融雅淡爲宗，爲雕繢組織之學者弗尚也。余性不甚嗜古今駢儷之文，而獨有取於此，譬如絶代佳人，天生麗質，不假艷妝，玉顔獨立，自足辟易羣美。集中諸廟碑銘及神道碑銘諸大篇，尤横極才力，鎔鑄偉詞，氣魄沉雄，於王、楊、盧、駱之外，别樹一幟，又非抽黄對白家所能望其什一也惟此。集宋槧既不得見〔一〇〕，近代名家流傳鈔本每多訛脱，至有不可讀者。余故不憚博訪舊鈔本互相參校，三閲寒暑，乃得十之八九，當爲近時善本矣。

大凡校勘之家，遇不可解者，往往好以己意直改本文，遷就己意，豈無有千慮之一得？然天下之書不能盡讀，即讀，亦不能盡記，有昔人引用故事，今人不知其所本，輒以俗本習見者直改之，不訛而以爲訛，非是而以爲是，前誣古人，後誣來學，此亦昔人所論藏書之一厄也〔一二〕。

故余校此集，務守古人闕疑之義，采諸本之精華，存諸本之同異，但期不失古書之真面目而已。然亦有訛字，諸本皆同，萬不能從者，不得不援據所本以正之；亦有各本皆同，萬不能改者，亦不得不援據所本以存之。今略舉數端，以概其餘。如四、七等卷，「躍龍」兩字凡三見，各本皆同，此確用後漢書明德馬皇后傳「帝幸濯龍中」及「前過濯龍門上」故事，此必鈔胥習見「躍龍」二字可以連文，不知「濯龍」之義，改「濯」爲「躍」，今直改「躍龍」爲「濯龍」。卷十武成王廟碑有「出車甌洛。則係以長纓；鞠旅衡湘，則舉爲內地」等句，此指南唐平閩亂及平楚亂言之。南唐故未嘗用兵於河洛也，故碑銘有「三湘即序，百越來庭」之語，此「甌洛」定當作「甌駱」，今各本皆作「甌洛」，蓋不知「駱」爲西甌地名、越之別種故也。故今直改「甌洛」爲「甌駱」。又蔣莊武帝新廟碑銘有「璋底之符」句，此明用周官典瑞玉人，當作「璋邸」，而各本均作「璋底」，今直改爲「璋邸」。又此文後幅有「塼埴之工鸁至」句，此明用考工記，當作「摶埴」，而各本均作「塼埴」，今直改爲「摶埴」。卷二十三文房四譜序有「昔魏武帝獨歡於朱伯業」句，此明用三國魏志武帝紀及文帝紀「袁遺」併裴注袁伯業事，今各本均作「朱伯業」，余故據魏志及所見宋刊文房四譜原本之序直改「朱伯業」爲「袁伯業」。凡此之類，皆正所當正者也。卷二十五大宋鳳翔府新建上清太平宫碑銘有「得遺珠於罔象」句，此明用莊子天地篇「罔象得珠」事，今各本莊子均作「象罔」，此集各鈔本均作「罔象」。考漢唐人詩賦亦均作「罔象」，張衡思玄賦、北宋本祖庭事苑亦作「罔象」，今遵義黎公庶昌在日本得宋本莊子注疏影刊之，其天地篇正文三處、注疏四處均作「罔象」，徐公所據猶是北宋以前之本，藉此可以證今通行本莊子之誤，此萬不能徇俗也。前者黟縣李君宗煝刊此書時，余適有疾，乃託長州朱君孔彰代爲校刊。朱君未暇參攷舊本，又習見今本莊子均作「象罔」，直改徐集本來面目。余乃不憚繁瑣，詳爲考訂，以明舊鈔本非確有所見，萬不可以輕易也。其他微文碎義，極費經營，凡有可疑及可並存者，均爲校勘記以申明之，以質諸好古博聞之君子，庶幾擇而取之。且冀更得兩宋時刊本覆校，以匡余之不逮，是則余之所大幸也。

甲午三月十七日。

重刊况太守集序　代

余舊藏有有明蘇州府知府陞按察使靖安况公之集。一日，吴縣袁君敬孫過訪，見而悦之，乃假刊於津門之廣仁堂。逾年竣工，以書來乞爲之序。余以爲况公之德，澤在吴中，不待其集始顯；其集既復行於世，亦不待序而傳，久之故未有以應。閱歲餘，袁君復惓惓以書來請，余檢閲本集前後諸君之序，則公之志事及輯集刊校原委言之已詳，余雖欲出新義以步諸君之後，而苦於無說以進。無已，則別舉生平之所聞見、舊籍記載之不實，有近於惑世誣民者，略爲剖析一二，附諸君序跋之末，俾讀是集者得有所考焉。

謹按：公以宣德五年庚戌蒞蘇州府任，即誅猾吏，劾貪官，請減浮糧及抛荒糧、積欠糧、遠運糧，革抽船米，清軍，共奏行二十一事。是年冬，繼母何氏卒於籍，次年聞訃，解任丁憂回籍。耆民三萬人乞奪情起復。七年壬子，奉旨復任。又奏行十二事。此公三年中事實如此，章章在人耳目者。而明人沈氏德符野獲編忽采異說，以公抵任之次年奏吴縣縣丞趙濬闒茸無能，起送至京。其民千八百餘人訴於巡撫侍郎成均周忱，言濬守法奉公，愛民集事，因本府經歷傅得有求不遂，因譖於知府。上命按臣核之，果如民言，命濬復職，置得於法。都察院請治鍾妄奏之罪。上曰：此爲得所欺，但失之不察耳，姑記其過。仍戒鍾加慎。然則鍾固一輕聽躁動人也。吴人以其異途健吏，能抑豪强，譽之過情，流傳至今不衰，云云。今考公蒞蘇之年七月曾劾罷闒茸官十一員，中有吴江縣丞趙濟，又八月，有拿解本府經歷傅德至京，均不聞蘇人有爲之申冤訴屈者。至次年春，即聞繼母憂解任回籍，此年並無參劾之事。大抵野獲編所云吴縣縣丞趙濬，即本集劾罷十一員内之吴江縣丞趙濟。「濟」、「濬」二字以形似而訛，又多訛一「江」字。野獲編所云「傅得」，即本集爲貪酷鎖解之「傅德」。「德」、「得」二字亦形音相似而訛。意趙濟平日或有違道干譽之事，有爲愚民所喜，當時爲公所劾，或有造作謡言，欲爲訟冤而未能行者，至數十年後，俗語不實，流爲丹青耳。若如野獲編所云，則趙濬實爲循良之吏，故得民心若是也。然公初涖任之年，合郡賢否無不洞察，舉錯得宜，是其明哲過人矣。及至次年，吳縣縣丞素著循聲尚未之知，反偏聽本府經歷之讒言，而起送至京，又何昏聵若是邪！揆之情事，驗之本集，無一而合。然則沈氏所云「輕聽躁動」、「督之過情」，實爲妄議名賢！其書凡數十卷，所述恐未盡當，更有類此者矣。

又公本姓況氏，因元季兵變，合家遇害，其父仲謙時年六歲，爲同里黃勝祖收養。黃氏無子，遂以家業付之，公父遂承黃姓。故公自幼及出仕之年，皆爲黃鍾。至宣德四年，公官儀制司郎中，思亡父遺命，以弟鏞承黃姓，乃自上書宣宗，請復況姓，遂爲況鍾。此公之姓前黃後況之實事也。而明之楊氏循吉吳中故事云：公實姓黃氏，蘇州知府缺，楊文貞公以公薦。夫公實姓況氏，承姓黃氏，復姓況氏，以宣德五年特授蘇州知府，賜敕書賜鈔馳驛之任，具見本集年譜及傳狀，確鑿如是。楊氏在當時頗稱明晰掌故者，所記況公二事即舛訛如是，則吳中故事其他恐亦有不能盡信者矣。

凡此數端，非賴本集證其謬妄，則楊沈二家所載，世人鮮有不以爲真者矣。然則文獻之係於斯，天下後世豈不大哉！而袁君之重刊此集，其功豈不偉哉！

余又考本集之末補遺有辟疆館記，乃嘉慶間蘇人得此石刻，後來刊公之集，即據以補入者也。余反復讀之，中有引至元吳地記、景定姑胥志及「正統三年冬丁先太夫人憂，並以五顯廟之南偏爲居廬終制」等句，而不能無疑焉。蓋至元吳地記、景定姑胥志從未見前人著録，實無其書，在明時何以流傳，爲公所見？而公丁繼母之憂，實在宣德五年之冬，六年回籍，七年奉旨復任視事，又安有在五顯廟南偏居廬終制之事？且下至正統三年，已參差八載，此記果爲公作，此石果爲公書，不應舛訛不經若此。其他所述，亦非事實，今亦不復深論，姑發其端，以俟知者詳之。遂書此復袁君，且質之袁君，以爲何如也？

光緒十一年冬十月。

重編左忠毅公文集并年譜定本序 改訂馬通伯序

其昶嘗恭閱欽定明史藝文志左光斗奏疏三卷，文集五卷。後來訪諸左氏，得新舊兩刊本。舊本爲公子國材所刊，奏疏二册，尺牘并雜文一册，詩集一册，年譜二册。新本爲道光間左氏祠堂所刊，又缺尺牘雜文一册，實不足史志所載卷册之數。

據公子國材跋，「公囊膺瑲禍，踉蹌出都時，以邏卒四布，生平著作，家人盡付祖龍，即典兵事與二魏交通三十二可斬等疏亦不復存」云云。蓋明史藝文志所據猶爲明季名人親見公之全書卷帙記載如是，今公子國材等所刊，乃當時付諸祖龍之餘者也。又有四書文一册，不在文集之列。

其昶今謹編定公集，奏疏二卷如舊本；舊本編次未盡合，略依時事年月次其先後。尺牘雜文舊本不分卷，今編爲二卷。古近體詩舊本共一卷，今編爲二卷。四書文凡名家集均別行，不列本集之内。公之四書文皆發明經義，其平生志事及經世偉略亦時流露於行墨中，與尋常時藝不同，今編爲二卷。總八卷，統名左忠毅公文集。雖不及史志所載之多，然公之著作，在今實止於此矣。

別有年譜上下二卷，公曾孫宰所編。宰字雒三，康熙辛卯舉人，官福建建陽縣知縣，有治績。其紀移宫始末及公在獄事頗爲詳確。自云「本家乘所録，稽之史書，參以祖若父之傳聞，及同難諸公之遺集，網羅放失而成者也。」惜其所考他事猶有疏舛，其文又不盡雅馴，取舍亦不免失要，故四庫全書第列之「存目」中。其昶嘗與外舅姚慕庭先生審正義例，又博考遺文，證之明史及諸家碑傳志表記載而要删之，仍爲上下兩卷，曰左忠毅公年譜定本。繕寫既定，附公集後，將寄天津廣仁堂刊行。

蓋公之所遭亦極難矣，其平生志事之所得伸者，惟力争李選侍移宫而宸極獲正、出按畿輔而興水利、開屯學、講武備、拔史公可法諸大端。而一時畿輔諸賢如定興鹿太公、容城孫徵君及大興史公等〔一二〕，莫不奮發慷慨，急公之難。公歿數年，正人相繼淪喪，國事日非，高陽孫文正公深有感於人之云亡、邦國殄瘁，至爲三十五忠詩以寄其慨，而於公尤三致意焉。於戲！觀公師弟朋友患難生死相與之誼，甚足悲也！是公之大節在天壤，而靈爽之所憑式，又未嘗不於畿輔尤惓惓焉。然則刊公文集於兹土也，儻亦有奇傑好古之士聞聲興起而曠代相感者歟！

其昶編定公集及年譜既成，以示父友蕭敬孚先生，先生閲而善之，且曰：「公少應試，習易經，曾有周易文内外篇與其所爲四書文、清真集，通籍後並行於世。中晚之年，於周易尤有深造自得之詣，又著有周易全義，今其家皆不復存。乾隆間，其曾孫宰重刊公四書文六十篇，不過公自訂清真稿三四分之一耳。」其祀復訪之公族及邑中藏書家，均未見有此。最後得鄉先達方中丞孔炤所著周易時論二十二卷讀之，其書屢引公説，陳義甚精。又得道光間湖南湘鄉左太守輝春所刊左氏雙忠集，於舊本雖無以加，特其封面有「周易制義嗣出」一行，似公所著易經義及時藝，湘鄉左氏尚有原編或傳鈔之本，今未見刊行，竟不知其存亡。然則，公之著述不盡傳世者，豈僅奏疏、文集已哉！即公之生平潛德隱行，與高陽孫文正公所云「桐江僉院左，遠志包寰區」者，又豈茲譜所能盡哉！

孫麻山先生遺集後序

吾邑先輩講理學者，自何省齋、方明善、陳幡石、王石仲、胡用甫、馬一齋諸公而外，尚有孫麻山先生。然諸公或生前功建名立，或賴有賢子孫、高業弟子爲之表章，故名聲流於人人，著述亦傳於後世。至其生平確守程朱，而於姚江之學摘其病痛、反覆攻擊，較近世張楊園、陸清獻爲尤甚，而卒身遘无妄之禍，著述不傳於世，名不垂於里閈，未有如麻山先生者也。

先生世居桐城北鄉，早年堅苦立學，時里中有宿儒方間阿先生，學宗宋儒，詩法少陵，先生與友人方芓川先生皆師事焉。而間阿又與里中胡莫齋先生友善，莫齋有子曰田，字雍則，又師事先生。莫齋因構尊聞書舍，館先生於家。間阿時過從，相與砥礪，率里人行吕氏鄉約，期以講明聖賢之道爲己任。其後，先生與方芓川、胡雍則、吴易光、易正諸先生作同人堂，配祀間阿於朱子焉。

先是，浙江吕晚村家饒於貲，往往取前名家時藝，圈擲評定，布於天下。後交桐鄉張楊園先生，乃研究先儒性理之書，亦多刻而布之。先生偶得其文，服其所學之正，説理之精，因遍搜晚村文字刻之，且作序以冠其首簡。雍正戊申冬十月，湖南之禍作，先生竟以序晚村文集故牽連，於己酉夏逮繫西臺。後數年，論死。家中藏書悉化爲煙灰。故先生死後，亦無楮墨流傳人間。歷年愈多，而先生之名，雖同里好學之士，且有不審爲何如人矣。

咸豐丁巳，穆至北鄉訪求遺書。時邑中窮年爲賊所踞，世家大族所藏之書，兵火之餘，貧民拾得一二，出售於外。余族人某有獲書數千卷，乃午夜繙閱，取數十種，忽得先生手鈔一册，乃其生平所爲古文也。驚喜過望，因遍示友人，且録一、二副本以藏焉。

嗚呼！先生生平學術之正，衛道之切，於今日始稍顯。至於文詞雅正，氣象雍容，粹然儒者，於鄉先輩中，亦不多見也。抑余猶有未解者：鄉先輩才氣浩瀚，仙資絶世，所遭文字之禍，最爲酷烈，莫如戴南山先生，特其憤時疾俗，矜心躁氣，時流露於行墨之間，當時見其爲人，後世誦其爲文，亦預知其不免於難。而先生之文，詞氣汪洋，酣恣颯爽，似不得與南山争衡；而簡倔嚴重，析理精深，心平氣和，皆南山所不逮。顧所遇之境，亦與南山先後一轍，此又理之所不能窮，而大造之不可知者也。

余旋聞方苧川先生之來孫某，藏有先生遺詩一册，因借閲之，亦録一本，合爲一集，雖稍遜其文，而真性流露，獨往獨來，亦非尋常小儒所能望也。獨念先生篤學力行，賴有斯集，他日必大顯於世，而間阿先生著述之富，今徧求之不可得，莫齋先生與其子雍則，僅存大學指南一書，今亦未顯於世，士君子之遭遇，名字之顯晦，有厄窮遺逸如是邪！亦可悲也。

先生名學顔，字用克，自號曰華農子，所居處曰麻山，故又號曰麻山。間阿先生名日新，字漢良，號洗齋。莫齋先生名國鉽，字鉉五，一字夏采，生平學行，略見先生集中。苧川先生有集，兹不贅。

劉海峰先生唐宋八家文選序

自明臨海朱右取宋歐、曾、王、蘇四家之文，以輩韓柳，合爲「六家」，而歸安茅坤，又於蘇氏析而爲三，定爲「唐宋八家」，後世遂爲定論。言古文者，必曰「唐宋八家」。茅氏文字之見，實能跨越前人，鈔録亦稱極富，而識者頗病其繁雜，不得爲治古文者之善本。嗣後選本愈多，而識又或出茅氏之下，所録愈失前人之真。以穆所見，國朝惟和碩果親王古文約選，並高宗純皇帝禦選唐宋文醇，大體雅正嚴謹，足爲後學之所宗仰。而果親王之本，實出吾邑方侍郎之手，所録惟漢人散文，及唐宋八家專集，評點確實，鈎劃精當，二本皆足以開後學神智。

繼侍郎而起者，則莫如劉海峰先生唐宋八家文選。先生此本，自少至老，稿凡數易，行年八十，乃有定本。寢疾之時，猶皇皇釐定評録，以書與歙縣門人吳定，冀其渡江商校。俟吳渡江來樅陽，而先生已卒。其後先生外孫左堅吾，欲以先生文集去其牽率酬應者，與唐宋八家文選，以次授梓。文集曾重刻於浙江，此本竟未之及。先生兄子於先生謝世後，亦頗留意此書，與賈人謀將鐫板以傳，後亦就寢。吳先生晚節益窮，治經授徒以終，於先生遺書，亦未暇表章矣。此書邑中副本無多，乾嘉之間，有力者校刻前人遺書，而外間未見，故未能知而訪求也。

往者鄉前輩吳明經孫織曾於先生族子某得見先生原本，乃借臨一副本，而先生後人〔十三〕，漸就式微，遺書悉就散軼。此本自吳明經家歸其門人左某。穆於咸豐甲寅之秋，始於左家得見，因乞借觀，留數月後，乃購茅氏本，臨批補讀。蓋先生當日選本，亦就茅氏鈔本擇別，又茅氏所未鈔者，更有增録，而於茅氏本評跋有可采者，亦節取之。又謂八家之外無文，而於韓門附李翺六首，蘇門附晁補之二首；八家之後惟明歸太僕有光，才力雖不逮古人，而稍得古人行文之意，附録三十三首，合之八家，得五百餘首。體類分八：曰議論、曰奏疏、曰書、曰序、曰記、曰碑志、曰祭文、曰雜文。而於前人精神不到，間有一二敗句，則鈎乙其旁，以爲後學擇取，仍以唐宋八家文選名者，其意蓋謂李、晁、歸三家，實八家之流亞，但附其文，尚未足與八家争衡也。

穆稍諳古文之法，實由先生此本，及其所著文集，讀之愈久，益知此本之佳〔十四〕，其所評點，足以開後學神智，較之他本尤易。後又得見姚惜抱先生古文辭類纂，上自周秦，以至國朝，但取吾邑方侍郎及先生，以繼震川八家之後。蓋先生古文之法，受之方而授之姚，三先生所造之境不同，所選之本，皆卓卓傳世行遠。而侍郎之文主「義法」，約選之本，最爲嚴謹；先生論文主「品藻」，所選之本，廣大寬博，評定精審；惜抱先生尤以識勝，其古文辭類纂所録八家之文，大約皆未甚出先生之範圍也。顧方姚兩先生，生前名尊身泰，一時王公大人，重爲泰山北斗，而又多高業弟子，一生著述故得盛行於世。先生年逾六旬，始爲博士於黟，後乃窮老荒江，所負盛名，雖不下方姚兩先生，而門徒亦多名俊，大抵爲山澤之癯以終，生平評定經史子集，浩如煙海，行世僅詩、古文辭及時文而已〔一五〕。以此益歎千古著述之家，雖醇駁不同，得失互見，欲盛行於世，且能傳之久遠，雖在其人其書之精神才力、大小厚薄，亦所遭之時、所遇之境，有幸有不幸也。

先生年逾八旬，猶力疾伏首几案，著述不輟。身後雖多散軼，以穆所見，數年訪求，尚得數種。冀遇世有好學之士有力爲之鐫板，公諸同好，而先書其本末如此。至精義所在，則先生凡例言之詳矣。而古人行文樞奧，則見先生所爲論文偶記及文中評跋，故不贅。

劉海峰先生歷朝詩約選後序

右歷朝詩約選九十二卷，內第五十七卷分上下，實有九十三卷。鄉先生劉耕南徵君所纂也。徵君生平博觀古今載籍，均有標録，惜後人式微，先後散佚。惟自少至老，所閱古今人詩集，編爲歷朝詩約選。五言古詩，託始於漢之蘇李贈答；七言古詩，託始於魏之陳琳飲馬長城窟行及宋鮑照之行路難；五言律詩，託始於齊梁以下諸人；七言律詩，託始於初唐沈佺期、宋之問、杜審言諸人；五言絕句，託始於漢人枯魚過河泣、古歌、古絶句等篇；七言絶句，託始於唐初之無名氏送別詩及杜審言、張説諸人，歷漢、魏、六朝、唐、宋、元、明，至國朝乾隆間而止。五言律詩，自序有「詩自齊梁，古詩漸流爲律詩，以之入古詩則卑，以之入律詩則美，學律詩者，宜遡源於此。故嘗於升庵『律祖』之外，别爲取齊梁以後近律句之作，一概截爲八句，不顧其本意之斷續何如，使學者摘句而玩索之。若以爲删改前人，則謬矣」云云。又於唐宋人以下五七言古詩，亦時有删節，每篇删兩句、四句至十數句不等，即李、杜、韓、蘇諸公，亦有不免，於國朝人詩，字句間有未安，或直爲改訂。

徵君殁後，四方學者互有傳鈔之本。咸豐間，大江南北屢遭兵燹，傳鈔各本，多有散亡，間有存者，不過數卷數帙而已。穆少時嘗得殘册二三十卷，中有姚姬傳比部手鈔四册。同治六年，謁兩江總督曾文正公，談及徵君此書，公云：「往在京都，曾見同官中有鈔本全部，借觀大略，其精博爲從来選家所未有。今全書儻可搜求，當爲付官書局代刊。」數年後，遍訪有得，而曾公已逝，書局之刊，遂作罷論。癸酉、甲戌之間，穆往来蘇滬，先後晤中江李君眉生、沅陵吴君桐雲、貴池劉君芝田，話及此書，三君皆喜爲詩者也，均欲鳩貲同刊。訖未有就。辛卯之秋，偶爲老友黟縣李君爰得言之，李君慨然以爲己任，且願出三、五千金，將徵君著述全刊行世。未幾，李君一夕無疾而終，雅意竟未能遂。

至甲午夏秋之間，主講保定蓮池書院同縣吴君摯父，毅然欲傳此書，謀之於今廣東巡撫前任河南山東河道總督奉新許公、今河南巡撫宣城劉公，二公慨然各量出清俸，佽助經始。暨李君勉林、羅君稷臣、周君緝之、姚君錫九、章君定庵、摯父同蓮池書院諸生，亦共集巨款，寓書於穆，總司其事，校刊於金陵書局。穆亦約江浙間同人裘君葆良、孫君問清、林君稚眉、何君芷舫、李君象春、陸君詩城、筆城、劉君丙卿、聚卿、張君筱傳、星五諸昆季，量力佽助。李處士子嘉聞之，更資五百金，以彌乃祖爰得翁未逮之志。李君時泉又重出館俸，併約嚴君筱舫、劉君康侯，各助厚資，乃克落成。

惟此書僅有標録，而無序例，全編評語，僅百餘條。老輩相傳原編本有序例一卷，其後轉寫遺落。或云此編徵君手録自玩，無意傳世。考徵君與姚比部手札有「生平看古人書，亦多有標録，而少批評，以批評則滯於語句之下，不能盡文字之妙」云云，今此編有標録而少批評，即是此意。姚比部亦嘗言「圈點啓發人意，勝於解説」，與徵君所見正同。其五言律詩卷一小序明云「使學者摘句而玩索之」，不得云手録自玩，無意傳世也。嘗聞吾邑程氏，有徵君手批昭明文選，張氏有手批杜詩，徐氏有手批王阮亭詩。穆亦嘗得老輩傳録批點高季迪大全集半部。又聞諸張氏子弟，云徵君批點杜詩，極爲精細，五言長律凡轉折段落筋脈，一一分明。今此編録杜公五言律詩，多至一百七十七首，而五言長律，竟一篇不録，詢之鄉先生，當日曾見各家所藏全部者，亦均未見五言長律一體，殊令人索解不得。今三家藏本已亡，無由借録，爲可惜也。

近代詩家選本正宗，首推王文簡公古詩選，姚比部唐宋五七言今體詩鈔。王本僅有序例一卷，並無標録批評。姚本雖有標録，而批評半涉於考據，且所鈔各詩，均由此編録出者。且兩家之書，均於朝代不全。惟徵君此編，遠自漢魏，迄於國朝乾隆中葉。凡古今詩家，洋洋大篇，寥寥短章，苟屬正宗，無不備載。搜羅宏富，采择精審，曾文正公推爲「從来諸家選本所未有」，誠篤論也。讀者一以諸篇標録玩索之，可以得其全編宗旨所在，不必定較其序例之有無，評識之多寡，可也。其采録諸家，雖稱浩博，而用意至爲謹嚴。蓋其生前於同時老輩及友人之詩，多所推奨。吾邑自唐人曹氏松，及有明以来，詩人有集，無慮五六百家，其同時海内交遊之有專集，約計一百四五十家，今此編於本縣，只録吴兵部檄、方氏以智、錢氏澄之三人；海内交遊，只録丹徒鮑處士皋一人，此外赫赫巨公之有詩名、且於徵君詩文深有知己之感者，皆一篇不録，亦足見徵君决择矜慎，其書所以能信今而傳後也。

光緒二十三年歲在丁酉冬十月。

校刊古文辭類纂序 代

桐城姚姬傳先生所爲古文辭類纂，早已行世，海内學者，多有其書矣。顧先生於此書，初纂於乾隆四十四年，時主講揚州梅花書院。乾嘉之間，學者所見，大抵皆傳鈔之本。至嘉慶季年，先生門人興縣康中丞紹鏞，始刊於粤東。道光五年，江寧吴處士啓昌復刊於金陵。然康氏所刊，乃先生乾隆間訂本。後二、三十年，先生又時加審訂，詳爲評注，而圈點亦與康本互有異同。蓋先生之學，與年俱進，晚年造詣益深，其衡鑒古人文字，尤精且密矣。然吴氏刊本，係先生晚年主講鍾山書院時所授，且命付梓時，去其圈點。道光以来，外省重刊，大抵據康氏之本，而吴氏本，僅同治間楚南楊氏校刊家塾，不甚行世。而外間學者，雖多讀此書，容有未知康刊爲先生中年訂本，吴刊爲先生晚年定本，又未知先生命名古文辭類纂，「纂」字本漢書藝文志，康氏不明「纂」字所由来，誤刊爲「古文辭類纂」，至今古文辭類纂之名大著，鮮有知爲「纂」字本義者已。又耳食之徒，以康本字句，時有脱訛，不如吴本，經姚先生高第弟子梅伯言、管異之、劉殊庭諸君讐校之精。然康氏刊本，實出姚先生高弟李申耆，其學識亦不在梅管諸君之下，且李君又實司校刊之役者也。

承淵少讀此書，先後得康吴兩本，互爲校勘，乃知各有脱訛，均未精善。所謂齊則失矣，而楚亦未爲得也。不知爲姚先生原本所據，尚非各種精本，未及詳勘，抑亦諸君子承校刊此兩書，均不免以輕心掉之者也。二十年来，承淵凡見宋元以後、康熙以前各書舊槧，有關此書校勘者，隨時用硃墨筆注於上下方，積久，頗覺近完美。又桐城老輩，如方望溪侍郎代果親王所爲古文約選，劉海峰學博所爲唐宋八家文約選，均用圈點，學者稱之。姚先生承方劉二公之業，亦嘗示學者前輩批點可資啓發，即所纂此書，不但評注數有增加，而圈點亦隨時釐訂，惜往年無由得見耳。頃與先生鄉人蘭陵逸叟相往還，偶談此書，逸叟即出行笥所録姚先生晚年圈點本見示，大喜過望。詢所由来，乃得諸其鄉蘇厚子徵君惇元，徵君即得諸姚先生少子耿甫上舍雉家藏原本而録之者也。

承淵早歲浮家，久離鄉土，念吾滁州僻處江淮之間，四方書賈，足迹罕至，鄉塾所讀，不出俗行古文析義、觀止等本，不足啓發後學神智。乃假逸叟讀本，録其圈點於所校本上，付諸手民，刊於家塾，庶幾吾滁可家有其書，不爲俗本所囿矣。至刊板改從毛氏汲古閣所刊古書格式，字畫尤力求精審。又康刻本，於姚先生所録漢文，時用漢書古字。今考姚先生所録漢文，其例不一，有以己意參用史記、文選及司馬公資治通鑑、真西山文章正宗等書字句者，今亦酌爲變通。凡一文參用各本者，則均用通行宋字。惟單據漢書所載本文，則仍遵用漢書本字，以存其真。

惟姚先生定本，雖有圈點，而無句讀，承淵伏念窮鄉晚進所讀古文，不惟藉前人圈點獲知古人精義所在，即句讀尤未可以輕忽。句讀不明，精義何有？昔班氏漢書初出，當時如大儒馬融，至執贄於曹昭，請授句讀；韓昌黎上兵部李侍郎書，亦有究窮於經傳史記百家之説，沈潛乎訓義，反覆乎句讀之論。我朝乾隆三年冬，詔刊十三經、二十一史時，方侍郎苞曾上重刊經史事宜劄子，中一條有「舊刻經史，俱無句讀，蓋以諸經注疏、及史記前、後漢書，辭義古奥，疑似難定故也，因此纂輯引用者，多有破句。臣等伏念：必熟思詳考，務期句讀分明，使學者開卷了然，乃有裨益」云云，意至美也，法至善也，惜當時竟未全行。今姚先生所纂此書，既精且博。論者以漢唐以前文字，句法古奥，多有難明；承淵以爲唐宋以來，洋洋大篇，句讀亦未易全曉。矧窮鄉晚進，讀書不多，頓見此書，旨義未通，不免以破句相授，貽誤來學，匪爲淺鮮。今承淵竊取方公之義，每讀一篇，精思博考，句點分明，雖未必一一有合古人，而大要固已無失。昔顔祕監之注漢書、胡景參之注資治通鑑，間有破句，有失班馬兩書本旨者。以二公之學識通博，精神措注，尚未能全編貫通，毫髮無憾，而況後人學識精神如承淵者，遠出二公之下者哉！惟有不偏執己見，勤學好問，一有會悟，隨時改正，務求有洽於心而已。又承淵所讀，間有句讀與前人稍異，及近代名公偶有句讀，能補前人所疏忽者，且有删改康吳原書字句，恐滋後人所疑者，容當别爲札記一編，附於本書之後。不過使窮鄉晚進，增廣見聞，便於誦習而已，非故敢云能補姚先生之所不逮也。第康吳之本，校刊雖未精善，而兩序均能發明姚先生所纂大旨，今仍附録之，俾讀者詳悉，而承淵更不敢再贊一辭焉。

光緒二十七年歲在辛丑正月元日。

國朝桐城文徵約選序 改訂陳清如作

桐城在江淮之間，東西二百餘里，南北百數十里，在皖北不過尋常一邑耳。而外間賢士大夫，咸稱爲大縣，豈非以前此仕宦人文之盛邪！

然六代以前，人文無考。唐之中葉，有曹公松，宋之北有朱公載上洎其子翌，始以文學著名於世，同時有李氏公麟、公寅、元中昆弟三人，與王荆公、蘇文忠公、黄文節諸公同遊，風流文采，照耀一時，號稱「龍眠三李」。或疑龍眠山陽爲桐城，龍眠山陰爲舒城，李氏昆弟既有龍眠之稱，實非桐城所得而私焉。明初有方斷事法，含芳履潔，雅有文學，不幸學業未著，而殉建文皇帝之難。中葉以還，名臣碩儒，應運而興，頗有文編，流傳寰宇。明季有方斷事裔孫以智，承其父祖遺業，博綜經典，諸子百家，無所不窺，晚年以學分授諸子，父子祖孫，蟬聯七代，著書百種，實開熙朝漢學家及天文算法之先聲，而文章猶其餘事。同時有錢公澄之，奮跡草茅，經學文章，奄有衆美。方百川、靈皋兩先生，嘗承其指授，各就所業，藝苑稱雄。後來劉耕南徵君、姚夢穀比部，又各極文章之能事，遞相授受，一脉相承〔一六〕。外間文人學士，乃有「方、劉、姚」之稱。其文皆目爲「桐城派」。其實，與方、劉、姚三公先後同時仕宦，則内自卿相以及庶僚，外自節鎮以至佐貳，下逮蓽門之士，山澤之癯，亦多抗心希古，揚風扢雅，蜚聲壇坫，特其專集不盡行世，多爲外間賢士大夫所未睹，故第曰「方、劉、姚」云爾，若以爲微此三公，桐城幾無人文焉。與之追逐翱翔者，在昔康熙間，鄉先生李芥須雅，何存齋永紹有龍眠古文一集之選，作者九十三人，奏疏、論辨、書序、雜記、碑誌、辭賦，各體具備，爲文四五百篇，爲卷二十有四。二百年來，兩易梨棗，然皆有明及國初人也。道光、咸豐間，鄉先生戴孝廉鈞衡、方京卿宗誠，以國初至嘉道間，二百餘年，作者林立，集無總名，乃互相采訪，得六十三家，爲文一千三百有奇，爲卷八十有一，名曰國朝桐城文録。咸豐間屢遭兵燹，稿本僅存。鄙人不揣固陋，以文録所采，作者未備，更竭三十餘年心力，廣加搜伐，復得七十餘家。又以明代人文，雖有李何二公選本，篇幅未充，仍有賡續，乃統有明至國朝，迄同治間，作者得二百三十家，録文四千三百八十有奇，爲卷二百六十有四，草創粗犇，藏之家塾，以俟將来。顧李何二公所選，皆各就所好，無甚宏旨，戴方兩公所録，始專講文體，有乖義法皆在芟夷；但用志如斯，尚未能副。鄙人所録文徵，大旨在存五百餘年一邑文獻，凡有關於義理、經濟、考據、詞章，諸體紛出，分鑣並驅，有一可憑，均爲詳載。

自愧無狀，少承庭訓，經籍文史，薄涉藩籬，自中年先人見背，託跡江海，二十餘年，後来聞見稍廣，術業歧分，又頗留心四方文獻，爲書數種，未竟殺青，拮据經營，不能自了。然於故鄉人文，亦未嘗不時時在心目間也。頃與外間文人學士往還，有見愚行笥手鈔鄉先輩雜文數帙，讀而艷之，欲爲付梓。愚以爲此係一人之嗜好，未必有當於人心之公。而友人督促再三，勢不可遏，乃返故鄉，仍就文徵稿本，再加择别，凡涉於考據家言，與樸實説理，類宋人語録，及詞采穠麗，近宜樣文章，並有好用奇字奥句，誕妄僻典，艱深疑衆，有似揚子雲、樊宗師之所爲者，雖各有可采，概從割愛。所取者一以清真雅正、文從字順者爲宗；有陳奏之文、應用四六體裁者準此，亦酌存數首，以備一格。託始國初，迄於近代，得作者五十七家，爲文五百八十有奇，爲卷二十有六，名曰國朝桐城文徵約選，付之剞劂，聊答良朋雅誼。然此仍憑愚管之見耳，若以此集尚未足以饜人心以副衆望，必欲縱觀敝邑人文之全，萬户千門，非一格可拘，非一派可執，則鄙人所録，原已有桐城文徵在，而此集疏陋之譏，所不敢辭焉。

新刊惠松崖先生文集序 代

昔儀徵阮文達公序武進張皋文編修茗柯文編有云：「近時易學推惠氏棟，禮學推江氏永。而二家之文無傳。」其意蓋以江惠二家特深於易禮，文學非其所長，不若張氏既深於易禮而又以經術爲古文也。由今觀之，其説殆不其然。江氏雖無文集傳世〔一七〕，其生平所著羣書序文，原本經術，氣格尚駕乎張氏之上。其他雜文，想當日不自裒編，以致其集不傳耳。若惠氏據甘泉江藩國朝漢學師承記本傳，所著羣書行世之外，本有文集二卷，世無刊本。余訪求有年，迄未有得。

前年秋，桐城蕭敬孚丈來金陵過訪，余旋至其寓，見行笥有惠松崖文鈔一册，凡三十一篇。詢其由来，乃同治間館於滬濱〔一八〕，見同事新陽趙君静涵元益所藏舊鈔本，假録之，將爲刊布。余大喜過望，即乞其本，將刊入所輯叢書二集中。原鈔零雜，余稍加整理，敬孚丈復於他處搜得八篇，共三十九篇，仍分二卷，以符江氏所載之數。

至其文之淵雅峻潔，實與張氏異曲同工，讀者必能辨之。行當訪求江氏之文，編輯續刊之，庶幾可彌阮氏之説之未盡也。

光緒二十五年秋九月。

重刊六朝文絜後序 代馮竹儒觀察

右六朝文七十二篇，爲類十八，爲卷四，乃海昌許珊林太守評選也。太守生平博極羣書，尤講求經世之學，所纂比照加減案正續編、折獄金鑑、洗寃録詳義已久爲賢士大夫所貴。其他識字略、說文解字統箋、評定笠澤叢書亦均重於藝林。然尚有不盡行世者。

去年秋，有以太守六朝文絜見示，公餘細爲披讀，字句或與近時傳選不同。間嘗博考宋元舊槧，乃知太守凡一字一句之異，必參舊帙而諟定之。有標於本行之上，有不盡標而待讀者之自得。即如恨賦「血下霑衿」，今本「血」多作「泣」，雖云本於尸子「曾子每讀喪禮，泣下霑衿」，然觀李崇賢注先引毛詩「鼠思泣血」，知文通造句，本參用兩書，實作「血」字，亦如上文「孤臣危涕，孽子墜心」，本用孟子「孤臣孽子，其操心也危」及王仲宣登樓賦「涕横墜而弗禁」，崇賢以爲心當云「危」，涕當云「墜」，江氏愛奇，故互文以見義，是也。又小園賦有「棗酸梨酢」之句，評云：「凡醯醋之醋當用酢，倉故切；酬酢之酢當用醋，在各切。自唐以後，互誤難改，今人更夢夢」云云，足徵考訂入微，同異不苟，可備學者之新聞。自序「甄别其義凡二十襈，易稿者數四」，洵不誣也。

第原刻成於道光五年，鏤版精微，迄今五十餘年，兵燹之後，印本日稀，學者偶得一編，珍若球璧。爰爲重付手民，凡硃墨一遵原刻之舊。逾年竣工，時余亦將西邁，因漫書數語，以餉同人。

張慕蘧詩序

張君慕蘧，少讀書，有遠志，年及壯猶困於諸生，以詩酒自娱。咸豐三年，粤賊陷城，乃攜家之宛南〔一九〕，當事重其學行，延聘主講淯水。

歲在壬戌，余以事入大梁，冬月紆道由楚北回里，過新野。君大喜，留數日飲，乃出示所爲詩歌，殆數百篇。比爲評定，以爲有香山、劍南之勝〔二〇〕。甲子夏，金陵收復，制府曾公奏請以冬月補行鄉試，君乃歷襄樊、泛漢水、下皖江，與余相聚秦淮之上。復以一集示余，且囑爲序冠其首簡。余因竟讀君所爲詩。時同邑數子約侯揭曉歸里，君乃日招酣飲以爲樂，恒拇戰夜闌不輟，日或同訪六朝以来名公遺迹，登清凉之山，攬翠微之亭，徜徉四顧，仰天而嘻，有凌虚禦風之態，同人莫不歎君興之豪爲不可及也。

君家故華族，自文端宗伯以来，代有貴顯。尊府愛濤先生復以循吏名於世，皆不别治生計，以故君昆弟家産不逮中人。君少讀書，故有遠志，而性豪放，客爲詩酒来者，終日座爲滿，儲無擔石不計也。然人有急，輒思周濟，不遺餘力。君雖工於詩，而人多以詩人目之，非知君者也。雖然，詩酒特古之窮愁不得志者之所爲耳，抱遠志、有國計民生之責者，固不暇措意也。昔郭汾陽功業照耀今古，而全唐詩載其樂章二篇外，無他吟詠。高陽孫文正經略薊遼，置酒別親賓，而公獨飯粗，客有譏其非所以任天下之重者，公曰：「好衣甘食，吾爲秀才時固不厭，自成進士釋褐而歸，念此身已不爲己有，恐一旦肩事任，非忍飢勞不能以身率衆。」君今年適舉於鄉〔二一〕，行見君成進士釋褐，且有國計民生之責，遂其遠志，不惟午夜張鐙酣飲搊戰幡然迸棄，即餘事吟詠，亦未暇與古之風人學士並驅爭先矣。

雖然，文端公立朝三十年，而存誠、篤素諸堂之集多至四十餘卷，欽定四庫全書，且有「臺閣山林，體能兼擅」之褒。君詩歌以香山、劍南爲宗，香山、劍南未嘗無國計民生之責者也，而詩歌之盛，唐宋諸公莫逾焉。古之志得道行，不能忘情吟詠，往往然也。然則，君吟詠之富，他日接武文端公，且與香山、劍南等集相埒，又豈余之所及料哉。

同治甲子冬十二月。

马木庵詩稿序〔二二〕

吾友馬子木庵，少讀書，工舉業之文。稍長，閱桐鄉張楊園先生之書，由是以求濂洛關閩之學。日有餘功，則又自取漢魏以来之詩而諷誦之。胸有所蓄，亦發爲詩歌以見志，端凝渾厚〔二三〕，神韻秀出。余之獲交於木庵也，在丁巳之春。又一年，木庵亦来館於族姪秋槎大令寓居，與余相距十有餘里。秋槎大令，族戚之有文學者，往来頗多，故余與木庵併諸子得時相討論。馬慎庵起升、心錯復震尤相善也。

憶戊午天中之節，與吾木庵並诸友十餘人同讌集於慎庵寓齋，論文講藝，各抒心得。友人中有張二谷者，頗擅桓伊弄笛之技，凡人有善吟古詩歌者，弄之無不畢肖。於是舉友人中之善吟詠者，咸相推讓。及舉木庵，乃高據上坐，朗吟杜子美蜀相廟诸將等篇，二谷旁坐弄笛，隨吾木庵吟聲之高下，抑揚頓挫，宛轉合節。昔人所云「聲震林下」，「響遏行雲」，不是過也。於是诸友咸擊節歎賞，以爲當此虎狼横絶之秋，生民困於塗炭，我輩猶有此樂，得毋上干造化之忌邪？

今甫二年，吾邑屢遭賊氛，同人咸受其患，慎庵飄泊於浙東，心錯從戎於千里之外，其餘诸友亦皆萍飄蓬轉，迄無定所。惟吾木庵尚館里閈。一日，更出近所爲詩歌示余，格益變，境益奇，氣愈充，神愈足，則信乎歐陽子所云：詩「愈窮則愈工」，「非詩之能窮人，殆窮者而後工也」。

然吾每讀木庵之詩，又未嘗不想前此與诸友相聚之樂，今則不可復得；而猶幸與吾木庵得時相聚會，賞奇析疑，爲可樂也。然則，前日之樂，所謂上干造化之忌者，亦未能深窺古人堂奥，以視木庵所造之境，不能不低首下心，慚懼交集也。

陳叔伊八家四六文補注序

侯官陳叔伊孝廉僑寓春申江上，與余往還兩年矣。生平精經學、小學，撰著宏富。頃以八家四六文補注一編見視，則爲其友許豫生太守作者。

自注書之難也，昔胡身之謂小顏釋班史，彈射数十家無完膚；而三劉所以正小顏者正復不少。全謝山先生三箋困學紀聞述之〔二四〕，又以爲安知海内博物君子不有如三劉者。今許君所作，余雖尚待問津，而卷帙裒然，其用力之勤，已可概見；叔伊猶爲之補正，則所謂「直諒多聞」之友矣。

然叔伊此編特其緒餘耳，其精力所萃者，有説文廣例十二卷、經史札記十數卷、元詩紀事三十卷、元詩癸集拾遺十卷、厲樊榭詩注二十卷，將次第刊行之。叔伊年甫逾壯，其所成就已如此。吁，可畏哉！

光緒十八年秋八月。

貞壽堂贈言序 已刻原書之首但刻本從初稿此復加改訂

昔明震川歸氏，嘗自恨足迹不出里閈，所見聞無奇節偉行可紀，及爲陶節婦傳，自謂不在班孟堅、伯喈下也。今觀其節與文，誠如所評。然穆謂天地正氣，不遺於閨幃之中，自一鄉一邑，以及四海九州之大，婦人礪氷雪之操，奇節偉行如陶節婦，姓名磨滅不彰，何可勝道！其故非他，或不遇有道德而能文章如震川其人，爲之闡發，或不得賢子孫德修於身，爲之顯揚，則雖有奇節偉行，欲不與草木同盡，不可得也。

然古者道德與文章合，今者文章與道德分。周秦之間，雖廝輿僮婢書説應對，載於傳記，皆循循雅飭。近代端人正士各有詩文行世，非無精確不刊之論，而文詞或失前人矩矱，委靡偶儷至不能感發人意，孔子所謂「言之無文，行而不遠」也。有道德不必有文章，能文章不必有道德，則奇節偉行，雖傳不顯。然則閨幃之中，有奇節偉行，欲傳之久遠，有道德而能文章者，恒不世出，是又賴有賢子孫歟？

自古名賢早孤而自樹立，史傳中代不乏人。遠者不具述，近世蕭山汪龍莊輝祖早孤，賴嫡母王孺人、生母徐孺人教育成立，以循吏兼名儒，著書數種，皆有關於名教。龍莊嘗求海内名賢爲詩歌、古文詞，編爲雙節堂贈言，集録多至六十餘卷，以著母氏風節。子以母成，母以子顯，未嘗不心嚮往之。

歲在壬戌，穆来大梁，得見太康李君又哲。李君以其友人鄢陵蘇君菊村著述見示。蘇君旋聞穆至，亦自鄢陵寄所著書數種，篤實正大，猶想見薛文清、湯文正遺風。及讀貞壽堂贈言，始知蘇君之學，其来有自，與蕭山汪氏，不謀而合也。蘇君年甫及週，考自明府君歿，母王太孺人矢節教子，歷四十餘年。蘇君廣求海内名人賢士，爲序傳頌銘之文，并所自爲行述遺事，編輯成卷，雕刻行世，即所謂貞壽堂贈言者也。時蘇君又寓書李君，囑穆爲之序。

穆惟昔山陰劉念臺先生年逾冠，師事許敬庵，母卒，求傳於許先生，許先生載筆而書，終以敬身之孝勖念臺曰：「使念念不忘母氏艱苦，謹身節欲，一切世味，不入於心，即胸懷灑落光明，古人德業不難成。」念臺服許先生之言，卒成明代理學名臣。前賢顯親報親，固在此而不在彼也。

蘇君年逾五旬，言行一本於太夫人之教，學行風節，久爲海内所推許。海内名人賢士，又爲詩歌古文詞以傳太夫人令德於無窮。穆於是歎太夫人志節之盛，而又有賢子孫爲之顯揚，誠難能而可貴。又歎海内閨幃奇節偉行，既不幸無賢子孫，又不遇有道德而能文章如震川其人之所紀，同湮滅於荒煙野蔓之間者，又未必無其人也。乃忘其淺陋，以承蘇君之命，深爲太夫人之有子慶，又重蘇君念念不忘母夫人艱苦，謹身節欲，以成古人德業，則所以報太夫人者，正未有艾矣。

贈太康李明經序

中州自昔爲文章理義之邦，有宋河洛二程先生承元公之業，得孔孟千載不傳之祕，鄉後進聞風而起，元明以来，彪炳宇内，而國朝睢陽潛庵湯公，理學文章，豐功偉烈，尤爲開来繼往，集其大成。穆每讀近代諸賢之書，獨於公爲心儀不置。

歲在壬戌，穆来大梁，欲訪得繼鄉先輩之流風餘韻者數人而親之，如聆先賢謦欬，以期不負斯役者，久不可得。而大梁之城，距黄河甚近，千百年来，屢遭河决，輒爲泥沙淤塞，即信陵亭館、三槐之堂，以及玉津、清虚、豐樂、艮嶽，昔人勝蹟，亦復邈不可覓。終日坐卧一室，但聞爲五斗之禄者，趨勢承意，聲氣相尚，回輪轉軸，啞嘔之聲，與市井喧譁，相爲錯雜。最後得一人焉，曰孫君宇農，重交遊，尚氣節。宇農又爲余稱太康李先生又哲之爲人，時授經於此，於是介孫君以見李君。聆其言，和氣藹然，寛厚直樸；與之往還者數，乃得讀其著述，文詞汪洋自恣，論説理氣開明質實，而當時利病與所以規畫弭盜之方，瞭如指掌。年近五旬，以授經爲生，不與時俗還往。嘗與鄢陵蘇先生菊村、項城王君丹君，以經濟實踐之學相砥礪。因以蘇先生著述見示，而蘇先生聞穆至，亦以著述數種寄贈。旋介李先生宇農又交蘭儀邊君農友、祥符許君宇濟、王君秋舲。出處雖不必等，咸與李先生講求有用之學，留心當時之務，思所以潛移默運，挽回積習。

穆於是益歎：當此之時，百里之間，尚有李先生并諸君子，承鄉先輩之餘業，爲穆之所親見。而中州之大，其必有沈淪下僚，不得大展其才與志，而悲歌慷慨、寂寞著書，以俟於後世者，穆不及知，而爲先生所知，又或李先生不及知，而爲諸君子之所知，且有爲諸君子所未及知者，當不乏人。而鄉先賢之遺澤猶有存者，而扶危救敝，開聾振聵，以復先賢之盛之任，將在李先生并諸君子焉。

大梁城距鄢陵、項城，且數百里，未得與蘇先生、王君相見，獨與李先生并諸君子時相聚處，討論先賢學術，縱談當時之務，或色飛起舞，或相對黯然。穆久慕中州先賢人文志節之盛，今幸得李先生并諸君子往還，而蘇先生、王君雖未及見，而讀其書，如接其人，皆不啻親炙中州先賢，足以不負斯役矣。今將由楚北歸至故山，不得時與李先生聚處，遂書此以贈，且以質之蘇先生并諸君子也。

吴桐雲先生五十壽序

自昔著作之家，雖曰與年俱進，然必遍歷天下之奇境，得江山之助，或從王事，肩鉅任，時勢盤錯，根節益堅，識愈高，志愈定，神愈足，氣愈充，斯發爲文章，詼譎瑰奇，萬怪惶惑，不可以一定之阡陌蹊徑求之。昔人狀韓昌黎、蘇眉山二公之文也，曰「韓潮蘇海」，蓋以二公之文，渟泓浩汗，波屬雲委，非如潮如海，不足以喻其才之豪、氣之盛也。今以二公之集驗之，韓公之文，實至揭陽以後益工，蘇公儋耳以後之文亦然。蓋必至危苦艱難、忧愁感憤以鍊其識、以堅其志、以固其氣、以凝其神，功業無所建，才力無所施，持其所蓄積，一以發之於文章，牢籠萬象，不可端倪，則所謂如潮如海者。雖曰與年俱進，亦所遇之時、所遭之境有以致之者也。假令二公當日位尊身泰、得行其志事，迴翔清要，朝吁夕俞，文章之盛，亦萬不克臻此。

沅陵吴公，少以文章知名於時，入官禁垣，博觀祕笈，出佐幕府，躬親戎旅，臨機決策，當事賴以成功；既乃榷巡閩海，艦荷艱鉅，公退之暇，往往興到揮豪，文成法立，積成卷帙，鐫板行世。海內士大夫，莫不稱公爲一代之才傑矣。前節相曾公，知公才可大任，不欲公之域於閩海也，特疏奏調江南總理船政，將以次奏請，膺封疆重寄。於是棲遲海上，五閱寒暑，時涉重洋，出入鷩濤駭浪之中。駕風鞭霆，穿雲冒雨，獨能伸紙把筆，率爾成章，排宕縱横，震心栗膽。蓋韓蘇二公之文，成於危苦艱難，離憂悲憤；而公乃成於勤勞。雖所遇豐於二公，而所以鍊其識、堅其志、固其氣、凝其神，無二致也。

夫文章之事，根於性情；性情之事，由於感觸。感觸之端，不必盡在於困窮。凡從王事、肩鉅任，有動於心，有感於事，參之以閱歷，充之以學問，文章之盛，自足上下乎古人。雖然，公之文章，如潮如海，固足以力追韓蘇；然韓蘇以窮而傳其文章，公獨從王事、肩鉅任，宣勞海上，天不獨欲公以文章傳也，將以識之鍊、志之堅、氣之固、神之凝者，爲朝廷之柱石，爲封疆之重臣。異日者，齒益尊、位益高，負韓蘇所有之才，膺韓蘇未有之遇，德在天下，功在太常，海內之士，讀如潮如海之文章，猶以爲公之餘事也，豈不盛哉！

歲在甲戌冬十二月，爲公五十覽揆之辰，穆等遂書此以爲公壽。

黄母胡太夫人七十壽序 代沈制軍

余少讀詩，至既醉之六章有曰：「其類維何，室家之壺」，言人家累世盛德，未有不由閨門淑愼，以助成其美者，故錫爾類，先錫以室家之壼。壼者，言深遠而嚴肅也。其八章曰：「釐爾女士，從以孫子，」言女而有士行者，謂生淑媛，使爲之配，從，隨也。既予以女士，又使生賢子孫以隨之，孫又生子，子生孫，以傳世於無窮也。及壯，服官中外，見當時名卿大夫，以及僚友，或天性純孝，有卓絶之行，或馳驅戎馬，建不世之勳，考其家世，未有不本於嚴父慈母之教者。而余又嘗讀四牡之三、四章有曰：「王事靡盬，不遑將父」，「不遑將母」，祈父之三章曰：「有母之尸饔」，北山之首章曰：「王事靡盬，憂我父母」，又以歎當時忠臣孝子，往往有不能兩全者。然此第詩人之意然耳。流覽載籍，每有嚴父慈母，深明大義，割舐犢之私情，往往以盡忠王事爲勖者，而其子亦能曲體親心，移孝作忠，卒能功成名立，使人嘖嘖稱羨曰：「非是母不能生是子，」若是者，史册猶斑斑可考也。

歲在乙亥，余奉命總制兩江，日與僚屬相接，間嘗詢其家世，其植身不苟，得於嚴父慈母之教者，固多有之。又嘗周覽金陵城郭，登蔣山之絶頂，或指示之曰：某地爲黃忠壯屯營之所，某處爲黃忠壯指揮攻城殲賊之區。蓋甲子夏，曾公沅浦克復金陵，黃忠壯之功爲多。忠壯之弟有曰沛皆都轉者，需次金陵，屢任以事，誠篤有經世之略。而同僚諸君咸曰黃氏昆仲之成立，皆其母胡太夫人之教也。余既心儀黃氏昆仲之爲人，因詢太夫人生平言行崖略，則曰：太夫人幼習女紅，通大義，及笄歸黃封翁郁堂。嘗傷不逮事其舅，事姑譚太夫人數十年，能先意承志。又勤於治家，佐封翁力學，使無内顧憂。封翁所交，多一時名俊，終日座爲滿。太夫人主中饋，務爲豐潔。時或匱之，輒典鬻簪珥以繼之。咸豐間，其次子忠壯從軍皖江，太夫人時以忠義爲勖。時沛皆十餘歲，忠壯招勦戎幕，咸以年幼，筋力太脆，不宜從戎泥之。太夫人曰：「男子志在四方，姑息非所以愛也。今依兄從戎，爲國家效力，他日果有所就，不其美乎？」力促之行。而沛皆卒能立功，洊擢今職。忠壯後奉命督師援黔，太夫人促其行，且誡之曰：「爾兄弟受國厚恩，此身已不能爲老身有，其勉思所以報稱者，勿以我二老爲念。」及忠壯授命黔中，太夫人收涕慰家人曰：「死生命也。吾兒捐軀報國，得死所，復何憾！」其他嘉言懿行，不具述。

六月□日，爲太夫人七十壽辰，同僚咸謀爲太夫人稱觴，而都轉必欲得余一言以爲壽。余以爲黄氏之興，既由太夫人之淑慎嚴肅，助成厥美，非詩人所云「室家之壼」者乎？而太夫人有三子七孫，皆以長以教，多有成立，非詩人所云「釐爾女士，從以孫子」者乎？余因慨四牡、祈父、北山之詩，彼士大夫雖當先生之世，尚難見諒於君父，致忠孝不能兩全，而又念太夫人深明大義，教子以忠，不令有家室之慮，以故忠壯、都轉昆弟，均能善承意旨，專心報國，有非北山詩人之母可及者。今幸海宇風清，都轉得以奉養無違，而金陵又爲忠壯立功之地，太夫人居之，其樂何如也！自今以往，太夫人之年益高，都轉之展孝思於無窮者當益篤。今當太夫人設帨之辰，余故推本詩人「室家之壼」及「釐爾女士，從以孫子」之意，爲太夫人侑一觴焉。是爲序。

【校　記】

〔一〕「通志堂」上，稿本有「納蘭侍衛」四字。
〔二〕「全書」下，稿本有「之繁重」三字。
〔三〕「正义删摘之」，稿本無，而作「注疏正義之據事別類而録之。」「深爲嚮往」，刻本無，兹據稿本補。
〔四〕「四庫」上，稿本有「欽定」二字。
〔五〕「揅經室外集」上，稿本有「儀徵阮文達公」六字。
〔六〕「所進」下，稿本多一「星」字。
〔七〕「影寫」下「宋」字，據稿本補。
〔八〕「葉氏」，稿本作「葉文莊」。
〔九〕「因略」，據稿本補。
〔一〇〕「余性不甚嗜」至「望其什一也。惟」，據稿本補。
〔一一〕「之一厄」，「一」字依稿本補。
〔一二〕「孫徵君」，刻本作「孫君」，今依稿本。
〔一三〕「一副本，而」，刻本作「一幅」，今從稿本。
〔一四〕「益知此本之佳」一句，依稿本補。
〔一五〕「行世」上，稿本多「生前」二字。
〔一六〕「一脉」，刻本作「一派」，今從稿本。
〔一七〕「傳世」下，稿本多如下一段：「其所爲鄉党文擇雅補编及他經義，博大精深，雖國朝熊、劉、韓、馬諸公號稱作者，未能過也，即」。
〔一八〕「滬濱」，稿本作「滬瀆」。

〔一九〕「宛南」，刻本誤作「皖南」，今據稿本改正。

〔二〇〕「有」，刻本作「冇」，今據稿本改。

〔二一〕「君」，據稿本補。

〔二二〕稿本題作「馬盈甫詩序」。文中「木庵」，稿本均作「盈甫」。

〔二三〕「端凝渾厚」，稿本作「端嚴渾博」。

〔二四〕「先生」，刻本作「先先」，今依稿本。然就文義言，似當作「先後」，附記待定。

敬孚類藁卷三

書後

書朱文公楚詞集注後

朱子此書，特爲趙汝愚竄逐，感慨悲忿，以成此編，聊以寄意。時年已六十九矣。其自序以爲：「原著此詞，至漢未久，而説者已失其趣，如太史公蓋未能免。至東京王逸章句與近世洪興祖補注皆各有瑕疵。」蓋以爲自漢以後知原之深旨者，莫已若也。

余自少讀史記屈原本傳，愛其摹寫離騷大意，情詞悽惋，特異他篇，時諷誦之。早年讀朱注本，中年乃讀王洪兩注本，其注故事特爲詳贍，其發明屈子各篇意旨，亦頗得其本真。惟招魂一篇，太史公明叙屈子之作，所謂「余讀離騷、天問、招魂、哀郢，悲其志」是也。乃王逸不知何所本，而以爲宋玉招屈原之作。梁昭明既失考於前，洪興祖又誤承於後，而朱文公復不能具特識爲之更正，亦全於此文未有發明。

試問：果爲宋玉招屈原之作，篇中歷叙楚國聲色飲食各種美麗，冀其来享，屈子生平豈有此等懷之嗜哉？惟言屈子招懷王之魂，以爲在秦之苦，不如楚國之樂，冀其魂早歸於楚，戀君之情深，懷歸之意迫，乃恰合本篇之旨也。

余以爲：千古之第一知騷者，莫如太史公，至本書注事詳確，莫如王洪兩注本。學者但熟讀太史公屈原列傳，可深得屈原各篇精義之所在；再讀王洪注本，可知屈子用古之通博。而朱注本，實未能高出前人，但偶有獨得處，采取之，可也。若尊朱者因其一序，概將前人抹殺，則大謬矣。

書亳州志盧公見曾龍鳳溝碑記後

德州盧雅雨都轉於雍正間以名進士，先出知四川之洪雅，數年，調任安徽之蒙城，九年，由蒙城代理亳州，未三月即去任，又四年，自六安復調治亳州。

先是代理亳州時，已知本州時遭水患，可以人力治之，有志未逮。至復任亳州，乃得親履其土，度其形勢。亳州之溝道，淤塞多端，顧此失彼，水患終難悉除。最後與本地父老相度地勢，莫若先從事於龍鳳溝，以復其故道，則諸水皆有定洩；諸水亦因之悉治。工成，亦得十之七八。將以二三年內，悉將境内各水道無巨悉治之。未幾，又遷廬州。先是，官六安興水利已得十之八九，治亳州興水利亦得十之八九。頓遷廬州，眷顧依遲，不忍舍去，而爲此記，深望後官兹州者補其未備。

及公遷廬州，歷官至兩淮鹽運使司，中間歷官不得其詳。至官兩淮鹽運，提倡風雅，名流雲集，於乙亥、丙子之間，修治揚州新舊城溝道，民頗疑之。至丙子夏秋，大雨時行，廬舍安堵，行於塗者，曠然無墊厄之憂。丁丑，時雨至，復安然無恙，浮議始息，民乃大悅。歷官數年，引疾告歸田里。至乾隆戊子，因兩淮提引事發，政府因此有中傷之者，遂革職下獄，論死。

今細考此案，前後官爲此事均得罪，降、革、伏法有差。而盧公只婪得商人代辦古玩銀一萬六千二百四十一兩，例應於家屬名下勒限追繳。而部議又以「但查此項代辦古玩銀兩，原係各商有意交結運使，濫行動用，如盧見曾家屬名下，不能全完，亦應在商衆名下著落分賠。」余意此一萬六千二百四十一兩，乃各鹽商所供，尚非盧公私扣公款。此萬餘金盧公即不能奉繳，衆商分賠尚易爲力，何至同鹽政高恒、普福一例伏法？蓋當時國法綦嚴，不照例辦理，不足以警效尤貪婪之風故耳。

余惜盧公以有用之才，歷任留心民瘼，其他善政，雖一時不得其詳，即以治六安、蒙、亳及任揚州鹽運使，無治地方民生之責，尚知修治揚城新舊溝道，以備不虞，使其由州縣而監司而督撫，善政必大有可觀。惜乎後来用違其才，以致此也。盧公本以詩名，今閱乾隆三年亳州志所載，龍鳳溝碑記之外，尚有孟增廣傳、王吏目傳、苑亮傳、烈女傳凡四篇，均用筆典雅有法，且有關於吾皖文獻，悉鈔存之，尚待他時詢之德州人士訪求遺書政績，續爲記載云。

方息翁包公祠記書後 代邑人姚慎思作

吾鄉舊有包公祠，詢諸父老，均不知其所自始，亦不詳神爲何代何許人。相傳或以爲宋之包孝肅，而識者頗疑信參半。

頃授徒皖城，同邑蕭敬孚先生適有事來此，一日往見，談鄉邦故事數端，因及包公祠事，敬孚云：「包公非宋之包孝肅，乃明世襲蘇州衛指揮同知包公，諱文達，字行甫，於崇禎十年，奉上官檄，禦流寇，死節於此者也。事蹟略見鄉先輩方息翁所作包公祠碑記及五言古詩。」敬孚回里，即取息翁記文及詩鈔以見寄，且屬速刻諸祠石，以表揚之。

蓋此祠屢有廢興，咸豐間，粵西寇亂，吾邑受患頗烈，公嘗有默佑之靈。今土人復修公祠，因以方息翁所作碑記及詩，大書深刻於石，俾鄉人曉然知公爲明禦寇死節之包公行甫，非宋之包孝肅也。

禮祭法云：「夫聖王之製祭祀也，法施於民則祀之，以死勤事則祀之，以勞定國則祀之，能禦大災則祀之，能捍大患則祀之。」揆之于公，當時爲國爲民，血戰捐軀，於今且二百六十餘年矣，英風浩氣，留連茲土而默佑之，祀典俱備，又知公當日忠勇性成，盡節於此，非偶然也。後人讀方息翁記文及詩，益當肅然起敬。春秋報祀，不懈益虔，與茲土相爲終始可也。

書方望溪先生湯司空逸事後一

潛庵先生致禍之由，吾鄉望溪宗伯書之詳矣。吾既慕先生規模宏遠，不畏權勢，爲國朝諸儒之冠，又未嘗不疑先生何不能直摘明珠之過於聖主之前，而特區區召辱其家隸，以陰受其禍也。蓋當是時，明珠與其家隸，果狼狽爲姦，破壞典型，毒虐天下，先生即宜顯暴其惡於世；若猶未也，召其家隸，動之以危言，訓之以大義，使其自悛。彼見先生之盛德，且又素所見憚，宜無不慨然服其善言，明珠或可以改過自新〔一〕。先生之德豈有既乎？不能出此，而乃召其家隸，犒以酒食，命門卒爲主人，何爲也哉？彼見召辱無名，即日去之，歸而訴之，謀致難於先生。而明珠與諸姦人，時讒先生於聖主之前，亦勢之所必至者也。及先生輔教東宫，屢爲諸姦人所傾，後以興作度材於通州，歿於差次，亦可慨也。

宗伯記先生歿之時，日下晡忽返，招鄉人某官與語，客退，獨坐一室，嚮晦，語家人「吾腹不甯，」夜半遂歿。以先生之賢，而所遭聖主又夙重之；而姦人猶必相擠下石如此。嗚呼！此爲國所以畏僉壬也。

書方望溪先生湯司空逸事後二

睢州湯文正公學行風節，經世之略，已詳國史本傳及姜編修宸英代徐尚書乾學所作神道碑銘，汪編修琬所作墓志銘，耿少詹事介、楊太史椿所作傳，韓尚書菼所作祠堂碑，彭進士紹升所作事狀，併竇氏克勤之書事、陸氏言之政學録、唐氏鑑之學案，其餘如王尚書士禎之池北偶談、宗室汲修主人昭槤之嘯亭雜録、尚氏鎔之書從祀録後，皆足以增廣見聞〔二〕。惟鄉先達方望溪先生所作湯司空潛庵先生兩軼事尤出於諸家所紀之外〔三〕，惟方公所述，有四明萬斯同傳、慈谿姜宸英逸事此兩篇，至今求之不得。度其所載，又有出於諸家之外者。

穆又嘗閲吴江鈕太守琇觚賸續編有云：「睢州湯潛庵先生以江南巡撫内遷大司空。其歿於京邸也，同官唁之，身卧板牀，衣敝藍絲襖，下著褐色布袴。檢其所遺，惟竹笥内俸銀八兩。崑山徐大司寇賻以二十金，乃能成殯」云云。穆竊意當時同官唁公，見公身後清貧如此，不聞有出金爲賻；而徐公獨以二十金爲賻，在徐公之身，事原不過九牛之一毛，度其與公相知，必迥與明珠、余國柱、王鴻緒、徐元珙、翁叔元諸人不同者。乃今讀安溪李公光地榕村語録續集卷九記本朝人物，卷十至十五記本朝時事，中有記湯公身事原委，約十餘條，極爲詳備。其讒構湯公實據要害，尚在東海一人；而北門、大冶等均在未減之列也。望溪先生所述，以董漢臣之議見誣，聞之相國桐城張公英、安溪李公光地。今觀李公諸記，東海之讒構底裏，實未及爲望溪先生一言，今特將李公所記録兩則，以誌其概。

一云：「上常以湯與徐相比。葉子吉掌院時，上一日問：『湯斌與徐乾學兩人，那個學問好？』葉雖與東海至親，卻不相能，葉對云：『各有好處。』上曰：『到底有優劣？』曰：『不同。』

上又問：「何以不同？」曰：「湯斌是正經學問。」上曰：「徐乾學學問不正經麽？」曰：「也正經。湯斌是留心經書，講道理的學問；徐乾學是博極羣書，可備顧問的學問。」一日，又問：「兩人文章如何？」曰：「不同。湯是學者之文章，徐是才子之文章。」後湯不久出爲巡撫，而用健庵之意少歇。徐大恨葉子吉，遂大用工夫，而葉子吉出爲刑部侍郎矣。子吉彼時即以掌院大拜，及遇此，痛哭而出，不久即死矣。湯之入也，上意甚重之。北門、大冶知徐東海與之爲難，上意方向東海之學問，因湯内召以擋徐。湯爲大冶同年，又外不甚露鋒棱，如魏環溪，二君欲借一用。徐怒出己上，遂必擠之下石。即發動海關事，值廷議，東海先詬湯云：「今日之事，蘇州數百萬生靈懸於老公祖，主此議者非老公祖而誰？」湯云：「某已進來，何力之有？」徐曰：「雖然，老公祖，皇上倚重，又新在地方上來，知此事之切者，莫如老公祖，合郡生靈敬以相屬！」及廷議，徐卻不言，梁真定發論曰〔四〕：「湯老先生宜主此議。」湯遂云：「與民爭利的事，豈有與地方有益的？但只得其人還好，若不得其人，四處巡攔，害民無窮。」回奏，大家含糊，也不入此一段言語〔五〕。東海入南書房，即增飾此一段話，入在皇上耳，謂：「湯言此事民甚苦。」上召明公云：「湯某是道學，如何亦兩口？彼進京時，予問以海關事，彼云：『無害。』今日九卿議，如何又說『害民』？你問他！」湯被傳問，在途，大冶附耳云：「有人害年兄，到閣可只伸説得其人，便無害語。」湯如其言以對。明公即云：「我曉得了，是了！公請回。」時予正爲内閣學士也。明公又將此語修飾回奏，上以爲是，大怒東海，著人切責云：「都是汝蘇州鄉紳欲做買賣，恐添一關，於己不便，上牟公家之利，下漁小民之利，死不肯設此，而又賴湯斌說「害民」，湯斌何嘗有此語？他說「得其人便無害，」元是：天下何事不是不得其人則爲害！」徐健庵絶不慌，言：「湯如何賴得！九卿實共聞之，不然，可問梁清標，若此語是臣造的，難道他在蘇州出告示安慰百姓，上有鈐的印，也是臣造得不成？」上問云：「告示何在？」健庵云：「臣家就有。」上云：「你明日帶告示來。」明日，果將此送進。上大怒，云：「元來假道學是如此！古人善則歸君，過則歸己，如今的道學，便是過則歸君，善則歸己！」彼時，滿洲詹事府是尹泰，上即命尹泰傳旨責問：「你是大臣，你說立海關不好，部議不准，我依部議，是常事，果然不好，何妨再三爭？我未必就把你問罪！古大臣不避斧鉞，爲民請命，何遽不言，卸過於我，而云汝愛民有心，救民無術，將謂我無心愛民邪？」湯彼時還可解說，湯訥於言，只磕頭謝罪而已。此事由南書房轉奏，北門、大冶皆不知。徐又向湯云：此告示是大冶拿進。北門、宛平不相容，而他爲之憤懣不平，涕淚交流。一日一遍，去慰安潛庵。湯至死不知其由東海也。如今人將此獄歸之北門、大冶，又移之翁寶林、王儼齋，全無干。翁王不過見皇上怒，廷叱之，參劾之，以助上威怒而已，非起禍之由也。湯既死，健庵又激郭華野爲湯報仇，華乃湯薦舉門生也。」以上一則

「一日，余見東海，問潛庵何以得罪？曰：「湯潛老自壞其事。海關事，他既在蘇州，知其害民而題罷；及內陞見上，又以「得好官管其事，亦通商利民。」一日，余在南書房，上問及海關，某力陳其弊，余兄弟赤心報國，弗敢隱也。及上復令九卿議，梁真定言「自不利於民」，因諉於潛老，曰

「老先生初自吴下至，宜主議。」潛老曰：「不曾立，自然是不宜立，已立矣，也就罷了。」又説「不該立。」上乃使太監責某曰：「海關都是鄉紳專利，而假託爲不利於民，如果不便於民，湯某還是正經人，他來並不曾説不該立。」某曰：「他前在九卿班上，還説是『自然不該立』的，如何他又説『該立？』」上問：「九卿聽見麽？」某曰：「梁清標亦聽見。」上因傳潛老至内閣問之，明公宣旨，潛老曰：「何嘗是説『不該立』？我説『未立自然不必立，既立只是選择好些的官去，也不妨。』」明公曰：「如此乎？」曰：「然。」曰：「是了！」因入，更加婉轉復旨。上曰：「湯某説的原不差，那一件事不是壞官做壞！」因傳某人，下嚴旨切責，此時幾不可保，某遂不能顧潛老矣，曰：「此語湯某如何賴得？前日的話，臣可以造，難道他臨来時在蘇州出的告示有印在上，也是臣假的不成？他告示現説『此事部議不准，本部院愛民有心，救民無術，』告示現在。」上曰：「何在？」某因出諸懷中，上見果有此，此恨遂不解矣。」語畢，還囑予曰：「年兄，你們要做正人君子，當始終一節，萬不可前後持兩端！」彼時也不知他如何以此自認，想是以此立威，見他能制人之死邪？」以上李文貞所記如此，乃公當日親得之耳聞目見，故能曲折詳盡如是。所云葉子吉者，乃崑山葉侍郎方藹也；所云北門者，即明珠也；大冶者，即余國柱也；徐東海者，即徐乾學號健庵者也；魏環溪者，即蔚州魏尚書象樞也；梁真定者，即梁清標也；所云宛平者，即王相國熙也；翁寶林者，即翁尚書叔元；王儼齋者，即王尚書鴻緒；郭華野者，即郭尚書琇也〔六〕。

今案：葉公方藹對聖祖陳湯徐二公之文章、學術，毫髮無差，後爲徐公所陷，痛哭至憂忿而死，乃爲局量所限。是徐公爲容身保位，既傾陷葉公，復傾陷湯公，非李詳爲記載，至今莫有知之者矣。

至如海關之設，湯公明知與民争利，於地方無益，「未立自然不宜立；既立，只得其人，還爲無害」，尚未計及關之一設，即爲永遠，而人才難得；即初立得人無害，至後来用人迭更，賢愚不等，終於與民有害也。由今思之，湯公當日不能堅執前議，以致爲徐公所中，亦屬偶疏。

又聖祖當廷議時，以湯公告示有「愛民有心，救民無術」詰問，湯公本有説方伸，而爲翁叔元叱止，乃磕頭請罪。李公以爲湯還可解説，而訥於言，殆未目擊其事也。然湯公經部議革職，聖祖仍命留任，旋改工部尚書，未幾疾作，遣太醫診視，及卒，遺疏入，遣大臣奠酒，諭曰：「湯斌任巡撫時，廉以自守，特加擢用，忽聞溘逝，深軫朕懷。」命由驛還櫬，下部議恤。部臣以公曾降七級回奏，奉特旨仍如尚書例予祭葬。想見聖祖如天之仁，明並日月，卒不爲讒言所沮，亦不以告示爲嫌，雖堯舜復生，亦不過如此。乃詳記之，以昭我朝君臣一德之盛事焉。

書留侯世家後

今夫大臣爲國，君有過，宜挺身直諫，而權術必不可施也。然而，人主之性情，亦不可以一端測。故雖有君臣一體，平日之出謀發慮，彼此相親，信而不疑；有時偏僻堅忍，爲大臣者，既不能依阿澳涊，坐觀其决裂；而挺身直諫，知不足動君之聽，欲社稷之不危，君臣之相安，偏僻之情、堅忍之性翻然以改，則又不能不一行其權焉。

吾讀留侯世家，見太史公稱其「所與上從容言天下事甚衆」，既嘉子房從高帝定天下，用其策無不中矣。及帝易太子，乃爲呂后及建成侯畫計策，致「上有不能致者」四人於山中以助之，四人者，即世所稱「商山四皓」也。吾於是益歎子房所慮之長、所見之大，而能感發高帝英明之主，非漢廷諸臣所能望也。然太史公叙子房致山中四人較他事尤詳，蓋以上竟不易太子者，子房招四人之力也。而宋司馬文正公作資治通鑑，於雜家小説若西京雜記、平剡録之類，皆有所采，及其進表，自謂「抉擿幽隱，校計毫釐」，而於子房致山中四人事，獨闕略不詳焉。後之學者，或以議四皓，或以議温公，而短長之書，最不足取，獨載此事，略近於情，而其説又反覆支離，是皆不知四皓，不知子房，而並不知高帝，不知司馬文正也。

蓋「四皓」乃隱君子也，目擊秦政之敝，知天下之不足與有爲，相與决意偕隱，至高帝之定天下，亦皆老且死矣。即高帝平日能禮賢下士，廣搜遺逸，尚不能易其初志以就之，何待輕士善駡，乃義不受辱，故恐而亡匿哉！彼高帝者，素稱好色者也。天下已定，外侮内患既不足以攖其心，而呂后年長色衰，惠帝爲人亦仁弱，所最愛且擁者，獨一戚姬耳。愛戚姬則不能不寵如意；擁戚姬則不能不疏呂后；寵如意則不能不下惠帝，於是易太子而立趙王如意，亦勢之所必至者也。子房已早知之矣，「骨肉之間，雖臣等百餘人何益？」「難以口舌争，」計之已周，籌之已熟矣。所注意者，只山中四人而已。蓋當是時，四人之有無存亡，皆不可知，果皆有而尚存，其清風高節，篤老龍鍾，不愛金玉璧帛，卑辭安車，雖有辯士，不足以動其心，亦子房、呂澤之所深知也。

夫事必有隙而後其術可施，人必得間而後其計乃入。高帝以一時見太子爲人仁弱，與己不類，以寵愛之故，欲易太子而立趙王如意，諸大臣或諫，或以廷爭，且稱説引古事，以死動之。高帝後心知易太子而立如意爲諸大臣之不心服，身後變故且有不測，豈不頓悟而悔其初志哉！顧以言既出於其口，入於戚姬之耳，一旦聞諸臣之争諫，即嘉納之，又不欲一時遽自食言，亦將留以有待；且或爲戚姬笑其反覆無常，歡愛之心，從此而失。高帝此時有躊躇莫定矣〔七〕。子房、呂澤蓋早窺及此也，於是相與謀之，訪於民間，求老成練達者四人而客之而教導之。及四人從太子如上，各言姓名，高帝曰：「煩公幸卒調護太子」者，是何始之欲易太子堅持不拔，今而不易太子者如發蒙振落歟〔八〕？帝必因諸臣之争諫，知大臣之不心服，日後變故且有不測，而先有悔悟之心；故一旦乘此四人之言，借此四人之勢，即召戚夫人指四人者曰「我欲易之，彼四人輔之」之語，以塞戚夫人之望，而又爲歌泣，以感動戚氏，以明己之不得已者，所以愚戚氏也。不然，高帝豈不知四人之不可致，今此四人爲子房、呂澤之僞爲哉！即帝先以鍾愛之故，忽失言以易太子，後因諸臣之諫争，知諸大臣之不心服而終無悔悟之心，則諸臣廷争之而不得，偏僻堅忍，不義之行，既已顯暴於世矣，一旦見此老將就木之人，又何憚而不唾其面邪？即高帝素高此四人之行，求之數歲而不可得，今忽見從太子遊，且各言姓名以對，果重四人之齒德品望，以慰生平之願，而乃曰「煩公幸卒調護太子」，則英明之主，大丈夫行事磊磊落落，如日月皎然，我自行之，我自已之，又何以一婦人女子爲意，必召戚氏指四人者曰「我欲易之，彼四人輔之，羽翼已成，呂后真而主矣」乎！

故高帝之先欲易太子，以一時鍾愛之故，而諸臣之爭諫而不能得者，高帝之所以不欲一時遽自食言以失戚氏之歡，欲將留以有待也。後之見四人從太子遊，而曰「煩公幸卒調護太子」者，其先因諸大臣之爭諫，知諸大臣之不心服，後將有變，而先有悔悟之心也。如史所言，子房所致四人真爲「逃匿山中，義不爲漢臣」之四人，則四人以區區金玉璧帛、卑辭安車，爲辯士所動，奉太子書即至，客建成侯所，且從太子，是輕以失身，其志行亦近於陋。如短長所言，留侯、呂澤之使人聘於商山，且三聘於商山，則子房、呂澤亦甚不智。

故司馬氏知之，必於此類亦詳載之，又不欲爲史氏所愚，且以之愚後世，故甯闕之，以聽學者之自擇也。其所謂「抉擿幽隱，校計毫釐」者，亦或爲此類也歟？

書桐舊集後

臨川李侍郎穆堂有言：「凡拾人遺編斷句，而代爲存之者，比葬暴露之白骨、哺路棄之嬰兒，功德更大。」噫，侍郎之言何其痛切如是也！矧同鄉先達，後生有睹其遺書，可聽其沈淪而不彰歟？然侍郎之言如是，又在後人能善觀之。蓋謂高人德士，有佳篇之散逸則然也；若其人生平既無善狀可録，而志識卑鄙，出言傖惡陋劣〔九〕，後人亦拾爲流傳於世。在拾爲流傳者，以爲存忠厚之道，盡後人之職；其實爲作者顯暴其惡於世，且以開僥倖之端，而亦見笑於大方家也。

吾邑自明以来，詞章最盛，鄉先輩如錢田間、方鑫山、姚羹湖、潘蜀藻、馬湘靈諸先生，各有選本。然所謂詩選、四十家詩、詩傳、詩鈔皆就散逸，獨潘氏龍眠風雅一書，稍顯於世，年久亦漸漶漫。其後王悔生學博有樅陽詩選〔一〇〕，方拳莊明經有方氏詩輯，馬公實通守有馬氏詩鈔，此三書頗爲精核。然或只及一隅，或爲一族而設，皆不若龍眠風雅一書之能包一邑之人才也。

往者，徐大令樗亭嘗心悼之，乃毅然廣搜博采康熙以後之詩人，更參之以龍眠風雅等書，重加增損，積數十寒暑，輯爲桐舊集。自明初迄道光庚子，凡四十二卷，作者一千二百餘人，詩七千七百餘首。各分氏族列卷，每族以最前之一人爲冠，中間略以時代之先後爲序。其四十一、二卷，載列女、方外，各加評點。道光□□，大令自陽城解組歸，甫七十日而歿。兹集所刻，僅三分之一。閲十載，而馬公實通守醵貲續刻。庚戌之春，姚石甫廉訪回里，慷慨倡捐，邑中多樂助之。時蘇徵君厚子授經於馬通守家，與商訂校勘。越歲餘，至咸豐元年辛亥蕆事，於徐氏卷末，更取樗亭大令之詩附之。每人名氏後，各取邑志、通志並外間名賢詩話、文集等書，有關於其人學行出處，概爲收録，使讀其詩即詳悉其人。亦與秀水朱檢討竹垞之明詩綜、德州盧都轉雅雨之國朝山左詩鈔體例相等。比年，即印百餘部，分給邑中士子。後二年，粤賊陷城，其板遂失，所印之書亦多雲散。

余於丁巳之春始得閲其書。既欣慕鄉先輩功力之勤，搜覽之博，使一邑之文獻可考，而又惜其拾之太濫，擇之不精也。夫前人流傳之集，原爲後人之所取法；而總集尤宜加謹嚴，不第爲後人取法其詞章之工，且以存一邑之人品學術，爲後學之金鑑也。故欲存其人，必先核其人之學術邪正醇駁；欲存其詩，必先别其詩之雅俗淺深。其人可存則存之，其詩可存則存之。不避猜嫌，不徇私恩，不開後人僥倖之端。後有重加校訂，梓以行世者，本此意以爲之，亦諸先生之志也夫。

書曾太傅讀書録後

湘鄉曾太傅所著讀書録十卷，閲四部書，凡五十種，遇有心得，均爲條記，書於本書上下方，亦時有辨駁前人箋注及識議之偏僻者，均足以開發後學神智，乃近人説部中之精品也。

然公生平無書不讀。凡公務之餘，所閲經史百家，無慮千萬卷。即其意有所見，或記於本書，或片紙條記，亦必有數千萬之多者。此十卷之書，不知爲公所手定，或公子輩檢公笥篋，或得公所書各種中有見即裒輯之，以屬湘潭王啓原爲之校刊，即以編輯歸諸王君，均未可知。光緒元、二年，余曾得公子輩所刊公之全書，獨缺此本，後從友人借閲，亦未之竟。因以所記各條之精者，時時存諸心目間。

今年冬，余以事于役長沙。一日，到公祠中思賢書局，特購此本，於湘江歸舟中逐卷閲之。乃深服公生平閲書處處入細，一字不肯放過，考訂之精，識議之博，益人心思，實非淺鮮。歸里後，發春之暇，將用硃筆標録一過，傳示子孫。惟各卷中尚有數十條於鄙意有未愜者，當别書所見，入愚所撰讀書札記中，以待識者論定之。

又公於同治初年嘗見鄒陵蘇菊邨學博源生所著記過齋文集及吾鄉張舜欽明經承華所著學庸釋義二書，亦皆細細閲過。凡蘇集所見，爲平江李方伯元度所輯國朝先正事略序中引之；於張書所見，公乃於所爲雜記中稱之。可見公生平無書不讀，而大義所關，識議之精，又無書不記也。

【校記】

〔一〕「明珠」二字，據稿本補。

〔二〕「皆足以」上，稿本多「陳氏康祺之紀聞」七字。

〔三〕「惟鄉先達」至「所紀之外」，刻本作「而鄉先紀之外」，今從稿本。

〔四〕「發論曰」，稿本作「天真爛漫，即發此論」。

〔五〕「言語」下，稿本多「不過是閒論語」一句。

〔六〕「即郭尚書琇也」下，稿本多如下一段：「諸公之名，衆所周知，其别字號及其里名容有不知者，并標明之以示兒輩」。

〔七〕「高帝此時」，依稿本補。

〔八〕「如發蒙振落」，刻本作「如發振落」，今從稿本。

〔九〕「傖惡」二字，據稿本補。

〔一〇〕「博」字據稿本補。

敬孚類藁卷四

書

答姚麗山書

人來，得手書，並休那先生掌慧集五册。弟近年來，因兵火未靖，專搜先輩遺集，正思休那先生之書，未悉寓目，今一旦遇之，快何如邪！顧休那先生絶筆有云：「我之有所俟，蓋以我而俟我，以視俟人者千里矣。」蓋先生知其精氣，千秋萬世後，必不湮滅，必待其人而後傳也。今足下以此集校訂見囑，且以休那先生所俟之我所俟之人相目〔一〕，豈不令淺陋者愧死萬萬耶！

夫校書之難，昔人言之詳矣。世無劉向、揚雄，不當妄任其職。雖然，前人之著述，表章之責〔二〕，實在後人。今時不值劉向、揚雄其人，將前人遺書，一切推諉謝絶，聽其澌滅而不彰乎？此其用心，亦欠明達矣。

弟近年來專搜前輩之書，欲各爲副本，藏之兩地。非敢自謂能表彰前人也，蓋深欲幸脱兵火，俟他日有能表彰前人者付之耳。

顧休那先生自少好讀書，凡諸子百家，無不穿貫，且又精通内典。故其生平著述，浩博無涯，變化不測，後人往往有不可端倪者。然弟所聞先生所著貨殖傳評、太白劍之外，尚有紅亭本草、籌續堂稿、宋史改本，並忍死録以記其家自曾祖以下四世事。而鄉先輩姚姬傳先生惜抱軒文後集、及宜興吴氏德旋聞見録云：何相國如寵，爲吴江周忠愍宗建墓誌，爲世稱誦，明史即據以爲傳，實出休那先生之手。而史忠正公答攝政睿親王一書，當時曾與禮賢館中諸徵士商訂而成，諸徵士各有擬稿，或云史公此書，亦出休那先生。今觀史公集中，此書議既正大，文氣雄傑沈痛，往復百折，殊不類休那先生之作。大抵史公參之衆議而斷之以己意，以成此書，非必悉由先生原藁也。然先生當日必有擬作，今先生宋史改本諸書，既不可見，而周忠愍墓誌及擬此書，亦復不見掌慧集中，何邪？總之先生生平著述甚富，而爲史何諸公代筆相半，當時或不自收拾，即多散逸；或本有全集流落人間，爲後人出己意鈔録，年愈久而遺文脱落愈甚。非足下潛心力學，留心文獻，鈔訂此集，又將不知遺佚凡幾矣。

然此集之文，亦頗有傷於雅正，病於繁雜，編次亦未盡善。今弟他務繁冗，未暇細讀，未敢遽加管見。大約當分内、外兩集，前三册之文，多入内集，後二册之文，或有删者，或有一二入内集者，其餘置之外集，俟後更有搜得，相其體類增入可耳。集後更取家乘及邑志、郡志、並諸家之集有爲先生作傳狀書序，悉附録之，俾後人讀先生之書，即畢悉其出處梗概。想足下亦以爲然也。

來人倉卒，略以愚見相達，語無倫次，惟加諒察。不宣。

與鄢陵蘇菊村先生書

菊村先生座前：

往者穆家居，即聞先生與太康李明經又哲之爲人，私心嚮往，非一日矣。今年夏六月，以家事來大梁，於七月既望，乃介祥符孫君宇巖見太康李君，獲見大著記過齋藏書五種，知先生篤志經術，潛心理學，高資卓見，方駕古賢。讀貞壽堂贈言，又知太夫人清修苦節，四十餘年，令德懿範，爲閭閻罕見。益信先生之學，其來有自。

當今士習委靡，廉恥道喪，求一文詞雅正、謹守先民矩矱，已不可多得，矧留心經濟、提倡正學者乎！即有一、二人士，自號絶出儕輩，核其所學，不越詞章、記誦、考據，幸而獵取科名，則以爲生平所學，莫大乎是；顯親揚名，亦莫大乎是。又有一、二講學之家，高樹壇坫，標榜門户；又有妄自稱尊，建安、金谿，不分門户，核其所行，皆有爲臧獲之所羞稱者。此其人毒流天下後世，較今庸衆之害，尤大且深。竊以爲當今之時，不有真儒輩出，大聲疾呼，挽回積習，拒斥謬妄，則時事將有不可勝言者矣。

中州自昔爲人文薈萃之地，名賢道學，史不勝書。而鄢陵又爲薛文清公隨父宦遊發籍之所，有明學術之正，直接伊洛之傳，無逾文清。數百年來，先生出而承其餘業，省身録一書直與讀書録相爲表裏，而學行端粹，不屑時賢標榜門户，排詆先儒，真能取先賢之精蘊，而本諸躬行實踐，又與湯文正公先後輝映。定知門牆必多篤學有志之士，英才輩出，得先生提倡教育，前輩風流，他日不難復見。

穆乃龍舒下士，幼年失學，今年春秋二十有八，質薄才劣，尚與庸衆了無所異。自咸豐三年正月十七日皖城失守，是歲十月十四日桐城失守，八、九年間，烽煙滿目，豺狼當道。去年八月初，皖城、桐城雖次第就復，而鄉先輩遺書，浩如煙海，已相繼灰燼。老成凋謝，一二篤學有志之士，虎口餘生，餬口四方，又不得時相討論〔三〕。藐然孤生，尚欲不甘自棄，網羅放失，爲書數種，以存一邑數百年之文獻。計俟年稍長、學稍進，亦欲出見當時賢人君子，開其茅塞，輔其不逮，得江山之助，藉以開拓心胸。邇來二親老病日增，又無手足之親兼持門户，此行誠不得已。秋涼即當由楚北歸至故山。一、二年間，俟二親稍健，然後圖見當時賢人君子未晚。秋間道路平静，當來鄢陵，一欽道範，面聆教言，以壯行色，未知何如？謹先通數行，以志嚮往之誠，伏乞恕其狂瞽，幸甚。

與李又哲先生書

又哲先生足下：

南歸之後，曾有兩函奉寄，均未知達未？去冬於敝郡城，得見與存翁手書，道及賤名〔四〕，以前賜序中由博反約之旨，諄諄爲勖，此真前輩善誘掖激勵之至意，爲近世所不多得者。今得菊村先生手書，知先生尚客蘇撫劉公之署，屢欲買舟東下，親承道範，相與徜徉靈巖、禹祈之間，接武梁園杯酒論文之陳迹，人事消磨，至今未果。但風晨月夕，時取大著，反覆咀吟，覺真氣噴薄，翛然塵表，斗室之中，精神款款，恍然與之相會。昔雍門子以琴見孟嘗君，已而陳辭通意，撫心發聲，孟嘗君爲之增欷歍唈，流涕交横；韓娥曼聲哀哭，十里老幼，悲愁垂涕相對，三日不食；已復還爲曼聲長歌，十里長幼，喜躍抃舞，弗能自禁。夫非有真情流露，何以感人之深如此！由此觀之，文之爲道，無真性情、真學問，又安能有真文章耐人尋覽，放其遺聲也哉！

近者中州文家，論者咸以侯朝宗後，惟先生稱爲繼起。往者，穆在梁園質問時，亦竊聞初嘗取法侯氏。由今思之，侯氏才人之文耳，至先生之精深高潔，古人淵雅之詣，確然有得，邈然獨造，侯氏固未之能逮也。

前者存翁屢勸開雕流傳，嘉惠後學，未知近日有意如其所請否？至所著日記，穆曾見有稿本，生平經世之才，具見崖略，當與大集並傳，亦古人著書一端也，亦隨時校訂成卷，另存清本否？以白樂天之曠懷高寄，已屬其友元微之排纂長慶集矣，又自編後集，爲之序，復爲之記。既以集本付其從子、外孫，又分弆東林、南禪、聖善、香山諸寺，蓋亦以精神性情所寄，不肯聽其散軼磨滅耳，非必果爲千秋萬歲之名計也。今大著固精神性情所寄也，顧專法古人之高曠，獨不爲嘉惠後學計，質諸昔賢著述之意，亦豈有當乎？千里相憶，念切惟此。

穆自悔前此失學，又才力不逾下民，近來貧居，又不免分心舉業，與先生遠隔朝夕，又不得質疑問業，恐終就廢，以負厚望，此穆所以終夜愧懼交集也。菊翁、宇農，均有寄書，得知近況。祝爽翁、王秋翁、汝濟、性淵諸君，均在何所，近亦遇有可與言者邪？相見未知何日，謹由敝郡善後總局官封，順寄數行，以志思慕之誠，聊當面質。伏惟時賜教言。不宣。

丙寅五月十八日。

上朱久香閣學書

二月十一日穆頓首，耐菴先生侍郎閣下：

去年冬於皖城晉接，懇懃勞問，晷刻頻移，旋以人事悤悤，未及再謁，一罄其愚，翹首龍門，未嘗不神往也。

竊見閣下涖皖以來衡文講藝〔五〕，崇雅絀浮，培植善類，乃復虛懷謙冲，不欲自足，又廣求敝邑先輩遺書，公餘之暇，時加研究。今計閣下方荷眷注之隆，於今秋任滿，且入內廷，凡有關於典禮之大，應得知無不言，言無不盡矣。

竊惟我國家聖聖相承，尊崇道統，遠軼前代。計自國初以來，先儒之從祀文廟，凡十數人，歷代真儒，仰邀祀典，幾於搜剔無遺矣。然穆嘗讀先儒諸書，竊觀元儒容城劉靜修先生，學識深純，品行超邁，弱冠即慨然思尚友古人，作希聖解，初爲經學，尋覽訓詁注疏之說，疑曰：「聖人精義殆不止此」；及得周、程、張、邵、朱、吕之書，一見能發其微，曰「固當有是」，乃各評其所學之長，無不曲盡精蘊。至其出處大節，元史載之甚悉。撰以先儒祀典之例，奏請從祀文廟，實當於人心之公。試更考公之遺書，及諸家載籍，并先儒之所以論述者，約略言之。當元代儒者本不乏人，要以劉文靖、許文正爲之冠，故當時以劉許並稱，而後人又或以仕元議文正，以不仕元高文靖。至明代議祀典，又或以渡江賦議文靖，總之皆是非失實也。自中夏陷於金，且百年而後元，河北爲金元域，而文靖之先世爲金元人，仕宦於金元已久，文靖於宋本無故土之誼，仕與不仕皆不足病。當文靖與文正同爲元世祖所召，文正過容城與之商出處，文靖以「行道」推許子，而以「尊道」自任。至元世祖亦嘉之，曰：「古有所謂不召之臣，其斯人之徒歟！」而至正九年，下詔訪求公遺書，有云：「漢唐諸子莫之或先，周邵正傳庶乎可繼，考諸學宫，或文有可采，或事有可録，皆得鋟梓以傳。」即問伐宋，則不對。後爲渡江賦以見志。今許文正既久邀祀典，更不具論；文靖後來應召不起，即崔後渠文敏曰：「劉子憫元伐宋，乃賦渡江，其徒申之曰：哀之也。」薛文清亦有「劉静修爲百世師」之稱。元臣李世安等累疏請與許文正同祀。明禮部尚書王沂、翰林學士宋褧等亦以劉公從祀爲請。成化元年，助教李伸復請之。三年，允學士劉定之議，準楊時事例，令容城建祠。弘治元年，禮部尚書周洪謨等議：薛瑄與元儒劉因并祀。正德間，容城張紹烈復以是力言：宜準楊時例從祀。而當時君臣才識不遠，有議其經籍無箋注者，邱瓊山至誤讀渡江賦，以公爲幸宋亡，竟以力阻祀典。

夫以文靖繼往開來之學，固不以從祀與否爲榮辱；而天下之是非有不容混淆者。昔東京王逸與宋洪興祖之注楚辭，朱子謂其「未嘗沈潛反覆以尋其文詞指意之所出，而遽欲取喻立說，旁引曲證，使原之所爲壹鬱而不得申於當年者，又晦昧而不見白於後世。」今由朱子之言衡之，不獨王洪諸人有犯此病，推之歷代著述之家，亦鮮有不犯此病者，今又豈只於邱瓊山是責哉！即瓊山此論，當時崔文敏亦寃之，謂其「昧稽實而肆臆貶」。而容城孫徵君鍾元曾有渡江賦辨，以爲「此賦爲集中第一文字。紬繹其言，而設身以處其地，當自得其苦心。」又詆「瓊山讀書絶無以意逆志之意」。當時，定興鹿忠節、高陽孫文正聞孫徵君此論，皆盛稱之，且曰：「俟事平後，當繕疏入告，以闡發三百年未暢之旨。」惜乎二公旋各從容就義，未暇及此也。

今國家崇儒重道，無微不至，而閣下又挺生休明之際，績學力行，以微顯闡幽爲己任。聊以靜修先生學行大略，一爲言之。儻閣下有意，更訪求遺書，紬繹諸家之說，繕疏奏請從祀，是薛文清、崔文敏、孫徵君之所推服，惟閣下能引申之；瓊山之瞽說，惟閣下能闢之；而且，元之李世安、明之王沂、宋褧、李伸、周洪謨、處士張紹烈屢請從祀之議，惟閣下有以成之；即鹿忠節、孫文正所欲發三百年未暢之旨，亦惟閣下有以暢而發之。即閣下素以微顯闡幽爲己任，亦莫大乎是也。

又穆嘗考從祀諸儒，莫不本於忠孝大節，躬行實踐，獨漢代儒者以其於經術有功，例得從祀，而行有不檢，如馬季長輩，或爲恕之。周時從祀諸賢，多無著述，或未詳其生平，徒以見於孔孟及家語、史記之書而祀之。然陳良，孟子所稱爲悦周公、仲尼之道，北方之學者未能或先，雖不詳其生平，然既爲孟子所稱述，固當賢於萬章、公孫丑之徒者矣。而漢河間獻王德「修學好古，實事求是」，其於諸經皆大有功力，且又身端行治，温仁恭儉，篤敬愛下，明知深察，惠於鰥寡，遠邑漢代諸儒之上，皆至今未邀祀典，實於典禮有缺，未愜人心。而九江太守戴聖於禮經實大有功，漢書未爲立傳，僅附數語於何武傳中。至宋人鄭樵詆以身爲贜吏，子爲賊徒，而明代遂據以罷其從祀。然「贜」之一字，殊屬鑿空妄詆。案何武傳言：「九江太守戴聖禮經號小戴者也，行治多不法，前刺史以其大儒，優容之。」又曰：「聖子賓客爲羣盗，得繫廬江，聖自以子必死，武平心決之，卒得不死。」夫漢書既曰「大儒」，又曰「行治多不法」，而「不法」又未顯指事實以證之〔六〕，竊意不過小德之出入，或事多泥古，而不合於今耳，未嘗云「爲贜吏」也。「聖子賓客爲羣盗，得繫廬江，武平心決之，卒得不死，」乃其子之賓客爲羣盗，非其子爲羣盗也。聖既毁武於朝廷，則武雖不揚其惡，亦不至以德報怨也。曰「平心決之，聖子卒得不死」，明乎其子無罪至死，又明乎武未嘗枉法也。夫以戴聖爲大儒，且於禮經有大功，何武雖終不揚其惡，蓋以其行或有未盡於純，即揚之而亦不當其罪耳。而鄭樵輩又欲憑虚妄詆之，明代君臣又不察其事實，竟罷其從祀，不知漢代經師如馬季長等，考其生平，多有不法可議者也。同爲經師大儒，同有不法可議，而乃不察衷情，奮其私說，進退何無據邪！

今因閣下博極羣書，抉摘幽隱，穆不憚奮其管窺之見，娓娓陳之如此。儻閣下察之，亦以爲然，即以陳良、河間獻王及劉静修一併繕疏請邀祀典，實爲千秋盛事。而戴聖大儒或以其事跡可疑，一時遽奏，請復其祀，又未免駭人聽聞，或詳加斟酌，徐徐與禮部諸公圖之可也。

俯伏候命，不勝至願。謹再拜。

復熊純叔書

月初，哲生、約齋兩君過訪，交到吾兄去冬及今五月間手書，并大箸六首，又惠寄姚春木先生全集，展玩數日，如獲珍異。吾兄所論諸家文章意境，均中肯綮，足徵平生服古之功。文章波瀾意度，實維先哲，已細評於諸文首尾。未知吾兄頗以爲知言、引爲同調否也。弟生長僻陋之區，早年無良師友訓迪，雖嘗泛覽百氏，殊乏精進純一之功。偶有論述，旋寫旋棄，他日當搜索敝篋，整理一編呈教也。

承示近助吴江友人輯有松陵文録十八卷，弟欲先觀其序例、總目及貴友姓名爲快。又云欲續春木先生國朝文録一書，更訪敝縣各家文集，此尤爲盛舉。弟未讀姚氏原編，未悉其體例若何。弟以爲成一代總集，即存一代之文獻，正不必專以文論，第就各家所長録之。蓋其學問既深，出辭自遠鄙倍，即以雲間松陵諸老著述驗之，門徑不必相同，而文則未有不彬彬典雅也。然成一代之總集，亦非一人一時所能竟，吾兄及貴友現鄰架所有者凡若干種，及作者姓名，尚未之悉。而弟處所藏，及所見諸家之書，何以寄匯於一，尚須往返商榷耳。

又示近借得震川史記評閲本，及徐俟齋先生通鑑類聚一百本，留意刊刻，震川史記閲本弟往者亦有臨本，而外間所見，又往往各有同異，吾兄所見，或寄示一兩册，便可知其何若。徐氏之書，屢經兵燹，原鈔本尚完整無恙，殆天下欲泯此老雪鈔露纂之功，藉以沾溉後學，亦祈吾兄借示數册，俾得觀其體例，當同蘇州書局及相知有力者圖之。王蘭泉侍郎著述種類，大半能知，第未知其家所存者尚有若干種耳。現已秋深涼爽，能邀二三知己，作申江之遊，藉得商略一切否邪？

與溥玉岑大司空書

玉岑先生大司空閣下：

去年夏季騶從蒞申時，下走適有狗馬之疾，未能仿昔人一修御李識韓之願，乃蒙閣下高誼，不忽寒儉，特以珍味數十種下頒，又承一采虚名，特屬曹君直舍人殷殷以拙著見索。時下走久爲二豎所侵，竟爾昏迷不省人事，迨數日後漸有起色，已聞閣下航海北上矣。自去年以來，屢欲上書，稍伸鄙意，惟嫌拙著各種皆係草創，無力蓄鈔胥另録清本，及時上呈，是以遲遲有待。頃因王君十和便中入京，不揣固陋，謹修寸箋，先達鄙意。

伏念下走生長桐鄉，家世並無達者，惟早承庭訓，六經、諸史，薄涉藩籬，彼時敝鄉乾嘉諸老，存者尚不乏人，乃各遊其門，兼問朝章國故，有出於當時記載諸家之外者。年二十六、七，值曾文正公開府皖江暨江南，毛寇肅清，駐節金陵，其幕府及他賓僚，英俊羣集。下走承曾公延譽，並與其幕府及諸賓僚往還，稍增廣見聞。彼時吴越耆舊尚有存者，又不憚跋涉造訪，從之問業，終以質薄才劣，各種學問門徑，雖稍有所知，迄今年近七旬，一無所就。惟承文正公遺訓，專以朝章國故爲問學大宗。自文正公薨後，即客於海上，專爲留心四方文獻起見。數十年來，所著各種不下四五百卷，草創略具，尚待隨時增加。謹將書目各種另列一單，閣下略知所學如是可也。

茲更有請者：自前年拳匪之亂，京師重地多被殘燬，不知大内及國史館、文淵閣、皇史宬各藏書，列朝實録、滿漢大臣各傳、四庫全書尚巍然無恙否？又世宗憲皇帝硃批諭旨，曾於雍正九年發刊，至乾隆三年完工，統計世宗憲皇帝十三年中，無日不親御丹毫，疇咨庶政，其所發刊者雖有三百卷之多，然不過十之三四，而其時未便即行發刊者，尚有十之六七，均藏保和殿東、西廡中，傳者至云「積如山岳」焉，然此説僅得之汲修主人禮親王嘯亭雜録，並未見所積各件一一係某祕密公事也。乃數年前，忽見敝鄉先達汪稼門尚書所藏文端公鄂爾泰在雲貴總督任所奏議全部，有奉硃批奏章未曾發刊者六大册，皆爲保和殿中東、西廡所存之副本也。下走恭讀數日，知鄂文端於同時督撫中最爲世宗所賞識，時有密諭商議，其時要公及同時督撫以下諸人性情心術、才具短長及人品之優劣，文端公具奏均知無不言，言無不盡。而世宗皇帝之用人行政，寬猛兼施，明見萬里，十三年中，盛德廣被，無一不具於所批此一百二十餘篇章奏中。然在當時，實未可以發刊。觀鄂公此百二十篇奏摺中，已美不勝數；統計所批諸臣奏章，至有二百二十三人之多。即以鄂公一人而論，則此二百二十三人硃批奏章未能發刊者，宜乎保和殿東、西兩廡積如山岳之多。而十三年中，親御丹毫，疇咨庶政，其中關係當時要務，實足以裨他時國史所采者，正不知其幾千幾萬矣。然在當時，雖不便頒行；而在今日，實無不可以頒行也。閣下今爲宗室中最爲明體達用之大臣，而在今日，諸人多偏爲西學，不過稍涉皮毛，實未能深明其要，所以數十年來，多有講維新之政，究竟文能附衆、武能威敵終未見維新中一人之傑出者。下走寓海上二、三十年，耳目聞見，自度精力已衰，不能附和維新諸人，仍確守曾文正公遺訓，時時仍以朝章國故爲念。然終未能深知京師大内及各重地所藏列朝實録及國史各類並保和殿東、西廡所藏世宗硃批諭旨有無殘缺，望閣下公務之餘，一一查察，便中示知一二。至以爲荷！

近日爲敝鄉張氏校刊其六世祖文端公張英全書八種，共二十册，此書均蒙高宗純皇帝命館臣著録文淵閣中，年久家藏原刻本多軼，往年曾文正公最喜閲書、易東論及文集聰訓齋語等件，今一一代張氏校刊完工，謹以一部奉呈台覽。又姚姬傳比部所編古文辭類纂七十五卷，嘉道間風行海内，究竟不外康吴兩本，各多脱誤。下走家藏姚公晚年定本，又用二十多年工力，所見宋、元、明史漢及各家精本，正其脱誤，又博考羣書，加之句讀分明，俾讀者一目了然。今爲鄉友借刊，已經完工，將來印本一出，即行奉呈，以備公子公孫輩便讀可也。

冒瀆尊嚴，無任惶悚，賤名正具。

【校記】

〔一〕「相目」，稿本作「目之」。

〔二〕「表章」，稿本作「表彰」。

〔三〕「又不得時相討論」，刻本闕五字，惟存「而論」兩字，兹從稿本。

〔四〕「道及賤名」，刻本脱，兹依稿本補。

〔五〕「衡文講藝」四字，刻本無，兹依稿本補。

〔六〕「以證之」三字，據稿本補。

敬孚類藁卷五

跋

跋方望溪先生朱子詩義補正

望溪先生所著諸經，自刊行十餘種外，尚有删訂通志堂宋元經解及朱子詩義補正。晚年與甯化門人雷副憲鋐手書，自謂：「三十年精力皆在崑山經解」，諄諄以身後之事爲託，尤於此書三致意焉。然其書今世竟無傳本，朱子詩義補正，先生門人高密單作哲曾爲編次，刊於家塾。咸豐初年，邑人戴孝廉鈞衡刊先生文集，合肥徐孝廉子苓曾寄單氏原刻本，屬爲重刊，以資用不足而罷。吾友徐君宗亮家有藏本，丙寅夏，乃得借觀之。凡兩册八卷，其説魯頌以成王賜伯禽以天子禮樂，周秦以前赫然暴見之書未有及此。明堂位乃劉歆所僞作，以爲王莽受九錫踐阼臨羣臣之證者，不足徵信。乃據詩及春秋左氏傳，斷以僭用天子之禮樂自僖公始。又以程朱所以未易舊説，以史記魯世家亦載成王有命。今觀魯世家篇中所載周公事，詞義皆蒙混支贅，與王莽傳中所載誥諭如出一手，與史遷之文絶不相類。又風雷之感，明著於尚書，世家乃云：「周公卒後，成王始發金縢，命魯作文王廟，得用天子禮樂。」公孫禄數歆之罪，所云「顛倒五經，使學士疑惑」，此尤其顯者。今以先生之説詳之，皆屬有見。其他所解，簡略而不失之疎漏，博辨而不遁於支離，信有功於詩學矣。是書既未顯於世，因録副本，他日當託同好者重刊之，與所著三禮、春秋等經解並傳焉。

跋日本舊槧春秋經傳集解

此書余於戊子冬日在日本書肆所得，偶閲昭公二十年衛侯賜北宫喜謚曰貞子，賜析朱鉏謚曰成子，杜注：「皆死而賜謚及墓田，傳終而言之。」即此一章，知其確係據北宋以前精本所刊，遠勝王厚齋、羅大經所見宋本之上。蓋此章之注，宋元以來刊本無有不作「皆未死而賜謚及墓田」者，故王羅二公皆以爲古人有生而賜謚之證。試思：杜注果作「皆未死而賜謚及墓田」，則下文「傳終而言之」句作何解講？以此知古人讀書，其精到之處，固非今人所易及；而有時出於鹵莽粗疎，得一異文，不憚曲爲之解，不顧上下本來之貫通與否，亦了無以異於今之目睫好奇之人。此本精善之處，當不僅此，容當細讀而標出之。

己丑正月記。

近聞黎君庶昌拙尊園集有跋日本所刊宋嘉定本春秋經傳集解〔一〕，所記與此本頗合，惟中縫皆有刻工名，及附經傳識異四葉，末署官銜五人，及另一葉之跋，此本均無之，豈黎君所得之本爲嘉定丙子刊本，此本又另據一北宋本，遠在嘉定刊本之前邪？他日見黎君，當持此本以質之。

庚寅七月記。

辛卯春，黎君由日本歸，相見滬上，持此本及論語集解、趙注孟子相質，據云：此皆據北宋精本擺板印成之，當在中國元明之間。然五經皆有，不僅此也。前出使時皆搜得之，今不易覓矣。記此，他日儻重到日本，更當訪求詩、易、禮各經，庶幾或遇之。倩江浙間官書局仿刊之，當遠勝相臺岳氏刊本之上。蓋岳氏刊本，實非北宋精本也。

辛卯七月記。

跋日本舊槧論語集解及趙注孟子

此論語集解與趙注孟子亦戊子冬得於日本書肆，偶取彼國所刊津藩有造館本，及黎君庶昌所刊正本相校，字句又時有異同，大致與朱文公集注本相合者爲多，其他異文，有同於津藩本，有同於正平本，亦間有與兩本不同者。黎君既以津藩、正平兩本校其與集注本之同異，附注於文集跋論語集解文後，暇時當以此本之同異，參兩本合校而標録之。此本雖無序跋可考，亦確爲日人據一古本而刊之，非日人所能僞爲也。又趙注孟子亦爲舊槧本，觀其「行者有裹囊也」句，「裹」不作「糧」，亦確據北宋最精本，亦或彼國舊傳卷子寫本重刊之。趙注每章後，即附章指，乃中國傳本所未有，注文亦頗有同異，往往彼本較爲詳晰者。他日照刊，庶幾趙注真本面目猶存焉。

辛卯七月記。

跋孫莘老春秋經解

曩聞長老云：「王荆公欲釋春秋，見莘老之書出，自度不能勝之，乃詆春秋爲『斷爛朝報』，蓋以明己不屑爲此也。」余嘗疑之，此言不出荆公自記，他人何由而知之？即荆公果有此嫉妒之心，則詆孫氏本書足矣，何至狂妄並詆聖經哉？後來閱安溪、高安兩元老之集，均有引「目春秋爲斷爛朝報」之説爲荆公罪。余終以不知荆公此説從何而來，乃遍考宋史及宋人説部諸書，均無有及此語者。

蓋荆公之爲人，只行新法一事，實爲剛愎自用，萬無可解；至其經術湛深，文筆超峻，實不愧爲一代宗師。而於文學一道，又極虚心，兼之愛才，亦萬不能掩其所長。何以言之？荆公嘗釋豳風「八月剥棗」，釋爲「剥皮養老」之義。後至鍾山訪人，其家以「撲棗」對，荆公問：「何謂撲棗？」其人引豳風「八月剥棗」以對，荆公乃恍然大悟，即自改其説以從之。又嘗與郭功父會食，忽有一僧投刺，自稱「詩僧義了請見。」功父止之以「何物禿奴！敢在公前稱『詩僧』？必狂夫也！」公曰：「姑見之何害？」及見，請公命題賦詩，公慮其有夙作，正擬議間，適有肩沙子者至，公即以「沙子」命題，此僧只成五言絶句二十字，荆公輒爲歎賞不置。可見荆公於學問一道，平易近人如此。又考荆公於莘老，生平風誼極厚，荆公於他人有才尚不之忌，何獨於莘老而忌之？又何至兼忌聖經哉！

近見孫氏春秋經解有周麟之一序，乃知此説出自周麟之。孫氏之書，在宋人説經中亦爲佳製，然以荆公之才識、説經本領言之，使其當日爲此，識義當出孫氏之上。考荆公説經之書，與其子雱同撰者，有書義、詩義；自著者，有周禮新義十六卷；又有鄭宗顔輯其字説，補爲考工記解二卷，易解二十卷，洪範論一卷，春秋左氏解十卷，雜説十卷。其他著余所未詳者，想尚有之。即其爲春秋左氏解論之，其尊春秋可想而知矣。考莘老之年，少於荆公七歲，荆公以哲宗元祐元年卒，年六十六，莘老以元祐五年卒，年六十一〔二〕，其成此書，未詳何年，若成於晚歲，則荆公似尚未見。又考周麟之爲人，本爲淺陋，欲尊崇孫氏之書，或者習聞荆公之弟子陸佃、龔原嘗治春秋，各有撰述，凡遇疑義輒以爲闕文，荆公笑曰：「闕文如此之多，則春秋乃斷爛朝報矣。」此語蓋戒二子著書，凡遇疑義，只當存之，不宜歸咎原書之有闕文耳。此正荆公尊經之至意，非詆春秋爲「斷爛朝報」也。麟之遂因此附會而序孫氏之書，後來大儒如安溪、高安兩元老亦漫不加察，遂深信荆公真有嫉妒孫書之意，而爲不經之論，此則惡而不知其善者之過也。

跋爾雅臆辨

爾雅臆辨十四卷，凡六册，前後無序跋，卷首有綱領十七葉，全部皆朱絲欄鈔本，書法秀潤，每卷均題曰「古堇周道遵述」。凡漢晉以來，國朝乾嘉間，諸家之説有關爾雅者，均見徵引，而邵氏晉涵之説采録尤夥。篇中多先設問語，或引諸家之説，或自案古籍，折中而解晰之。大抵能穿穴經傳，條貫融洽，博引而不失之繁碎，簡明而不失之疎略。蓋乾嘉間一老學者爲之，惜未詳其事跡及他著述也。惟棲霞郝氏懿行之義疏未見采録，蓋此君與郝氏同時之人，郝書行，尚未及見之耳。此本爲蘇人吴犖齋攜以見示，云上海某茂才託售；因索值過昂，力不能及，乃留案頭展玩數日，并漫書數語而歸之。儻得流傳於好古之君子，有力爲之表彰，是則余之大願矣。

丁丑六月。

跋宋本孔氏家語

孔世家語，世推汲古閣毛氏刊本最善，乃求汲古本原刻讀之，知其所據者，爲北宋蜀本大字，乃東坡先生家藏者。意其原槧未必尚在人間。

同治初，友人姚世培有舊藏本，託友人姚伯厚出售。伯厚旋攜此書過余齋，余因與商留余所，因致資於世培，得之，即毛氏舊藏宋槧大字本也。凡五巨册，據毛子晉及其子毛扆跋云：「購之吳興賈人，二卷十六葉，皆蠹蝕，未爲完書。崇禎丙子秋，南都應試而旋，汲泉於惠山之下，偶登酒家蔣氏樓頭，見殘書三册，亦大字宋槧王注，恰是前半部，購歸，倩善書者用宣紙互爲補抄，遂成雙璧。後酒家本爲錢宗伯所奪，亦燼於絳雲之火，而此本獨存」云云。

蘇文忠公云「蜀本大字最爲善本」，此本字畫古健似顏柳，古香襲人〔三〕，洵爲至寶。上有東坡居士折角印章兩方，細閲字畫，缺筆間有避南宋帝王嫌名者，似爲南宋刊本，抑或爲北宋蜀中刊本至南宋時重印，特將南宋主嫌名補剜版片印行之。而東坡居士兩印章，當是宋元間好事者爲之也。

此書有「良藥苦於口而利於病」，毛扆云：「借得小字宋本參校至六本篇」見第四卷，小字本作「良藥苦於口而利於病」，此本獨作「藥酒」，及讀鹽鐵論見第五卷，亦同，益證此本之善。」余以爲是本之善不必在此，史漢張良傳又皆作「毒藥苦口利於病」，大抵古語相傳，各有所本，義皆可通，不必以此本偶同鹽鐵論即以爲善也。

當錢氏、毛氏好藏古籍，而錢氏身前即付之絳雲一炬；毛氏之書散佚雖在身後，而身前多爲刊本行世，至今益爲藝林所重，尚留此古籍於人間，裝潢如新，忽爲鄙人有之。他日當傳校數本，公諸同好，庶幾毛氏當日勤搜古籍之至意，至今尚被澤於無窮也。

再跋宋版孔氏家語

聖夫人俗本均作「幵官氏」，近世錢辛眉以爲明人刊家語誤「并」爲「幵」，後來刊宋史者轉依誤本校改，沿訛者三百余年。又引漢韓勑造禮器碑及宋祥符中封鄆國夫人制詞、句容廟學元至順元年加封號制石刻、宋版東家雜記、元版孔庭廣記均作「并官氏」以明之，似足以正近本「幵官」之失。今按：安刻蜀本大字孔氏家語作「上官氏」〔四〕，乃宋元以來所刊古書所未有，亦未見近代諸家之記載，乃僅見此宋槧者，録此以備異聞，容當再攷古碑刻及宋元槧書以詳之。

跋影刊宋槧孔氏家語

余早年讀孔氏家語，乃毛氏汲古閣刊本。後來稍知考較古書版本，玩毛氏跋尾，知其所據乃宋蜀槧大字本。竊意原書未必尚在人間。

同治初年邑人姚伯厚過予艸堂，行囊有一巨册，發之，乃毛氏舊藏宋蜀槧大字孔氏家語原本也。詢所由來，乃友人姚世培家舊藏，今將託售，先以末册毛氏跋文爲證，余大喜過望，即以此册留下。旋至世培家，歸其欲售之資，乃將前四册攜歸，居然爲寒家插架之冠矣。三十年來，遨遊四方，嘗以此書自攜行笥，徧示同人，互爲喧傳，海内藏書家莫不知毛氏宋槧孔氏家語今尚在寒家也。

光緒乙未秋，余以校刊劉海峰先生歷朝詩選，外間諸公助資不給，因與世交貴池劉聚卿觀察世珩相商，權以此書代質，得重資以濟。聚卿今欲公諸同好，倩善書者將原本影寫一部，選良工照刊。其表章古籍，宅心仁厚，雅意真所罕見也。

又予二十年前在上海廣方言館，與新陽趙静涵元益同事，趙君好藏古書，一日，出示道光間吳門陸僎所録惠半農、陸敕先兩家校閲孔氏家語舊刊本，陸君又得録乾隆間邵北厓太史泰假其友人徐曉亭學博以北宋精本校勘毛氏汲古閣刊本，增損數十字，並其卷第先後亦爲改正。予又知兩宋刊本各有所據，亦各有優絀，屢欲以惠、陸、邵、徐合校本且旁采古書有涉此書者，別爲札記，以餉讀毛氏刊本者。而人事紛紜，久未能譬。聚卿舊亦有此志，今既以景宋本廣惠藝林，因以舊録惠陸諸家校本付之，兼爲札記，以餉同志可也。

跋四明萬氏明鑑舉要

余舊閲鄞縣志，詳考萬氏一門著述，知管村先生言有明鑑舉要一書尚未行世，又以萬氏諸老未刻稿本均在其從弟九沙太史經書樓，晚年不戒於火，悉化灰燼。度此書今未必尚在人間矣。

乃十六、七年前，余在上海洋廠書肆，有杭州書賈持管村先生此書原本出售，其書凡五十卷，訂三十巨册。萬公歿後，經應潛齋徵士撝謙及其叔父季野處士斯同、從弟九沙太史先後校勘删補，應公功力尤多，末有手墨一行：「戊申元月三日統校閲改正畢，共視十有九月矣。應撝謙記。」二十三字，卷後又有杭堇浦侍御手跋，乃知此書爲九沙先生之子承天託杭公收存，藉有力者梓行於世。又度杭公後來亦未能踐約，歿後藏書漸漸分散，此書不知幾經流轉，尚在杭州。書賈索直洋銀百元。余一時無力，未能假貸成之。欲借讀數日，書賈以急於回杭，遂未及。閲其大略，知管村先生康熙間曾聘入明史館爲纂修官，值明代羣書大備之時，又有家學淵源，其書又經應公及季野、九沙兩先生校勘删補，必有遠勝於近代吴門陳鶴、姑孰夏燮二家之作者。惜余當時知識昏瞶，不能及時勉力得之也。

惟杭公跋文，當時曾悤悤録下。此跋雖未載道古堂文集，然確爲杭公手畢無疑。今久疾初起，偶檢行匣，得杭公此跋，因追記此書原委，俾藝林知萬氏此書尚在人間，他日有留心明代史事者，尚可在江浙間訪求，得而刊之。玆將杭公跋文附録於後：

四明萬季野先生伯兄祖繩先生之子管村先生言，康熙初聘入史館，纂修明史，因忤貴臣，出令五河，罷官論罪。其子西郭狂走數千里，哀金論贖，乃得歸鄉里。窮年鍵户，編纂明鑑舉要一書。其卒也，未及校讐也。應徵士潛齋先生參補校閲，歷時二年，而全書始畢。其後，季野重爲參訂。及九沙先生經歸自貴陽學使任，復於是書缺者補之，纂者芟之，乃成有明一代之信史。惜乎力無能刊也。書中潛齋用硃筆，季野用墨筆，其黄筆乃九沙也。九沙之子承天以是書歸余，欲資有力者梓行於世。因述其顛末如此。乾隆戊寅冬蘆浦記。

跋方望溪先生所傳録歸震川史記標録

震川先生圈識史記，當時未有刊本，余所見今世傳録者十餘本，各有同異，最後得鄉先達張晴嵐閣學若靄所録。方望溪先生家别有藏本，只丹、黄兩色圈點，並無红、藍、墨、黄等擲，圈點亦校今世所傳之本，特爲簡明。而晴嵐閣學此本，仍先録震川先生詳明之本，與所圈識史記例意一一相合，又參之同時葉花南、劉海峰、姚南青三先生所傳録之本，各記其所有同異之處。

余既照張閣學所録兩本，藏之家塾，時時玩讀之；又知望溪先生生平圈識，其所著諸經及其文集，提綱揭要，大抵皆祖震川先生標録史記簡明之本。據前輩相傳：震川先生生平特好左氏、太史公之書，丹鉛甲乙，無慮十數本。意此簡明之本，乃其晚年所爲，年邁學深，識益超卓，故有此標録，乃近世絶有者也。宜望溪先生特爲録存，畢生著作均取法於此。

余之録此副本也，時盲風劇雨，日夕交作，丹黄俱下，不覺沍寒逼人，未嘗不頌前賢遺澤，流被無窮也。

跋顔師古漢書注

唐顔師古漢書注本，昔人稱爲「班孟堅忠臣」，其叔父顔游秦，曾著有漢書決疑十二卷，故世有大顔、小顔之稱。然大顔之書，今無傳本；而小顔之書，盛行於世。昔人又有謂：「多掩他人之説以爲己説。」又王勃九歲讀漢書顔氏注，即知其有誤，駁正多條。

今案其書叙例所列引用二十三家之外，又有引樂産、王楙、胡公，獨未見引其叔父之説。意大顔之書尚未行世，師古此書之注又係奉詔爲之，其著書本領實在其叔父之上。大顔所見亦小顔所及見之，故未便引其叔父之説耳。

大顔之注尚有見於司馬貞史記索隱，如高祖本紀中之「楚歌」，孝文本紀之「中大夫令勉」，封禪書之「五百歲當復合」，平準書之「級十七萬，凡直三十餘萬金」並「爵得至樂卿」，張釋之列傳之「錮南山」，李將軍列傳之「莫府」，衛將軍驃騎列傳之「剽姚」，司馬相如列傳之「故删取其要，歸正道而論之」並「蓋號以況榮」，貨殖列傳之「適齊爲鴟夷子皮」，凡十一條。所引大顔之説，皆精審，今取小顔注本案之，此十一條皆散見高紀、文紀、郊祀志、食貨志、李廣衛青霍去病司馬相如貨殖等傳中，悉作「師古曰」，不過行文有詳略不一。雖此諸條，即無大顔之注，小顔亦必能之。但小顔之注，體大思精，凡前人之説有與己意相合，即删潤成之，不復一一細爲區别耳。是則前人以爲「多掩取他人之説以爲己説」亦不得謂之無因云。

跋方息翁漢書辯注

鄉先輩方扶南先生名世舉，以詩鳴於雍正、乾隆之間。生平讀古書，均有評論，書於本書上下左右，本行已滿，則加別紙條記之。所成之書，余已詳著於傳。漢書辯注四卷，當日有袖珍刊本，余未之見。同治癸亥春，偶於友人徐椒岑家，得見先生手批漢書全部，於漢書本文，提綱提要，既各爲標録；凡顔氏及所引各注有非是者，直加墨擲，即以己評標於本行上下。乃知先生當日成漢書辯注一書，即以此本爲底稿。

昔人稱小顔之注爲「班孟堅忠臣」，今先生此注又足爲「小顔氏之忠臣」矣。然自小顔漢書注之行於世，至宋代劉宋諸公多有刊誤，足救小顔之失。所稱「孟堅忠臣」，世亦有不盡以爲然者。夫古今著述之家，卷帙既過於繁重，必欲一一精當，與古人毫釐無差，天下安有是理？但問大體何如耳。愚以爲劉宋以來，凡有刊誤皆不足爲本書病，與本書相輔而行則善矣。今先生此書，辯注之外，又加評論，抉擿幽隱，多足啓發後人神智，是又於劉宋諸公之外，别樹一幟也。因照録一本，藏之家塾。

跋四庫全書總目韻編

欽定四庫全書總目二百卷，於二千年來經史諸子百家，分門别類，辨析疏通，源流得失，如指諸掌，實爲藝林寶笈。第卷帙浩繁，初學檢閲，恒不得其端緒。自簡明目録出，觀者稱便，而附存諸目闕如。吾鄉胡徵士雒君嘗取附存目録，按經、史、子、集次第鈔録，同江都凌仲子詳加校勘，釐爲十卷，刻於金陵，以配簡明目録。窮鄉晚進，雖不難於家有一編；而初學所見不廣，欲考驗一書及著書人名氏，又非遍檢兩書全帙，不能立睹。

甲戌夏，客遊吴門，適與范月槎觀察同寓。觀察爲武昌名宿，富有藏書，朝夕相質，慕其言談丰采，久不能别。一日，出其所編欽定四庫全書總目韻編見示，每以一書目首一字爲主，不拘經、史、子、集，按韻編排，書目之下，仍著撰人名氏及在某卷某類。凡卒覩一書，先以此編按韻求之，覽其所注，而全書總目提要所在，了如指掌，足與蕭山汪龍莊之史姓韻編、武進李申耆之歷代地理志韻編相爲鼎足。凡家藏四庫全書總目者，不可不家置一編也。兹書擬付手民，因敬書數語，以志忻幸。

光緒元年秋九月。

國朝碑傳集馮氏鈔本跋

此嘉興錢衎石給諫儀吉所輯國朝名公碑版狀記之文，旁及地志别傳〔五〕。上自宰輔，下及山林隱逸，并列女言行事蹟，分類選録，所謂可以攷德行，可以習掌故。要其大體，主乎樂道人善，以爲賢士大夫畜德之助者也。

給諫殁後，幾經轉徙，今爲其從子子密京卿所藏。光緒元、二年間，南海馮公竹儒觀察自上海假其原書，倩鈔胥在敬業書院録成副本，凡七十餘册。丁丑春，觀察請假往伊犁覓其太翁子佩先生遺骸，戊寅春回滬，未幾即病殁。此書鈔成後，未曾細校。又當時第八、第九康熙朝宰相及部院大臣兩册，子密一時失檢，未及寄録，遂爲未完之書。辛巳之春，余乃向馮公三弟吉雲觀察假閲一過，欲以餘功取案頭所有名公之集爲之細勘，忽忽未暇。

旋聞遵義唐鄂生觀察欲得此書刊於蜀中。是年秋，唐公由京師引見，回蜀過滬，余因得晤諸路室。詢之，果於子密所假其原書以來，將攜蜀中，屬給諫之第三子徐山校刊。余欲假其八、九兩册，記其目録，爲馮氏補鈔；而唐公艱於發笥，且以返蜀鈔寄爲辭。壬午夏，唐公升授雲南布政使。余先期寄書速之，唐公復書以「將在付梓，他日可獲全書」云云。至癸未夏，唐公升授雲南巡撫，又兼理邊疆軍務，音問久疎，遂莫由探問蜀中之書已刊與否。

今按此編所録，自國初以迄乾嘉間人物不過十之二、三，實爲錢氏未成之書。蓋給諫主講大梁時，不過據其所見録之，或其時尚未行世，或其書未及寓目，尚多有之。然每集所采一、兩篇及數十篇不等，計撰人名氏凡六、七百家，而各省地志尚不下數十餘種。今所見原書，不過十之五、六。又有其人本無專集行世，所采一兩篇，尚多不知其所由來者。又有其人負盛名，而文多繁冗無法，如杭編修世駿輩，時有删節，以歸雅馴，亦頗具特識。

穆行年三十以來，始有志於當代文獻，惜生也晚，不獲見如給諫諸公，親加指授。今幸獲此，欲恢宏之。自國初以來，凡其人有事蹟可傳、爲此編所未載，隨時照例采録，今亦得數百人，計閱數十寒暑，必有三、五倍於此。獨念馮公生平極留心朝章國故，凡欽定諸書，及名人著述，無不隨時蒐采，分類排纂，冀他日成一巨編，以備經世實用。其鈔錢氏此書，用意亦復深遠。而朝廷亦知公才可大用，是以於戊寅春，公未回滬之時，即有旨召見，將以備封疆出使之選，不料遠志未申，修文遽召，生平所藴百不及一，摩挲遺帙，不勝人琴之感焉。

跋程伯敷太守武進管君傳

咸豐間，予於友人方山如濤所，假得其祖植之先生所批大興王崑繩所著居業堂文集二十卷〔六〕。植翁於册上書：「壬辰十月，武進管孝逸大令贈，東樹敬藏。」又書：「此集乃文獻所寄，宇宙不朽之編，非尋常文士之比。學者當共惜之！」集中丹、黄評語極細，乃道光辛卯武進管繩萊編定刊本也。集首載易堂魏禧、江左洪嘉植兩序，又載吾鄉先達方望溪先生所作王源傳及祭王崑繩文，又有王崑繩家傳及王氏先塋記，乃管君自作。孝逸即管君之字也。

閱管君所爲傳記，知其祖母即爲崑繩先生子兆符字隆川進士之女；管君所爲王氏先塋記，知崑繩先生之父爲故明錦衣衛指揮使諱世德字霜皋，及崑繩先生伯兄諱潔字汲公並兆符均葬京師西便門外五里羊坊店〔七〕。隆川進士有子匡，卒，無後，管君曾祖即以第三子名世鏞嗣之；世鏞亡，無子，妻某氏孀居，又撫他姓子爲子，亦復不育。管君之祖官京師二十年，歲時祭掃，無不親拜王氏先塋。隆川進士之妻楊孺人久殯淮安，管君祖奉其柩合葬先塋。後來管君之父及管君，嘗以應試謁選之事入都，均釋奠王氏之塋，修其崩圮。管君又慮其子孫未必常來京師，乃爲王氏先塋記，詳載原委，刻於王公集首，使其後人知之，蓋冀其子孫有來京師者，尚應世修王氏先塋祭典也。

余時未詳管君家世，但念其曾祖某公念王氏無後，不惜以第三子爲之嗣，其祖及己身，三世在京師，歲時必上王氏之塋。管君又以崑繩先生之集多記明人逸事，爲之付梓。余後又見得此集〔八〕，時時閱之，益歎管君累世積德之厚，及管君能善承先志，實爲近代所罕有，常欲往常州訪管君之後人，及所刊此集之版尚存與否，久未能遂。

近閱黟人程伯敷太守鴻詔所著有恒心齋文集，有武進管君傳，乃知管君即爲韞山侍御世銘之孫，近人管晏、管樂之父。管君曾官湖南安化縣知縣，親老改近，道光六年選安徽含山縣知縣。十一年夏，以末疾去官，十九年春卒，年五十六。此傳只略記管君德政三、兩端，未及刊王公集事。

刊集雖爲管君風誼之一端，讀所爲王氏先塋記，知其能善承先世遺澤，又惜其早年去官，而不及中壽，不能大展其才學於當世。余他時儻能遂重刊居業堂集之志，當取程君所作之傳附諸集後，俾藝林有所觀感焉。

程君所作管君傳，載其去官時貧病，尚典裘衣十數襲，俾含山之民爲築隄費。王公之集即刊於是年辛卯，當是節衣食勉力爲之。管君記王公卒於淮安，爲其姪壻金壇蔣衡遷其柩，葬於金壇。蔣氏今移家無錫，事已數世，不能考其地之所在，以爲憾。

又王公生卒年月，望溪先生及管君之傳均未之詳。今略考望溪先生之傳，有「五十後葬其親，遂棄妻子，爲汗漫之遊。逾六十，復歸，往來金陵、淮、揚間。客死山陽，惟兄之甥蔣衡視含殮。」又祭文有云：「丙戌之春，揖我長辭，一親邱首，惟吾所之」，及「解手三歲，別語依依，」并「忽叩吾廬，驚喜相顧，曰余迴車，將農將圃。」及「始春過余，杪秋復至，孰期分背，遂歸虛無，委衾旅舍，妻子莫扶」等句。所云「丙戌」者，乃康熙四十五年也；所云「解手三歲」，「忽叩吾廬」乃四十七年戊子也。居業堂集卷二十末載或菴寢語十則，末記「戊子閏三月三日或菴源識」，則方公祭文所云「始春過余，杪秋復至，孰期分背，遂歸虛無」，王公當卒於康熙四十七年戊子之冬。惟其生年無考，方公所云「逾六十復歸，客死山陽」者，不知六十凡幾耳。因管君所作王公傳記未能詳明，牽連及之。

己亥三月二十一日雨窗書。

跋薛考功奏議

余少時讀鄉先輩姚薑塢、劉海峰兩先生所選明代諸家詩，有薛蕙數十首，愛其工麗，時時諷誦之。後讀明史本傳，又先後讀文公徵明、唐公順之所作墓碑、墓銘等文，乃詳悉考功之學行風節，不第爲詩人已也。考其爲刑部時，值武宗南巡，抗疏諫阻，禍且叵測，而晏然安之。嘉靖初，大禮之議起，乃作爲人後解、爲人後辨，奏入，下獄。已而復其官，卒不復起。

考其生平著述，考功集十卷外，有約言、老子集解、五經雜録、大甯齋實録等書。今考功集十卷，曾爲文淵閣著録，世間尚有傳本。老子集解二卷，附考異一卷，今三原李錫齡所刊惜陰軒叢書中有之。其他著或存或亡，不具述。

今年秋，亳州郭生文獻以乾隆三年所修亳州志一函，計十六卷見示，後有「藝文」六卷，見有薛考功議禮奏議一篇，爲人後解上、下兩篇，爲人後辨一篇，通計侃侃近萬言。辭嚴義正，前後諸公多有議明大禮者，未有如是之詳確也。

余既全録之，而以國朝亳人劉恩沛所得奏議序冠於首，並以考功所作亳州學記附於議禮述事後，又以嘉靖間□李先芳所作薛考功祠記□、王中丞廷所作薛考功遺書記次於後。遺書者乃王公乞文衡山詮擇考功集詩文四卷行世者也。終以文公徵明所作墓碑、唐公順之所作墓銘附於後，惜其諫武宗南巡一疏不得其全，不知他日尚有可獲否？

跋新刊新安志

宋新安羅鄂州願所纂新安志十卷，刊於淳熙二年乙未，明代曾有翻本，至國初已不易得。新城王文簡公至求之三十年，曾致書徽人汪于鼎。汪君訪得原本，里人黃以祚乃得覆刊之，時在康熙四十六年丁亥之冬，至戊子之秋，乃能峻工也。

先是，秀水朱竹垞檢討亦嘗訪求此志，及其鈔得，年已八十矣。竹垞跋此志云：「每勸新安富家開雕，終鮮應者。甚矣，今人之不好古！」云云。竹垞此跋在康熙戊子，正黃君刊此書之年。黃氏之書完工於戊子之秋，竹垞蓋未之知。逾年，己丑冬十月殁矣。

黟縣李君宗煝雅志刊書，余以徽人之留心鄉邦文獻者，鄂州之後則推明人程公敏政之新安文獻志，三百年來，繼起者難得其人，因勸李君先刊此志，再陸續圖之。李君旋訪得黃氏刊本，覆刊於揚州，始於光緒十三年丁亥之冬，完工於戊子之夏，竟與黃氏刊此書時及完工之年遥遥相對，事亦奇矣。至此志用意及佳勝之處，鄂州自序及趙不悔序言之已詳，竹垞亦稱其簡而有要，此地志之最善者，後人可無用再贅一詞矣。

再跋新刊新安志

鄂州之父尚書汝楫爲秦檜之黨，曾助秦檜害岳忠武，尤爲世所詬病。鄂州此志盛稱先君尚書功德，儼然爲古今名臣，此人子之道所當然，不得議其曲筆。至胡待制舜陟曾欲爲秦檜父建祠，爲高登所阻，因劾登以媚檜，後舜陟以他事忤檜，下獄死，世多不察，以舜陟爲忠直。此志於胡待制，亦只著其功績，不第於欲爲檜父建祠事不書，並待製之忤檜下獄死亦不書。蓋待制之爲人，惟朱文公及鄂州知之最深，待制前事，朱子已著之於褒録高登狀，後來之忤秦檜下獄死，恐亦不盡合於忠正之道。鄂州當時必知其故。蓋前事既不可書，後事亦難於特書，皆有深意存焉。後人有議其曲且疏者，皆非也。

跋寶應圖經

寶應劉楚楨先生以名進士出宰直隸文安、元氏、三河等縣知縣，均有德政，生平撰述多未行世。頃與先生哲嗣恭冕叔俛往還，得讀所撰寶應圖經六卷。蓋始於嘉慶己巳，成於道光癸未，復以時加修輯，至戊申乃有定本，前後蓋四十餘年。其於鄉邦文獻，亦云勤矣。

其賦役一卷，以萬曆間邑人吴明經敏道及康熙間喬侍讀□□所撰縣志已詳，不復再録。

此著專載城邑、疆域、河渠、水利、封建、官師、人物，原本正史，旁貫方書及名賢專集，溯漢迄明，鈎稽抉摘，辨論精審，兼證古今載籍之舛訛疎漏，是能深明古人所作圖經之本義者。惟人物陳摎傳後附陳皇后，并載司馬相如長門賦，未免失之於贅。又所述祖德，雖云不激不夸，而練江等傳，文體實涉繁冗，不及諸傳之簡明。又此書人物均以有明爲斷，不及近代，乃仿司馬温公資治通鑑之例，迄於五代，不及有宋也。

夫圖經爲一方之文獻，爲後來史家所取裁，年代愈近，聞見較確而且廣，先生往矣，惜不及面質其是非。叔俛爲名父之子，學有淵源，試更取賦役一卷，詳加考訂，與近代有無差謬，「人物」等卷，益以國朝以乾嘉爲斷，勒爲一編，附原書之後，則寶應之文獻，乃爲完美矣。叔俛以爲然乎否耶？

戊辰冬十一月。

跋新刊黑龍江外記

右黑龍江外記八卷，鄂文端之曾孫西清所撰，向無刊本。此册黄先生彭年借得何比部秋濤鈔本録副，重黎榷巡復向黄先生借鈔，今以授予，屬校刻之。重黎言：「既稱外記，必有黑龍江志，此特拾其餘瀋耳。然多方覓正志，不可得。且如墨爾根布特哈以西，外興安嶺山路可通奇乾河、墨河、金廠，較之取道愛琿、新城溯江西上之水程爲徑捷。再迤西逾額爾古訥河接粗魯海圖之地，直接外蒙古喀爾喀車臣汗之東界，亦產金沙。此一帶山脉，國語謂之『金阿林』，南懷仁、艾儒略地圖謂之東、西金山。又江左岸之愛琿河、精奇里河、雅克薩城，地勢遼闊，五體界碑亦在境內。是記中皆不詳。蓋西清亦非能身到目驗其地也。惟列城、臺站、天時、物產，亦可藉此記考見大略耳。」重黎之言如此。又書眉有重黎隨手批識語，今皆散隸文句之下，爲夾行小注。

刻成，略記數語，以志緣起。

跋吉林外記

甲午夏，穆訪重黎兵備於鳩江。時兵備欲流傳古籍及近人經世實用之書十數種，先以嘉慶間長白西清研齋所撰黑龍江外記八卷屬爲校刊；復以道光初吉林堂主事滿州薩英額吉夫所撰吉林外記相授，與研齋之書相輔而行。其書十卷，分門別類，均有條理。自序有云「事必徵實，言皆有據，」實能副之。特其足迹未能全境周到，所記亦不無疏略，與研齋之書約略相等。

重黎云：「研齋之書第二卷述城堡有云：『石晉末，胡嶠陷遼，爲蕭翰掌書記，居福州。宋徽欽二宗入金，居五國城，以地理考之，福州五國城應在今黑龍江城境內。』余於光緒初傳鈔此書，即知此說之謬。比疑此城近會甯府，當在吉林烏喇甯古塔之間，終以茫無實據，不能確指爲今之何地。彼時漫注數語，聊以存疑。後乃知乾隆間有副都統綽克託築吉林伯都訥城，得紫檀匣，中藏宋徽宗畫鷹一軸，墨蹟如新。並得古銅瓷器多端，又有碑碣録徽宗晚年日記，於天會十三年寄迹於此，曾經數載。考宋史，徽欽二宗入金，初徙韓州，後移冷山，皆不出今吉林內地；終徙五國地，故址即今伯都訥城。乾嘉間老輩考求地理，頗有知之者。而汲修主人曾載諸嘯亭雜録，潁川逸士亦載諸東省記聞，雖互有詳略，而證據無殊。今吉夫之書第二卷記阿勒楚哈城城南二里，有金顯祖建都故城，俗稱白城，有謂爲五國城者，誤。第九卷『古蹟三姓』條『五國』部下，據遼史營衛部族志，考得五國頭城之名，亦爲詳核。蓋五國城古名五國頭城，亦曰五國城頭。當時並設節度使領之。又吉夫於『五國』部下，徵引宋金諸史，及元明一統志、洪忠宣松漠紀聞并近代高士奇扈從録等書，參考五國頭城故址所在，均未有合。且云自其『高祖由京陞吉林正黃旗佐領，至今五世爲吉林人。留心考查，無此城基。』又曰：『考論古今五國城在三姓無疑，松漠紀聞、扈從録里數地名傳聞互異，不足爲證，姑論此以俟後之博覽君子。』蓋吉夫著此書時，汲修主人及潁川逸士之書尚未行世，雖能辨阿勒楚哈城南二里白城謂爲五國頭城之誤，而又以爲『在三姓無疑』，終曰『俟後之博覽君子』，亦尚不失古人著書慎重之體。余前以研齋之書屬爲校刊，未及將此段公案詳注於彼書『城堡』所論五國城條下，今吉夫之書亦不能自明，子其詳書以彌兩書之疏漏可也。」重黎所述如是。

穆以吉夫之著此書，上距乾隆間綽克託築伯都訥城時，上下不過五六十年，當時故老或有見而知之者，或有聞而知之者，何至如其所云：自其「高祖至今，五世爲吉林人，留心考查，無此城基」，而竟一無所聞邪？由此類推，吉林全省故事當詳而不能詳，當載而不及載，且不知凡幾矣。惟東三省之地，除盛京通志外，記載寥寥，賴有研齋、吉夫之書，講求輿地之學，有備經世實用者，不能不深有所取焉。此則重黎校刊兩書之微旨也夫。

跋善鄰國寶記〔九〕

此書上中下三卷，乃日本文正丙戌泉南卧雲山人周鳳瑞溪所著，乃記漢魏以來至明成化間，日本與中華及朝鮮通書貢物之事。其自序云：「日本與震旦相通，蓋始於垂仁天皇之代乎？其通書信則推古朝聖德太子自製隋國答書焉。予録兩國使者及禪教名師揭來年月，乃至近時往返之書，號曰善鄰國寶記，大抵皆據中國漢魏以下諸史及日本紀載之書確有可據者録之。」其書託始於日本垂仁天皇八十八年，當中土漢光武中元二年，即據後漢書「光武中元二年，倭國遣使奉貢朝賀，光武賜以印綬」云云。日本紀載之最古書有神皇正統記，此書之首首引之，凡千餘言；後即加以案語，據韻書及漢志發明以訂正之。又引神皇正統記曰：「人皇第七代孝靈天皇四十五年己卯，秦始皇即位，既而好仙，就日本求長生不死藥，日本又就求五帝三皇書，始皇送之。其後三十五年，始皇焚書坑儒。故孔子全經存於日本爾。此事見於異朝書，云云。異朝書不記其名，無由尋究，故不以孝靈爲兩國相通之始也。」瑞溪以神皇正統記所云「異朝之書不記其名，」遂不以孝靈天皇四十五年己卯秦始皇即位爲兩國相通之始，而斷以兩國相通爲彼國垂仁天皇八十八年、中土漢光武中元二年，足徵卓識。垂仁天皇者，人皇十一代之主也。

又「逸書百篇存於日本」之説，不見他書，惟歐陽文忠公日本刀歌嘗詠之，後人疑信者半。瑞溪當時雖未見歐公此歌，不以神皇正統記爲信，蓋亦實知日本故無全書故也。然歐公當日詠此，亦必非漫然無稽。吾疑神皇正統記之書或宋時流入中國，歐公見以爲據，亦未可知；不知此書之不足爲據也。而西山塞馬閒人頗疑瑞溪未見歐集而偏引歐歌爲聖經存於本朝之證〔一〇〕，大書於瑞溪書後，彼豈果見其國之有全經邪？抑何不思之甚也？

又此書載明成化、景泰時，日本所求中土銅錢一十萬貫，及書籍佛祖統記、三寶感應録、教乘法數、法苑珠林、賓退録、北堂書鈔、兔園策、史韻、歌詩押韻、誠齋集、張浮集、畫墁集、遯齋閒覽、石湖集、類説、揮塵録、後録、三録、餘録、百川學海、老學菴筆記各全部，又向朝鮮求大藏經，鋟版以行，並往來方物，皆足有資國聞。

其書舊有刊本，今不多見。黎君蒓齋曾有鈔本三册見示，予因摭其大略書之。

光緒十四年戊子冬十一月十七日日本明治二十一年十二月日，書於東京出使日本大臣公署。

記金正希先生年譜

老友黟縣李君宗煝得一舊鈔本金正希先生年譜，將刊於全集之首，而不信其「四歲入小學讀論語，與塾師應對」諸語，欲删削不載。余不能請止，今特補誌之以見先生生有自來，早有夙根焉，故非凡人之可擬也。

先生生於萬曆二十六年戊戌十月二十八日，二十九年辛丑，先生四歲。是年入小學，讀論語鄉黨篇，若解其意者。時塾師姓朱，即先生集中所稱朱震宇先生者，略爲繹説，先生遂問：「孔子何如人？」曰：「聖人。」曰：「今在何處？吾往拜之。」曰：「孔子山東人，今死已二千餘年矣。」曰：「今日仍有似孔子者乎？」曰：「無矣。」先生即哭不止。比歸家，夜不能食，愛山公怪問其故，先生曰：「吾哭孔子死，今日無聖人耳。」愛山公曰：「汝何不學孔子？」次日，復問朱師曰：「人做得聖人否？」曰：「可。」曰：「孔子做聖人行何道理？」曰：「賢者識其大者，不賢者識其小者，孔子集其大成，故做聖人。」曰：「今有賢人否？」曰：「賢人何時無之？」先生乃喜曰：「我此生有聖人分矣。」

觀金公四歲立言，已志氣不凡如此，至後來，學行純備，致命成仁，其根器已於幼年具見矣。

跋孫徵君書江村年譜序墨蹟

定興鹿忠節公以明崇禎九年丙子七月城陷殉節。後三十二年爲我朝康熙七年戊申，三月，容城孫徵君乃爲江村年譜序。蓋忠節門人陳國鎮鋐於是時纂訂始成，以呈徵君，徵君復命長子立雅等搜其遺事，續成而爲序也。徵君是時在夏峰，春秋已八十有五矣。

穆於壬戌客大梁，購求徵君之書數種歸，年譜載徵君有江村年譜序，夏峰集無之，固知爲編定者所遺。

甲子夏六月，穆於郡城偶與獨山莫孝廉郘亭言及徵君遺書，孝廉因出徵君手稿二紙以示。詢之，乃咸豐庚申秋八月孝廉自京師到皖江，道過衛輝，得之書肆。其一紙即徵君所書江村年譜序也。孝廉又云：「徵君學問大節，固不藉工書法重，即以書法論，此稿雖老於學顔書争坐位者不能逮也。」穆展玩良久，信如孝廉所評。而此序情辭懇摯。展徵君手蹟，誦徵君之文，而徵君與忠節之音容謦欬，恍然遇之座右。

蓋徵君年十四即與忠節訂交，忠節家定興之江村，與徵君所居北城僅三十里，相與往來，講學幾四十年。徵君篤守程朱，年三十，乃讀王文成傳習録，忠節實啓之，二公之學同，故忠節一生苦心著力，徵君知之最悉也。因録此序畜入徵君文集，而記其始末如此。至忠節門人國鎮陳生，徵君稱其「年最少，入江村之門甚晚，而所得於江村者最深，此譜於江村一生苦心之處、著力之事，庶幾刻畫無遺。」因徵君所云於是，又知陳君之賢云。

附録孫夏峰江村年譜序

戊申之春，涿鹿國鎮陳生寄吾友年譜至，予迴環讀之，别三十餘年矣，精神眉宇，宛宛在目。因嘉國鎮乃師門真弟子也。國鎮年最少，入江村之門最晚，而所得於江村者乃最深。故此譜他人不能爲而毅然爲之，於一生苦心之處、著力之事，亦庶幾乎刻畫無遺矣。獨念爲命一書草創討論，修飾潤色，而辭始備，因與立兒等再四閲之，令其稍爲去取，以佐成國鎮之全瑜。魯論二十篇，孔子自序之譜也。曾之大學、思之中庸、孟之七篇，皆所以譜孔子之未發也。譜豈有盡哉！濂、洛、關、閩而後，以至姚江，迨我江村，皆所以自譜其譜，以川流孔子之譜也。譜豈有盡哉！是在及門諸子以各得其師之所傳者，而各譜其師之精神面目，乃所謂殊途而同歸，一致而百慮，譜豈有盡哉！説約、認真諸篇，吾友自叙之年譜也。予四十年受知之友，言别既久，不敢以後死遂忘麗澤。獨坐之時，所隨筆而譜公者，不一而足；與同人相對，所隨口而譜公者，日不知凡幾。然編年紀事，本自宛見其人，畢竟少此一篇不得，國鎮此編，足慰吾友，且以慰老懷矣。

跋黃梨洲先生年譜

梨洲先生嘗自著年譜，詒鄭高州，豫以志銘爲託。鄭氏後失於火，黃氏亦有水火之厄，并底本亦失之。此譜乃先生七世孫炳垕所輯，於先生出處大略頗得十之七八。

惟康熙二十七年戊辰先生七十九歲，有「五月，吳門晤湯文正公潛菴斌〔二一〕，文正退謂人曰：『黃先生論學，如大禹導水導山，脈絡分明，吾黨之斗杓也』」云云。此記頗失事實。湯文正於康熙二十三年甲子□月奉旨巡撫江蘇，二十五年丙寅□月奉旨還朝爲工部尚書，二十六年丁卯十月□日，以暴疾薨於位，焉得二十七年尚在吳門爲梨洲先生所晤乎？此譜記康熙二十四年乙丑先生往姑蘇訪周子佩先生〔二二〕，則先生晤湯文正公正在此時。至「文正退謂人曰黃先生論學」云云，乃湯公於康熙二十年辛酉典試浙江，梨洲先生遺子百家奉書湯公，公復先生書中之語，亦不待二老相見時「退謂人」云云也。此譜「二十七年五月」之「吳門晤湯文正公」宜改移「二十四年」，而刪去「退謂人」云云，乃合二老相見情事。

今距黃君刊此譜時，已二十餘年，度黃君未必尚在人間，他日儻晤其子孫，當屬爲改正之。

跋陳忠裕自撰年譜

華亭陳忠裕公大節著宇内，後人無異辭。今讀其自撰年譜，於出處本末及明季時事尤爲委曲詳盡，足以取信後世。然余於其記鄭峚陽之事，則有不能無疑者。峚陽杖母，當時傳者其説不一，大抵皆出忌者之口〔一三〕，遂爲温體仁所中。公既稱其多才藝，依附正論，與石齋師同館交善；又以其人貪險，内行不修，無鄉曲譽。夫天下之人，雖極貪險，内行不修，既依附正論，身列士大夫之林，亦斷不至杖及於母。故當時石齋、念臺諸公皆察其誣，上疏稱之。公所云「内行不修，無鄉曲譽」，蓋峚陽居鄉，矯矯自好，多以己意臧否人物，容有失實。己既不滿於鄉人，故亦不爲鄉人所滿，則有之。烏程披抉其閨門，下之獄以快其私憾。石齋上疏稱其才，雖得嚴旨，更欲自直，實不忍聽其蒙此大垢，所謂仁至而義盡也。公力諫以爲其人本公論所斥，諸君子誤收之，今既爲大姦所中，宜棄一人以全善人之朋。夫古人愛而知其惡，憎而知其善，峚陽既爲大姦所中，公果能加察，刑當其罪，棄之可也。顧杖母何等罪案？豈可隨當時小人之言，亦與尋常罪過等而視之，聽爲大姦所中邪！公以素不滿於峚陽之爲人，一聞小人攻訐，不覺犂然有當於心，務阻撓正人君子之援，輕陷人於大辟。予反覆思之，不能不以一時昧於輕重之義爲公咎焉。至峚陽一獄，昔人記載多端，予別有彙編論之，兹不贅。

跋近腐齋筆記殘本

鄉先達汪稼門尚書由縣令官至左都御史、閩浙總督，持躬清廉儉約，剛正嚴明，所至興利除害，豪猾姦吏、會匪洋盜聞風遁跡，水陸肅然。纂述十餘種，凡八十六卷，均有補於名教風化。嘗著主一説，歷闡存誠之旨，以明治心之要。嘉定錢宫詹大昕爲公編次文集，以此篇冠首，歎曰：「此雖講學，實公自道生平，其所得力盡於此矣。」

戊辰春，余以事到皖城，偶於書肆得近腐齋筆記兩鈔册，字畫工整，閲之，即公自著歷官年譜也。起嘉慶六年辛酉年五十九歲春正月，回福建巡撫任，訖十一年丙寅六十四歲，陞授工部尚書。凡六年。政績按月詳記。想見仁宗睿皇帝聖眷之隆，而公之實心任事，無微不至，其所措施，均足爲後爲官之法戒録也。咸豐間〔一四〕，公少子正堃避亂里中，予時與往還，嘗詢公治績及撰述，獨未及此書。今檢公行述，載公撰述頗詳，亦未及此，豈公當日不以爲著作，只傳示子孫；公之諸子，亦不過以年譜存之，不以爲公之著作耶？予以爲此正公之實行實政，乃公著作之大者也。想其前後事績，當有十餘巨册，今不知其存亡，惜哉！

記田間先生年譜

田間先生生於萬曆四十年壬子四月二十九日，卒於國朝康熙三十二年癸酉九月初一日。此譜爲先生少子撝禄所編，起萬曆壬子，止康熙壬子，於先生六十年出處及時事頗爲委曲詳盡。蓋趨庭之餘，多得之先生口授；或先生少時曾有日記，足備采録也。然撝禄生順治十四年丁酉，卒於康熙五十二年癸巳，計後先生尚二十年，不知所編何以止此？今取田間詩集考之，癸丑居京師，甲寅春季至天津，又至汴，及洛南歸，乙卯春季至合肥及歸德、汴梁，又至開州、邯鄲南歸。丁巳至吴門遊歷諸山水回里。己未已後三年，客吴中、崑山、常熟，又時返里，復遊江右。壬戌里居。癸亥復遊吴至越。甲子夏客松江至上海，又由無錫返里。乙丑秋由秋浦至楚北。丁卯春過洞庭，達長沙，旋返金陵，至江陰，復回金陵，又由皖桐北至兖州度歲。戊辰春入京師，秋間回里。己巳夏，由金陵入吴。庚午冬，歸里。自癸丑以後二十餘年，蹤跡約略如是。暇時當參考諸集，綜其癸丑以後事跡於年譜有關爲附録一卷以著之。

跋蔣一个先生徵君劉公伯宗行略

余少時曾閲貴池劉伯宗徵君城嶧桐集，其詩文各十卷，諸體皆備，論古、論今、紀事，均有真知實見；論兵及池州防守議，上史、黄、張、鄭當道諸書，具見經世之略。又多與吾鄉先輩往還，如左子正、方爾止、方密之、周農父、方孩未、張鍾陽、孫武公、魯山昆仲、蔣一个諸公，投贈詩文，班班可考。有答光生廷瑞詩云：「我生好友桐山多，積玉玄圃皆嵯峨」者是也。

最後讀蔣一个先生無他技堂遺稿，有徵君劉公伯宗行略，乃得詳悉徵君一生行誼。當明崇禎之世，國事已不可支，而大臣忠君愛國者，尤以薦舉賢才爲急務，大江南北，吾邑則蔣公，江南則徵君及宣城沈公眉生。徵君則辭讓同縣吴公次尾，授官不拜。沈公既不就試，僅上書論時宰，拂衣而去。吴公起義兵以抗節死。蔣公以大司農倪公元璐力薦，迫之出山，以崇禎十六年六月召對平臺。時莊烈帝以邊餉匱乏爲憂，新練兩餉歲增至百餘萬，兵民交絀。蔣公請復祖制鈔法錢法，三分兼行之，度可不加賦而足用。莊烈帝韙之，即授户部司官，下詔鋭意力行。科臣高朔漢等争之。蔣公與倪公素不識面，知時事萬無可爲，特以感於知已，乃勉力欲以死報。甲申三月之難，將殉於彝倫堂中，死且半日，有遷就瘞者，復甦。其人即爲毁形易服，護之而出。遁荒顛躓，九死一生，卒得歸里，以天年終。乃知徵君與沈公堅卧不出，全真終老，尤足尚也。

蔣公爲徵君行略，不第徵君學行出處，在在令人師法；而當時家國之事，亦畢見於行墨之間。蓋非蔣公知徵君之深，不能爲此文；非徵君之學行足爲蔣公所心折，亦未能發揮詳盡如是也。古人云：「得一知已，可以不恨，」其徵君與蔣公之謂歟！

己亥十一月二十九日未申刻書，時下雪。

跋蘧編〔一五〕

蘧編二十卷，凡四册，舊鈔本，友人諸暨孫問清太史得之於舊家，乃明福清葉公向高自記年譜也。公生於嘉靖三十八年己未七月三十日亥時，卒於天啓七年丁卯六月二十九日卯時，皆公自記時事、歷官年月，大可補明史本傳所未備。天啓七年以前，皆公所自述；惟七年，乃公子孫所記。其書據其孫益蓀所記，曾有刊本。此鈔册舊爲嘉定沈氏所藏，沈氏不著其名字，未詳爲何時人，亦嘉定之有學行者。

中有糾正一條，今爲標出，以詒留心故事者：葉公記「萬曆七年己卯余二十歲，舉福建鄉試第二十五名。本房爲邵武同知全州蔣公煇首薦余，總裁則方伯嘉定沈公鍊，憲長華亭蔡公汝賢，大總裁則御史新喻敖公鯤。始，余十歲從少師公北上，夢有人告余曰：『子得舉矣。』因出其試卷，見大書『汝賢』二字，且貯以紅籠。是年，蔡公爲詩經總裁，余卷其所定。而敖公命藩司創製紅籠，送鹿鳴宴品，物事之前定如此！」云云。沈氏評曰：「嘉定有沈煉，無沈鍊。且沈煉萬曆時官四川南充知縣。沈鍊，會稽人，官錦衣衛經歷，爲嚴嵩所陷，均非方伯也。惟嘉定沈人种先爲福建左布政，後巡撫其地。案通志職官表：人种爲布政，在勞堪之後，是時堪陞任巡撫都御史，興洪朝選之獄，適隆慶初江陵當國時也，南充、中丞兩公皆余族，故知之詳。」云云。

予案：葉公鄉舉自記總裁等官，不應於方伯嘉定沈鍊有誤。而沈氏既爲嘉定沈公之族人，必亦有學行之君子，考核沈氏三公之歷官始末，確鑿可據，如此。據沈氏所述，則葉公鄉舉之總裁爲沈公人种爲近之。豈此編爲葉公晚年所追記，於少時鄉舉等官，不免小有差誤邪？今則益不能明矣。但葉公爲有明一代名臣，編中所記明代時事頗有補正史所未備，他日當假問清太史藏本録存之。庚子五月初七日追記，距假閱問清之本四年矣。亡友薛叔耘副憲有葉公一論極佳，惜尚未得此編一閲之。

跋啓禎記聞録

啓禎記聞録八卷，起明天啓元年辛酉，訖國朝順治十年癸巳，凡卅三年，所見聞時事及風雨、災祥并閭閻瑣事可戒可風者，隨筆雜書。惟首尾無序跋，篇中不著撰人姓名，第四卷中兩署「固密齋主人」。按諸卷所述，乃蘇州人士之留心時事者所爲也。

其紀明季都城時事，亦時與同時記家記載相應。所列受賊僞職諸臣，其親貼欽授銜於門者，首吏部大堂宋企郊，終於定州州牧董復，凡五十五人。且云：「稍屬風影，概不敢列。」亦可爲慎重矣。

其紀殉難諸公，均得其真，獨於襄城伯李國楨特書云：「賊招降時，給云須帝禮葬先帝畢乃降。賊初不肯，李爭之再四，侃侃不屈，方改殯梓宮，葬以王禮〔一六〕。四月初一日舁至皇陵安葬。先一日，闖賊傳令東宫暨定王於大行皇帝梓宫行祭奠禮，東宫身穿白箭衣白快鞋，行禮畢，即逼之入内。出喪之日，止一李國楨匍伏哭送。葬畢，即自殺，真勳臣中第一人」云云。叙得大節凛然，恍如親見其人，目覩其事，表揚幽隱，可謂不遺餘力矣。

夫李國楨之事，諸野史所紀傳聞異辭，然其人實庸懦無爲，不諳紀律，其降賊始末，北平王錦衣世德當親見而書之。迨宏光定六等逆案，尚書解學龍秉筆，國楨在降賊諸臣之列。使當日果如此書所云殉節之烈，何以諸公概無稱述？而左忠貞公懋第北使密鈔趙吏目一桂紀事記莊烈帝時事頗詳，胡不道及國楨一字？後來贈爵賜謚乃阮大鋮更定，南京諸勳衛爲請，妄稱殉節，豈可信以爲實哉！今因假鄭君玉軒所藏舊鈔本閲之，所記明季時事及吴中掌故，時有可采，又未見人間别有藏本，將欲鈔存一部，合諸家紀載明季之事互爲參校，因附糾其繆誤之一端如此。

跋留都聞見録

貴池吴次尾先生生平著述之富，大抵均見於此留都聞見録前後諸序跋，今所存者，除同治間當塗夏氏所刊兩朝剥復録、樓山堂集等編之外，世間未必更有流傳者矣〔一七〕。此編上下兩卷，向所未聞，雖爲鈔本，而有當塗夏燮兩跋，知夏氏得先生之孫銘道舊刊本，已爲重刊，外間尚不乏印本。庚子夏五月，豐順丁叔雅游金陵，得於書肆，回滬見示。展玩至再，不第文筆淵雅可愛，其叙述九事，目見耳聞，確有根據，一則足以益人神智，一則可補正史及明季諸稗編之所略。

惟官政内述「孟津王鐸繼朱繼祚爲南禮部尚書，至山東爲土賊所得，見其體肥也，欲殺而食之，哀求以家人代，王遂以是怖病不起」云云。考王鐸以崇禎十七年三月補南京禮部尚書，未赴任而李自成陷都城，後來福王即位於南京，鐸至，補爲次輔。乙酉五月，大兵克揚州，豫王將至南京，福王走蕪湖，留鐸鎮守。鐸旋同禮部尚書錢謙益等文武數百員出城奉表迎降豫王，尋至北京，歷任禮部尚書，管宏文院學士，加少保，晉太保〔一八〕，至順治九年奉旨祭告西嶽及江瀆事竣，乞假歸里，卒於家。

先生以乙酉秋起兵，應金文毅公聲於徽州、績溪、黄山之間，兵敗，與金公先後殉節。蓋王鐸由北京至南都，道出山東，遇土賊及怖病事，容或有之。鐸至南京，蓋在甲申之冬。先生此記，蓋在甲申乙酉之交。據彼時之傳聞如是，至福王補鐸官及乙酉以後之事，先生均未之聞，且不及知者也。先生此編必傳於後，閲者或有不知王鐸後半生之事而以先生所記怖病不起爲信也，特補誌此編之末以明之。

跋讀書記疑

寶應王白田先生讀書記疑八册，周易一卷，尚書、毛詩一卷，禮記一卷，又禮記、左傳、論語、孟子一卷，音韻考一卷，國語、莊子、荀子、校勘記一卷，史記二卷，□□一卷，□□二卷，後漢書校勘記一卷，南史校勘記一卷，北史校勘記二卷，讀杜工部集、昌黎集、河東集、廬陵集、老泉集、東坡集、潁濱集、南豐集、臨川集共一卷，凡十六卷。

當時未及刊行，上之國史館。四庫全書僅以朱子年譜及雜著八卷著録〔一九〕，别有白田草堂全集行世。雜著乃河間紀太守容舒鈔自景州申翊家，以視全集所載，此鈔本所無者幾十之五六。四庫全書總目以此鈔爲精核，而全集乃别著存目。

此讀書記疑全部，今僅存舊鈔本於先生鄉人劉君恭冕所。頃於劉君假讀之，中多微言奥論，考訂羣書字句謬誤，均確有根據，實開高郵王氏父子讀書雜志、經傳釋詞、經義述聞等書之先聲。他日當手録一部，倩有力者刊行之。

跋文史通義

前人有專爲一書論史事者，在唐爲劉氏知幾之史通，在國朝爲章氏學誠之文史通義。近人有以章氏書擬之史通者，然兩家同一論史，而宗旨各殊。劉氏之書論史法，章氏之書論史意；劉氏之論爲官局纂修，章氏之論乃一家著述。名曰同條共貫，實則分道揚鑣，非深玩兩家之書者，或未之能深悉也。

兩人才識既高，而文筆犀利，又足以達其所見，而恃才傲物，轢轢古今，幾於前無古人、後無來者矣。兩人之書，兩人情性，既足遥遥相對，有時逞其筆鋒，放言高論，不察事實，鑿空蹈虚，以致全書得失具陳、醇駁互見者，亦往往有之。

劉氏之書前人已有評論，章氏之書今人尚無定議。章氏所論有「文章可以學古，而制度則必從時」，此真爲千古名言，後著作之家所當奉爲嚴師之訓也。乃今觀其論蘇文忠公表忠觀碑，則又有大不其然者。彼曰：「『臣忭言』、『制曰「可」』，爲秦漢時之制，宋時陳奏之制必不如是。」夫必先明宋時陳奏之制畢竟何者爲是，方能議彼之所以不是也。乃於宋時陳奏之制漫無發明，而曰「與其用『臣忭言』，何不曰『岳曰于』？『制曰「可」』，何不曰『帝曰俞』？舍三代而法秦漢，未見其能好古」，此真盲人道黑白也！其實此制自漢至宋，歷代相沿，並未更改，蘇公此文即當時陳奏原式，唐宋名臣之集奏議所載，一一可考。姑以杜韓兩集言之：杜公上三大禮賦表曰：「臣甫言」，韓公論佛骨表、潮州刺史謝上表均曰「臣愈言」。宋代諸名公集所載奏議，莫不如是。其最昭晰顯見者，莫逾於司馬文正公進資治通鑑表，宋元刊本均載之，一依當時陳奏原本格式。章氏既以一代史學自負，博覽羣書，豈於歷代陳奏之制尚無稽考，並唐宋名人之集及司馬公進資治通鑑表本格式概未之見邪？抑己各有所見，概以爲諸家皆謬爲仿古，尚未暇一一斥駁，特於蘇氏此碑前後不遵時王之制，反覆闢之，以概其餘邪？善讀章氏之書者〔二〇〕，凡有所疑未見實據者，尚應細爲決擇參考之可也。

又章氏有云：「平心而論，趙公原奏未必如蘇氏之古雅。」似以爲趙公當日本有原奏，蘇公爲銘，後來入集，即就趙公原奏點竄而潤色之，此又非也。蓋趙公此奏，當日即直屬蘇公代爲主稿，今趙清獻公文集並無此奏，蘇公以此事本趙公主名，故仍存當日代爲主稿原銜，乃至當也。至其文體，本於史記五宗世家，當時王荆公已賞識之矣。

【校記】

〔一〕「近聞」，稿本作「近聞」。

〔二〕「年六十一」，稿本作「年六十三」。

〔三〕「古香襲人」上，稿本多「爲從來所見宋本所未有」一句。

〔四〕「安刻」，稿本作「宋刻」。

〔五〕「地志」，刻本作「池志」，今從稿本。

〔六〕「王崑繩」，稿本作「王源崑繩氏」。

〔七〕「兆符」上，稿本多「崑繩先生之子」六字。

〔八〕「此集」下，稿本多「一部」二字。

〔九〕稿本題作「善鄰國寶記跋」。

〔一〇〕「證」，刻本作「謬」，兹依稿本。

〔一一〕「吴門」上，稿本有「之」。

〔一二〕「佩」，稿本作「佩」。

〔一三〕「忌」，刻本作「記」，今依稿本。

〔一四〕「問」，依稿本補。

〔一五〕稿本題作「記蘧編」。

〔一六〕「葬以王禮」，稿本作「葬以帝禮，祭以王禮」。

〔一七〕「未必」，刻本作「不必」，今依稿本。

〔一八〕「加少保，晋太保」，稿本作「加太子太保，晋少保」。

〔一九〕「朱子」，刻本誤爲「諸子」，兹依稿本改。

〔二〇〕「者」，依稿本補。

敬孚類藁卷六

跋

跋畢校呂覽補正

畢校呂覽補正五卷，乃日本人松皋圓撰。松皋其姓，圓其名，字行方，號迂齋，日本東都人也。其書因吾中國鎮洋畢秋帆尚書有呂氏春秋校本流入彼國，爲彼藩福山鹽田屯捐資翻刻，其藩有太田叔龜者，與之友善，得其印本讀之，自云舊嘗校勘此書，已有稿本，而得畢氏校本閱之，其舊校與之暗合者，率居什七。乃悉棄去，復爲正其紕繆，補其缺漏，凡得二三千條，裝爲五册，前有自記：初校寬政十一年正月至三月，再校文化十二年四月至六月；初稿文化十三年初冬畢，季冬再稿，文化十四年季秋吉日始把筆。今按寬政十一年即吾中國嘉慶四年，文化十二年、十三年、十四年，即嘉慶二十年、二十一年、二十二年。據其文化十四年秋九月自序，其初稿成於寬政十一年春三月，時年二十有五，距今文化乙亥已歷十六年，蓋其成此書時，年約四十一、二，計其首尾，用力此書已二十餘年矣。其疑今世所行呂氏春秋及高誘之注錯簡疏漏，均非原書舊觀，深咎畢氏不能一一詳考而聲明之，已詳於自序及所校勘各卷中。

光緒戊子冬，余游日本，時到舊書坊閲書，忽得此稿本，覼其大略，中有十二、三與余舊見相合，因購存行笥。後來細閲各條，引用羣書以爲佐證，均能自暢其説，知其平生好讀周秦諸子，尤覃力於韓非子，有增讀韓非子二十卷，又有韓非子纂聞十一卷。又嘗研究墨子，亦有成説，立言有本。此書用心極細，洵能補高氏之疏漏，正畢氏之訛舛，可謂讀書明理、彬彬儒雅之君子矣。再閲卷九精通篇「養由基射光，中石，矢乃飲羽，誠乎光也」條，畢氏引日本山井鼎毛詩考文：「兕觥，古本作光」。松皋君補注云：「陸氏經典釋文周南『酌彼兕觥』，具有此説，奚必遠引考文乎？蓋誇珍□書之僻也」云云，此足箴砭著述家舍近求遠、忘本逐末之弊。又案語：「吾邦人所著典籍，華人引證者，初見於此。四庫全書目録亦載考文〔一〕，及太宰德夫音注孔傳孝經，可謂昇平文明一美事也。山井鼎俗稱善六，西條藩儒臣，考文版今藏西條侯家，善六之後，今絶久矣」云云。又可略知山井鼎之家世，且知其有善六之號。惟卷中議及畢氏指摘高注之謬，極口排調，大悖敬先儒之道，多見其不知量，亦足箴砭後人著書好詆前人之過。今觀其自注，屢議畢氏詆斥高注，實中畢氏之失，其自注亦嘗有高注「牽强可笑」之説，而於畢氏之不合者，詆斥尤甚，一則曰畢氏不知讀古書，再則曰畢氏多憒憒，同時校訂諸家，幾乎無目者也。隨文醜詆，散見各卷，何其明於責人，昧於責已也！觀其自序，初見畢氏之書，其舊校與之暗合者，率居什七，是畢氏亦非全不知讀古書者矣。又此書引證中國古書之外，兼采彼國福山鹽田屯之説頗多。鹽田其姓，屯其名，即翻刻畢氏之書者。度其亦多有校勘各條，附畢氏之書以行，今未之見。又嘗引及山世璠之説，蓋亦彼國之學者，今未詳其所著云。又松皋圓之事實未詳，嘗作書寄日本舊交島田敬甫，旋得復書，今附録之，略見彼國闇然潛修著書者，松皋氏之外，又得三人云。

東京島田重禮頓首再拜敬孚先生閣下：

去夏市村生遊貴國，因修短札，以候起居。秋間忽辱尊書，乃知先生不棄鄙人，推愛及屋烏，延見再三，誨諭備至，不獨生受賜禮，亦與有幸焉。高誼殷殷，感佩無已，速當奉書展謝，而尊委事項久不得其詳，是以遷延至今，疏慢之罪，儻勿深譴，爲幸多矣。

松皋圓不知其爲誰，有松澤圓者，疑即其人。「澤」、「皋」邦讀相通，故一时借以稱之耳。敝邦先儒，往往用此例，如隄氏之爲唐鈴，水氏之爲盧，不勝僂指，松澤蓋亦效顰也。太田方，福山人，仕今華族阿部伯爵之先，藩廢之後，伯爵移在東京，與禮相善，因叩以其事跡，伯爵即委福山舊臣搜訪，近日書來云：「子孫淪落，并失譜牒，漠無可徵信。」乃據曾所聞於先輩，摘其梗概，并松澤圓事略，具别幅以呈覽。至鹽田屯，則彼此就問，竟無所得。蓋此數子者，皆闇然自修，聲名不甚著，是以殁後未及百年，事跡堙滅，問之其鄉人，而絶無知之者，可慨也。依田樂山、岡本況齋，皆篤學好古，與前數子相類，故牽連附書，以備采擇。日後更有所聞，必當續報，以補闕遺也。

松澤圓，字行方，號修文齋號迂齋未聞，蒲阪氏，後改松澤。江户人。父某爲幕府小吏。行方有足疾，課徒自給，好讀周秦諸子書，尤覃力韓非子，嘗病物徂來讀韓非子中年未定之作，紕繆甚多，乃薈萃衆説，旁質之諸名流，參互鉤稽，著增讀韓非子二十卷。既而加賀津田鳳卿韓非子解詁出，其書率剽竊行方説以爲己有，行方見而大怒，乃服麻上下幕府時禮服蹩躃踵加賀藩邸，請删除己説，邸吏慰謝再三，不聽。藩主使儒臣太田錦城及福山太田全齋居中和解之，其係行方説者，悉加「增讀曰」字，以識别之。行方意猶不平，慨然曰：「吾書爲賊儒所污，若非洗雪，非夫也！」於是更輯舊聞，增以新得，作韓非子纂聞十一卷。其所辨析，往往有足發前人之覆者矣。

墨子、吕氏春秋皆有成説，岡本况齋吕氏春秋攷證中屢引其説。歿年未詳，蓋在天保中。

太田方，號全齋字叔龜未聞，福山人。仕藩主阿部氏。博通經史，於韓非子用力最深，校訂異同，究竟源委，刻苦十餘年，成韓非子翼毳十一卷。與松澤行方相善，時人稱爲「韓非子二功臣」云。全齋兼邃於音韻之學，所著有漢吳音圖、音徵不盡、同案音圖等。歿年未詳，蓋在天保中。以上韓非子三種，翼毳活印二十部，纂聞未經刊行，故傳本甚尟，惟增讀鏤板行世。

鹽田屯，福山人，事跡未詳。

依田利用，號樂山堂，江户人。幕府世臣，爲昌平學教授。著韓非子校注二十卷，考訂精審，援引洽博，具有依據，較纂聞、翼毳尤爲詳確。六反篇以下，删定未盡，識者惜之。又有玉燭寶典校注。嘉永中歿。

岡本保孝，號況齋，江户人。幕府世臣。好學如飢渴，俸禄脯修所入悉以購書，所蓄六萬餘卷，頗多古善本。好校讐古書。晨夕手一編，反覆對勘，丹墨並作，苟有所得，隨劄記之，蠅頭細字，殆不可辨識。爲人沈静，恬於名利，足不踐顯要之閾。有薦昌平學校官者〔二〕，堅辭不出。明治之初，徵爲大學中博士。未幾而罷，偃仰一室，讀書自娱。明治九年殁，年八十二。平生撰述甚多，今皆散佚無存。禮所藏有荀子考、韓非子疏證〔三〕、戰國策草次、説苑考、漢書地理志捷見、續漢志考、蒙求考、謚法考等。友人龜谷省軒六藏新序考、列女傳考、韓诗外傳考異、漢書考異、三國志考異。有三子，长信太郎爲昌平學教授先殁。己亥三月十五日補記

跋七修類藁

明正嘉間，仁和諸生郎仁寶瑛所著七修類藁五十一卷，續藁七卷，當時均先後刊版行世，至國朝，印本已少，至乾隆四十年，錢塘周棨取其家先世所藏舊本，校勘重刊。而三十五卷中，「宋戴遺詩」條缺尾，「對句有本」條全缺，「雁来红」條缺首，「沈德明詩」條缺尾，「常詩忘作者」條、「吕洞賓詩」條均全缺，「吕文互見」條缺首。然乾隆間刊本今亦不多見。

光緒庚辰，廣州翰墨園某氏又重刊周氏之本，余乃得購自坊間。一再閲之。□□之冬，偶於上海書肆吴氏醉六堂忽見明代刊本，時伊坊已售於外洋，將以三兩日交出，余急假回館，以廣州刊本

校對一過，凡今本三十五卷所缺各條均全，悉照鈔出。再閱卷七之末，明本有「世祖像泪」一條。乃元世祖也卷十二三「保大監」一條，明本與今本亦有詳略不同。「建文君」一條，起五、六行明本與今本頗有同異。卷末今本「渡江取閩」及「封晏公」兩條，不在此卷。卷十三「郭國嬪」一條，末三行明本與今本亦不甚同。此條後，明本有「中國氣數盛」一條，凡十餘行，乃今本所未有也。又卷三十二「東坡孤鴻詞」一條，明本在卷三十一「九僧詩」條後，而前五行以下，明本與今本字句多有不同。卷四十九「盜酒令」條後，明本有「雁君臣」一條。卷五十「左道」條後，明本有「一枚娘」一條。此卷末，「異寶」條後，明本有「忠靖之異」一條、「猴妖」一條。而卷五十一末，今本「鄭啞巴」及「二徐異識」兩條，明本均在五十卷之末。余均一一照録條記於今本各卷之內。

又明刊本凡明代列祖、列宗、太后、皇后、宗社、朝廷、上命、上曰，有關國制者，均提行或空一兩格，今亦用硃筆記出數卷，惜其時彼坊催索，不及逐卷對勘。然即此，他日另録此書札記一卷，以餉同好，後有重刊此書，照爲校補，可稱善本。

至此書佳處及郎氏之行誼學問，已見明人福清陳仕賢、錢塘陳善及乾隆間錢塘周棨等序，不復贅。雖全編小有差誤，余亦以所見標出，要於大體無傷也。又據續藁陳善序云：「嘉靖丙寅，先生春秋八十。」蓋郎君生於□□□□，未知其年所終，試更詳之。又周棨序稱郎氏所著有萃忠録及青史衮鉞二書，今已闕焉不彰，蓋其書亡久矣。

跋客坐贅語

金陵顧文莊公起元學問賅博，諸曹掌故無不通曉，有盛名於明萬曆間。壬申秋，余在江甯府學教授趙君季梅處，得見鈔本客坐贅語兩册。旋客蘇州，購得舊刊本，乃細閱之，愛其於金陵掌故討論最悉，而前賢遺文軼事及百數十年風俗推移之狀，亦多藉此著之。間有失於鈔纂，有傷著書之體；而故事明習，終有根柢，非游談孟浪者可擬也。又謝公之墩，昔人以荆公所述，以石城及半山相距數里爲疑。文莊以爲「金陵自有兩謝公墩，其在冶城之朝天宫者，自是太傅所居；其在城東之半山寺側者，乃謝玄所宅。昔人遂並稱之。荆公或誤以謝玄所宅疑爲太傅所居」云云。此説似得當日情事，附記於此，以稽釋疑。

跋嵩談録

歲在壬戌，穆客大梁，購睢州湯文正公湯子遺書十卷、洛學編五卷、擬明史稿四十卷、疏稿年譜志學會約家書各一卷。公生平所著并事蹟具於此矣。又附刻有乾坤兩卦解、困學録、嵩談録各一卷，不見年譜、傳狀著録。

旋得鄢陵蘇先生菊村寄所著記過齋文稿省身録，力辨嵩談録困學録二種非公所著，以爲「與遺書語録不類〔四〕，而所謂「嵩談」者，必與友人聚講於太室、少室所作，録中有云「鄉試之變〔五〕」，據公年譜、傳誌，實無其事；而嵩陽，公未嘗一履其地。案上蔡張起庵沐字仲誠有遡流、史學鈔二十卷，子目有嵩談録三卷，詳書中語多合。而張起庵行略云：「中式順天鄉試，以他人科場弊發，提取覆試，」與録中語又合，則嵩談録爲起庵之書。而困學録多先儒之言，必公平日雜録，置之篋笥也。」

穆又反覆審諦，公生平不輕著述，其答陸稼書書云：「某年已衰暮，學不加進，惟願默自體勘，或天稍假以年，果有所見，然後徐出數言，以就正海内君子。」或勸公著書，公曰：「學貴日新，今之所見，異日未必不以爲非，何敢輕言著述邪？」而公遺稿答張仲誠書有：「聞先生久寓超化，往来嵩少，與逸庵印證所學，此吾道昌明之會。」又云：「安得嵩談録三卷盡付一讀，爲豁開茅塞之助。」答耿逸庵書云：「張仲老嵩談録便中付岳生録示爲感。」是則此書，起庵與耿公講學嵩陽時所著，其爲起庵之書，見於公集中班班可考。而公五世孫若壽所云「先文正公由嶺北參政請告後，與逸庵、仲誠諸先生講學嵩陽書院中，得之於心，筆之於書」，可謂鑿空臆説，不考其實者矣。意必起庵所寄，公偶録此二十九則，留置篋中者也。公之語録，遺書所載已盡於此。此二書即公手録，當時公之子孫亦必見之，所以不見著録、刊入遺書中者，知非公所自著也。若乾坤兩卦解乃公曾孫發祥所刊，間有與傳義稍異，而發明精審。公居林下，欲折衷先儒論説，自爲一書。寄孫徵君書云：「五經中惟易與春秋最難，故先治其難者。」旋公承徵君洛學編之命，在康熙十二年癸丑；

又五年，公應詔舉博學宏詞，遂出山。欲定之書，未曾卒業，公子未刊者，以公未成之書也。今公曾孫發祥於舊篋中檢而刊之，以爲足徵公窮經之苦心，可謂善繼其志者矣。

穆又過鄢陵見蘇先生，言及公遺書，此編蘇先生尚未及見，穆因以所見質之。又三年，穆重檢公全書而以嵩談録、困學録仍附公全書中，以公當日曾手録也。更取蘇先生之説詳加辨論，筆於本書之末。若乾坤兩卦解確爲公著，不得以非公子所刊并未見年譜、傳狀著録而疑之也。

跋鄭桐庵筆記

新陽趙君持示鄭桐庵筆記一册，凡六十餘條，舊爲吴門黄蕘圃得其舊鈔於海甯陳仲魚處，云遭剜損，倩人重鈔以藏者。余借留案頭，披閱者再。其中有記忠烈之蹟及遺文軼事，時有可取；其他雖涉瑣屑并果報之説，皆足以資勸戒。因照原鈔録一本以藏。據蕘圃跋，有賈人自嘐城歸購得，尚有桐庵雜著、詩、古文詞并紀年、紀遇等共四册。今趙君尚有桐庵古文手稿一册，計文四五十篇，多塗乙改竄，偶閲一二，覺有用者鮮，遂不耐詳繹，姑爲置之。其他想多可存，今亡之矣。桐庵名敷教，蘇州人，明季舉人，國初時年尚未艾，隱居終老，人品學問均足自傳也。

跋潛邱劄記

閻徵君此書，非其手自編定，不免玉石雜糅，精粗互出，前輩時有論辨其大者。今觀其與戴唐器書有云：「李浙東不知何名，或李翺習之全集出，尚可得其人。然老矣，倦於尋訪矣。」蓋徵君之意，以近世李文公集尚非完書故也。文公之集今雖不免闕略，而李浙東之名明見於集中故處士侯君墓誌中，其云：「李公遜刺衢州，請治信安，其觀察浙東，又宰於剡，三縣皆有政。」是李浙東即李遜也。宋人方崧卿韓集舉正第六卷代張籍與李浙東書下明注爲李遜，且引舊書本傳「遜以元和五年刺浙東，九年召還，此書作於六、七年間」云云。方氏韓集舉正自朱子作韓文考異後，遂不甚行於世，徵君當未見此本。而舊唐書及李習之侯高墓誌明明載之，徵君既云「參考」，均不應不見，何云「參考」，「李浙東不知何名」邪？

以此見前輩讀書亦有粗疏，不免失之眉睫也。

跋柿葉軒筆記四則

亭林先生有云：「讀書不多而輕言著述，必誤後學。吾之跋廣韻是已。」愚則以爲：見舊槧書不多而輕議古人，如雒涒先生以王勃滕王閣序用「南昌故郡」爲誤，是已。

蓋子安幼少之年，即無書不讀，九歲讀顏氏漢書注，即知駁正數條；二十左右作益州夫子廟堂碑文，中間引用故事，一時名宿最爲通博如張燕公及一行僧讀之，互相推勘，至「帝車南指，遁七曜於中階；華蓋西臨，高五雲於大甲」等句，不能盡解。作此序時，雖在成童之年，觀其通篇引用故事，無一不壯麗精切。且生當貞觀、上元之年，豈其於當時郡縣沿革尚未了了，隨筆誤用，以待後人指摘訂正邪！

然而前人有議其「星分翼軫」爲誤用矣，今雒涒先生又以「南昌故郡」爲誤用矣。議此者亦非胡公一人，前人已有議及者。蓋議「星分翼軫」爲誤用者，是未嘗讀越絕書及李淳風乙巳占者也；議「南昌故郡」爲誤用者，是未嘗見舊槧文苑英華者也。然子安原本此文題秋日登洪府滕王閣餞別序，文則作「豫章故郡」，至唐末五代時，始有妄人改「豫章」爲「南昌」，猶賴文苑英華承用唐時善本，而當日校此書者見通行本有作「南昌故郡」者，未能攷訂，故小注云：「一作『南昌』」，至宋以後通行選本，無有不將此文題删去前後七字，只作滕王閣序，首句無有不作「南昌故郡」者已。此誤在後人妄改，而於子安無傷也。

又「時維九月，歲屬三秋」，前人有議「九月」、「三秋」爲復者。「九月」乃「九日」之訛。

又閱唐人王定保所著唐摭言中間引用子安此序亦作「南昌故郡」，似此誤在唐中葉已如是。然細思之，唐摭言一書單行孤本，屢經後人傳寫刊改，自唐以來，不絕如綫，亦當是宋元以後人校刊此書，見當時通行選本載此序者無一不作「南昌故郡」，妄遵刊改，而唐人原本定不如是也。古人記一事必具首尾，若不得其詳，不記可也。

又如此記載乾隆初謝濟世詆毁朱子大學中庸章句一條「事跡未了，文氣未完」，大抵未深悉此事原委之故也。欲記此事，必宜恭載高宗純皇帝上諭，謹加按語數行，乃爲合法。蓋謝濟世上此疏時，大爲高宗斥駁，然姑念其爲讀書人，亦未加罪。後來謝濟世由御史歷外任道員，常以不法，屢爲上官參劾，高宗均曲爲原宥，然終以此罷職。然在當時，頗負時譽，與諸名流往還。夷考其人，終不免於庸妄者也。

植之先生刊此書，首載所爲先友記十一人，以雒涒先生終焉，末又將所書潛邱劄記後一文附入，以况此書之美。又嘗著書林揚觶，上卷箸書傷物篇引用此記一條，後加按語，以補此記未備。今刊雒涒先生此記，而書林揚觶所引一條，不見此記之中。蓋植翁之意，以此條既已載之他書，此本爲一人所刊，即可删此存彼。然此明爲兩人之書，雖爲一人所刊，兩存其説可也，豈可舍本人之記移之他書，即可不爲補刊，爲此喧賓奪主之事乎？後有重刊此書者，應取書林揚觶所載一條附入，並載植翁按語，以符完書體製。

跋東塾讀書記

番禺陳蘭浦先生東塾讀書記十卷，平正切實，乃生平績學有得之言。近人説部之書，無以加也。其讀朱子之書諸條，近代爲漢宋之學者，可以知大儒本領，非他儒所易企矣。朱子作張魏公行狀，多爲後人所議。陳先生歷引朱子語類卷一百三十一及一百三十三論魏公等條以明之。蓋後人不能全讀朱子之書，即讀陳先生所記，可以無疑朱子非因與張南軒之交而曲爲魏公回護矣。

惟引朱子爲張敬夫畫像贊有云：「『汲汲乎其幹父之勞』，贊其子而云『幹父』，尤爲直筆」。此尚未明朱子作贊本旨。此用「幹父」乃用古誼，易序卦傳「蠱者，事也」，虞翻、李鼎祚之書皆主「幹父之事，能承先軌，堪其任」爲解。顔氏家訓治家篇亦主此義。唐大詔令載寶應二年，李光弼實封一子官制亦有「爰益苴茅之典，並明幹蠱之才」之句。蓋唐以前諸家所述「幹父」之文均宗古誼；宋以後乃有解「幹蠱」爲能蓋父之愆，如舜禹之事者。即朱子著經，多與先儒有所不合，至其尋常詩文引用故事，必宗古義，不肯自我作古。觀其注詩「青青子衿」，以爲淫奔之詩，及作白鹿洞賦有曰「廣青衿之學校」，則仍用古義，可以知之矣。朱子與張敬夫爲道義至交，敬夫當日與朱子書嘗攻朱子爲學之病，敬夫歿後，朱子訂其文集，凡有書札一一録存，以誌良友切磋之誼，其爲像贊所云「汲汲乎其幹父之勞」者，只是贊其能幹父之事，能承先軌之意，斷不至云「幹父爲能蓋父之愆」，以傷亡友之心可知也。

當時爲魏公行狀，朱子尚未深知李忠定事實，只憑敬夫所爲魏公事實爲之，後見光堯實録，乃知其誤，而卒不删此狀，亦並不塗改此狀，亦存不傷亡友之心之意，可知也。朱子既知李忠定之事實，不欲更爲李公傳狀，後爲李丞相奏議後序何等推尊！序中所云「讒間蜂起，遭讒以去」者，而魏公之參劾忠定亦未嘗不包羅在內。蓋兩公之是非，朱子原知後人所共知之，不必待己之顯白，大賢之所爲，固如是也。惜陳先生已逝，不及以此義質之。

跋廬陽客記

吴郡楊君謙先生循吉以明正德元年應其同年進士廬州太守蜀西充人馬金汝礪之聘請撰郡志，客其地凡四月，以議不合而歸。逾年，始發舊稿，作是書於家。其從子可爲之付梓，僅二十餘葉。何義門學士曾稱爲「提郡志之要，其識洵可以著書」。惟卷首「府親領縣三」條有云：「合肥縣，夏水出父城東南原刻南誤作西。至此與淮合，故名合肥」原注：出前漢書，異歸同出曰肥。今案：「父城」以水經注考之，當爲「城父」，酈氏據左傳「許遷於夷，實城父也」，漢書地理志注中傳寫誤作父城耳」。又云：「舒城縣，故舒國。舒，鳩姓，子爵。」案春秋正義引釋例土地名羣舒五名，舒鳩其一也，安得云鳩姓乎？若以舒蓼與六皆爲皋陶之後，則史記正義作偃姓，何楊公獨未之審也？廣韻二十阮：偃字箋，左傳舒庸舒鳩并偃姓。

其他敍述典雅，討論亦精，不愧爲博學君子。是書今世未見有重刊者，余所藏猶爲明刊初印本。其敍城□一節有云「歷五代至宋皆州治，高宗紹興四年立帥府，禦金人，名將張浚、劉光世、楊沂中、劉錡相繼屯守」云云，張俊誤作張浚。後注中亦然，皆當作張俊。並他處誤字四、五，當爲刊板之訛，失於讐校，非楊氏原本如是也。

跋盧抱經手校賈閬仙集〔六〕

余舊假同縣友人方振卿所藏其五世祖息翁先生手評賈閬仙詩〔七〕，乃全唐詩本，其圈點評論足以開人神智，因照録一本，存諸家塾。十數年來，常客海上，聚書漸多，每歲歸省者再，不久即出，無暇再閲斯本。然外間亦未見有單行舊刊，以備參閲也。

今年夏五月，偶於申江吳興吳申甫書坊得舊鈔本〔八〕，乃盧抱經學士手鈔，并據馮定遠、何義門兩家批校本録成，盧公亦時有按語。計十卷，詩凡三百八十一首。又據文苑英華增補五首，據吳郡志增補一首於十卷之末〔九〕，閬仙之作備於此矣。考四庫著録，乃據浙江汪啓淑家藏本，但言舊本，亦未詳何時所刊，惟記此本共存三百七十八首，較晁氏讀書志僅少一首。又疑唐音統籤所載送無可上人詩「獨行潭底影，數息樹邊身」二句之下，自注一絶云：「二句三年得，一吟雙淚流。知音如不賞，歸卧故山秋。」爲晁氏并此爲三百七十九首之證。今盧鈔校本無此詩注。而卷七有落第東歸逢僧伯陽，何義門云：「此篇亦見項集」。卷九渡桑乾，何云：「此詩見元和御覽集中，作劉早。憨士選進當元和之初。賈，范陽人，亦不應作『更渡桑乾』、『卻望并州是故鄉』之語。」卷十哭孟東野，何云：「此篇見王仲初集中，其風調是王也。」又補遺卻赴南巴别蘇臺知己，盧氏記云：

「此首見吴郡志，然劉隨州集有之。」大抵此四詩皆在疑似之間。又何氏云：「浪仙身没遠外，又無子嗣，莫能收拾其遺文，雖孤絶之句流傳人口，然散逸多矣。蜀本出於後人掇拾，反雜以他人之作，如才調集中所載早行、老將諸篇，足爲出格，顧在所遺，他可知矣。寄遠一篇亦才調集所載者勝。荆公百家詩選則就蜀本録之」。又云：「歐陽文忠公稱其『縣古槐根出，官清馬骨高』一聯，此編不載。蓋賈詩亦不免有缺佚。」盧氏云：「余於賈詩素不嗜，特以其近古貴之。」又云：「得何義門評校，始悟其用意之深，幾於無一句閒設，今亦不能詳録，録其尤至到者〔一〇〕。」今距盧公所校又閲八、九十年，雖將馮何二公所據各舊槧彙録，又惜其於何氏之評尚未詳録，不知何校原本尚在人間，余他日更得詳録否〔一一〕？今細閲一過，又較當時閲方本所得者不同〔一二〕，他時當取方氏評本采録合刊以傳之。

癸未立秋後一日書。

再跋皇甫持正集

余爲馮氏校刊皇甫持正集，既詳考各本同異及勘訂大略，復閲唐闕史，載皇甫郎中爲裴晉公作福先佛寺碑文一事，并云「當數其字〔一三〕，得三千二百五十有四」，後來宋子京纂修新唐書爲皇甫湜傳及晁氏讀書志陳氏書録解題，大抵皆祖襲唐闕史之語。今案其情事之可疑者，約有數端，聊爲疏通辨證於此：

夫古人文字之詳略，原不可以篇幅之長短爲限，題有可以發抒，即千萬言不爲多；否則，寥寥數言不爲少，莫不因題擇思，裁之義法。則以皇甫氏本集觀之，惟對賢良方正直言極諫之策，詞氣切直，暢所欲言，實得三、四千字。其次爲韓文公神道碑，亦多有發揮稱述者，然不過一千六百餘字。其他答劉敦質書，得一千三十字。答李生第二書及諭業之文，不及千字，其餘諸篇或百字及三、四百字，無不謹嚴有法，詳簡合宜。如云福先佛寺碑至有三千二百五十四字，東坡雖有「學韓不至爲皇甫湜」之評，然亦何至煩冗無法若此？可疑者一。

唐闕史又云：「碑在寺西北廊、玉石幢院，洛中人家又往往有本在。」果如所云，寺既有碑，洛中人家又往往有本，高彥休爲五代時人〔一四〕，果確有所見如此〔一五〕，何以至宋初即佚，絶無石本及寫本傳世？歐趙諸公相去不過數十年，搜索歷代金石之文如許之多，此碑反失之洛中不得著録耶？夫古人之文，原有散佚，即白樂天亦嘗稱皇甫湜涉江文，今亦不見集中，皇甫氏之文原不可謂無佚者。不知他文傳録無多，可云易佚；至此碑乃鴻篇鉅製，皇甫氏有草本，有潔本，寺中有刻石本，洛中人家又往往有本，雖五代兵燹，文獻凋殘，若此碑文當日果實有之，亦斷不至各本皆失，可疑者二。

又所云福先寺將就，裴晉公「將致書於祕監白樂天，請爲刻珉之詞，」「正郎在座，發怒曰：近捨某而遠徵白，某之文方白之作〔一六〕，自謂瑶琴寶瑟，而比之桑間濮上之音。」夫樂天於持正生平恩誼頗厚，且持正登元和初進士，樂天時爲翰林考覈官，持正實出其門。今裴晉公先欲請文於樂天，而持正敢於發怒自薦，抑人揚己，雖其生平恃才傲物，恐在晉公之前亦不至肆無忌憚如此，可疑者三。

又云正郎「乘醉揮毫，黄絹立就」，「潔本以獻」。及「晉公以寶車、名馬、繒彩〔一七〕、器玩約千余緡，置書命小將就第酬之。正郎省札大忿，擲書於地」，叱以相待之薄。又以爲「曾與顧況爲集序」，「未嘗造次許人，今者請製此碑，蓋受恩深厚爾。其辭約三千餘字，每字三匹絹，更減五分不得。」「公立遣依數酬之。自居守府至正郎里第，輦負相屬。洛人聚觀，比之雍絳泛舟之役」云云。夫晉公本欲求樂天之文，而怒其舍己；及晉公酬以千餘緡，又以爲曾與顧況爲集序，未嘗造次許人，必滿其欲壑而後已；恐持正亦不至貪得無厭若此。晉公雖云優容愛才，恐亦不至遂非長傲如彼。又顧況集序不過三百餘字，未知當日非熊所酬若何，而云「今者請製此碑」，蓋因「受恩深厚」；既云「受恩深厚」，則講恩誼，即不應索酬；今既索酬如是之多，又何云「受恩深厚」？受恩深厚尚索酬若是，假如受恩稍薄，及未嘗受恩者請製一文，又將索酬何若耶〔一八〕？可疑者四。

且晉公爲東都留守，在大和八、九年間，而云「卑辭厚禮，辟爲留守府從事」，亦正宜在此一、二年也。考白氏長慶集有哭皇甫七郎中湜詩云：「多才非福禄，薄命是聰明。不得人間壽，還留身後名。」白公此詩雖未詳作於何時，以其集前後諸詩推之，當作於大和三、四年之間。玩其詞句，持正之歿，年蓋不滿五十。而持正顧況集序有云：「去年從丞相凉公襄陽有曰『顧非熊生者在門』，訊之，即君之子也。出公之詩集二十卷〔一九〕，泣請余發之。凉公適移涖宣武軍，余歸洛陽，諾而未副。」按舊書敬宗紀：李逢吉爲宣武軍節度使，在大和二年十月癸酉。序又云：「今又稔矣，生來速文，乃題其集之首爲序。」則此文實作於大和三年。又云「湜以童子見君揚州孝感寺，既接，歡然，以我爲揚雄、孟軻，顧恨不及見，三十年於兹矣」，則持正見顧公時，年不過十五、六，距大和三年作序時，年不過四十五、六，此後不逾年即殁，乃合此序及白公哭詩情事，而裴晉公大和八、九年爲東都留守時，持正必不及見，更無由爲碑文之事也。而韋處厚有薦湜於宰相書云：「前進士皇甫湜，年三十二。」按處厚本與持正同登元和初進士，此薦書當在元和五、六年以後，乃合本集爲顧况集序之年及序云「湜以童子見君揚州孝感寺」之語。昔人有以韋之薦書在元和三年試賢良方正直言極諫之科者，情事似確，然年三十二，或爲傳寫倒誤。若元和三年，持正年實三十二，是其生在大歷十二年丁巳，下至大和三年己酉作顧况集序時年已五十有三，又下至大和八、九年甲寅、乙卯裴晉公爲東都留守之時，即云碑文作於此時，並其殁亦在此二、三年時，計其年已在六十上下，而樂天「薄命是聰明，不得人間壽」之語胡爲乎來哉？是持正無由作福先寺碑之事，又不第前此數端可疑也。

種種罅漏，宋晁諸公概不致疑，各爲記載，不其疏乎？余反復讀皇甫氏集，迹其生平，大抵爲剛正不阿之士，恃才傲物則有之，而貪鄙之事決無也。兹因校刊此集，搜葺遺文并參考諸書，一獻所疑，以質諸知人論世之君子。

跋桂苑筆耕

右桂苑筆耕集二十卷，乃新羅國人崔致遠於唐廣明、中和之間高駢開府淮南時辟爲都統巡官公私應酬之作也。後歸彼國，狀進於朝。據其進狀「從職淮南，蒙高侍中專委筆硯，軍書輻至，竭力抵當，四年用心，萬有餘首，淘之汰之，十無一二」云云。今觀其表狀、奏狀、堂狀、别紙、檄書、書、委曲、擧牒、齋詞、祭文、書記、疏、啓、狀、雜書等篇，凡十七、八體，共三百餘首，附詩六十首。文雖不出駢儷之體，核其年皆在三十以前所爲，已能上擬「四傑」，下儕騎省，實爲一代美才，同時中華作者，亦未能或之先也。

其卷二有代高駢謝加侍中表及謝賜宣慰兼加侍中實封表，玩其詞旨，尤足以證史稱「中和二年正月王鐸代高駢爲諸道行營都統，五月，加高駢侍中，罷鹽鐵轉運使。駢既失兵柄，復解利權，攘袂大詬，上表自訴，言辭不遜，上命鄭畋草詔切責之」非事實。其卷十二委曲二十首，卷十三十四擧牒五十首，敘述諸人事迹，其人姓名，今多不傳，亦足以補今江、浙、楚、豫各處志書「人物」、「職官」之所不及；其卷十六西州羅城圖記及補安南録異圖記，敘述典雅，文亦壯麗精切，亦足以備一代掌故。

又據徐有榘序，「其居幕數載，知高駢之不足有爲，吕用之、諸葛殷等之誕妄必敗，超然引去。去三年而淮南亂作，則又有似乎知幾明哲之君子」云云，似得當時情事。然崔公以中和四年冬十月告歸本國，其時黄巢久平，淮南幕府無甚要事，細案卷二十之謝許歸覲表，有「久別庭闈，許令歸覲。雖尋海島以榮歸，古今無比；且望煙波而感泣，去住難安。伏緣某自年十二離家，今已二九載矣。百生天幸，獲託德門」，以及「且緣辭鄉歲久，泛海程遥，住傷烏鳥之情，去懷犬馬之戀」云云，玩其詞意，實以幼年即離家西泛，今已十有八年，專爲省覲東歸，再玩其謝行裝錢狀以及謝再送月料錢狀、謝賜弟栖遠錢狀并上太尉别紙五首，想見高駢饋贈稠疊，情致纏綿，兩人交誼有同膠漆。至高駢後來之事，崔公未必逆知。是崔公之去實不在此，此等事存而不論可也。

惟崔公歸國後，與此集同進尚有私試今體賦五首一卷，五言七言今體詩共一百首一卷，雜詩賦共三十首一卷，中山覆簣集一部五卷，共成二十八卷。今只此本二十卷，爲豐山洪奭周先世舊藏，達城徐有榘於癸巳、甲午之間按察湖南時捐俸用聚珍字擺印數十百本，用廣其傳，字畫工整，部帙寬大，紙墨尤佳，頗足娱目。洪徐二公皆高麗貴族，序末結銜題「甲午」，當爲道光十四年。而此書簇簇生新，又似近時印本，容俟晤彼國人詳之。

又崔公年十二奉其父命，從商舶入中原，十八舉進士第，久之調溧水縣尉，任滿而罷。黄巢之亂，高駢開府淮南，辟爲都統巡官，又奏除殿中侍御史，賜緋魚袋。後四年，充國信使東歸，又事彼國憲康王、定康王，爲翰林學士、兵部侍郎，出爲武城太守。真聖時，挈家入江陽郡伽倻山以終，未詳其享年凡幾。徐氏序云：「東歸後，著作散逸無傳，唯有梵宫祠墓之間，披林藪，剔苔蘚，尚可得十數篇，彙附原集，有志未遑」云云。然唐藝文志有桂苑筆耕二十卷、文集三十卷。意嵩公東歸後，著作統名文集，合在中華時詩賦等篇，共編爲文集三十卷，與桂苑筆耕二十卷同刊版行世。唐末五代及北宋時，中華必皆有傳本，故唐志得以著録，計文集三十卷，當亡於南宋以後。故洪徐二公雖留心文獻，皆不得而見焉。

光緒十年，歲在甲申，夏五月，桐城蕭穆由上海附海船到津門，復訪新化游公於永定河道署中。公子合甫出朝鮮司直官卞元圭所贈此集見示。玩讀數日，并録二十餘首。又將有京師之行，恩將原書繳還，因拉雜書其大略如此，以待南歸之後更論定之。

閏月重午後一日，書於固安永定河道署中。

跋徐騎省集

徐鼎臣騎省集三十卷，數年前曾在上海城北書肆見有舊鈔宋明州本，以書賈索價稍昂，一時未及收存，逾月已爲他人所有，至今不能去諸懷。

今有吳興書賈以古書數種見示，中有徐公文集五册舊鈔本，末有迂齋金侃跋，知其原本乃虞山錢宗伯於崇禎間從史館印摹南宋大字本，今縮小字照録之。凡宋本避諱缺筆之字，悉仍其舊。又云「原鈔非出通人，故舛訛甚多，惜無善本校對，録竟爲之悵然。」金君不知何許人，書法瘦健不苟。其書每葉十八行，行二十一字。首載淳化四年七月祕書郎陳彭年所撰序；次載天禧元年十一月日三司户部判官朝散大夫行尚書都官員外郎上護軍臣胡克順所上進書表及真宗批答敕；又次載行狀，不知何人所撰；又次載金紫光禄大夫尚書右僕射兼中書侍郎平章事監修國史上柱國隴西郡開國公李昉所撰墓誌銘，及淳化三年十月十八日銀青光禄大夫行尚書吏部侍郎兼祕書監上柱國李至、朝奉大夫左諫議大夫充史館修撰判館事上柱國賜紫金魚袋楊徽之、張洎等祭文并李至輓歌詞五首，五君詠之一一首；又次載大中祥符九年八月太常丞集賢校理晏殊所撰後序；終以紹興十九年十一月十日右朝議大夫充敷文閣待制知明州軍州事提舉學事賜紫金魚袋徐琛所撰明州重刊徐騎省文集跋。蓋徐公文集初刻於北宋天禧間，胡克順再刻於南宋紹興間，徐琛此本出錢宗伯家影寫南宋大字本，不知何人何時所刊，今無序跋可考，又在明州徐氏刊本之後也。

徐公文集爲其壻吴淑所編，前二十卷仕南唐時作，後十卷歸宋後作，舊傳本卷帙無異。惟明州本每葉二十行，行十九字，首載胡克順進書表及真宗答敕，次載陳彭年序，末載晏殊後序，及徐琛跋，又附録一卷則載行狀及李昉所撰墓誌銘并李至等所作輓詞、祭文也。曾記舊鈔宋明州本無甚殘缺，而此本卷四第十三葉奉使九華山中塗過青陽薛郎中七言律詩脱末二句，又此詩後至第十四葉前半脱去十九行，約詩四、五首；卷十武烈帝廟碑銘「告禎符於」句下脱三百八十字；筠州清江縣重修三清觀記後半「其守固者，其事舉道」句下脱去五十餘字；卷十二唐故道門威儀玄博大師貞素先生王君之碑後半四行每行間各脱八字；卷二十五大宋重修蛾眉山普賢寺碑銘序中「必躬必親，示庶民」之下脱去八字，及各卷中字句時有脱訛，他日當於相知中覓有藏影寫明州本及他本參校，成一善本以傳焉。

再跋徐騎省集

徐公之文最著爲大宋左千牛衛上將軍追封吳王隴西公墓誌銘，立言有體，爲太宗所稱歎不已。後來吕公祖謙編宋文鑑，特録之。今統觀詩文全集，大抵多出之敏捷，不甚經意，故其格調不能高出古人，然其才高學博，自是一代之傑。而元明以來，未見刊本，亦可怪也。又徐公之學最有功於藝林者，莫若所校許氏説文，又有稽神録二十卷，今亦傳於世。而行狀所載，尚有「質論十四篇，極刑政之要，盡君臣之際，並傳於世」，李昉墓志云擬徐幹中論作質論數十篇。今竟未見，不知宇内尚有存者否。

公之居官立身，恤孤念舊，多有可法。其仕江南李氏時，嘗奉命察訪楚州、常州屯田事，可興可廢，一以便宜從事。爲羣黨所構，長流舒州。行狀稱其「唯游覽勝境，披玩典籍，尤攻吟詠情性，未嘗以得喪蔕芥於方寸」。撰周將軍廟碑銘、文宣王廟碑序、喬公亭記、九疊松讃，皆足志之文，刻於貞石，皆於吾鄉文獻有關。後來桐人爲之立廟，春秋致祭。度其在吾鄉三年，必有施設，其德澤感人者深，不僅以流連山水，遊目典墳，提倡風雅而已。不然，公以流人居此三年，土人何至廟祀邪？惜年代已遠，文獻無徵，瀏覽斯編，不禁感慨係之矣！

跋徐騎省集金迂齋手鈔本

徐騎省集三十卷，近世未見刊本，此鈔本五册，乃國初吳門金迂齋手筆。據其自記，「係虞山錢宗伯於崇禎間從史館印摹南宋本，字頗大，予縮以小字鈔本存之。集中稱『今上御名』者，高宗名構也。太祖諱匡胤、太祖之父仁祖諱殷弘，真宗諱恒，仁宗諱禎，英宗諱曙，故其字皆缺一筆。太宗諱炅，神宗諱頊，欽宗諱桓，如敬、鏡、竟、貞、徵、昺、署、宇諸字亦闕一筆者，蓋諱嫌也。今悉仍之。但原鈔非出通人，故舛訛甚多，惜無善本校對，録竟，爲之悵然。迂齋金侃識。」金公，予向未知其人，後訪之湖州友人淩君子與，言之頗詳，云「金侃字亦陶，諸生，蘇州吳縣人。明季高士俊明，字孝章，號耿庵，又號不寤道人，本姓朱，名袞，字九章，實前明宗室。初爲諸生，入復社，才名藉甚，後謝去，杜門傭書自給。平生好録異書，無間寒暑。子侃繼之，故插架多手鈔本。耿庵善書及詩，著春草間房集，畫梅尤擅長，秀骨天成，自爲一格。侃亦深得父法。嘗見丁雨生中丞持静齋藏書目，有金侃手鈔元人詩十九種，皆其六十歲後所書。每種卷首有『金侃』『仲子』『迂老』等印。卷末皆有鈔書年月，有一種鈔二、三歲始竣者。中丞謂其『人品翰墨，俱足珍寶，』良非虚語。」又據文獻徵存鈔歸莊傳，知「侃爲元恭女夫，元恭殁，其詩古文遺稿，侃爲付梓」云云。今此徐騎省集爲侃手迹，是罕覯之本矣。此本前此爲蔣維基所藏，子與云：「維基字厚軒，吾湖之南潯鎮人，家多藏書，兵燹遂散佚。」念余三十年前即思得徐集善本付梓，久不可得。偶與影縣老友李君宗煝言及之，前年秋，李君於揚州假得南陵徐氏所購舊鈔本，因刊於金陵書局，去年秋間完工。余以他務及沈痾未除，未及閲也。今年春二月初旬，乃取刊本粗閲之。乃知脱訛之字極多，因得金氏鈔本對校一過，補正新刊本脱訛，得千餘條；尚待博訪精本，乃成完書。然金公固云「原鈔非出通人，故舛訛甚多，惜無善本校對，録竟爲之悵然」，當金公之時，善本已不可得，今二百餘年，又加兵燹之後，欲得善本尤難，姑記以俟之。

壬辰夏五月。

跋朱竹垞先生所藏徐常侍集

此本雖爲朱竹垞先生家藏，然鈔手不一，俗筆脱訛之字極多。惟前六卷爲竹垞以硃筆標閲，訛字隨手校改；卷二十一至二十三一册爲竹垞手書，差爲完善。其餘各卷竹垞未及覆閲，是非互見。先是，庚寅秋，黟縣老友李爰得假南陵徐氏所得徐騎省集舊鈔本見示，余力勸其付梓，乃浼長洲朱孝廉孔彰校刊於金陵。朱君知其原鈔多有脱訛，别無他本參校，曾以意改訂數十處，爲札記以誌之。去年秋，乃得完工。李君遂印數十部以送同好，而刻工李氏亦印百餘部出售於應秋闈者。余以病後，未及披閲。今年春，在館無事，乃取此刊本細閲之，知其脱訛甚多。旋購得一舊鈔本，末有迂齋金侃跋，知其假得虞山錢牧齋宗伯影南宋舊刊本録之，校閲至再，遠勝李氏所據之舊鈔本，校改刊本脱訛十之七、八。旋晤江陰繆筱珊太史荃孫，藏有新得朱竹垞先生手校本，因假得之，與孫問清太史取李氏刊本，各照朱本校閲。知朱本脱訛之處亦不可枚舉；其精善之處，亦頗有金本及李氏刊本所不及者。復校改李本脱訛十之二、三。尚有脱訛十數處，三本皆同，無從校改。三本皆出南宋初刊本，蓋宋本已脱訛如是，不知宇内藏書家更有他精本否也？余既取兩本精善之處，改訂李氏刊本之脱誤，重印流傳，庶足重於藝林矣。

朱氏此本先歸海鹽馬氏漢唐齋，又歸於歸安陸存齋觀察心源，今歸之於繆筱珊，記其源流如此。末有東里盧文弨跋，乃後來藏書家從抱經堂文集中照録於此，非朱氏本所應有也〔二〇〕。抱經先生所校本今不可見，據其跋云「從鮑氏借得此集，乃虞山馮已倉舒手校本，又爲正其所未盡者，録成，復請江陰趙敬夫曦明覆審，又得十數條，其本脱者，尚無從補正之。然此巳可信爲善本」云云，益徵盧氏傳本所脱，即此三本之所脱。今若得盧氏所校互勘之，乃爲無憾焉。

光緒十八年壬辰夏四月十八日書。

跋歸安陸氏所藏徐公文集舊鈔本

余校黟縣李氏所刊徐騎省集三十卷，先後得舊鈔本七、八部，雖各有脱訛，均不下二、三千條，而篇目次第無二致也。

最後假得歸安陸存齋觀察心源所藏徐公文集舊鈔本，其脱訛亦復不少。其卷第二十四序、贊、銘、論共二十篇，各本皆同，惟陸氏本此卷爲撫州永安禪院記、潤州甘露寺新建舍利塔記、重建宓子賤碑陰記、邠州定平縣傳鐙禪院記、廬山九天使者廟張靈官記、和送鄧王二十六弟牧宣城詩序、龍山泉銘共七篇。其前撫州永安禪院記以下四篇，爲諸舊鈔本卷二十八後半卷之文。其廬山九天使者廟張靈官記以下三篇，此陸氏本只有目無文。其龍山泉銘，諸本亦在卷二十四中。其廬山九天使者廟張靈官記及和送鄧王二十六弟牧宣城詩序，此本雖有目無文，而欽定全唐文本有之，而諸家鈔本均未有也。其卷第二十五，諸本卷首有大宗李公德政碑文，此陸氏本無之。以下碑銘四篇，亦與諸本次序不同。其二十八卷記十首，諸本皆同，此陸氏本惟有前記六篇，其後半撫州永安禪院記以下四篇在卷二十四之前。

考諸家舊鈔本，有名徐騎省集，有名徐常侍集，此陸氏本又名徐公文集，而中間「愼」、「構」等字皆不直書，均小注「太上御名」、「今上御名」，其同出紹興十九年明州重刊本則一也，何以諸舊鈔本篇目皆同，此本卷二十四、二十五、二十八凡三卷何以與諸本參差不一、多寡不同如是邪？又第十卷武烈帝廟碑銘中缺三百七十六字，筠州清江縣重修三清觀記末缺五十七字，卷十二唐故道門威儀玄博大師貞素先生王君碑文中缺四十二字，各鈔本皆同，此陸氏本特全有之，字句且無一差訛，與欽定全唐文本相合，其高出諸家鈔本之上者在此，是又可寶也。

甲午春二月初八日雨窗補記。

吕東萊先生遺集跋

吕東萊先生遺集二十卷，平正篤實，不爲驚世駭俗之論，經説尤深邃暢達，幾可肩隨洛閩諸大儒〔二一〕，不若同時陳同甫輩往往好爲放言高論〔二二〕，或陷於空虚無用之習〔二三〕，使天假之年，即子朱子亦未能遠過也。往讀朱子吕伯恭像贊，令人想象其氣象學術，今讀其遺集益信。

東萊者，乃其曾祖舜徒先生封爲東萊郡侯，子本中及曾孫祖謙，世皆稱曰「東萊先生」。後有重刊是集者，宜加區别，易之曰吕忠亮公遺集，乃得其真，不宜仍襲東萊之號，以相混淆也。

跋孫淵如家藏明人寫本張乖崖集

往年得静涵所藏吴門張位青芝所寫宋本乖崖先生文集二册，倩懷甯潘兆麟翰坡照録一本，藏之上海廣方言館書樓。去年，爲上海縣令獨山莫君祥芝善徵刻於機器局，今年七月竣工。而趙君復出陽湖孫淵如觀察家藏明人影寫宋本見示，格式較張本不同，脱訛較張本尤夥。然亦有數十處勝於張本者。因取其要者校改，以從孫本，更以新印本復照孫本，將其同異全録，不問是非，併其俗字亦酌録若干，以存彼本之舊。他日有人重刊，當取兩本細爲校勘，訛者更之，義有兩通者併存之，庶幾成一善本矣。

附録孫淵如先生題跋二則

乖崖集十二卷，附録一卷，即陳振孫書録解題所載本，爲宋郭森卿所輯，四庫書所收衍聖公府家藏本與此本同。此是明人影宋寫本，尤可寶也。五松居士。

乖崖名臣，曾諷寇萊公「不學無術」者，然觀其行事，如因友人不能制其僕，輒斷首還之；小吏忤犯不受械即殺之，已非仁政。卮史所載，更有小兒批父，集衆置之死地，谓「幼已如此，長必爲亂，」更爲不學無術之尤者。卒得惡疾以死，殆冤報歟！或傳之非真，出於謗口？但自號乖崖，亦違治性和平之學矣。

星衍又記，十一月十六日庚午之冬。

又跋乖崖先生集〔二一四〕

此集四庫所著録據衍聖公家藏本，未詳爲宋刻，爲舊鈔。纂修諸公以集中無戲贈妓小英詩，僅見吴處厚青箱雜記中，遂謂「其詞鄙俚，非張公所作」。余見兩影宋鈔本，此詩均載卷三之末。則宋代所刊即有此詩，實非吴處厚所記之誣。蓋公一時筵讌，偶率意爲之，初不計其傳世也。

而西崑酬唱集載公館中新蟬及詠鶴兩七言律詩，風調特佳，今集中倶未之載，則公生平吟詠不自收拾，散佚尚不知凡幾。知此集非公所自定，如西崑集所録未能見收，如戲贈小英之類未及芟薙也。

余前爲獨山莫氏校刊此集，亦仍其舊，以存宋本相傳之真，而别記其存佚之故於此。

【校記】

〔一〕「考文」，刻本誤作「此文」，茲依稿本改。
〔二〕「校官」，稿本作「教官」。
〔三〕「韓非子疏證」下，稿本有「晏子春秋考、呂氏春秋考證、淮南子疏證」。
〔四〕「語録」，「録」據稿本補。
〔五〕「鄉試之變」，稿本作「鄉試遇覆試之變」。
〔六〕「賈閬仙集」，稿本作「賈長江集」。
〔七〕「五世祖」，稿本作「太高祖」。
〔八〕「申江吳興吳申甫」，稿本作「申江書肆吳興書友吳申甫」。
〔九〕「補一首」三字，依稿本補。
〔一〇〕「詳録」下，依稿本補一「録」字。
〔一一〕「録」，據稿本補。
〔一二〕「又較」，刻本作「又校」，今依稿本。
〔一三〕「嘗數」，刻本作「常數」，今依稿本。

〔一四〕「高彦休」，刻本誤作「高産休」，今依稿本改正。
〔一五〕「果」，刻本脱，依稿本補。
〔一六〕「白，某之文」，刻本作「白樂天」，兹依稿本。
〔一七〕「繒綵」，刻本誤作「繪綵」，今據稿本改正。
〔一八〕「索酬」，刻本作「受酬」，今從稿本。
〔一九〕「公」，稿本作「君」。
〔二〇〕「本」，據稿本補。
〔二一〕「諸大儒」三字，稿本無。
〔二二〕「往往」，稿本作「有時」。
〔二三〕「習」，稿本作「大言」。
〔二四〕「又跋」，稿本作「三跋」。

敬孚類藁卷七

跋

跋雪交亭集

余少讀全氏祖望鮚埼亭集外編，有雪交亭集，知爲其鄉先輩前武部高公𪚥菴紀明季忠臣義士烈婦殉難著述也。據全氏所記，得其手稿於陸先生春明家。三、四十年來，余所求明季諸公著述，迄未見有此書，知向未刊版，而全氏所得手稿亦未必尚在人間矣。

前年秋，如皋冒鶴亭孝廉在福州得大興傅節子太守以禮鈔校本，及他籍數種見寄。傅君熟於明季時事，所藏明季人著述極多。此本乃丁酉春假之鄞縣黄駿孫太守録一副本。據所云「字句錯誤及脱簡頗多，均參之明季各家本集校讐，雖未能通體完善，比之原本則大相徑庭」云云。原本末有咸豐辛亥甬上何樹齋跋，云「是書首尾剥落不全，庋置書篋久矣。辛亥夏五，課徒之暇，謀改録之。鼠蝕蠹傷，漫滅模糊，幾不可辨。不敢擅加參訂，惟依原本録之」云云。知黄氏所藏即爲何君重録之本。大約原本乃以全氏所得手稿重鈔，年久不善收拾，以致損傷。經傅君重録校訂，雖不能還全氏所得手稿舊觀，在今亦可稱善本矣。

余欲照録一部，久之未果，新陽趙學南世講喜鈔古書，乃先付屬鈔胥繕副本藏之，今鶴亭過滬索此書，云尚須歸諸前塗，漫志數語於後。

跋黄梨洲先生集外文〔一〕

右文十八篇，五言詩一首，乃餘姚黄梨洲徵君所著也。徵君生前自編其集，曰南雷文定，晚年又就文定精擇一編，曰南雷文約。

光緒丁亥，有甯波一舊家藏徵君手稿數册，欲售於上海道署，索價三百金，未就而返。時主講敬業書院院長仁和葉槐生貢士細將稿本取南雷文定本校閲，凡文定、文約未有者，别鈔一本，題曰南雷集外文，藏之書樓。逾年，余晤槐生談及，出以相示，蓋皆當日徵君所删者。推其删之故，多記桑海時事，生前行事，實有未便，姑以待之將來耳。今距徵君之殁已一百九十四年，即此一編，而徵君時事及所與往還之人，亦隱隱知其大略。

乾隆間，長洲彭尺木貢士於崑山書肆得亭林先生集稿本，中有十餘篇爲刊本所無者，蓋潘次耕太史刊亭林文集時所删，非果可删也，亦爲當時未便行世故也。而彭君刊爲亭林餘集一本以傳之，余往年又爲合肥蒯太史光典重刊之。

今鈔黄公遺文，他日當仿彭君刊亭林餘集之意，刊爲梨洲先生南雷餘集，或遵葉君所署曰南雷集外文以傳之。蓋黄顧二老爲國朝儒林之冠，雖寸墨片楮，皆當寶貴，爲之流傳，又况其實有足以自傳者存乎其間者耶？

己丑三月識。

跋田間先生藏山閣集

田間先生所著詩學、易學、莊屈合詁及詩集二十八卷、文集三十卷，均康熙二、三十年間崑山徐氏助資雕版蘇州，先生躬自督工讐校，皆行於世。而藏山閣集二十卷，據先生與廖明府書，亦曾付梓，然未見人間藏有印本。惟二十年前，於先生族裔香圃茂才家見之，乃其大父白渠先生手鈔也。前十四卷爲古今體詩，内分過江集二卷，生還集七卷，行朝集三卷，失路吟、行脚詩各一卷。起崇禎十一年戊寅，迄順治八年辛卯，凡一千零五十六首。卷十五至二十爲書、疏、議、論及紀事、雜文共二十五首。

是集諸詩皆紀出處時事，無意求工，而聲調流美，辭采焕發，自中繩墨。虞山錢宗伯撰吾炙集，特多著録。先生生還集自叙云：所擬樂府以新事諧古調，本諸弇州新樂府，自謂過之。五言詩遠宗漢魏，近間有取乎沈謝，誓不作陳隋一語，唐則惟杜陵耳。七言詩及諸近體篇章尤富，皆欲出入於初、盛之間，間有爲中、晚者，亦斷非長慶以下比。此生平學詩之大概也。其書、疏、議、論、書牘皆論明季時政，雜文皆紀南渡時事，皆有關於文獻。生平經世之略，亦可於此見矣。

跋曝書亭集外稿

竹垞檢討晚年手定曝書亭集八十一卷，雖應博學宏詞科以賦通籍，自云非稱意之作不存，其全集去取可謂嚴矣。嘉慶丁丑，檢討五世孫墨林合同里馮登府雲伯之所蒐輯，彙纂得遺詩五卷，而以詞一卷、文二卷并編爲八卷，題曰曝書亭集外稿。

甲戌春，余於上海書肆得其刊本，讀之，詩文格律多未渾成，大抵皆檢討少年之作，亦有中、晚年手筆，皆屬應酬無聊興象不到之所爲，宜其當日定本痛加刪削所不欲存者也。第八卷雜文，有堯母廟碑文一篇，辭氣頗不與諸文相類，及詳加參考，乃知實爲湯文正公所撰，見潛菴先生集中。墨林於諸文目下注云：「見家藏手稿。」蓋檢討與文正公同舉康熙己未博學宏詞科，往還最密，或偶録此文存之篋中〔一〕，編集者不知而誤録之，亦猶文正當日曾手録前人語録，曰困學録，又録張仲誠嵩談録，近時湯公後裔搜葺公之遺書，見公手鈔，誤以爲公所著而刊行也。

往者讀陸清獻公三魚堂集有開化寺碑，此文實爲檢討之作，竹垞文類及曝書亭集并載之，或陸公當日亦手録一稿，其門人未察，誤刻入三魚堂集也。又檢討通籍爲璇璣玉衡賦，原集不載，今編外集亦復遺之，則檢討遺文尚不僅此，可知也。

大抵拾遺補闕，雖爲後人職分之所當爲；然亦須具有真知卓見，慎重出之，乃爲盡善。否則或拾前人之糟粕，實足以彰其短；或又誤收他人之作，自相混淆，皆爲昔人遺憾也。

跋張良御依歸草

癸酉春，在龍門書院婁縣沈約齋明經書案，見有張氏依歸草二册，假之回館，旋雜置叢書中。去年秋，乃得檢出重閲，略悉此老結撰苦心，雖俗句俗韻，未能刊除殆盡，而行文有首有尾，理落脉通，無拉雜堆垛之習，良由知取法震川故也。其傳記、碑志等作，顯微闡幽，尤有關於名教。往者曾見儀徵劉恭甫購得刊本四册，較此鈔本，尚多五分之二；而此鈔亦有一二爲刊本所無者。蓋彼本刊於雍正以後，因其涉及石門吕氏而删之，非有脱遺也。因倩同里江益齋照録一本，原鈔仍歸約齋藏之。他日當假劉本補鈔，成一完帙，以備康熙間人著述之一。

案嘉慶揚州府志文苑傳：張符驤字良御，泰州人，父世爵，值歲祲賑粥〔三〕，修學宫，除三十六家保正。符驤中康熙六十年進士，官庶吉士。少承家學，著有自長吟詩集、依歸草文集，與陳大始等論性理，反復辨難，多前儒所未發。

跋杜谿文集

余少讀鄉先輩宋滯虚、方靈皋兩先生文集，即知宿松有朱字緑太史，文行兼備，心嚮往之。旋得鄉先生方植之手校杜谿文稿兩殘册，乃道光辛卯先生主講宿松松滋書院時，朱公族裔有名麟者搜輯遺編〔四〕，將爲付梓。又數年，得石公廣均刊本，閲之，乃知朱麟當日謀刊，旋以物故未成，石公承其先人葆元遺命爲之。此集康熙間曾有刊本。乾隆間，詔修四庫全書，凡有違礙，概行銷毁。朱公後人悉取原版及印本，拉雜焚之。至嘉慶以後〔五〕，其原刊全本，宿松舊家已不可得，石氏所刊非全編也。

余閲鄉先輩方畣山集，附刊有朱公所作方畣山先生傳；又閲分甘餘話〔六〕，載朱公爲作御書帶經堂記〔七〕，又閲宋滯虚集恭紀睿賜慈教額序，又知朱公有汪母劉太夫人墓誌銘〔八〕，今均不見集中〔九〕，乃知朱公之文所失尚不知凡幾。今將所有傳記兩文，補鈔於兩卷之後，冀康熙間原本，舊家或有留者〔一〇〕，庶幾旦暮遇之也。

朱公生平最得意者，有游歷記十數卷，全編亦佚。道光己酉，其鄉人汪公桂月曾得游歷燕秦記一卷刊之〔一一〕，余未之見。朱公人品既高，學有根柢，文筆亦峻潔超妙，皆不苟作，足與吾鄉宋方兩先生之文異曲同工。植之先生序其文集，舉與李二曲辨學書、記闕里志後，以爲「理明詞確，有裨人心世教」，記徐司馬三征事、金中丞、吕沃洲等傳，「表潛闡幽，足補史傳之不備。其他記言書事，皆關掌故，無虛詞泛語。」又光栗元方伯稱其實相寺記乃就僧净輪力田興業，發出宿松田畝虛額爲累，並農民惰廢習爲故常之弊，極有關係，不爲苟作。較南豐分甯縣雲峰記措辭尤當。又遊馮公園亭記云：「『古之設教者，皆不得位，聖賢得位，設學校止耳，故有學校無書院。孔子以學不講爲憂，堯以不得舜爲己憂，舜以不得禹、皋陶爲己憂，得位不得位故也。憲府總天下紀綱，熹宗之際，紀綱何如，而汲汲講學何也？熊經略廷弼之死，南皋、少墟皆與定其獄，爲天下得人者，當如是乎？』此論亦深中首善諸公之病。鄒馮於九原，恐亦難以置答。」此皆深知朱公之文之美者。

余又讀朱公告同郡徵纂皖江文獻書，用意深遠，惜當時未能有行。今距朱公之歿，又百二十餘年，吾皖文獻散佚多矣，讀先生諸文，深爲嚮仰，遠想慨然！

朱公同時友善，吾縣宋方兩先生外，又有大興王崑繩孝廉源。王氏居業堂集，文雖不如朱公之有法律，然亦極有關係，不爲苟作。其集有與朱公一書，朱公集中亦有答書。今朱公集有與李中孚先生書并附李公復書〔一二〕，又附張采舒札凡四，今仿其例，亦以王氏之書附録朱公答書之後，爲後人參閲之。且知先輩論學不苟爲同異，足爲後人師表焉。

王氏居業堂文集卷十四有朱字绿詩序，又極推朱公之詩，并稱其「過韓侯嶺詩，和予友昝雨圃作，識力甚偉。至關中讀其詩，竟日不釋手，卧枕上夢魂飛動，蓋得昌黎之骨，而烹鍊之工，直追顔謝。至序事之妙，尤卓然迥出流輩」云云〔一三〕。今朱公集有詩三卷，凡百二十餘首，竟無有所謂過韓侯嶺詩。又知朱公之詩未刊者亦多，或原刊本出，尚可得觀其全也。今將王氏之序鈔補集中，後人讀朱公之詩，知當日杜谿實有詩集單行本，今本係族裔麟輯本〔一四〕，詩文不得其全，合爲一集耳。

石氏刊杜谿文集，下仍存「男曉孫效祖校刊」字樣，蓋存原刊本之式〔一五〕，卷末附白崖文稿九篇，并標「先生長子曙東御氏著。原集四卷，今止存一卷」字樣。據方望溪先生所作朱字綠墓表〔一六〕：「子二，長曉，淳樸能家事；次曙，志存其父學。」則白崖名曙，實爲朱公次子。計長子曉刊集時，其弟曙已亡，故不同署校刊之名。又白崖文集有四卷，當時刊本與杜谿文集并行，石公刊集時，僅存此九篇，附之集後，亦具有家法。知其原集四卷，當不乏佳篇矣。

遊馮公少墟園亭記，亦爲朱公集中大文字。余始亦頗以發明「在位講學，不可謂非賢者之過」，及美「張江陵嚴禁書院」一段議論爲是。今細攷之，此皆因咽廢食、一隅之見，非通論也。朱公蓋因鄒南皋、馮少墟與定熊經略之獄，以爲在位講學之效不過如此，愚以爲此只可專咎鄒馮二公平日實無真正本領，而冒託講學之虚名可也。大凡講學，無論窮達，皆可爲之，必躬行實踐，具有經世安民大略，興起人才，爲天下得人；不可有一毫之私意存乎其間，不在乎在位不在位也。至書院之設，原爲繼學校之窮，與學校相輔而行，立法之初，未嘗不善。特末流之弊，徒有虚名而無實效，亦爲院長實無成就人才之真本領〔一七〕，專爲脩脯牟利之生涯〔一八〕。今天下書院，在位者專爲應酬人情〔一九〕、安頓仕宦失職及薄有文名者〔二〇〕，至有院長終年不至院中，即至院中不過照例月課詩文〔二一〕，未見與諸生砥礪學行、窮經致用爲事者。甚且藉其曾入翰林〔二二〕，文望所歸，一人謀兼數席，見利忘義，相習成風〔二三〕。朱公徒見當時鄒馮諸公講學而無實效，概歸咎於在位之講學，又深美張江陵嚴禁書院爲是，此皆憤激之談，不可概之於天下後世也。故成就人才，仍在講學，書院與學校相輔而行而後可；講學與書院學校並行，全在乎得人而後可。

跋惜抱先生書海峰詩集後

此姚惜翁手批海峰先生詩集後，爲其門人劉君明東所藏。道光庚戌，邑人戴存莊應禮部試於京師得之，選入桐城文録，惜抱軒前後集未載。今案此文乃爲當時庸妄巨子有詆海峰者而發，以文而論，尺幅中亦有千巖萬壑之觀，不獨議論平允也。

壬午冬十二月，東坡生日，在吴門檢行篋，重見此稿，漫書數語於後。

跋左叔固先生删訂海峰文集

鄉先輩不屑以詩文名家而真知古人詩文之樞奥者，前有姚薑塢先生，後有左叔固先生。然薑塢先生賴後嗣之賢，尚有詩集、文集、筆記等書行於世；而叔固先生身後寂然，徒聞鄉先輩之稱述而已。

先生少受學於劉海峰先生，海峰爲先生之外祖，嘗課以古文之法。久之，海峰喜而告人曰：「吾外孫左某詩文頗似吾，惜吾年老，不及見其大成也。」

顧先生詩文未嘗示人，即同時密友，多不見其隻字。己未之夏，余偶於里中得先生删訂海峰文集，字畫勁挺似顏柳，於是祕藏，時加探索。昔海峰先生有唐宋八家文選，凡例有曰：「古人行文，神妙不測矣。而精神不到，間有一二敗句，今擬削去，未敢擅改，但鈎乙其旁，以示學徒。古人之是非，與我之是非俱在，後學擇而取之。」今先生删訂海峰文集，即遵海峰八家文選之式。後有重刻海峰文集者，遵此選訂可也。

又聞先生與友人張先生元輅，一日相見痛飲，放聲大哭，乃各取生平著述，引火焚之，不遺一字，復相視大笑，歡然而罷。故今張先生之集亦不傳於世焉。先輩之天性曠達，所見之高，不爲流俗之所窺測每如此。

先生名堅吾，生平學行方植之先生已載於所爲先友記中。

跋嚴修能評閲結埼亭集

全氏結埼亭集及外編，余少時嘗喜閲之，惟刊本時有脱訛，無從校補，每以爲憾。同治己巳、壬申、癸酉間，時往金陵，與江甯府學教授丹徒趙季梅丈往還，假所藏歸安嚴氏元照評閱本，細爲校補。卷二十一董永昌傳脱後半篇，凡二百四十四字，卷二十七李貞愍傳中，脱六十九字，卷二十八李元仲別傳全缺，嚴氏均照他本補録。惟李元仲傳原本時有脱訛，亦未能再得善本參校耳。

嚴氏云：「史氏刻此書，校讐之功闕如。後一再修版〔二四〕，然仍多舛繆。」其信然矣。嚴氏評閱此書，有拾遺補闕之功，其評論全氏文字是非，亦多有心得。又云：「謝山非不能文者，然其於文也，苟而已矣。柳子厚所謂以輕心掉之者，今細按之，全氏實亦未能免此。」又評卷二十四子劉子祠堂配享碑云：「蕺山門下，以桐鄉張楊園先生爲最醇。其悉力農桑，不涉世事，品詣亦高絶。謝山承梨洲之學，此文絶不道及楊園，殆門户之見。顧此何典禮而以門户之見行之哉！」識議正大。又評卷十一梨洲先生神道碑文云：「梨洲暮年，潦倒頽唐，遺民一席，有難於位置者，謝山雖竭力回護；何益！」又評卷十三鷓鴣先生神道表云：「晦木與梨洲志行不同，梨洲暮年頗涉世事，晦木赤貧自守，梨洲絶不過問。昆弟之間，有難言者，此文謂不滿於伯子是也。要之晦木雖癖，不愧明之遺民；竹垞明詩綜録晦木而不及梨洲，去取之旨微矣。」議論亦復新奇。其他微文碎義，亦多可采，今一一照録，擬他日采入讀書雜記以傳之。

跋嚴修能評閱結埼亭集外編

此編亦爲趙季梅教授所藏。其卷五明淮揚監軍道僉事謚節愍鄞王公神道碑銘已載前集卷六、卷十三射龍將軍廟碑即前集卷五射龍將軍揚波辭；卷三十五元翰林學士王文定公神道碑跋即前集卷三十八王秋澗神道碑跋，惟「嗚呼」以下小異，嚴氏皆一一標出，宜存彼删此。其評卷一西安學宫石經賦「篇法句法，掃地都盡，師心自用，遂至於此，可以爲戒。」又篇中小注：「據七略，熹平石經有毛詩六卷，有康成尚書八卷，春秋左氏經文一卷，以爲未之前聞。今按全氏實不免爲臆説。」其評卷十二錢唐龔隱君生傳以爲「俗筆之尤，集中已有墳志，宜存彼删此。」評蕭山毛檢討别傳云：「自修史立傳之外，古來未有專作一文以攻訐人之過惡者。南雷所作豐南禺别傳，但書其癡騃之情狀，以供嘔噱；末幅始出正論，罪其侮經。下筆時自有斟酌，其體格則游戲小品也。今謝山取毛氏之醜態劣行，不惜鋪張數千言，殆學南雷而失之〔二五〕。」其評卷十六諸記云：「謝山雅不屑以文人自居，其意欲自廁於講學之流。其梗概以是卷見之，吾不敢知其於道所得深淺果何如，顧其表章之功，誠有足尚者。」評卷十九薛文清公畫像記云：「當時于公若不死，將委蛇朝班邪？抑棄官歸山邪？曹石之害于公，正于公心之所樂。使文清力争，固未必得如志；假若得如志，將使于公何以自處乎？余以爲此固未足爲文清病。韓忠武何以不力救岳武穆？明知事勢萬萬不能耳。若强而行之，禍必有大於此。」評卷四十四答諸生問南雷學術帖子云：「梨洲前朝遺老，又以理學自居，然其晚節頹唐潦倒，至使海甯有公憤文字，以相痛詆。其集中，如魯栗降賊而回籍者，魏學濂降賊不得志而自縊者，皆竭力諛墓。又於魯王官左副都御史，即以母在不死，唯有活埋躬耕一法，而乃委蛇時貴，以爲此固出於大不得已，吾不知之矣。」又卷四十九記許都事，據陳忠裕公年譜駁其所紀所論多紕繆失實，亦最有見。其他糾正，多中肯綮，間有未合，亦併録存，以俟他時論定之。

跋阮文達公茗柯文編序

芸臺先生此文，不見揅經室集中，其識議精卓，文亦高潔可誦。核其他文，尚有不盡稱是也。蓋刊集時偶遺之，非他人代筆，亦非棄不欲存也。然其論江惠二家之文無傳，尚不盡然。二家雖不以文名世，實皆能文之士，第不如張氏之刻意求工耳。江氏所著各書序均淵雅，無村塾鄙俚之氣；惠氏本有文集二卷，未曾刊行。余舊於友人處假得一鈔本，凡□十□篇，復於他處搜得書序及碑志數首，當校刊一集，附其諸著以傳之。

跋程子香文鈔

婺源程子香文鈔二卷，舊附刻宜興吴仲倫初月樓文鈔後，近來印本日稀，徽人未知鄉邦有此著述，日久且漸湮没，今特抽出，以示同鄉。有好古君子表彰文獻者，爲之重刊，單行於世，更以李申耆集序及吴仲倫墓志銘録出，刊於集首；俾讀程君之文者，知其有篤學力行之實，年雖不永，其文足以自存也。

光緒二年秋九月，書於春申江上。

跋柳子厚河間婦傳

此文蓋柳先生當時實見有此婦、有此事而爲之，特諱其姓氏里居，而以「河間婦」標題，存忠厚之道耳。

前寫此婦之貞潔，後寫此婦之淫蕩，不憚委瑣，描情盡態，令人目不忍覩、耳不欲聞。乍觀以爲游戲之筆，不知其大有警世醒俗、深寓勸戒之苦心。蓋言天下婦女，惟中饋爲主，一以閨門内則爲事，不宜輕於出門，不但紛華靡麗之場不宜輕往，即清净之地如庵觀寺院亦不應足踏其門。此婦之所以失身，流蕩忘返，醜迹昭彰，實爲兩至浮屠，至有此累。

前人多以此文可以不作，又有云本漢書原涉傳所云「子獨不見家人寡婦邪？始自約敕之時，乃慕宋伯姬及陳孝婦，不幸壹爲盗賊所污，遂行淫失，知其非禮，然不能自還」等語而推衍之，稱「河間」者，蓋又因「河間姹女工數錢」之謡，其人殆子虚烏有，且引戴埴鼠璞，亦同此意。是皆一隅之見，未窺作者之本意也。

跋臨川桂氏摹刻唐搨孔子廟堂碑拓本〔二六〕

惜翁嘗云：「虞伯施書雖渾厚而有鋒鍔，王彦超摹刻，山谷固云不厭人意矣，則桂氏今又摹刻王彦超本，宜其愈失其真也。」惜翁又云：「曩時陳紫瀾宫詹見語云：某王府有唐搨廟堂碑，後進入大内。」余舊閲查初白太史人海記，伊供奉内廷，見内府珍藏唐宋人真迹，記其所愛者數種，中有廟堂碑真迹。果然，則是虞伯施孔子廟堂碑原本至康熙時尚在内府。後又有某王府所進唐拓本，均爲希世之寶矣。惟今京師拳匪横行，繼以各西人聯兵紛擾，大内所藏古今珍物，一旦空諸所有，此兩墨寶已不可問矣。北望神京，萬感交集，此尤其小焉者也。

跋曾南豐齊州二堂記

曾文定公諸記，説理、記事、考據，各體皆備。余少時最喜誦之。齊州二堂記，考據之文也，用筆亦典雅可法。

惟末段説「濼水嘗見於春秋魯桓公十有八年，『公及齊侯會於濼』」，杜注「濼水在濟南歷城縣西北，入濟。濟水自王莽時不能被河南，而濼水之所入者，清河也』。預蓋失之」云云〔二七〕。曾氏所據，蓋因後漢書郡國志有「濟水，王莽時大旱，遂枯絶」之文耳。今按酈道元注水經濟水條曰：「其後水流逕通，津渠勢改。」郭景純注爾雅亦云：「今濟水至博昌入海。」蓋王莽時，濟水不過因旱暫時枯絶；後來天降時雨，歷有歲年，乃得復通。故魏晉以來，如酈、杜、郭諸公，皆得諸目驗而言之，故注書亦不禁不謀而合。曾氏作記，只知後漢郡國志之文，未能詳攷魏晉以後諸家之書，故以不誤而誤，而不覺自蹈其誤也。

跋方是閒居士小藁

宋劉習之方是閒居士小藁上下兩卷，乃毛氏汲古閣從至正庚子仲冬屏山書院重刊本影鈔，紙墨極工，末有習之自書，蓋猶原編也。惟卷首佚去建陽劉淮、東里趙蕃二序，只存開封趙必愿一序。末卷後跋尾缺第三至第七五葉，只存前後各二頁。計中間亦脱去數人之跋。附録一傳，記習之先世頗爲詳明，不著撰人名氏，容當檢宋史驗之。此本舊爲歸安嚴修能購自武林，以詩文皆不甚佳，轉贈其友蘭唐，見其手跋。又有「曾在陸樹蘭處」印章，想即蘭唐也。

今其書爲友人趙静涵所藏。借讀一過，其上卷古今體詩一百七十一首，頗有冲淡之趣，大略出於白香山，惟格律不甚高耳。下卷雜文二十七首，亦具淵雅有見道之論，大約自抒胸懷，而生平不慕榮利，優游自得之趣，實足肖其爲人。詞四十一首，亦足肩隨辛弃疾，在南宋諸作者間，亦不失爲名家。而嚴氏之論，不免過當耳。容當倩鈔胥録一本，以存南宋人文獻之一。

七月十四日辰刻記。

跋歐陽文忠公瀧岡阡表

商邱宋牧仲筠廊偶筆載：「文忠公此碑，爲龍神借觀。時黄文節公魯直知太和令。文忠以同邦之誼命文節爲文以檄，書畢，投檄湖中。後閲月，碑出永豐沙溪，薄觀之，朱圈『祭而豐不如養之薄』八字，龍涎宛在」云云。今黄文節公年譜亦附載此事，而宋四家書法墨刻亦有文節手書檄龍文，後有蘇文定公一跋。世咸以事屬荒怪，未可爲信。

余謂凡文之至者，皆足以動天地、感鬼神，文忠此表，沈痛出於至性，元氣淋漓，龍神借觀，被檄始還，其事皆不足怪。獨按二公出處，前後皆不相合，不能不令人疑其事原烏有耳。文忠表云「熙甯三年庚戌四月辛酉朔十有五日乙亥」，則碑刻於永豐沙溪實在是年。年譜：「公以是年四月壬申除檢校太保宣徽南院使判太原府河東路經略安撫監牧使兼并代澤路麟府嵐石路兵馬都總管，公堅辭不受。七月辛卯改知蔡州。四年辛亥，公在蔡累章告老。六月甲子以觀文殿學士太子少師致仕。五年壬子閏七月庚午，公薨。年六十六。八月丁亥，贈太子太師。」而黄文節以治平四年丁未春赴禮部試，登張唐卿榜第三甲進士第，除汝州葉縣尉，熙甯元年戊申赴葉縣尉。三年庚戌尚在葉縣，時春秋甫二十有六。編文節年譜者亦知是年在葉縣，元豐三年庚申乃入京改官授知吉州太和縣。四年辛酉赴太和知所。云熙甯三年庚戌公知太和令，作橄龍文，爲不可通，則以橄龍文載於元豐四年，然是時文忠薨已十年矣。據筠廊偶筆及四家墨刻所載情事皆不可通，編文節年譜者不詳考二公出處生卒參差不齊，妄以此事載於元豐四年文節在太和之日，不亦謬乎！

天下之事，理之所無、事之所有，往往有之。正經正史有不必皆以爲實，雜家小説有未可盡以爲非者。但當考其情事之實與不實，不必論其事之怪與不怪。史稱河間獻王「修學好古，實事求是」，真萬世讀書一大法也。

再跋歐陽文忠公瀧岡阡表

余少時見前人所刻宋人叢帖今忘刻帖人名氏及全帖之名有黄山谷橄龍文，字畫實類黄山谷，文法亦有奥折古意。又先後見商邱宋尚書犖所撰筠廊偶筆，全載此文，又見乾隆間江西刊黄文節公全集大字本，書法工整，前卷年譜亦載此文，彼時頗以爲實有其事。

最後借歐陽公全集，前有年譜，因取所藏黄文節年譜參互考訂，乃知歐陽公作表刻石，時在熙甯三年庚戌知青州，時黄山谷在葉縣。歐公又判太原府，徙蔡州，四年辛亥致仕，五年壬子卒；黄山谷於元豐三年庚申入京，改官授知吉州太和縣，四年辛酉乃赴太和，上遡歐陽公之辛巳，逾八年，而歡龍文末有「熙甯三年庚戌七月望日黄魯直識」，則此歡之僞已不待言，前跋固已著明之矣。

後又見江西通志亦詳載此事，且云：「碑入水後，復歸墓側，表文獨以朱圈『祭而豐不如養之薄』八字滴水淋漓，自額及趺不絶，朱迹炳然，閲數百載如新。」然今瀧岡碑石尚在，未知果如所言否？大抵撰表勒石，遣吏送歸，安置瀧岡阡後，即未嘗再回故里，一上二親之墳矣。然余終疑兩書雖不足據，究竟造者何人？其造此又爲何意？不能明也。

近閲宋人曾敏行獨醒雜志，乃知兩書所載亦不爲無因也。雜志之言曰「公罷政出守青社，自爲阡表，刻碑以歸。江行過采石，舟裂碑沈。舟人曰：『神如有知，石將出。』有頃，石獨見，遂得以歸」云云。别無荒怪之語。曾敏行本廬陵吉水人，其曾祖孝先、祖君彦皆有官於朝，不附熙甯新法，均與歐陽公同官同里。敏行亦確守家法，年二十以病廢，不能仕進，專意學問，前人稱其書記兩宋軼聞可補史傳之闕。間及雜事，亦足以廣見聞。則此説必有可據。但此事經後來傳播，多生枝葉，以致宋人所僞作黄山谷歡龍文石刻，鈎廊偶筆所載所述如彼，江西通志又詳載「碑入水後，復歸墓側，表文中有朱圈『祭而豐不如養之薄』八字，滴水淋漓，自額及趺不絶，朱迹炳然，閲數百載如新」云云。但通志所載撰表成勒石，遣吏齎之歸歡郡守董墓事，尚得其實，至黄山谷歡龍文所載，全無影響矣。

時余正爲滁州李氏校刊古文辭類篹，以姚氏原本字句尚不免無差，乃取此表石刻本及明人洪武本所校宋本居士集，校定數字，别爲札記，附於本書之後，擬援王氏金石粹編之例，亦全載鈎廊偶筆所載僞黄山谷撴龍文及江西通志並王氏之説，且爲王氏所不及知者，另爲此跋，附於王氏之後云。

跋舊本左忠毅公尺牘

公之全集向在禁書之列，故國初刻本不多留落人間。道光己酉左氏祠室重刊本，讎校乏人，未能完善，而奏疏次序，又多更易，顛倒錯舛，每私悼之。壬戌冬，在鄂渚晃湘鄉左輝春丁未重訂本，更取山左左忠貞公集合刻，體裁精密，中有公尺牘並雜體文一册，不知其所自來。今於同里周霽家得此殘帙，乃知舊本所固有也。重加瀏覽，有資考鏡，他日重刊公集，當附入以復原本。

又檢藏有公經義一册，往者南山先生稱爲鄉先輩制舉之文，當以公爲第一。而惜抱翁論震川集有云：「刻震川集者，當刻其經義，彼既存其壽序矣，經義之體不更尊於壽序邪！」由兩先生言推之，刊公全集，經義亦未可遺也。

又讀乾隆間上諭：「劉宗周、黄道周、熊廷弼、王允成、葉向高諸臣所言，若當時能采而用之，敗亡未必若彼其速。是其書爲明季喪亂所關，足資考鏡，惟當改易違礙字句，無庸銷燬。又彼時直臣如楊漣、左光斗、李應昇、周宗建、繆昌期、趙南星、倪元璐所有書籍，并當以此類推，即有一二語傷觸本朝，本屬各爲其主，亦止須酌改一二語，實不忍並從焚棄，致令湮没不彰。」天語煌煌，洵亘古未有之曠典，正氣伸而忠魂慰矣。

甲子正月。

跋蕭尺木先生山水畫卷子

吾宗尺木先生立身清潔，特以書畫爲世所重。余閲古今名人書畫多矣，惟於尺翁之筆墨，生平一無所見。頃來南昌，主於老友沈子培先生府署之西室。一日，子老以所藏尺翁山水卷子相示，展玩累日，愛其用筆蕭疏淡遠，大有倪雲林、黄子久蹊逕。觀其詩後標題，有「丙申元旦晴和，胸中浩然，知世外有餘樂，伸紙作畫，頃刻而成」云云。丙申乃我朝順治十三年，明已亡矣，而詩中有「得此丈餘宣德紙」，「宣德」上方特空一格，隱然以有明遺老自居，尤見其生平用筆不苟。昔董思翁歷論古今畫師，均爲高壽，蓋得煙雲供養之力。而尺翁之詩有「吾生得意豈須多，月窟天根自築窩」，則其生平蕭然物外，得煙雲供養之力者多矣。其年登上壽，非偶然也。

癸卯秋九月立冬後五日〔二八〕。

跋徐相國元文感蝗賦卷子

立齋相國文字，生平均不經見。今子培先生出所藏其手書所作感蝗賦卷子見示，文字均佳。其同時名人及其門生故舊如韓菼、姜宸英、萬斯同、湯右曾、吴暻、萬言、秉義、尤侗、張大受、顧嗣立、朱彝尊、曹寅、李煦、胡渭，凡十四人，秉義乃立齋相國之兄也。諸公均能深悉此賦命意所在，各有闡發，益人智慧。

穆於諸公詩文嘗多見之，至其書法，生平所見不過十之一、二。今一旦獲觀諸公手墨，均風致嫣然，潤采焕發，其儒雅風流氣度，亦不覺時流露於行墨之間。謹書數行，以志眼福。

癸卯冬十月小雪日，識於南昌府署西偏之寄舫。

再跋徐立齋相國感蝗賦卷子

立齋相國所著，有含經堂集，今世未見有傳本。此感蝗賦亦未知作於何時。玩諸公題跋，多在康熙丁亥，似此賦爲相國晚年之筆，當作於康熙二十九年五月罷相南歸之時。逾年七月，相國即薨於家。其子孫以此賦爲公晚年手墨，裝潢成軸，特請公門下及同時諸公爲之題跋珍藏。丁亥爲康熙四十六年，距相國之薨已十六年矣，即題跋諸公，亦爲晚年之筆也。考崑山三徐在今多不爲世所稱，其實只健庵尚書門庭廣大，無所不容，故當時有「五方寶物歸東海」之謡。至於果亭侍郎、立齋相國皆立身謹飭，有爲有守。而相國於順治十六年進士及第，年甫二十有六。康熙八年，遷祕書院侍讀。九年，擢國子監祭酒，充經筵講官。自此及後來屢有升遷，必有陳奏，皆關國家大計，卓然見諸施行。至十九年，擢都察院左都御史，疏陳逆藩吴三桂甘心反叛，遺孽猶誅，及脅從之衆，恩許自新，復爲規畫處置，使各得其所，不至貽害生民。又陳耿精忠、尚之信、孫延齡舊隸將弁，尤宜解散，勿仍藩旂名目。又言「閩粵兩逆藩雖已翦除，而夙日占奪民利、干紀害政之事，如鹽埠、牙行、市船、漁課、渡税諸類，恐官司營伍或有一、二因襲，則閭閻積困，終不能一旦豁除，乞嚴飭督撫實力禁革。吴逆荼毒生民，滇南受禍尤酷，藩莊藩田責軍民輸租，較舊額加十有餘倍，廣設礦廠，擅銅鉛之利，其横征苛斂，未可悉數。今大兵勢若雷霆，滇民望救水火，宜豫敕將軍督撫入境日，即爲蠲除」云云。凡此等要害，皆非同時在朝及外間督撫所能知者，可見相國生平時抱民胞物與之懷，明見萬里〔二九〕，公忠體國，不覺時流露於行墨之中。其他鑒别督撫司道等官才能高下之法，一一疏陳，既詳且備。凡所舉當時人才及參劾當時不職諸官，無一不各當其宜。

今誦感蝗一賦，外人不過見其有憂國愛民之心而已〔三〇〕，尚未悉其具絶大經世偉略，無一不可以見諸施行也。

三跋徐立齋相國感蝗賦卷子

立齋相國感蝗賦，余既定爲康熙二十九年五月致仕南歸途中所作，似得當時情事。竊怪相國當時正色立朝，時有陳奏，皆關國家大計，均一一見諸施行，與聖祖仁皇帝君臣一體，當時及在朝諸臣無不共見共聞矣。然而自入相後，前後尚不免於副都御史許三禮、兩江總督傅拉搭二人列款參劾。究竟許三禮當日考選之後，曾請執弟子禮於相國，相國始終堅拒之。以私憾之故，後來聞風揑造相國入閣辦事後，收江蘇按察使李國亮賀禮銀五千兩。旋經相國奏辯，並無實事，且請立賜罷斥，疏入，報聞而已。至兩江總督傅拉搭列款參奏多端，並歷陳其諸子姪家人種種不法之事，疏入，得旨：「所參各款，從寬免其審明。徐元文著休致回籍。」蓋相國生平立身謹飭，公忠體國，已久在聖明洞鑒之中。前此許三禮特參並無實據，今傅拉搭雖列款多端，若一加審明，亦必有毫無實據或者事出有因；其子姪家人在原籍招搖不法之事，容或有之，相國服官遠在數千里外，安能一一照顧約束？故悉爲原宥。君臣之禮，有始有終，豈非熙朝嘉話也哉！

四跋徐立齋相國感蝗賦卷子

國史列傳於相國立朝陳奏諸大端，既一一詳載，共見共聞矣。然而燕見之時，及經筵進講，造膝陳詞，必尚多有嘉謀嘉猷，聖祖仁皇帝時時嘉納之，未曾明降諭旨，宣示中外，非同朝諸臣所得預聞者，尚不知凡幾。惟安溪李文貞公於國朝人物常有記載，非當時及後人所知者頗夥。其記相國一事，亦可見燕見陳奏非他人所能聞知之一端。其言云：「徐立齋看不透他，他同做學士時還讀書，爲總憲時對上前時肯出言，今日無是也。上欲差滿洲三品大臣巡方，滿州很願意，上臨軒説此事『明朝有巡方舊例』，立齋便言：『明朝雖有巡方，不過御史，其秩卑。雖許他參劾督撫以下，而督撫官亦可參劾他。今三品官大，督撫不得彈摘，恐有貪婪者恣行無忌，便大是地方之害。』上曰：『難道差出去的都是壞人麽？』曰：『皇上自然是精簡出去的，但十百之中，間或有一、二負恩者，亦不可定，儻如有一人，則一省受害矣。』上默然，後卒不行，其言大是。但健庵膽大亦不能如此。」又云：「立齋歸去甚貧，雖日用都仰給健庵，若久在相位，可比北之益都，而惜乎受其兄之累也。」案李文貞所記當時同朝及罷相歸家之事，無不一一深知，益可想見許三禮、傅拉搭前後參劾各款，皆屬子虛烏有矣〔三一〕。再讀感蝗賦，不能不令人肅然起敬，悠然遐思。

跋冒巢民徵君庚午秋菊飲倡和詩稿卷子

余少讀明季暨國初諸老詩文集，即知如皋冒巢民先生之事迹，暨讀王漁洋集有上巳辟疆招同邵潛夫陳其年修禊水繪園八首及再泛水繪園看月作二首，益知先生園中風景爲東南第一勝境。余於先生同時諸老或得讀其遺集，或獲觀其書翰，獨於先生書文均未及一寓於目，迄今以爲憾事。

庚子夏六月，先生族裔鶴亭孝廉以事過上海，攜所輯先生年譜及著作數册，並以先生庚午秋菊飲倡和詩引稿本長卷見示。先生素未聞以書名，今觀此稿凡六十行，生動飛揚，古光滿紙，神韻直逼顏魯公爭坐位稿本。顧先生詩作於康熙庚午秋，而行末書「巢民老人冒襄辛未立夏後四日，年開九秩，目眚漫書」云云。乃在康熙三十年，先生年正八十，詩字風神精采奕奕不少衰。益歎先生風流儒雅，非今人所能彷彿，精神意氣亦非後人所易企也。鶴亭年少才高，文采風流，他日定能繼武乃祖。漫書數語以志欣幸。

跋望溪先生與雷副憲手札

甯化吴賢湘藏吾鄉方侍郎手札數十紙。嘉慶庚申春，吴君乃呈於吾鄉汪尚書。尚書乃揀六紙，裝潢成軸，藏之於家。咸豐己未，尚書少子正堃出以示穆，皆侍郎晚年之筆，古雅老健，皆與其門人甯化雷副憲鋐論家庭出處及著書爲文之道。

侍郎出處大節、經術文章並顯於世，以穆所聞，賫蓮花池一事頗累盛德。今據末札「以建先斷事公祠堂，少置祭田，不得已，賫三百年祖業」云云，是侍郎晚節頗窘，故賫池以建祠堂置祭田，當時謗𧦬可以熄矣。

侍郎經術湛深，世所知者，不過抗希堂十六種所載諸經耳。斯云「三十年精神用於崑山經解，易、詩、書、春秋已編定成書；詩所删取甚少，又采呂氏讀詩記、嚴氏詩緝以附益之。此四經既刻，則三禮各一部，流傳者多，即不刻亦可，刻之亦易矣。已作字告石東村與濟齋公商，若不能，則賢與可齋異日更勿忘。」又五札云：「前所留鈔書之資，將爲賢寫崑山經解，可得易經一部。將來愚有暇，更督諸孫爲鈔春秋、尚書，則藉此存一稿本於宇宙間。賢將來有便，使人刊刻，可省學者許多心力。」是侍郎於崑山經解删定已有成書，副憲當時即未刊刻行世，亦當出示同人，更録副本，存於宇内也。咸豐癸丑冬，粵賊陷城，凡世家書籍，邑人後多竊取售於鄉間及他郡邑。而文君鍾甫搜藏至三十萬卷；侍郎删定崑山經解底本，得百餘册，後數年，仍陷於兵火。而張文和公有侍郎宋元經解删要序云：「有欲刊布其書以益後學者，乃序以導之。」今此序載澄懷園文存，言之甚詳。若當時刊布未成，更無他人多録副本，恐此書亦終不能存於宇宙矣。

又四札所云「痛先祖、亡兄、弟再起於積水，誓不得乾土三區，不復還家受妻子之養。」生平篤於倫理孝弟之心，愷惻之情，流於楮墨。侍郎出處大節，學術文章，玩此六札，已具其概。

往者戴孝廉鈞衡編定侍郎全集，搜得零星尺牘，刊入集外文並補遺中，此六札竟未及見。又據吴君跋云：「藏有侍郎尺牘數十，爲墨卿太守分其半。」而汪尚書於吴君所藏尚不下數十紙也〔三二〕。今又閲六十餘年，二君之藏未知尚在人間否？侍郎與一時名賢手札，大抵皆文章學術，經世實用，戴氏所刊僅二十七札，外間流落，何可勝計！今以此六札補鈔入望溪全集中，而記其大略如此。

跋海峰先生與姚惜翁手札

右海峰先生與惜抱手札三紙，今尚存其曾孫姚聲所。書中所云「辭玉堂而歸郎署」及「得五樓詩稿一卷，久爲標録一過」，蓋惜翁詩初名得五樓詩稿，即惜抱軒尺牘與劉海峰先生書所云「丙戌年春，曾有兩字奉寄，並詩稿一册，呈乞閲定」者也。

惜翁以乾隆三十一年丙戌夏散館，改兵部主事，年方三十六歲。海峰此書乃在三十二年之冬，斯時惜翁學業猶未大成，海峰書所以有「尊作去古爲近〔三三〕，加以功力」之語也。

余搜輯田間、望溪諸公尺牘頗夥，於海峰先生僅見此札，不能成帙。兹因編定惜抱軒尺牘，爰録附惜翁與先生書後以傳之。

壬申夏六月。

跋林文忠公與周介堂太守手札

祥符周季貺太守星詒出示林文忠公與其太翁介堂先生手札兩通，並林公小像裝潢一册，乞爲題識。

今考其時爲道光十六年丙申，周公官蘇州府知府。是年七月，林公復奉旨由江蘇巡撫署兩江總督。是年冬，周公以所擬新漕事宜三條稟林公，公復書云：「皆屬切要，惟第三條非奏不行，已擬具一摺稿寄護院，與在事諸君公同斟酌，俟寄回，即當拜發。」此下尚有與言其時公事三件，爲第一札。其第二札乃是年十一月林公奉旨入覲時，有論洋錢摺稿寄示周公〔三四〕，周公爲改易一字、增添二字，林公復書贊「極得要」。此札前後尚有論公事數件，乃十二月朔日林公起節北上時所寄也。

夫林公之才識偉略冠當時，尚以一要摺商之於屬吏而後用，則公生平虛懷善下不自滿假，固不待言；而周公通達政體，有大本領，素爲林公所深契可知矣。

周公終身官止府道，其政績不甚昭著，觀林公兩札所述，可以想見其才學亦爲林公之亞，而能直諒自守，有非當時賢士大夫所易企者。此等同寅，協恭和衷，勢位兩忘，豈易再見於今日哉！林公小像似爲五十左右所摹，面圓而微黃，鬚眉清而秀，然不知其實爲一代偉人也。

跋沈文肅公夫人林氏與遵義鎮饒公書

余舊聞咸豐間侯官沈文肅公以名翰林出守江西廣信府，時值粵西羣盜蔓延江西各郡，而廣信全城之功，林夫人之力爲多。林夫人者，即林文忠公之女也，兼資文武。沈公不時公出，時軍書旁午，外間文書，均由夫人一手批答，代拆代行。某年月日，賊大股將圍廣信，時沈公偕廉侍郎兆綸出城招募籌餉，正在百里内外。夫人情急，乃刺指血，致書求援師於浙將饒鎮軍。時饒公以浙軍駐守玉山，距廣信甚近，得林夫人書，又念本爲林公舊屬，躊躇之間，忽天降大雨，饒公即乘機統軍順流而下，直至廣信，賊乃解圍遠遁。時沈公招募籌餉事畢，亦回廣信，與饒鎮軍籌善後事宜。後來賊亦未能再至。然林夫人致饒鎮軍書固未之見也。

今到南昌，一日遊百花洲，謁沈文肅公祠，祠東一室，懸有石刻本林夫人致饒公書，乃得讀之，字字中肯，宛轉曲折之中，兼具嚴正剛勁之氣，以是知林夫人不第胸羅武庫、智勇兼全，即文筆亦非老於文律者不能辦也。因即照録下，傳示藝林共賞之。

原書附存：

將軍漳江戰績，嘖嘖人口，里曲婦孺，莫不知海内饒公矣。此將軍以援師得名於天下者也。此間太守聞吉安失守之信，豫備城守，偕廉侍郎往河口籌餉招募，但爲勢已迫，招募恐無及。縱倉卒得募而返，驅市人而戰之，尤所難也。

頃來探報，知昨日貴溪失守，人心皇皇，吏民鋪户遷徙一空，署中僮僕紛紛告去，死守之義不足以責此輩，只得聽之。氏則倚劍與井爲命而已。太守明早歸郡，夫婦二人荷國厚恩，不得藉手以報，徒死負咎，將軍聞之，能無心惻乎？

將軍以浙軍駐玉山，固浙防也；廣信爲玉山屏蔽，賊得廣信，乘勝以抵玉山，雖孫吴不能爲謀，賁育不能爲守，衢嚴一帶，恐不可問。全廣信即以保玉山，不待智者辨之，浙大吏不能以越境咎將軍也。先宫保文忠公奉詔出師，中道齎志，至今以爲心痛。今得死此，爲厲殺賊，在天之靈，實式憑之。鄉閭士民，不喻其心，以輿來迎，赴封禁山避賊，指劍與井誓之，皆泣而去。

太守明晨得餉歸後，再當專牘奉迓。得拔隊確音，當執爨以犒前部，敢對使幾拜，爲七邑生靈請命。昔睢陽嬰城，許遠亦以不朽，太守忠肝鐵石，固將軍所不吝與同傳者也。否則，賀蘭之師，千秋同恨，惟將軍擇利而行之。

刺血陳書，願聞明命。

【校記】

〔一〕稿本題作「黄梨洲先生集外文跋」。
〔二〕「篋中」下，稿本有「未署湯公名字」一句。
〔三〕「歲」，依稿本補。
〔四〕「遺編」下，稿本有「请爲编校」四字。
〔五〕「以後」，刻本作「時」，兹依稿本。
〔六〕「分甘餘話」上，稿本有「王阮亭尚書」五字。
〔七〕「御書帶經堂記」下，稿本有「一篇」二字。
〔八〕「知朱公」三字，依稿本補。
〔九〕「不見」下，稿本有「刊」字。
〔一〇〕「留者」，稿本作「留落者」。

〔一一〕「刊之」下，稿本有「尚有傳本」一句。

〔一二〕「孚」，刻本誤作「學」，據稿本改。

〔一三〕「流輩」下，稿本有一「上」字。

〔一四〕「族裔麟」，稿本作「朱公族裔麟及石公」。

〔一五〕「本之」，刻本作「之本」，今依稿本。

〔一六〕「朱字緑」，刻本誤作「朱字録」，今依稿本改正。

〔一七〕「成就人才之真本領」，刻本作「造士之本領」，今依稿本。

〔一八〕「脩脯」，依稿本補。

〔一九〕「應酬」下，稿本多「请托」二字。

〔二〇〕「薄有文名者」下，稿本多「爲之」二字。

〔二一〕「不過」，據稿本補。

〔二二〕「且藉其」下，稿本多「早年」二字。

〔二三〕「文望」至「成風」，稿本作「或致仕，或罷斥，冒托著書立説，文望所歸，一人謀兼數席，廉耻道喪，見利忘義，相習成風，莫之爲怪」。

〔二四〕「一」，依稿本補。

〔二五〕「殆」，稿本作「惜」。

〔二六〕「跋」，稿本作「三跋」。

〔二七〕「預」，刻本誤作「豫」，依稿本改。

〔二八〕「後五日」下，稿本有「桐城蕭穆謹識于南昌府署西偏之寄舫」一句。

〔二九〕「萬里」下，稿本有「之外」二字。

〔三〇〕「爱民」，稿本作「憂民」。
〔三一〕「皆屬子虛烏有」，稿本作「皆朋比誣構，全屬子虛烏有」。
〔三二〕「所藏」下，稿本有「之半，僅取此六紙，是壂卿與吳君所藏」。
〔三三〕「古」，刻本作「右」，兹依稿本。
〔三四〕「周公」，據稿本補。

敬乎類藁卷八

書記

世宗憲皇帝硃批西林覺羅文端公鄂爾泰未刻摺稿恭紀

往者穆恭讀世宗憲皇帝硃批諭旨，有「將外任之大臣官員奏摺，經朕手批，酌量可以頒發者，檢出付之剞劂，計算實不過十分之二、三」之諭，知硃批外任諸臣奏摺，未經發刊者尚多也。光緒己亥夏□月，元和胡邵介部郎祥鑅以丁酉冬假上虞羅叔韞孝廉振玉所藏硃批西林覺羅文端公鄂爾泰未刻摺六册見示。每册上有吾鄉先達汪稼門制軍志伊手書硃批西林中堂未刻摺簽題。據羅君所記，乃丙申年吾縣張子建持贈者，知舊爲汪制軍藏本。

今案：第一册凡十七摺，外有擬安南照會稿繕呈御覽一篇，又有安南國王來稿一篇，又附咨會安南國王稿一篇。第二册凡二十一摺，另有硃諭一道，又有車里緬字譯出南掌入貢表文繕呈御覽一篇。第三册凡十三摺。第四册凡十九摺，內有奏今將滇黔督撫提鎮並學政諸臣謹據所知開呈御覽一摺，奏謹將准咨奉旨預行揀選同知知州知縣等共十員開呈御覽一摺，奏謹將雲貴知府以下官員據臣所知開呈御覽一摺。第五册凡十六摺。第六册凡二十九摺。外有謹録覆張廣泗書稿恭呈御覽一篇。總計此舊鈔硃批西林中堂未刻摺凡一百一十五篇，皆西林覺羅文端公鄂爾泰於雍正三年冬以廣西巡撫奉旨補授雲貴總督，十二月初一日陛辭赴任奏摺，自四年三月二十日兩摺起，一爲據實奏聞事，一爲遵旨覆奏事；訖九年九月初二日，奏爲欽奉上諭事，又爲奏聞事，皆有年月日可考。此兩摺後有奏爲恭謝聖恩事，奏爲擒制積惡土官事，爲遵旨覆陳事，爲恭報頑苗俱請定議各寨安營事，爲恭謝聖恩並陳愚悃事，爲敬陳所知以備採擇事，奏今將滇黔各官開呈御覽三摺，奏爲嚴緝黔省漢奸川販據實奏聞事，奏爲請旨事共十一摺，未署年月，似均爲九年時事。

是年冬，奉旨入覲，十年正月到京陛見，二月授保和殿大學士兼兵部尚書辦理軍機事務。

硃批諭旨第九函所載八册共□百□十□摺，及此未刻一百一十五摺，皆西林公官雲貴總督時所上也。此百一十五摺大抵皆當時所陳機務及憲廟咨詢當世人才與公獻替可否之事，在當時實有未便宣示剞劂者，而在今日大可剞劂，俾後人得悉當時君臣一德、公是公非之盛。由西林公此百一十五摺，硃批未經宣示剞劂，則硃批諭旨所載二百二十三人之摺，由世宗上諭剞劂「不過十分之二、三」推之，尚存十分之七、八。今若有大臣奏請一一剞劂，則雍正十三年時事必多可備國史所採者，且可以益後人經世大略之神智也。又此摺第五册疑多有硃批諭旨已録者，他時有人刊此，尚應取原編一一對勘之。

記何子貞太史所纂高宗政要

余少聞道州何子貞太史紹基官京師時，在國史館恭閱列祖列宗實録，以蔣良驥所纂東華録本太略，因在館日鈔數十葉。同治壬申冬，余客吴門，時太史亦寓居金絲巷。一日訪太史，談話終日。逾年癸酉，太史歿於寓所，遂未及再見。後來，閲長沙王益吾祭酒先謙所刊十朝東華録，雖較蔣良驥十倍之多，而終嫌其書尚多未恭載。始惜當年見何太史未及詢其在史館時所録卷帙凡幾也。

光緒乙未秋，余以校刊劉海峰先生歷朝詩選，在金陵晤太史之孫詩孫太守維樸，往還一兩次，偶及此事，詩孫云：「先祖在國史館未久，所録僅乾隆一朝，每年一册，凡六十册。先祖自署曰高宗政要。較今王益吾所刊乾隆續東華録爲詳。即如乾隆二、三十年間，英吉利國進自鳴鐘二座，大者寬廣均二丈，次者寬廣均一丈五尺。高宗以宫中無地安置，乃命均安置圓明園。大者，洋人竭一月之力；次者，竭二十日之力乃就。然爲此一事而高宗已早爲深慮，特命沿海疆各督撫早籌辦海防。諭旨前後凡二十餘道。今王益吾刊本一無恭載。此等要事，後人又何由而知邪？余謂今洋人方盛，此等要事自未便顯録，然由此類推，則王君所刊十朝之書，政治之要，疏略多矣。」

己亥秋八月，余到金陵，一日訪何君，追述此事，言之較詳，乃能記之。此書尚存其弟長沙寓居。他時有暇，尚當往長沙假閲之，且補録王君刊本所未能載者，以廣見聞焉。

又英吉利進此兩自鳴鐘年月，詩孫未能確記，且云咸豐季年，英人燒圓明園，此二物仍爲英人取去。此説余尚未深信，俟再考問目擊時事者。

讀仁宗睿皇帝哀敬折獄論恭紀

國朝列祖列宗，皆學貫天人，無所不通。往聞仁宗睿皇帝尤精於刑律，後得味餘書屋全集讀之，有哀敬折獄論，發明經旨，無微不至。知其青宫毓德，典學之餘，即講求古先聖王明刑弼教之至義。暨御極二十五年，無時不誥誡刑部，以人命至重爲念。凡刑部所上不當，煩聖諭駁正平反者，不知凡幾。近晤江浙間老於刑名之學者談及之，謹以所記兩事書示之：

一，嘉慶二十一年丙子夏四月壬戌，刑部奏審擬直隸民婦王李氏因姦毆逼伊媳身死一案，得旨：「明刑所以弼教。此案郎復興與王李氏通姦，經李氏之媳香兒窺破，李氏欲抑令香兒同陷邪淫，與郎復興相商，郎復興以香兒性傲，止好先向探試之言回覆。嗣李氏令香兒與郎復興斟酒，香兒不從，李氏將香兒毒毆，致香兒服滷自盡。詳核案情，郎復興既有先向探試之言，是已有圖姦香兒之心，以致釀成命案；即同羞忿自盡，李氏例不擬抵，實發新疆爲奴。若照部議，將郎復興減爲杖流，出於何典？實屬疏縱。香兒貞烈捐軀，竟無抵命之人，殊不足以懲姦邪而維風化。郎復興著改爲絞監候，入於朝審情實辦理。嗣後有案情似此者，均照此例問擬。」此條已載王祭酒先謙敬編東華續録，諒今大清律例亦必載之，人所共知。

又是年某郡縣有某甲，以賭博爲生，每於衝要地聚黨，大開博場。同鄉有某乙亦同此嗜，然素畏甲，有事俯首不敢言。一日有少婦過其旁，衣妝淡雅，甲而睨艷之，問：「爲誰家之婦？」乙曰：「吾妻也，自母家回耳。」甲因戲曰：「此爾老婆耶？老子今夜來爾家一宿。」即手錢二千置乙肩。乙低聲曰：「吾妻性甚剛，未知肯否。歸當與妻商之。」甲笑諾。乙歸，未及言，妻即怒曰：「爾素不務正業，而與匪黨爲伍！彼眈眈視我者，豈人類耶！爾不速絶，終罹其禍！」乙告甲，請緩其期。甲堅欲污之，復與錢二千。乙亦欲得錢以博，攜歸告妻曰：「今日博，幸勝，獲錢二千矣。」妻疑乙曩日輒負，致家業日落，今安得有此？苦問乙，乙不承。妻度其自甲得來，大懼。於是挾利刀自衛，上下褻衣，紉結甚固，不解衣帶，惺惺而寢。夜將半，聞叩門聲。乙故佯語「欲大溲」，遂起。妻亦潛尾之，乙於户外私語甲：「牀上睡者是也。爾僞爲吾入，事畢即出，慎勿與言。」時妻已避户側，悉聞之。乙手牽甲袂入户，妻以爲甲，不虞其夫也，即出利刀力刃之，乙大喊倒地，甲知事敗，即遁去。婦知其誤，乃大哭。比鄰聞聲驚起，見乙死於地，疑婦有姦謀，鳴之官。官詰婦，婦供如前狀。捕甲至，甲云：「戲語則有之，未嘗至其家也。」官施婦以重刑，婦如前供不改。官竟以「因姦謀殺」定讞，姦夫獲日另結，擬婦極刑，申聞於朝，秋決有日矣。仁宗閱讞反覆數次歎曰：「吁，好人難做〔一〕！」刑部免冠叩頭，請其故。仁宗曰：「是蓋烈婦也。甲欲强姦，乙實賣姦；甲不强則乙不賣姦；乙不賣則婦不殺。婦之殺，殺甲也，非殺乙也；其殺乙也，誤殺之也；雖婦殺之，實甲殺之也。今不誅甲而誅乙之婦，可謂平允乎？且不得姦夫主名，則其非姦，明矣！而憑空坐人以姦，姑以獲日另結了事，可乎？且如此又何以風示天下婦女，而使保全名節乎？宜以刑婦者刑甲，而旌婦以烈，庶足以蔽甲之辜而伏婦之心。」刑部大汗如雨，請改讞。一時都下喧傳，無不頌天王明聖者。時畿輔久旱，頃刻大雨如注。

此條見臨川朱翔超學愚文集紀寃獄。朱君於是時得之京師書賈，言之頗詳，余稍加點訂，將參攷仁宗上諭條例等書，凡經駁正之案，彙録一册，同味餘書屋全集並仁宗御極以後御製詩文諸集恭藏之。

記榕村語録續集

安溪李文貞公生平著述數十種，乾隆間，詔修四庫全書已擇大者分類著録於文淵閣，其選前人詩文及自爲四書文等著述，均有刊本行世。

丁酉秋，穆託相知老友大興傳節子太守以禮在福州購得文貞全著刊本〔二〕，時老友周季貺太守星詒在福州聞之，亦以所得新鈔本榕村語録續集二十卷、河洛奏對及家書各一卷見寄。其書向未刊行。光緒二十年甲午，安溪縣知縣鄞縣黄君家鼎謁文貞公祠，其裔孫師洛茂才、國香明經因導黄君登藏書樓。據云，其珍藏聖祖仁皇帝御賜等件及古書名畫各種，多爲强有力者篡去。而榕村語録續編二十卷，裒然猶存。假歸令鈔胥别録副本，藏之家塾。其卷次：諸經、子、史、歷代學、性命、理氣、治道、詩文、韻學各類，與原録相同。惟卷九本朝人物，卷十至十五本朝時事，卷十八治道有家政一門，乃原録所未有。本朝人物時事皆前人各書所未載，尤足以備康熙以前之掌故，且足爲史家取證者。

其記湯文正公晚年之事，頗足以補吾鄉先達方望溪先生記湯司空兩逸事之闕文。其記與陳夢雷首尾時事，其誤皆在夢雷不聽其言所致，「始終實於夢雷非有所負」云云，其言當得其實，而世人有不慊於文貞，動以「賣友」妄論者，皆誣也。

第黄君云「此編多羼入弟姪門人論説，未經釐正，而前後章複語沓，亦似非手定之本，加以傳鈔訛謬，魚豕紛淆，披讀再三，略爲箋正，其義有難通者，姑從蓋闕之例。」今細玩之，誠如所論，擬他日自録一部，凡有顯見非公所録者，别爲小注附之，以存傳鈔之本如是云。

己亥冬十月，冬至後三日，雨窗記。

記高麗本朱子四書集注

貴陽陳衡山榘在日本東京書肆得大字本四書朱子集注，每半葉八行，行十七字，字畫即仿中國國初時刊本，初不知其刊於何時何地。惟孟子首有長方木記「相國李先生校正、鰲峰堂熊正吾梓」十四字兩行；大學首有朱文公白鹿洞贊四字十二句四行，後署主寺山人〔三〕，贊前有畫像，似朱子在白鹿洞風景；論語首有聖像及門弟子像八人，後有宣尼立教贊四字十二句四行，末署主与山人；孟子首有神像四人；中庸首有神像四人，並有顔子曾子子思贊四字十二句，末署主与山人。書法均仿天發神讖碑，蓋國初高麗翻刻中華舊本。大學、中庸卷末均載朱文公跋文，爲今本所未有。大學跋文有云：「先賢所正衍文誤字，皆存其本文而圍其上旁。」大學「在親民」「親」字，「此謂知本」四字〔四〕，「身有所忿懥」「身」字，「舉而不能先命也」「命」字，「彼爲善之」四字；論語「子樂」「樂」字；孟子「曰卻之卻之」重二字，「殷受夏，周受殷，所不辭也，於今爲烈」十四字，「曰異於白馬之白也」「異於」二字，「夫非盡人之子」與下「孟子曰」三字，「智之於賢者也」「者」字，「聖人之於天道也」「人」字；中庸「尊賢之等，禮所生也」下「在下位不獲乎上，民不可得而治矣」十四字，「子曰：好學近乎知」「子曰」二字，外均用方圈。即大學跋所云「圍其上旁」是也。此確仿宋槧朱子集注原本之式，今本皆無之。將來中國官書局宜仿此刊本，以存朱子原本真面目。而各像及贊，乃後人爲之，不存可也。

戊子冬十一月初四日，書於日本東京欽使館中。

記方植之先生臨盧抱經手校十三經注疏

抱經先生手校十三經注疏本，後入山東衍聖公府，又轉入揚州阮氏文選樓，阮太傅作校勘記，實以此爲藍本。道光四年，吾鄉方植之先生客於廣東督署，曾以阮刻十三經注疏校勘記，借抱經先生原本詳校一過，上下四旁朱墨交錯，惜彼時行篋無注疏全部傳録句讀耳。余於咸豐己未春訪植翁之孫山如於魯洪山中，得觀植翁臨本，始知阮刻脱譌不可枚舉，因勸山如按其批校，悉爲摘録數本，以便示同人，廣爲傳録，且冀當世有大力者重刊善本，嘉惠藝林。山如旋攜數帙出山，隨時摘録。未幾，魯洪山爲殘寇蹂躪，凡植翁生平批校之書，悉遭焚燬。山如所録之本，不及十分之一，今僅存周禮注疏校勘記十一、十二兩卷，并釋文校勘記上下兩卷，共一册，及儀禮注疏校勘記卷一至卷七兩册。余留案頭數年，時取玩之，蓋抱經先生手校多取惠半農氏之説，而植翁手録亦時有案語，或發明，或糾正，實爲讀注疏者之切要。惜全書不存，中間盧惠二公及植翁考據精確詳明，學者無從得見，爲可惜也。

山如所録易詩校勘記兩種，及周禮儀禮校勘記三本，存余家十餘年。庚辰冬十二月十四日，余室爲鄰人牽連失火，諸經史校本均燬，此數種亦并失之。今偶記詩經校勘記及周禮校勘記植翁批記，追録數則於後：

劉端臨云：「關雎哀而不傷，舊説多異。」毛云：「哀窈窕，思賢才，而無傷善之心。」鄭注云：「哀世夫婦不得此人而爲減傷。」其愛三義，皆回穴難通。朱子以詩詞分配，似少近理。而「寤寐反側」與哀意絶遠，注雖勉强傅合，亦但云寤寐反側之憂，而不得言哀，則其義之不愜亦可見矣。程大昌聲音之説，尤爲無據。傳曰：「哀樂而樂哀，皆喪心也。」記曰：「其哀心感者，其聲噍以殺；其樂心感者，其聲嘽以緩。」哀與樂相反也。而謂關雎一詩兼而有之，何得爲性情之正？又何以爲聲音乎？推尋衆説，未得所安，因竊以己意妄論之。曰：詩有關雎，樂亦有關雎，此章特據樂言之也。古之樂章皆篇爲一，傳曰：肆夏之三，文王之三，鹿鳴之三。記曰：宵雅肄三，鄉飲酒，工歌、升歌、笙入閒歌，皆三終，蓋樂章之通例如此。國語曰：「文王大明綿，兩君相見之樂也。」左傳但云文王兩君相見之樂，此偶指一篇，不可據。不言大明綿。儀禮合樂周南關雎、葛覃、卷耳，召南鵲巢、采蘩、采蘋，而孔子但曰關雎之亂，不及葛覃、卷耳，此其例也。樂亡而詩存，説者遂徒執關雎一詩以求之，豈可通哉！樂而不淫者，關雎、葛覃也，哀而不傷者，卷耳也。王農山時文已如此解。關雎，樂妃匹也；葛覃，樂得婦職也；卷耳，哀遠人也。哀樂者，性情之極致，王道之權輿也。能哀能樂，不失其節，詩之教無以加於是矣。葛覃之賦女功與七月之陳耕織，一也。季札聞歌豳，曰：「美哉，樂而不淫。」即葛覃可知矣。

按，使漢學家皆爲説如此，孔子且享之，何況朱子？此實開千古未發之疑。又按，孔子曰「季氏之婦不淫矣」，亦可見非淫色也。又如「媒氏奔者不禁」一句，衆説紛然，終未安。必得如此一解乃快也！以上毛詩校勘記卷端原批。

阮序「臣復定其是非」，按嚴云，「臣復定其是非」，此語專爲段氏駁詩經而設，因以施於羣序云爾。按校刊記成，芸臺寄與段懋堂復校，段見顧所校詩經引用段説未著其名，怒之，於顧所訂，肆行駁斥，隨即寄學付凌姓司刻事者開雕，而阮與顧皆不知也。故今詩經獨不成體。此事當時無人知者，後世無論矣。乙酉八月，嚴厚民杰見告，蓋以後諸經乃嚴親齎至蘇共段同校者也。以上阮序「定其是非」句批記。

按，此校惟論傳注同異、各本如何分別正俗得失處，至於經義之是非與此無涉也。又見惠氏、盧氏諸家原校本，於傳注、釋文、正義三者所校更爲繁細，助語多寡，偏旁增減，或不足爲重；然精核可采者，亦復不少。又此記所載及惠氏、盧氏所刻古義，拾補於此，原校本詳略異同甚多，所遺亦甚多。余今以此本甄録之，然所遺仍多，須取一善本注疏本一一傳校，一字不遺，留爲家塾讀本，亦經學一大助也。原校本三禮尤精博也。以上詩經校勘記本引用諸家後批記。 周禮注疏校勘記卷十一第二十葉「譂人穹」讀爲「志無空邪」。以上阮刻原文。惠云〔五〕，弟子職云「志無虛邪」，「虛」亦作「空」，故讀從之。段氏每盜惠氏之説，阮氏即載之，何也？蓋阮爲此記成，就正於段，故段多入己説，以掩前人而取名耳。又所改原文多不順適，真小人哉。以上植之先生批校記。

康熙丙戌見内府宋板元修本粗校一過。何焯　雅雨盧公得宋槧本經注周禮，將以進呈，因裝潢之暇校閲一過。書共十二卷，每卷一册。時乙亥十二月小除夕前一日，適四兒病，心緒甚惡，輟忙冗而爲此。古人處困不廢學，愚竊願學焉。松厓　乾隆壬午夏四月借惠松厓本對校竟。盧文弨識　道光四年借阮官保抱經原本傳校，東樹九月廿日畢。以上植翁記於周禮注疏校勘記卷十二末葉空行間。又本行上方記云：

抱經先生手校十三經注疏本，後入衍聖公府，又轉入揚州阮氏文選樓，阮作校勘記以此爲本。道光四年樹館廣東督署，傳校一過，惜無疏本傳其句讀也。東樹。

記莫氏舊鈔毛詩要義〔六〕

辛巳秋，余爲唐鄂生觀察購得影宋本毛詩要義，唐公因屬同莫善徵大令爲之校刊。細驗其書，頗多脱訛之字，因憶莫仲武有舊鈔本，乃其太翁郘亭所藏，即倩善徵大令致之，彼此互勘。知莫氏藏本脱訛尤夥，而亦有影宋本脱訛賴莫本校正者十之二、三。知莫公當日得此，非偶然也。又宋本每葉十八行〔七〕，行十六字，意當日鈔者即思出售，又每葉用襯紙取充部帙之多，冀得善價故也。

余後復得一影宋本，及再得吴興舊家鈔本互校，其脱訛略與前購影宋本相同。知魏文靖公當日所撰，雖爲北宋槧，細按與毛氏汲古閣原刻亦不甚相遠，而毛氏刊本經後人校勘脱訛，知宋本原多如是，非盡後人校勘粗疏之過。所以相臺岳氏校勘諸經，必多覓北宋精本參校也。

余既爲唐公校勘此書，其脱訛不可讀者，亦就原書所引古書善本及阮芸臺相國校勘記稍爲改正，不過十之二、三，恐大失魏公之舊故也。

今此書刊本既出，此鈔本既多脱訛，不暇爲之細注，似可不存，然刊本初竣，余尚有校樣本，脱訛約二百餘字，刻工未爲照改，而莫君即屬印百餘部，寄唐公二、三十部，及送其同志數十部。

余最後乃知刻工之疏，而書已流傳，悔之無及。旋督刻工剜改，尚未重印。仲武試藏此舊鈔本，他日再取甲申以後重印刊本，補校於此本上，以備參閱可也。

光緒九年立秋後一日記。

記附釋音周禮注疏

友人徐子宗亮寄示所藏舊本附釋音周禮注疏兩楠木匣，上雕刻宋刊周禮注疏十行本，今驗其雕刻字畫及紙色印本，每半葉大字十行，行十七字，小字二十行，行二十三字，實四十二卷本。賈人每葉用襯紙，裝訂二十四册，分裝兩匣。惟卷第一第二、三行有「朝散大夫行太學博士弘文館學士臣賈公彦等奉敕撰」，第四行有「國子博士兼太子中允贈齊州刺史吴縣開國男臣陸德明釋文」一行。自卷第二以下至四十二卷，只第一行標題「附釋音周禮注疏卷第」字樣，其第二行中題鄭氏注，下題賈公彦疏，第三行即爲經文。卷首有賈公彦序文，首行標題「周禮正義序」五字，二、三行上低二格題「唐朝散大夫行太學博士弘文館學士臣賈公彦等奉敕撰」字樣。序文字稍大，每半葉九行，行十五字，凡八葉。次篇標題序周禮廢興文一篇，每半葉十行，行十六字，凡五葉。此外前後概無刊刻年月及題跋。驗其字畫規格及紙色，確爲元代坊間仿宋刻麻沙本，然各卷中又時有補刊多葉，字畫稍細，紙色稍白，又確爲明代正嘉以前補刊之版。紙色分二，舊者似元時印本，新者似明代印本。又驗各卷中又時有多字，墨版未開，當爲元代據宋時所刊麻沙本。最後印本中多濫版，字畫模糊，不便訪求精本精校。凡原刻濫版，均以留墨了之，不得議其爲非也。余見近時藏書目録頗多，此本尚未見前人著録，蓋舊本日見其稀，即宋元坊間麻沙本亦未易數數見。書品雖不甚佳，亦當爲藝林寶貴，不必以「附釋音」三字標題周禮注疏之上見嗤也。

壬寅六月十二日，記於春申江上。

記宋建安本史記及慶元本兩漢書

宋槧史記及兩漢書刊本不一，在今日人間藏者絶少。向聞常熟瞿氏有景祐本，湖南袁氏有慶元本，似皆僅有前漢，且不免各有缺卷，今且不知歸於何所矣。戊子之冬，余遊日本東京，聞有元老院議官正三位勳三等侯爵上杉茂憲家有此〔八〕。一日，介新交之宫島誠一郎乃得往觀之。史記與兩漢均爲完整，史記每半葉十行，行十八字，小注每行二十三字。漢書大字行同史記，而小注每行二十四字。書版高五寸餘，横每半葉闊四寸餘，史記較兩漢書版又約高一格。

史記目録後有「安成郡彭寅翁刊於崇道精舍」大楷書長方木記兩行。每卷末有史計若干字，注計若干字，集解序後又有「建安黄善夫刊於家塾之敬室」楷書方木記兩行。

漢書叙例第一行題曰「新注」，漢書叙例第二行即顔氏官爵姓名，第三行及以下叙例八條，叙例後乃顔氏所引荀悦、服虔、應劭、伏儼、劉德至崔浩凡二十三家注書姓名，皆今武英殿刊本所有。惟「臣瓚」行下有宋祁一長注，未記今本有之否。次列景祐刊誤本。又有景祐二年宋祁記十五行。又次載顔籀臣泌兩家姓名爵里〔九〕，及宋祁小注云云。又次列宋景文公祁所用諸本參校，曰古本、唐本、江南本、舍人院本、淳化本、景德監本、景祐刊誤本、我公本、燕國本、曹大家本、陽夏公本、晏本、郭本、姚本、浙本、閩本，凡十六本。又其次列今本，用宋景文公本校定外，復將諸本參校，曰熙甯本、卷子古本、史館本、國子監本、陳和叔本、邵文伯本、謝克念本、楊伯時本、李彦中本、張集賢本、王性之本、趙德莊本、沈公雅本、王宣子本，凡十四本。又其次列今本注，末入諸儒辨論，曰蕭該音義、司馬貞索隱、孫巨源經綸集、學官考異、章衡編年通載、楊侃兩漢博文、漢書刊誤、楚漢春秋、史義宗本、西京雜記、朱子文辨正、孔武仲筆記、三劉刊誤、紀年通譜，凡十四本。末有劉氏跋云：「顔氏曰：『漢書舊文多有古字，解説之後，屢經遷易，後人習讀以意刊改，傳寫既多，彌更淺俗。今則曲核古本，歸其真正。』自顔氏之後，又幾百年。向之古字日益改易，書肆所刊，祇今之世俗字耳。識者恨之。今得宋景文公所校本，凡十五家〔一〇〕，文有殊異，皆兼存之，疏於上方。其間或有名儒辨論，亦附於是。今一依是本謄寫，故於注釋之下，凡景文所附者，悉從附入，以圈間之，使不與舊注相亂。又自景文校本之外，復得十四家善本，逐一讐對，大抵皆祖景文之本。然則，是書之刊，亦可以謂之不苟矣。伏幸詳鑒。慶元嗣歲端陽日，建安劉之問謹識。」右劉之問所列顔氏序例及顔氏、宋景文并己所引諸家注本及參校本如是〔一一〕。

其漢書卷一第一行上題「高帝紀第一上」六字，空二格下有「班固」二字，又空二格下有「漢書一」三字。第二行有小注「師古曰」云云。第三行即列顔氏官爵姓名，以後乃列漢書正文。此卷末有「右宋景文公以諸本參校，手所是正，及數家辨疑，並附古注之末。」行凡二十五字。以下各卷末皆有之，但少「及數家辨疑」五字耳。各卷所題由此類推之。又哀帝紀第十一卷末有「宋景文公自題此卷末云：除刊誤已改正外，其别標誌，則予自得於他本，今將所標誌者並附入於古注之末」，凡兩行，四十二字。蓋皆劉之問所記也。又兩漢書目録之後，各有「建安劉元起刊於家塾之敬室」楷書長方木記兩行。劉元起當是劉之問之字及别號，或爲其兄弟子姪及其族人亦未可定。

此本與史記字畫圓潤，色香俱古，同異必多，但未知刊印前後耳。以同觀尚有數客，且與主人應酬，兼有茶果之會，未便細閲，姑記其大略如是。

己丑三月二十四日，燈下追記。

記惠半農松厓兩先生閲明北監本漢書

己亥秋七月，在吴門小住。武進費屺懷太史念慈招同祥符周季况星詒〔一二〕、海甯查翼甫燕孫、會稽章石卿壽康、吴縣章式之鈺閲所藏宋元槧經籍十餘種〔一三〕。中有明北監本漢書，乃元和惠氏家藏。前有松厓先生自記云：「此先曾王父百歲堂書也。硃筆爲先君閲本，墨筆及注乃棟參也。

余家世通漢學，嘗謂亂左傳者杜預，亂漢書者顔籀。故左傳扶賈服，漢書宗古注。一經一史，紊亂已久，他日當爲兩書删注，以存古義，以詔後學。」云云。

松厓先生所爲左傳杜氏補注及漢書補注，拾遺補闕之功，洵有裨於後學。至云「亂左傳者杜預，亂漢書者顔籀，他日當爲兩書删注，以存古義」，此等論説，皆好爲大言，好爲僻論。幸其所言未踐，使其用畢生之力，能爲兩書古注，世果能羣廢杜顔兩家之書而行惠氏之書乎？觀其爲漁洋山人精華録訓纂，其糾金氏之注之失不遺餘力，今觀訓纂之書亦復錯謬百出，卒與金氏之書互有勝負，金書至今未廢也。特其四世傳經，古今實所罕見。

所云「先曾王父」者乃樸庵明經，有聲明季，嘗以九經教授鄉里，於詩義尤深，而其名稍晦。至元龍大令周惕、天牧學士士奇及松厓徵君棟，均有著述行世，學者無不知之。然則樸庵先生開創經術，以詒子孫，其功實不可没也。

記舊鈔本大日本史

大日本史本紀七十三卷，國王一百。起神武天皇，訖後小松天皇；列傳二百七十卷；后妃十二卷，后妃五百三十四。起神武媛蹈韛五十鈴媛，訖後小松宫人藤原資子及藤原氏，爲卷七十四至卷八十五；皇子十四卷，皇子五百。起神武四皇子手研耳命等，訖後小松二皇子僧宗純等，爲卷八十六至卷九十九，皇女六卷，皇女四百一。起孝靈三女，訖後村上一女，爲卷一百至卷一百五；王臣七十三卷，王臣五百四十九人。起阿美真手命，訖藤原資名及弟資明，爲卷一百六至卷一百七〔一四〕；將軍八卷，將軍十三人。起源賴朝，訖足利義滿，爲卷一百七十九至卷一百八十六；將軍家族五卷，將軍家族二十二人。起新田義重，訖足利基氏，子氏滿等附，爲卷一百八十七至卷一百九十一；將軍家臣二十二卷，將軍家臣一百三十一人。起平廣常，訖萩野朝忠，爲卷一百九十二至卷二百一十三；文學五卷，文學六十八人。起王仁，訖朴翁，爲卷二百一十四至卷二百一十八；歌人四卷，歌人三十二人。起柿本人麿，訖卜部兼好，爲卷二百十九至卷二百二十二；孝子，孝子二十六人。起倭果安〔一五〕，訖中原章兼、章信，爲卷二百二十三；義烈義烈十五人。起真根子訖，村上義光及子義隆，爲卷二百二十四；烈女烈女三十六人。起衣縫金繼女，訖和泉式部，爲卷二百二十五；隱逸起藤原高光，訖鴨長明，六人，爲卷二百二十六；方伎起水江浦島子，訖巨勢金剛，十七人，爲卷二百二十七；叛臣三卷，起吉備田狹，訖淺原爲賴，十四人，爲卷二百二十八至卷二百三十；逆臣蘇我馬子、子蝦夷、孫入鹿三人，爲卷二百三十一；外國十二卷，隨唐，爲卷二百三十二；唐、五代、吴、越、宋、遼、金、蒙古、明爲卷二百三十三；新羅爲卷二百三十四及二百三十五；高勾麗、高麗爲卷二百三十六，百濟，爲卷二百三十七及二百三十八，任那耽羅爲卷二百三十九，渤海爲卷二百四十及二百四十一，蝦夷、肅愼、吐火、羅舍、衛南、天竺、林邑、崑崙爲卷二百四十二及二百四十三。每卷前題「權中納言從三位源光圀修，男權中納言從三位綱條校」凡兩行。首一冊前有享保三年龍集戊戌六月穀旦從五位下大學頭藤原信篤叙，次爲正德五年乙未十一月權中納言從三位源綱條序，又次有享保五年庚子從三位行左近衛權中將源宗堯後序，又次有修大日本史例六十一條，又次有引用書目六百七十一部。外有大日本史論贊十卷，凡四册，卷一至卷三爲本紀，卷四爲后妃，卷五爲皇子、皇女，卷六至八爲王臣，卷九至卷十乃將軍至外國等類也。

孜神武天皇至後小松天皇凡二千餘年，實當中國□□□□至明□□□之世，前享保三年戊戌藤原信篤叙乃□□□□年，又正德五年乙未十一月源綱條序乃□□□□年。

據源宗堯後序，此史乃其祖源光圀創修，未成，其父綱條校閲編次以成之者也。

頃見刊行之本，首有硃刻大字日本某皇聖旨二十七字，次有「臣治紀謹識」一道，又有進大日本史表一道，末署「文化七年十一月五日參議從三位左近衛權中將臣源朝臣治紀上表」一行。文化七年乃中國大清□□□□□年，蓋此書據治紀此表，知光圀爲其五代祖，綱條爲其高祖，至其父治保校訂補修，四世之書，至文化七年乃得刊之。表後即載源綱條序。又只每卷前列細目，無總目，及藤原信篤叙並史例、書目等，卷六別無論贊十卷〔一六〕，不知是治保刊書時删之，抑據其家定本無此等類也。

又源光圀師事朱舜水，風誼極篤，爲當時所未有，又爲水户上公學有根柢，此史實可寶貴。他日當購一刊本藏之，而刊本所未載之序目、史例等類，仍當假此舊鈔本備録之。

戊子冬十一月二十二日中夜，記於日本欽差大臣公署。

記孫淵如先生水經注手校本

陽湖孫伯淵觀察星衍，生平於水經注用功極深，生前未及整理付梓，原稿留落吾邑汪均之先生家，同治間爲獨山莫子偲先生友芝得於皖城。穆於丙寅、丁卯間在金陵，素與莫先生往還，一日談及，出以見示。乃用天都黄曉峰刊本，點竄塗乙，朱墨交錯，本行本葉不足，夾以片紙黏綴成之。每卷亦多記年月及校勘之地，行役之餘，輒以從事者也。

據其自記云：「水經向無善本，予驟讀之，便知經注錯亂，以意定之，凡所乙者數十處。嗣以唐人引此書，若史記正義、索隱、文選注、藝文類聚、初學記、元和郡縣圖志校之，又正其謬者十五。頃得休寧戴東原本，所校極精，多與鄙意相合，復是正數十條，始知閉門合轍，語非妄也。其與戴君不同者甚多，亦不敢附和」云云。觀孫先生此記，尚未見仁和趙氏一清之本，故此校本有與趙氏相同者未申明之。近人有見戴氏校本多與趙氏相同，以爲戴氏竊趙氏之本成之。其實趙戴二公同時從事於此，戴氏書成較趙氏稍後，兩公意見時有相同，即孫先生「閉門合轍」之説也。使孫先生不著明見戴氏之書，則後人又將疑孫先生竊趙戴二公之書爲之矣。

穆以孫先生之書未及刊行，欲照録一部，以廣流傳，而苦原稿叢雜，理董爲艱，一時無從下手。逾年，莫先生攜此本客遊蘇州書局，江山劉泖生太守履芬竭竟歲之功，將此稿本清理，又取所引各書，逐條校對，乃用黄刊本謄一清本。時吾友無錫薛叔耘副憲福成在蘇州書局，與劉君同事，即假劉君所録清本照録一部。

又逾年，爲同治甲戌，穆訪劉薛二君於蘇州書局，即假薛君所録之本攜歸上海廣方言館，照爲標録一部，其所引各書小注則浼秀水沈子旬代録之。五、六年前，長沙友人王益吾祭酒先謙曾取趙戴諸公之書，合刊一編；聞穆曾録孫先生之本，假爲合刊，仍以原本見還。穆舊曾爲此書長跋，稿旋失之。今家居，雨窗無俚，檢得舊録之本，略記此書原委，傳示子孫，尚珍守之。

戊戌閏三月六日記。

記廣西通志謝中丞啓昆所修本

廣西通志，明代修本不可見；國朝郝公浴、李公紱、金公鉷嘗遞修之，今亦不多見。今通行者爲嘉慶六年廣西巡撫南昌謝公啓昆所修本，爲典一，曰訓典；爲表四，曰郡縣沿革、曰職官、曰選舉、曰封建；爲略九，曰輿地、曰山川、曰關隘、曰建置、曰經政、曰前事、曰藝文、曰金石、曰勝蹟；爲録二，曰宦績、曰謫宦；爲列傳六，曰人物、曰土司、曰列女、曰流寓、曰仙釋、曰諸蠻；爲篇二十有二，爲卷二百七十有九。

時吾鄉胡徵士虔爲總纂，體例皆其手定，論者以爲可與阮文達公所修廣東通志相匹。宦績志在明代有吾邑方公佑，在國朝有江公皋、張公若霈，僅三人，皆有事蹟可傳。惟姚公若水，明萬曆辛丑進士，曾官廣西布政使參政，頗有惠政，尚在三公之上，今不見此志，蓋明代修志多疏略，至國朝郝、李、金三公之志無由紀載，胡君雖爲吾邑人，亦未詳姚公之政績故耳。

記乾隆亳州志

余嘗閱會稽章實齋先生遺書有云：「生平屢膺當道聘修志書，以亳州志爲第一，永清縣志次之，而和州志爲下。」余訪求諸志數十年，訖未有得。惟前七、八年於先生族人石卿大令所，見有刊本和州志一巨册，然未爲全書。聞永清志，北方尚有行之。

去年夏，有亳州郭生文獻來廣方言館肄業，余因詢其州志今有存否，生云其鄉有舊本，似是章實齋所修者。余因屬其回鄉務挾之來。及今夏，余到館晤生，生云：「有殘書數起，不知何人所修，故未及攜至。」余因屬於家報中悉取寄示，於八月間到，乃乾隆三年戊午孟冬亳州知州餘姚華度生修，而蕭山蔡必達纂修本也。凡十七卷。曰疆域，分上下二卷；曰食貨，曰學校，曰武備，各一卷；曰秩官，分上下二卷；曰選舉，一卷；曰人物，分上中下三卷；曰藝文，分六卷。每卷中均有子目，不具録。惟藝文專載本州人文及外間名人有關本州諸文，蓋因本州人專著無多，不能成卷，故也。全體雖不盡合古法，而乾隆以前本州各大端尚有可見。

此志之前，有順治辛丑修本。再前，僅有明嘉靖間修本。今想彼州未有其書矣。章實齋修本當在乾隆五十年左右。道光三、四年間，亳州知州某公曾聘吾鄉劉孟塗開爲之纂修，未竟而劉先生即歿於志局，非一手所成也。此兩志，今亳州舊家想尚有之，因屬郭生他日回鄉再訪求之。余摩挲此志久之，乃將後六卷中藝文諸作揀選數十篇，分兩卷鈔存之。

讀宿松縣志附記

宿松縣志自明宏治七年及十五年、國朝順治十三年、康熙十二年及二十三年，曾經五修，道光五年安化陶文毅公巡撫安徽，以分省後無專志，乃檄八府五十四州縣各修府縣志，爲安徽通志張本。時宿松縣知縣諸城鄔正階偕本縣教諭訓導及紳士等設局新修，功未及半，而鄔公去任；長沙鄭敦亮由庶常改官宿松續成之。首卷凡例及圖，卷一至五爲輿地志，卷六水利志，卷七至十一食貨志，卷十二至十四學校志，卷十五武備志，卷十六、十七職官志，卷十八至二十選舉志，卷二十一至二十四人物志，卷二十五至二十七藝文志，卷二十八雜志、祥異、軼事終焉。各卷中又各分細目，存前志之本真，增後來之實事，分合得體，詳略有法，蓋由纂修紳士石太史葆元、汪徵君桂月諸公之力也。惟藝文志本宜特載本邑人著述名目、卷帙，而又載本邑人疏、記、序、傳、書、跋、論、説、碑志、詩、賦等篇，與時俗志書相等。然元人賈良有余忠宣公死節記，明人金星耀有諫崇禎皇帝止殺疏，石思琳答鄭大司寇三俊問兵賊大略書，鄭三俊所撰明故巡撫延綏都察院右僉都御史贈兵部右侍郎金公墓誌銘等篇，皆煌煌大文，有關經世史事實用，外間概未之見，幸賴此志詳載之。其他傳記等類，亦多有關於本邑文獻，而各家專集已多散佚，亦賴此志存其崖略。雖稱爲縣志之佳製，可也。

余往讀朱字緑太史杜谿文集有與萬季野書，有論「本邑金中丞忠士、張兵備鳳翥、楊侍御春芳、田副使有年四君子，明史宜有列傳，至四家事實，容搜録奉到，以備觀覽」云云。此書亦載藝文志中。今明史只載楊侍御春芳一人，而金中丞有建德鄭尚書三俊之墓志銘，張兵備有德化文德翼爲之傳，吾鄉先達姚尚書文然爲之墓志銘，田副使有其弟逢年爲之傳，均可爲史氏之要删。想朱太史當時未獲諸公之著，久未踐與萬公之約，故明史稿於此三君子事實亦別無所徵考，以致欽定明史失載耳。

戊戌冬十二月朔日，書於皖城慶陞客棧。

記咸豐固安縣志

固安古爲幽州之地；漢置方城縣，屬廣陽國；後漢屬涿郡；晉仍屬廣陽國；後魏屬范陽郡；齊廢。至隋開皇六年，改置固安縣，屬幽州，尋屬涿郡。而晉書廣陽國屬内有方城、故安二縣，又涿志後漢屬縣七，有方城、故安，晉屬縣八，亦有方城、故安，則是改「故」爲「固」，在隋開皇六年，而方城即并爲固安矣。然自唐迄元，代有沿革，明永樂元年屬順天府，國朝因之。

舊未有志，明嘉靖戊子安陽李公玦來爲縣令，欲修縣志，采訪遺編，有縣人彭源家送李小仙所撰四言詩一帙，有「仲玉作志」等句，李公大驚，以爲神，仲玉即李公字也。然志亦未能成。至嘉靖甲子、乙丑間，邑令河南何公永慶及邑紳蘇中丞志皋乃纂輯舊聞，創始修之。再修於崇禎庚午邑令金鄉秦公士奇及邑紳楊大令文翀，校刊於邑令揭陽黄公奇遇，三修於國朝康熙壬子邑令濰縣陳公祝升及邑紳李大令槤等。四修於康熙甲午邑令侯官鄭公善述，其幕友山陰潘君昌及教諭定興耿君永年、訓導吴君橋、范君繩祖并邑紳舉人曹君江、傅君應龍等助成之。

閲一百四十餘年，至咸豐甲寅，侯官陳公崇砥權篆固安，時黄流横溢，逆氛北竄，田野荒蕪，民不堪困，陳公悉心籌畫，除暴安良。逾年乙卯，諸端就理，乃毅然以縣志爲己任，集同志分彙採訪，參以老吏傳聞及殘編紀載而成之。助之者爲其幕友閩縣陳孝廉福嘉及訓導吉君縉、邑紳劉拔貢榮黼、穆歲貢寶華及諸生等十八人，於是爲五修之本矣。顧陳公於此志垂成，遽爾卸篆。又逾年，司馬□□齊公□□、訓導獻縣紀公焕選及教諭南宫吴公三峰慮其墜廢，復加考訂，而齊公亦旋去任。至咸豐己未，關中李公應選來爲縣令，乃得校刊，以成陳公未竟之業。

爲卷有八：一爲輿地志，内分巡幸、圖繪、沿革、星野、疆域、形勝、川瀆、隄堰、古蹟、塚墓、風俗、災異、事紀，凡十三類；二爲建置志，内分城池、公署、倉場、壇廟、寺觀、街巷、村莊、市集、廟會、保甲、坊表、橋梁、驛遞、堡寨、兵防、卹政，凡十六類；三爲賦役志，内分户口、地畝、地糧、起運、存留、鹽額、雜税、物産，凡八類；四爲學校志，内分學宫、學署、釋奠、儀節、陳設、圖、禮器、樂章歌譜、樂器樂譜、合樂、節奏、舞器舞譜、書籍、碑刻、學額、鄉飲、讀法、義學，凡十八類；五爲官師志，内分名臣、宦績、封爵、知縣、縣丞、主薄、典史、教諭、訓導，附之以河員、旗員、武職，凡十二類；六爲選舉志，内分薦辟、進士、舉人、貢生、例仕、武進士、武舉人、武職例仕、封贈、恩廕，凡十類；七爲人物志，上下二卷，上分名臣、仕績、忠節、孝友、義行、隱逸、文翰、武功、戚畹、釋道，凡十類，下爲列女，分貞烈、節孝，凡二類；八爲藝文志，内分晉賦、梁賦、元文、明文、國朝文、詩、楹帖，凡七類，終焉。

今觀其書紀載分合，體例不盡合法，而官師、人物兩類立傳，頗見謹嚴，無南方諸州縣志貪多濫登之陋習。蓋北方風氣近古，士君子頗能尚質，不以虛名浮譽爲務者也。

甲申夏五月，余訪新化游公智開於永定河道署中，署在固安縣南關外。時縣諸生有高君承憲館於游公道署，朝夕相晤，因得假此志閲其大致。閏月初旬，有京師之役，凡十數日，仍返防汛南四工館，小住數日，復取此志閲之，乃將各卷取其有關文獻異聞者，以意摘鈔數十紙。且心儀陳公當日權篆斯土，正值凋弊之餘，力加整撫，民氣賴之以振，復鳩同人搜訪百四十餘年以來殘文墜獻，而成此書，遠繼前令鄭公之業，使久於其任，其治行必爲當代巨擘矣。安得近今州縣知所當務如陳公其人者哉！又念鄭陳二公皆侯官人，前後均蒞兹土，而兹土文獻賴以不墜，何閩人之多賢，皆於是邑有功有烈也。

記景城紀氏家譜第三刻本

景城紀氏家譜十八篇，曰系述第一，宗派圖第二，譜首第三，支譜一之一第四，一之二第五，一之三第六，一之四第七，支譜二之一第八，二之二第九，支譜三之一第十，三之二第十一，支譜四第十二，生卒譜一第十三，生卒譜二第十四，族居記第十五，塋墓圖第十六，聯名紀世圖第十七，序例第十八，乃嘉慶七年紀文達公所述。時公爲禮部尚書，年七十九矣。系述云：「紀氏之受姓久矣。遥遥華胄，非所詳也。明永樂二年，椒坡公自上元遷景城，是爲始祖。明季兵燹，譜牒失傳，二世至七世皆無考。八世以下可考者定著四房，置其無後者而録其有後；闕其不可知者而述其可知。十七篇中皆各仿古籍及前代名人譜牒之法爲之，凡孤證僻典，皆置弗取。」

第十八篇序例叙述詳盡，不惟吾鄉姚、葉、方、馬諸家譜牒所不逮，實爲自來講求譜牒之法者所未有也。惟序稱名之例有云：「婦曰某夫人，據歐陽氏譜也；曰元配，據晉書禮志文也；曰繼配，自注云：『説詳左傳隱公元年杜氏注及孔氏正義。』今案此説頗爲失考，此言繼室即繼元妃之室，與據王介甫葛源墓志文，介甫又據儀禮也。」信爲精確可據矣。又曰：「不曰繼室，古之繼室非妻也。」繼配無差異也。又昭公三年齊侯使晏嬰請繼室於晉，叔向對曰：「寡君不能獨任其社稷之事，未有伉儷，」又謂齊「賜之内主」，夫既曰「伉儷」、曰「内主」，則爲夫人、爲妻，明矣。或云：繼室在古當有兩例，在隱元年者，非妻，如杜孔之説；在昭三年爲妻、爲夫人，與繼配之説相等。然案謚法，不生其國曰聲，是聲子爲謚也。有謚則爲妻、爲夫人，尤爲顯明。且下文「仲子爲魯夫人」，夫仲子亦孟子既卒之後再娶者也，而釋例顧云「夫人薨不更聘」，孔疏：「諸侯惟有繼室之文，皆無重娶之事。」又禮「宗子年七十無無主婦」，宗子有之，豈諸侯尚宗子之不如乎？由此推之，則所云「繼室非妻、非夫人」以及「諸侯無重娶」及「不更聘」之說，皆臆說，非通論也。

文達號博極羣書，其系述但云「紀氏之受姓久矣，遥遥華胄，非所詳也」，不肯繁稱博引，深得古賢闕疑之義；此忽昧於經傳明文，信杜孔一隅之說，聊附辨之，願明者毋爲所惑焉。

【校記】

〔一〕「吁」，依稿本補。
〔二〕「著」，刻本作「箸」，今依稿本。
〔三〕「与」，刻本作「與」，今依稿本。
〔四〕「此謂」，刻本作「所謂」，今依稿本。
〔五〕「讀爲」句，稿本爲「讀爲『志無空邪』之『空』。按段玉裁云，『志無空邪』者，弟子職之『志無虚邪』也。以上阮刻原文。惠云」。
〔六〕「記」，稿本作「題」。
〔七〕「每葉十八行」下，稿本有「每行十八字，此本乃每葉十六行」。
〔八〕「杉」，刻本作「於」，今依稿本。
〔九〕「籀」，刻本作「鎦」，稿本作「榴」，均誤，今徑改。

〔一〇〕「今得」至「十五家」，稿本作「今得宋景文公所校善本，雖黄所加，字一從古，偏傍毫厘，靡不是正，其所校本凡十五家」。

〔一一〕「已」，刻本作「已」，今依稿本。

〔一二〕「武進」，稿本作「江陰」。

〔一三〕「鈺」，稿本作「栻」。

〔一四〕「七」，稿本作「七十」。

〔一五〕「果」，稿本作「杲」。

〔一六〕「卷六」，稿本作「卷亦」。

敬孚類藁卷九

書記

記天禄琳琅目録三四兩編本

大内所藏宋元槧及影宋寫本經史子集各書，乾隆間命儒臣編纂目録成書，賜名天禄琳瑯書目，與西清古鑑同刊。而藏書家多弆古鑑〔一〕，每無書目，故僅寫本流傳。續目爲嘉慶間敕編，亦僅有寫本。光緒間，長沙王祭酒先謙曾得兩編鈔本，刊於家塾。近時元和江太史標督學湖南，復得兩編舊鈔本，刊於長沙試院。

先是，壬辰、癸巳間，今上鋭意講求古籍，命南書房翰林查天禄琳瑯各書，則已於咸豐間燬於圓明園之夷氛矣。既奏覆，上又命諸翰林檢查宫中各宫殿所珍藏書畫之所，稽檢宋元本書編排目録。始請開昭仁殿廊下所藏各書，皆爲續編著録本。又請開慈甯宫，則所藏悉爲正續兩編目所未載。又請開景陽宫殿内設諸橱，皆王麓臺、董東山、柘林父子及劉石庵、英煦齋諸公書畫之未裝潢者，自國初訖嘉道間名公卿凡數十多家。兩壁中悉有多橱〔二〕，開門稽視，内皆抽屜，外屜籤題宋、元、明某窑某器〔三〕，檢視則皆非原物，與籤題無一符合，僅開三、兩櫥，不復再閲矣。又查至殿隔扇後，皆列大架庋明人詩文集，始洪武，訖崇禎，分代排列，架上充棟，集部多四庫書目未著録者，顧無一宋元之本。既奏，奉旨亦飭編目録，乃盡發所弆，以資檢核。明人諸集既盡，別架復庋有書籍，則均宋元槧書也。於中檢得道光中詞臣奉敕編纂天禄琳瑯書目三編寫定進呈本一函，具奏請旨。敕南書房諸翰林每日入内廷，賜午饍，限至申正始退，以慈甯宫藏本爲始，又檢查翰林院清祕堂寶善亭所儲各書中宋元本，及内府收藏之本，經三次著録者編爲天禄琳瑯目録四編〔四〕。顧方未及半，而有甲午中日之役，遽爾中止。三次編目與正編、續編例同，惟四編兼載每葉、行、字，較勝以前諸編，惜未能竣也。

以上皆江建霞太史標官翰林時親得諸南書房諸翰林之司此事者，言之特詳，而各書名目則當日與纂諸君皆有鈔録本。又諸君檢查宋元本中，有宋刻巾箱本文選李善注板片，高廣徑寸，十數册，印紙又極寬大，每册上冠以高宗純皇帝自少至老御容。建霞聞於某翰林，曾恭覩之。又天禄琳瑯三編目録王廉生祭酒懿榮有寫本，建霞曾見之，今都中仍當有傳寫者。此今七月二十二日，余在吴門訪江建霞太史，觀所藏古書字畫半日，二十四日建霞來寓縱談及此。

建霞又言：「甲午年，簡放湖南學政，召見時，上諭及上海石印圖書集成，建霞因奏言：『能以永樂大典石印尤善。』上深以翰林院所藏之本殘剩無幾爲惜，建霞又奏言：『皇史宬藏本可據。』上諭：『已經敕查，並無此書，更無他處可查矣。』」因總誌之」。

不料□月□□日，建霞忽爾物化。歲晏，雨窗無俚，追思此等要聞，非秋間在吴門晤建霞乃得聞之，後來未必有相晤能言之者。建霞年僅四十一，留心文獻，表章古籍，克盡其力，所刊叢書三編，亦多有可傳者。今求如其人者罕矣。

己亥除日記。

記山東藩庫所藏乾隆内府書畫

同治間，貴州丁文誠公寳楨官山東巡撫，嘗清查藩司銀庫，見有四、五巨箱，封錮嚴密，訊之庫吏，云：「貯已百有餘年，從未開視，不知珍藏何物也。」因令檢稽前此檔案，則乾隆間高宗純皇帝第六次南巡，至中途，有詔飭留京王大臣檢運内府書畫若干種赴行在，繼而敕令「毋庸遞送」，而詔索各種已運至山東，因命交布政使庫收藏，流交百有餘年，列宗訖未有旨宣索，歷任撫藩亦未開視。文誠云：「弆藏日久，或致蠹蝕。」令送署内曬晾，遂召良工摹仿裝池如舊式，盡易所貯，仍歸之藩庫。

光緒乙未、丙申間，元和江建霞太史標督學湖南，按試辰州，時文誠有從子某方攝篆沅陵縣令，一日，與江君談話及此，江君因從假觀。丁令日以一篋送學院署便覽，中多鈐「石渠寳笈」及「乾隆御覽之寳」諸璽，皆宋、元、明人精品〔五〕，裝潢悉玉軸牙籤，陰刻題字，古錦包手，間有高宗御筆題識者。經見凡數十種，皆山東藩庫舊藏元物也。

己亥夏六月，余到吳門，與建霞往還，縱談及此。庚子元日，偶檢舊藏書畫，并憶江君所述，特補記之，以廣見聞。

記永樂大典 附記王萬二家明史稿

永樂大典，乃明成祖命姚廣孝、解縉、王景等督率一時博洽淹雅之儒，殫力編摩，書成，凡二萬二千九百餘卷，共一萬一千九十五本，藏之祕閣。其書體例：按洪武正韻排比成帙，以多爲尚，非有翦裁釐正之功。明世宗當日酷嗜之，旃廈乙覽，必有數十帙在案頭。一日，大内火災，世宗夜三、四傳旨移出，始得無恙。後命重録一部，以備不虞。此均見之前人紀載者。

吾鄉先達張文和公澄懷園語有云：「此書原貯皇史宬，雍正年間移置翰林院，予掌院事，因得寓目，書乃寫本，字畫端楷，裝飾工緻，紙墨皆發古香。」云云。而禮親王嘯亭雜録述李穆堂侍郎之説，「皇史宬所藏之本較翰林院本多一千多册。」不知李公所見與張公孰先孰後？據張公之説，是翰林院原無此書，乃以皇史宬所藏移置者；據李公所見，是皇史宬與翰林院均有其書，則當一爲永樂時原本，一爲世宗嘉靖間重寫之本。然果如李公之説，翰林院既有其書，則雍正間又何必以皇史宬所藏之本仍移置翰林院乎？二説疑不能明。乾隆間，詔修四庫全書，凡古書祕本世無存者，賴此書多有所得，乃得著録文淵閣目〔六〕。然亦未詳翰林院所貯之本爲永樂時原本、爲嘉靖時副本也。

光緒丙申秋九月，偶與江陰繆筱珊編修荃孫及諸友泛舟秦淮〔七〕，談及此書，筱珊往在京師翰林院，親見其書，云：「每册高二尺，廣一尺二寸，書大小字均照尋常之書字各大一兩倍，粗黄布連腦包過，如今洋人書本。按其官銜，乃明嘉靖間世宗所命重寫之本，今皇史宬絶無其書，則永樂時原寫之本久不可問矣。」據此，穆頖疑嘯亭雜録所述李公之説爲不足憑。

筱珊又云：「今翰林院所存者，咸豐末三、兩年，多爲英人竊購，送之西洋。院中存者，不過九百多本。其書一人所竊，不過能攜四、五本。又翰院内有寶善亭三間，内貯多書。凡書之出入，皆辦事八翰林主之〔八〕，其他編檢無權也。又修四庫全書底本，有刊本，有鈔本，亦多爲人零竊去。然皆翰院中人預先將衣服裝一大包，命价負入，所帶之衣，後皆身服之。即以内書裝一大包，命价負出，一若衣包然者。」凡此，皆其當日在翰院中所見所聞者。

予又往聞周季貺太守星詒云，其七兄匀叔觀察星譽在翰院時，曾零竊四庫底本凡八十多種，其中尚有吾鄉先輩姚惜抱先生所擬提要單片夾黏本書之内者。

予又記明人説部之書，有記明人楊升庵官翰院時，時竊内閣所藏古書。大約官家之書，歷久被人零竊，古今一也。

丙申九月初六夜記。

余既與筱珊太史談論永樂大典原委，又以前聞萬季野明史原稿尚在故鎮江府知府王可莊太守家，惜不得借與王氏橫雲山人刊本校其同異。筱珊云：「誠然，蓋王氏嘗與興化李清相友善，李所交多明季魏黨一流人物，李爲閹党李思誠之子。所言多回護閹，萬氏則無此矣。」云云。記以俟攷。

記年大將軍手録繪圖兵法

年雙峰出身立功及獲罪本末，均詳國史列傳。近世舊家往往有傳鈔兵法全部，咸豐間有鄉人持治平勝算二十册見示，題懷遠年羹堯著。余以此爲禁書，未售。聞邑中姚氏又有年將軍兵法，亦二十册，燬於兵燹。

今秋冬之間，訪友人於揚州，日遊書肆，有書賈持年大將軍手録繪圖兵法四函凡十六册求售，每卷下方均題「雙峰年羹堯著」，有「羹堯」小長方印二字，首有自序，末書「雍正二年春三月上澣雙峰年羹堯書」，有方印二：一曰「舊學商量加邃密」，一曰「始終臣節雪霜寒」。其書二十卷，有兵書總目，卷一戰地，卷二至三儀制，卷四古陣，卷五至六陣法，卷七至八下營，卷九至十守城，卷十一至十二攻城，卷十三至十四旗號，卷十五至十六火攻，卷十七水戰，卷十八至十九原銃，卷二十持鋭。每卷前又有細目，如兵書卷一雜叙戰地，曰叙戰，曰九地，曰外形，曰土俗，曰城制，曰弩臺，曰敵樓，曰距堙。以下各卷細目未詳録。翻閱大略，條例峻整，布置精密，洵非老於戎行、深明兵法者不能爲之。序亦簡明有法。

惟後幅有「謫官武林，閉門謝客」等句，情事不合。緣雙峰獲罪謫官，實在雍正三年，即云「二」字爲「三」字偶訛，下題「春三月上澣」亦復不合，蓋雍正三年春三月，雙峰尚未有謫官武林之事也。姑記此以存疑，併録原序於左，以俟知者論定之。

孔子云：「臨事而懼，好謀而成。」行軍之道，旨哉斯言也！僕也不才，自幼束髮受塾讀書，至虞廷「五禮」不廢行師，周禮「六官」，亦列司馬。可見安邦定國，文教武功，交相爲用也。僕於經濟諸書，無所不讀，而孫吴之法，尤爲心誦而神維。故於握奇、太白、虎鈐諸經，按時度勢，想古絜今，運籌掌上，决勝疆場，苟非損益得宜，誠非易易也。

爰不揣鄙陋，采輯古来帝師王佐營陣，以及先民制器、尚象、陳式，彙爲一册二十卷，久欲謀之梨棗，以公同志，無奈南轅北轍，東討西馳，刻無暇晷，未能竣事，今謫官武林，閉門謝客，旅舍無聊，檢點舊篋，復睹此書，因歎數十年之精力，乃湮没於殘笥破簏之中。亟爲裝訂成帙，竊欲藏之名山，傳之其人，以俟將来君子，起而佐輔昇平，未始非斯書之力也。

時雍正二年春三月上澣，雙峰年羹堯書。

記日本丹波元堅校勘經史證類大觀本草

平陽黄君愚初慶澄歸自日本，訪余於春申江上，示以日本攝津某託售彼邦先輩丹波元堅手校朝鮮翻刻元大德壬寅孟春宗文書院刊行經史證類大觀本草三十一卷，目録一卷，凡十一大册〔九〕，索值番銀百元，余力不能得，留置案頭數日，每朝展玩，豁人心目。

丹波君爲日本積學之士，精於校勘古書，尤究心於醫理，家世藏書及生平校本不知凡幾。今時代未久，此本已流落他人之手。其生平著述，不得一見。此書卷末一序，乃丹波君作，發明此書源流精義，頗足以資醫家考鏡。書法秀潤工整，尤堪把玩。末署「文政十一年」，則我大清道光八年也。再閲經籍訪古志跋，有「丙辰歲十月之望三松老人丹波元堅時年六十二」，則大清咸豐六年也。丙辰至今，又三十八年，計丹波君早已物化。其校勘此書，在彼邦文政十一年，以丙辰歲年六十二推之，當生於彼邦寬政七年乙卯，則大清乾隆之六十年也。寬政七年乙卯至文政十一年戊子，凡三十四年，則丹波君校此書時，年甫三十有四，宜其用心精細。又得此書原版二部及成化本對勘，又得良友醫官小島學古尚質、喜多邨士栗寬兩君對校，其書精細，足稱完本。

今吾中土若有大力，照此重刊，爲功大矣。惜余不能有。後來所得非人，必終湮没不傳矣。漫識數語，併附録丹波君後序，仍歸諸黄君，且屬其授受得人焉。

世之講本草者，皆好李東璧書，條理整而易讀；余獨好唐審元書，緒次繁而難讀。厥故何歟？條理整而易讀者，李氏之徥臆也，緒次繁而難讀者，唐氏之存古也。余故以爲欲研覈古義而推闡藥性者，棄唐氏其孰從乎！

攷證類爲書，北宋之时已有二本，一爲大觀中集賢孫公刻行，一爲政和中曹孝忠奉敕校勘。而其種子存於今者，大觀則有元大德壬寅宗文書院刊本，中避孝宗嫌名，知是傳刻南宋本者；政和則有明成化中重刊金張魏卿本。取二本較之，大觀宜見唐氏之真，而大德本訛脱頗多；政和殊少舛漏，而曹氏既有釐改，張氏又附以衍義，然非其本，無能校補大觀矣。大德本傳世甚稀，余家所藏，紙刻精良，不遜宋槧。所憾者，曾被前輩校訂，其人不知護惜古本，肆加朱黄，往往至没其舊。先君子爲跋云：「此讀書家之藏書，」其意婉矣。友人伊澤儋甫恬亦藏一部，然字畫晦爛，不便循覽，是以益有憾於藏本矣。

且余近讀段若膺説文解字注「『人』字下云：『果人之字』。自宋元以前本草、方書、诗歌、紀載，無不作『人』字。自明成化重刊本草，乃盡改爲『仁』字，於理不通。」又云：「金泰和間所刊本草皆作『人』，藏袁廷檮所」，然則成化本亦不免有竄易，無奈煙海阻絶，不能親覩袁氏之藏而是正之已。屬日，姑以元版二部與成化本相勘，仍就此本記其異同。此本乃是朝鮮国重雕大德本者，訛字更多。今元版用藍筆，成化用朱筆，以爲識别。與余對校者，爲醫官小島學古尚質、喜多村士栗寬，二君之好，亦猶如余，故能助余而蕆功焉。夫文字正而書可讀，故攷古當自校書始。他日講藥性，將據此本而取途，是余志也。

文政十一年復月四日，丹波元堅撰於奚暇齋。

記北宋史載之方

北宋版史載之方上下兩卷，共一百單七葉，乃蜀人史堪載之所撰。載之精醫術，以紫苑治蔡京腸祕之證，得知名於世。其書不見宋史藝文志，即元明以來藏書之家亦未見著録。此本舊爲歸安嚴元照所藏，上有修能名字，及其妾張氏秋月字香修、一字幼憐諸印章。後歸吳門黄蕘圃，上有題跋三、四則，記得此書原委，又援據宋稗類鈔卷七「方伎門」及施彦執編北窗炙輠録卷上并直齋書録解題，以證史載之姓名籍貫及醫術之能。又以宋史新編所載史戰之方二卷，「戰」者以「載」字形近而訛，均確不可易。

今其書爲吾友趙静涵所藏，静涵又將售之歸安陸存齋，余乃得借留數日。其書首尾無序跋、年月刊刻可考，惟卷□「旲」字兩處缺筆，又□□門有「原缺」二字。大抵載之殁後，有人得其底本刊之。其用藥多以銖、分、兩爲記，與今法小異。余不諳醫理，獨喜此書議論時有軒豁精透，欲手鈔一部傳之其人。適陸氏以多貲遣人索取，僅鈔三十餘葉。他日當更假之陸氏，補鈔完帙，以備宋人醫書之一種，以俟能者采擇。

又卷上末葉後半有「載之治病用藥，初不求異，砲炙製度，自依本法以銖計者。蓋其審證精切，不過三、四服立愈。逾是而不效，乃察病，按方之不審，便當改轍，不可泥也。此皆親試而得之，非敢誇大其説。六銖爲分，四分爲兩。」凡大字七行如此，似是史氏自記也。

記舊鈔本至正直記

甲戌夏，余重遊吴門。偶至緑潤堂書坊，見有寫本静齋至正直記兩部，其一工整，已爲劉君彦清所定，余以所記遺聞軼事且多警世之言，乃購其次者。旋閲劉君所購之本，大半爲陶氏輟耕録之文，余所得實爲孔氏原編。

孔氏名齊，字行素，號静齋，爲曲阜聖裔，隨父居溧陽，又避兵四明。父字退之，曾補建康書吏。又自記「至正庚子春三月壬寅記，時寓鄞之東湖上水居袁氏祠之旁」，大抵其書成於其時地也。

前有嘉靖三十八年六月甲子歸有光跋，稱其時「丁勝國末造，兵燹蝟興，人無甯宇。於崎嶇避地之際，備得人情物態之詳，雖其文未雅馴，而持己處家之方、貽謀燕翼之訓，亹亹乎有當乎道。誠舉而體諸身心，見諸行事，即進而並於古人不難」云云，深得此書要旨。今檢震川集諸本，不載此篇，然其文不及四百字，序述詳盡，時有超逸之氣，實非震川不能爲之。以是知震川之文，當時崑山、常熟各編雖時有多寡之分，恐尚有不盡行世也。

記朝鮮版祖庭事苑

祖庭事苑八卷，乃北宋釋睦庵善卿編正。前有四明苾芻法英序，叙是書原委，頗爲詳悉。第一卷雲門録上、雲門録下、雲門室中録、雪竇洞庭録、雪竇後録；第二卷雪竇瀑泉集、雪竇拈古、雪竇頌古；第三卷雪竇祖英集上；第四卷雪竇祖英集下、雪竇開堂録、雪竇拾遺；第五卷懷禪師前録、懷禪師後録、池陽百問；第六卷風穴衆吼集、法眼録；第七卷蓮華峰録、八方珠玉集、永嘉證道歌；第八卷十玄談、釋名、讖辨、語縁、雜志、題跋。大抵取雲門、雪竇、懷禪師諸釋等所著，摘其中不甚可解之字句，仿唐西明寺翻經沙門慧琳一切經音義之書，爲之一一注釋，援引儒、釋兩家經典，及自出心裁，極爲通博，亦藝林之所樂觀，與慧琳之書並行可也。是書宋元以來，中土應有刊本，余未之見。今平陽黄愚初茂才慶澄自日本歸，過滬見訪，示以所得朝鮮版本，字畫格式頗爲古雅，若中土元時刊本。全部均有硃筆點閲，乃前代日本人之有學者爲之，特無印記名氏可考耳。前有四明苾芻法英一序，併附録之：

天下之尊尚佛氏者，以其言出乎耳目之表，理存於六合之外，信而思之，於一言之下，頓證不失，而灼見本性，成佛無疑。是學者雖游心於語言文字，而不泥文字，蓋所以爲道也。其道由迦葉至達摩方傳於震旦，後達摩五百年而生雲門，隨機應問，逗接來學，凡有言句，競務私記，積以成編，雖不許傳録，而密相受授，閟之巾衍〔一〇〕。後世惜其流布之不廣，遂刊木以印行於时。吾少讀之，疑其書之脱誤，欲求他本較之而未暇。然吾宋印寫傳録，率多舛謬者。蓋禪家者流，清心省事，而未嘗以文字爲意。

大觀二年春，吾以輔道之緣，寓都寺之華嚴，會睦庵卿上人過予，手書一編甚鉅，其目曰祖庭事苑，以盡讀之。見其筆削叙致，動有師法，皆可考據，因叩其述作之由。且曰：「曩遊叢林，竊見大宗師陞堂入室之外，復許學者記誦所謂雲門雪竇諸家禪録，出衆舉之而爲演説其緣，謂之請益。學者或得其土苴緒餘，輒相傳授。其間援引釋教之因緣，儒書之事蹟，往往不知其源流，而妄爲臆説，豈特取笑識者，其誤累後學爲不淺鮮。卿因獵涉衆經，遍叙知識，或聞一緣、得一事，則録之於心，編之於簡，而又求諸古録，以較其是非。念茲在茲，僅二十載，總得二千四百餘目。此雖深達達摩西來傳心之意，庶幾通明之士，推一而適萬，會事以歸真，而事苑之作，豈曰小補，或得此書讀之，而能詆斥謾罵，特立意於語言文字之外，以力扶吾道，豈斯人之可喜可愕也，是亦由吾事苑而啓焉！」愚壯其言而奇其志，謹書以爲序。

上人生東越，姓陳氏，號善卿，字師節。幼去家，事開元慈慧師爲弟子，訪道諸方。元符中，以母老不忍遠遊，而歸隱鄉里。昔睦州有尊宿姓陳氏，親老無所歸，織蒲屨鬻以自給。上人竊慕之，因命所居睦庵，其志識固可尚矣。四明苾芻法英書。

附録本書雲門雪竇小注

雲門師諱文偃，生東吴之嘉興，姓張氏。受業於兜率院，訪道諸方。初至睦州，參陳尊宿，扣其門，陳問：「阿誰？」曰：「文偃。」陳開門把住曰：「道道師無語。」陳曰：「秦時轅轢鑽。」遂託開以門，掩折右足，師因發明大意。陳指游雪峰，師既至，適雪峰陞堂，乃出衆曰：「項上三百斤鐵枷，何不脱卻？」峰下座把住云：「因甚到與麼〔一一〕？」師以手拭目。自後，道振叢席，再歷禪林。至韶州，靈樹居第一座。靈樹既没，廣主劉氏令州牧何希範請師繼其法席。由是大唱雪峰之道於天下。還雲門，而學者輻湊。至南漢乾和七年四月十日坐而示化，即大漢之乾祐二年也。本朝太祖乾德元年，感阮紹莊之夢，特進李託奏上之，發塔，得全身，容止如生，迎赴闕供養，既而得旨歸葬於本山。謚號大慈雲匡真弘明大師。嗚呼，師之亡後一十四年，學顯於藝祖之时，其道流通洋洋於今日，豈偶然乎！

雪竇師諱重顯，字隱之，遂州李氏子。生於興國五年四月八日，出家受具，學經論業鄉里。晚參隨州智門祚和上，因叩不起一念之旨，豁然知歸。遂遍遊叢席，衆所推仰。先居吴門之洞庭，遷四明之雪竇，由是雲門之道復振於江浙。都尉李侯奏章服〔一二〕，侍中賈公奏聞朝廷乞賜明覺之號。至皇祐五年七月七日不遺囑，亦不説偈，攝衣北首而亡。

記朱文公昌黎先生集考異原本

朱子因方崧卿校定韓昌黎集尚未精善，云更爲校定，悉考衆本之同異，而一以文勢、義理及他書之可證驗者決之。苟是矣，則雖民間近出小本不敢違；有所未安，則雖官本、古本、石本不敢信，又各詳著其所以然者，以爲考異十卷。其原本世間罕有，至康熙間安溪李文貞公得諸石門吕氏所藏宋槧，乃爲重刊行世，四庫全書館得以著録，末有文貞一跋，言之甚詳。今從新陽趙氏得借，留案頭數月，乃知大儒讀書精審，信以傳信，疑以存疑，不以私意自用如此。

然朱子云方氏校定以祥符杭本、嘉祐蜀本及李謝所據館閣本爲定，而尤尊館閣本。雖有謬誤，往往曲從，它本雖善，亦棄不録。夫宋本號爲精善，元明以來皆寶之。近世儒者校定經史，凡誤字難通者，多穿鑿附會，强爲曲從。今據朱子所言及考訂，即韓公之集至宋猶未甚久也，而諸本今皆罕覯，尚多訛謬若此，則宋世所刊經史古籍今人必一一尊信以爲無誤，豈篤論哉！然今得宋槧古籍，自非精博如朱子〔一三〕，强爲附會，亦其蔽也。

又案韓公之文行世同異，亦不盡傳刊之訛，亦有初稿及早年未定者。如柳子厚墓誌中有云：「貞元十九年由藍田尉拜監察御史，順宗即位，拜禮部員外郎，遇用事者得罪，例出爲刺史，」

此方本如是；而它本有作「貞元十九年拜監察御史，王叔文、韋執誼用事，拜尚書禮部員外郎，且將大用，遇叔文等敗，例出爲刺史。」朱子以方本得婉微之體，它本則幾乎罵矣，疑初本直書，後乃更定也。如此之類，朱子所定均得其實。後學潛心於此，更可得古人行文渾融措注之妙。惜此本今印本罕有，能重刊之，則嘉惠後學多矣！

此書原本未見宋人他刻，李文貞公從石門呂無黨家藏宋槧借刊，以書中補注填洽字名，疑爲朱子門人張元德所校刊，是矣。然張氏無序跋及刊刻年月，朱子大全集有韓文考異序及書韓文考異前各一文，此本有書考異前之文，而無序，未知何時脱落也。今以洽附注三處詳之：卷一陪杜侍御遊湘西兩寺詩有「長沙千里平」之句，注云：「洽嘗至長沙，登嶽麓寺，見相識云：『千』當作『十』，蓋後人誤增『丿』也。州城方十里，坦然而平，湘西嶽麓寺乃獨在高處，下視城中，故云『長沙十里平』，勝地猶在，險寺中道鄉亭觀之信然。此朱先生及方氏所未及，漫誌於此，以備考訂。」卷四原性注云：「楊倞注荀子，全載原性一篇，先生考偶未及，今記其異」云云。卷七曹成王碑有「搏力勾卒」之句，注云：「案左氏傳哀十七年『越子伐吳爲左右勾卒』注云『鉤伍相著，別爲左右屯。』此即越之句卒也。秦人搏力雖無明文，按商子農戰篇曰『國之所以興者，農戰也。今以官爵勸之耕戰，民見上利之從一空出也，則作壹。作壹則多力，多力則國彊。』秦人搏力之説，意者或出於此。」以上三處所訂正補注，均精確有據。及刊此書，均當在朱子歿後數年，使元德早見及此，以質朱子，朱子亦必從之而改訂也。於此見昔賢爲學，必實事求是，雖弟子於師，不敢苟爲同異如此。

記舊鈔本吕和叔文集

吕和叔文集十卷，舊爲洞庭山葉氏所藏。卷末一行署「崇禎壬申六月初旬至終。因天暑，故廿日餘鈔完。張蔚。」二十一字。蓋即鈔書之人也。嘉慶間爲蘇人某君所得，用各本參校，朱墨淋漓。大約墨筆照錢少室家藏本補校，硃筆照明正、嘉間舊鈔本補鈔。葉鈔原缺卷六、卷七，則又從黄氏士禮居舊鈔本補鈔，并參校，誄文又從明徐刻唐文粹參校，七卷末朱筆署「仲漣識」，十卷末又署「錫瓚再記」，蓋周香嚴所藏，雍乾間藏書家也。

案劉禹錫序，此書十卷，實非唐人原編，乃明季、國初時，常熟馮舒得宋刻殘本補綴而成。卷末所記甲子歲從錢牧齋借得前五卷、戊辰歲從郡中買得後三卷，俱宋本；第六、第七二卷，取英華、文粹所載，照目寫入；又第二卷聞砧已下十五首，宋本所無，案陳解元書棚本增入。自署「孱守士」，蓋即馮公之别號也。

念此本之傳，前由馮公搜輯之功；而朱墨满編，又爲仲漣借各舊鈔參校之力。然尚有脱訛未及校補者，余欲倩鈔胥重録一本，再取欽定全唐詩及全唐文及蘇州舊影宋本重刊者，各以色筆補校於上下方，當爲一完善之本也。姑記以俟之。

丁丑七月十五日。

記皇甫持正集舊鈔本一

皇甫持正集六卷，據前人著録及近世傳本，皆不出毛氏汲古閣所刊三唐人集之内。光緒初年，余爲南海馮竹儒觀察校刊三唐人集，亦以毛氏刊本爲主。第其文多古奥，時有不能得解；而流傳既久，字句脱訛，有確然知當時原本必不其然者，而苦不多得善本互爲參校。二十年來，時有不慊於心。

去年秋八月，到金陵東牌樓書肆搜得舊書十數種，有舊鈔皇甫持正集六册。凡詩集二卷〔一四〕，卷一四言古詩四首、五言古詩二十三首、七言古詩五首；卷二五言律詩十首、五言排律二首、七言律詩八首、五言絶句二首、七言絶句二十八首，文集六卷，卷一賦十二篇，卷二記八篇、傳一篇，卷三器物銘兩篇、墓志銘三篇、頌、箴各一篇、論兩篇，卷四述三篇、弔文兩篇、册文一篇，卷五贈送序十九篇，卷六書四篇。統記古近體詩八十二首，賦、記、傳、頌、箴、論、述、弔文、册文、贈送、宴餞等序書文共五十九首。前有唐人福建等州都團練觀察處置等使正議大夫使持節都督福州諸軍事福州刺史兼御史中丞上柱國賜紫金魚袋李貽孫纂序，又有萬曆丙午仲夏曹學佺撰序，後附朱彝尊小記四行，末附新唐書文藝傳及韓文公皇甫生哀辭及題哀辭後、太學生何蕃傳、宋陳宓隴安縣皇甫祠文，又有厲樊榭書後。第毛氏刊本無詩，只雜文□十□，共六卷。此本之文無一篇相同，據李貽孫序所稱，南陽孝子傳、韓城縣尉廳壁記、與鄭居方書皆見此本。又云舊文共十編，未知即此本否。據厲樊榭書後云，從龔翔麟得朱竹垞老人録持正集六卷，併詩二卷，爲自來藏書家所罕覩，本爲明徐興公得自金陵，爲最舊本。據竹垞先生所記：康熙庚戌春，秀水朱彝尊從曹使君石倉録得此本，舊皆作六卷，惟此本出於李氏，有詩二卷，通爲八卷，與邯鄲書目合，江南藏書家所未見之祕册也。手録二本，一寄東海公。據曹學佺序稱，友人徐興公得自金陵，爲最善本。蓋焦氏得黄姬水先生，先生得李文正，謂出於邯鄲李淑云云。是此編所傳，頗有端緒。

詳其詩文，似爲唐人之筆，皇甫氏詩舊無傳本，惟今浯溪顔魯公所書元次山大唐中興頌，末有皇甫湜五言古詩一首。洪文敏公以爲風格無可采〔一五〕，陸放翁以洪公之説爲妄，此詩自是傑作。韓文公集有和皇甫持正陸渾山火詩五言長篇，是皇甫氏本能詩，有集，今既不傳，此詩集二卷兩詩均不之見，是可疑也。又皇甫氏爲裴晉公作福先寺碑文，凡三千餘字，見高彦休唐闕史，白香山嘗稱皇甫氏有涉江文，此兩篇既不見於毛刻本，又不見於此鈔本，是又可疑也。

嘉慶間，御定全唐文搜輯唐人之文頗備，録皇甫湜文，毛本之外，僅有□篇。其篤終論尚誤采晉人皇甫謐文節録之，餘篇亦不見此鈔本。要之，毛氏所刊三唐人集，國朝諸老如朱樊二公未有概未之見者，今記跋均未之及，一若皇甫氏詩文湮晦一千餘年，直至其時始出，詫以爲奇者。

余既信皇甫氏集以毛氏刊本爲得其真，此本爲好事者雜采唐人他氏所作，又僞作諸公序、跋附益之，以售藏書之家，冀得善價。暇當取御定全唐詩、文等書細考之，可以得其由來也。

記明天順本歐陽文忠公全集

歐陽文忠公全集，居士集五十卷，外集二十五卷，易童子問三卷，外制集三卷，内制集八卷，表奏書啓四六集七卷，奏議集十八卷，雜著述十九卷，集古録跋尾一十卷，書簡一十卷，凡一百五十三卷，又附録五卷。

前有「天順辛巳長至日賜同進士出身中憲大夫山東按察副使致仕郡後學彭勗謹序」，略云：「海虞程宗字源伊嘗以詩經中辛未柯潛榜進士，繇刑部員外郎擢知吉安府事。時胡文穆公子永肅持其家藏内閣明本以獻，覩之喜甚，遂捐堂食資購板募工，刊置郡庠之藏書閣，期四方共。且屬教授鄭鋼正其字之訛，請勗言序諸後。」此明天順間校刊歐陽公全集之原委也。

又前有周益公序，云：「歐陽文忠公集自汴京、江、浙、閩、蜀皆有之。前輩嘗言，公作文揭之壁間，朝夕改定。今觀手寫秋聲賦凡數本，劉原父手帖亦至再三，而用字往往不同，故別本尤多。後世傳録既廣，又或以意輕改，殆至訛謬不可讀。廬陵所刊，抑又甚焉，卷帙叢脞，略無統紀，私竊病之。久欲訂正，而患寡陋，未能也。會郡人孫謙益老於儒學，刻意斯文，承直郎丁朝佐博覽羣書，尤長考證，於是遍搜舊本，旁采先賢文集，與鄉貢進士曾三異等互加編校，起紹熙辛亥春，迄慶元丙辰夏，成一百五十三卷，别爲附録五卷，可繕寫模印。惟居士集經公決擇，篇目素定，而參校衆本，有增損其辭至百字者，有移易後章爲前章者，皆已附注其下。如正統論、吉州學記、瀧岡阡表又迥然不同，則收置外集。自餘去取因革，粗有據依，或不必存而存之，各爲之説，列於卷末，以釋後人之惑。第首尾浩博，隨得隨刻，歲月差互，標注牴牾，所不能免。其視舊本，則有間矣。既以補鄉邦之闕，亦使學者據舊鑒新，思公所以增損移易，則雖與公生不同時，殆將如升堂避席，親承指授，或因是稍悟爲文之法，此區區本意也。」以上全録周益公序。末有「六月己巳前進士周必大謹書」十二字。此宋紹熙、慶元間校刊歐陽公全集之原委也。

今據周益公序，則宋時刊各本已不盡善，讀歐陽公集自當以周公所編定本爲準。今宋紹熙、慶元原刊本不可得，自當以明天順辛巳刊本爲準。先是數年前，余得明洪武時刊本居士集五巨册，中有無名氏校其脱訛甚夥，細閲所校，實爲精當，確不可易。第校書之人，既未署名，亦未著明所校係據何本。去年夏六月二十七日，偶過訪會稽章小雅善慶於上海洋廠安康里寓所，適小雅案頭有天順本歐陽公全集，紙墨刊工均爲精美。展玩竟日，乃知余所藏校本洪武本居士集全據此本。則此百五十三卷之書余雖一時未能全讀，知居士一集精善如此，則此百五十三卷之書皆爲完美可知矣。

今秋七月初旬，連日陰雨，涼氣襲人。取案頭無名氏校本居士集讀之，因想去年六月在章小雅寓展玩天順本歐陽公全集竟日之樂。今小雅之亡十閲月矣，欲再求此本全集竟讀，又不知在何時何地矣。因追記宋明兩刊此書之序，以備遺忘，且以示吾受謙、受鎔兩兒，他日儻遇歐陽公全集係明天順辛巳刊本，當知珍藏之。

光緒癸巳秋七月初十日，記於春申江上廣方言館。

記湯文正公全集

余舊藏潛庵先生遺稿五卷，共四册，爲公友田蘭芳評輯，河南巡撫閻梅公加評梓行。同治元年夏，余以事到河南，購得新印本湯子遺書十卷，爲公門人王廷燦編輯，即四庫全書據以著録者也。其文較遺稿本字句稍有删節，又有乾坤兩卦解一卷，洛學編五卷，疏稿二卷，家書一卷，擬明史稿二十卷，年譜初本一卷、定本一卷，嵩談録三卷，困學録一卷。

是年冬，由汴梁回里，紆道至鄢陵訪蘇菊村先生源生，談及公所著諸本，蘇君以公生平未嘗至嵩山，此録乃公友人張仲誠所著，困學録亦非出公之手，并以所著記過齋文稿兩辨見示。余攜公諸書回里，於光緒庚辰冬燬於火。前年在滬上書坊又得公諸著新印本，凡在汴水所得者亦均有之，爲同治庚午辛未間河帥高要蘇公廷魁與汴中諸同僚鳩資重刊，取蘇君之辨，削去嵩談、困學兩録，而益以公六世孫蘭墅手輯遺書續編二卷。蘇君於遺書王氏原本又重加編定，公生平著述不外是矣。

第蘇君疑公生平未嘗至嵩洛，遂疑此録非公手著，以張公仲誠爲洛陽人，與公爲道義交，而以此録出於張公。而疑困學録非公手筆者，以此録不皆純粹故也。以公未嘗至嵩洛者，以年譜未載故也。

愚以國朝諸名公年譜，惟湯公之譜最爲疏略，不足徵公生平事實及足跡所至。余舊閲吾縣志書，載鄉先輩陳舍人焯居喪，湯公嘗往弔唁，余亦疑公生平未至皖中，不知縣志何所本。後讀慈溪姜湛園編修文集及吾鄉先輩方畬山集，乃知公實有江淮之遊。姜公遇之於錫山，畬山見之於金陵，兩家詩文班班可考，蓋在康熙十七年戊午夏秋之時。又公集有金陵别姜西溟詩，當冬初北歸時作。其至桐城，亦當在是年，不知孰爲先後也。是年冬歸睢州，即應詔入京，於十八年己未舉博學鴻詞，以後供職史館，又一典浙江鄉試，又官蘇州巡撫，又内召官工部尚書以終。計康熙□□年居贈公喪服闋，曾往蘇門問學於孫夏峰先生，又南遊江淮，而嵩洛距睢州不過數百里，未有不往之理。

蓋公於康熙十八年以前，游歷名區，訪明之遺老，或商量舊學，或徵文考獻，或爲趙太夫人節烈求四方賢士詩文，若得國初明人之集一一閲之〔一六〕，尚可得其大半。今距蘇君之殁已二十八、九年，無從以公曾游歷江淮亦不見於年譜質證之。

然嵩談録出張仲誠公集固已及之，而困學録當爲公早年未定之書。公嘗云：「學貴自新，何暇著述？」又云：「今日所是，異日未必不以爲非。」蓋公生平一以躬行實踐爲主，固不以著述爲重也。容俟詳考國初諸老遺集，凡有所見，當爲年譜補編以明之。

記汪文摘謬

余二十年前於新陽友人趙君静涵元益寓齋見有舊鈔本雲間蔡澄練江所著雞窗叢話一卷，皆考訂經史，並記吴中康熙以前故事。蔡公蓋康熙、雍正間人，未詳其生平，蓋亦績學之君子人也。中有記吴江葉横山、長洲汪鈍翁一事，頗資笑柄。其言曰：「吴江葉横山先生名與鈍翁相埒，且相好。康熙己未，詔開博學鴻儒科，横山謂鈍翁曰：『我二人在所必舉，將應舉乎？抑不應舉乎？』鈍翁曰：『宜不應，則名更高也。』横山信以爲然。後鈍翁竟應舉入翰林，而名益顯。横山艷之，知爲鈍翁所賣，遂大恚。因將鈍翁所刊類稿大加指摘，作汪文刺謬二卷，將刊行之。鈍翁聞而懼，介横山密友，復修舊好」云云。余以名士虚言無實，挾嫌洩忿，積習往往如是，原不足道。憶當日二人復修舊好，此書亦未必存，此事亦忘之久矣。

去年春，獨山莫楚生太學棠自吴門以書相告，曰：「近見書肆有舊書數種，有鈔本汪文摘謬一册，子知其書否？」余乃頓憶雞窗叢話所載，知爲葉横山之作，乃復書言其所以，即勸楚生購之。秋間，余以事至吴門，楚生出以相示，乃横山取鈍翁類稿中最劣者，如送姚六康之任石埭序、送魏光禄歸蔚州序、陳文莊公祠堂碑記、送屈介子序、金孝章墓志銘照金氏墓版，汪君亲筆録文。吴公紳芙蓉江唱和詩序、贈王貽上序、泛雪詩序、送徐原一歸崑山序、唐詩正序，皆就原文逐段逐句標出而詳駁之。充其所見，則鈍翁類稿八十卷幾於無一篇字句無可議者。蓋以此書勢在必刊，又不欲多費紙墨，摘此十篇以概其餘也。

葉汪二公之名，久著於世，余未見葉氏之書，不能定其高下。今觀此書，則葉氏學問精博，深於古文，才識實高出鈍翁之上。此書前有一序云：「嘗評其文有四語，謂：行文無才，持論無膽，見理不明，讀書無識。」葉公自負亦隱在言外矣。鈍翁晚年删訂類稿，成堯峰文鈔五十卷，於舊作亦頗有追改。余舊有此書，爲閩人林佶手書上板，庚辰冬燬於火。後來外間竟未再見此書，不知此十篇之文從删抑亦追改字句也。

楚生屬余記其卷末，乃以所見書之，以備吳中故事之一端云。

記方望溪先生文集新舊兩刊本

鄉先達方望溪先生，年少即治古文。至雍正元年癸卯，年五十有六，秋八月，大興門人王兆符始請編年譜，手録春秋周官説及文集。又十□年，王君歿。至乾隆十一年丙寅，先生年已七十有九，冬十一月，歙縣門人程崟始爲編刻文集，即世傳望溪集是也。又三年，先生年八十有二，秋八月甲午，歿於上元里第。

而程君刊本時有增益，世所傳本多寡不同。余曾見初刊本，尚載生平師友及門生等各文批評一百四十餘人，批評凡三百二十五條。後來將各文批評悉行削去，故近來批評之本鮮有存者。

當乾隆十二年，先生年八十時，鄞人全庶常祖望至金陵，館於先生之湄園，不數日東歸，先生謂：「吾老矣，未必久於人間，篋中文未出者十之九，願異日與吾兒整頓之。」次年，先生之子定思卒，又次年，先生卒。此見全氏鮚埼亭集方定思墓志銘。先生所云「篋中文未出者十之九，」即指程刻望溪集之外言之也。蓋先生付程君刊本之文，皆其所稱意者。其他作尚夥，或其時尚有所避忌，或有尚待改訂，亦尚有雅不欲存者，皆程君所不及知也。全君卒於乾隆二十年。先生篋中未出之文終未踐整頓之約。

後六十三年，爲嘉慶十七年壬申，先生曾孫傳貴刻外集一册，凡五十二篇，內有五篇已爲程君所刊，實得四十七篇。彼時先生所云「未出者十之九」已不知流落何所矣。

又三十九年，爲咸豐元年辛亥，邑人戴孝廉鈞衡編刻先生全集，以程氏所刊望溪集最多之本凡三百八十四篇編爲正集十八卷；又於仁和邵員外懿辰所録奏議十九篇及同里蘇徵君惇元所輯遺文共得八十九篇，又於六安司訓太倉王君寶仁所藏逸稿假鈔與邵蘇本未有者，復得三十六篇，又先生來孫恩露閩臧君有是刻本，復自金陵寄遺文十九篇、詩十五首，戴君並取諸友所搜先生尺牘二十三札附之，合得文一百八十二篇，爲集外文十卷。戴君後來於外間友人復搜輯遺文二十篇、尺牘四首，益以先生所記聞見録三則、讀書筆記共六十條〔一七〕、史記評語九十餘條，爲集外文補遺二卷。

蓋望溪先生文程刻之外，非戴君搜輯之力，則至今已不能傳。然以先生所云「篋中文未出者十之九」論之，尚多缺佚，今已無從搜輯矣。其顯見者，兩朝聖恩恭紀有「召入南書房命撰湖南洞苗歸化碑文，稱旨。越日，命著黄鐘爲萬事根本論，越日，又命作時和年豐慶祝賦，上告諸翰林，此賦即翰林中老輩兼旬就之，不能過也。」今案此三文均爲聖祖仁皇帝所稱，當程氏刻集時，首載進呈文一卷，此三文並未恭載進呈文中。又先生叙交有三事九篇之書，爲高安朱文端公所稱，今亦不傳。此等煌煌高文、經世大篇，尚猶失之，其他所佚者，尚不知凡幾矣。

記海峰先生文集舊刊本遺文

右海峰先生文五首，從新化游生會祥所藏舊刊本，而無批點者也。其刊本格式與舊刊望溪集相似，亦不分卷，依類相附。首論著，自辨巽至讀萬石君傳凡二十六篇，今定本爲卷一。又有續難言及續泰伯高於文王爲彼本所未有。次書，自與吴閣學書至答吴殿麟書凡十一篇，今定本爲卷二，内有答姚南青書、與張閑中書，爲定本所未有。定本有答周君書，舊刊本亦無之。次序，自刪録荀子序至皖江酬唱集序凡七十五篇，今定本分爲卷三及卷四，卷三爲贈送序，卷四爲書集序，中有左君文集序爲定本所未有。又有春秋究遺序即定本之春秋發微序，字句大同而小異者也。次記，自浮山記至如意寺記凡二十八篇，今定爲卷五。惟遊黄山記有圈點句讀，行上時有標名評語，及文末評語。次傳，自偃師知縣盧君傳至記楊節婦陸氏事凡三十五篇，今定本爲卷六。次墓志銘、墓表，自翰林院侍講張君墓志銘至知凌雲縣方君墓志銘凡三四篇，今定本爲卷七。次少宰尹公、章大家二篇，合下行狀、行略均在内，終以祭文、雜文，自祭尹少宰文至胡氏賢母贊凡十九篇，今定本爲八卷，中有釋諱一篇，爲定本所未有。

統計此舊刊本，共文二百三十三篇。當是先生官黟縣教諭時合詩集同刻於彼，後來門人方國手書先生文集定本，雕刻行世，此舊刊本遂不甚傳。

姚惜抱先生有與先生書云「文集雕刻、款式皆不佳」，又云「有數處欲相商，非面晃不可」，當即指此舊刊本。

此答姚南青書、與張閑中書、左君文集序及釋諱共四篇爲定本所無者，當是先生晚年所删，非方君校刊時所遺也。今仍鈔存之。

惟春秋究遺乃先生友人葉庶子酉所著，其書凡十六卷，爲欽定四庫全書所著録。穆少嘗見之，無先生此序。方君校刊先生文集有春秋發微序，細閲之，即是舊刊本之春秋究遺序，字句時有删改，而文中「葉君書山，」定本改爲「沈君兼山，」沈君不詳何許人，今其書亦未之見。蓋先生本爲葉書山先生序，未及用之，後來沈君之書成，亦求序於先生，乃就葉書之序删改，因而應之，後來不及序葉先生之書也〔一八〕。

記章氏遺書

余三十年前閲章實齋先生文史通義，爲杭州、廣東、貴州等處刊本，有章公次子道光壬辰十月華紱跋文，大略云：「先君子臨終以全稿付蕭山王穀塍先生，乞爲校定，時爲嘉慶辛酉年。穀塍先生旋遊道山。道光丙戌，長兄杼思自南中寄出原草，併穀塍先生訂定目録一卷，查閲所遺尚多，亦有與先人原編篇次互異者，自應更正，以復舊觀。先録成副本七、八册，庚寅辛卯得交洪洞劉子敬、華亭姚春木二先生，副本乞爲覆勘。今勘定文史通義内篇五卷，外篇三卷，校讐通義三卷，先爲付梓。尚有雜篇及湖北通志檢存稿並文集等若干卷，當俟校定再爲續刊。」云云。乃知此書爲劉姚二公所編定。後來常問浙人，均未見别有文集等著刊本者，意其全書已亡矣。

光緒十七年辛卯冬，晤章氏族裔章小雅處士善慶於上海寓所，小雅好古，藏書頗多。十二月朔日，同諸暨孫問清太史廷翰往訪小雅，觀所藏各古書善本。中有舊鈔章實齋先生遺書三十四册，云爲其鄉人沈霞西家藏本。沈氏藏書數萬卷，約直四萬金，後其人亡家落，多散之揚州等處。此遺書乃留落紹興本城某書坊，以洋銀百元得之。又逾年，其書坊云尚有遺書八寸，索直二百元，小雅以彼時囊空未應，且未索觀此八寸之書何以云云。余彼時先假四册回館閲之，至次年壬辰夏秋間隨時借閲三、四本，且録其要者四、五册。是年八月二十四日，訪小雅還書，且告别云次日將有杭紹之行。時小雅有疾。至十月初九日乃返上海，至醉六堂解行裝一息，晤書夥董仲甫談話，仲甫云：

小雅已於前月二十一日病亡。小雅無妻子，身後書物均歸其兄石卿大令壽康。爲傷感良久。回館閲三日，將往弔小雅并唁石卿，而石卿已聞余自杭紹回，乃先到余館訪談。因與石卿至其寓，談及此遺書，石卿云小雅當時在紹城某書坊購得此書，買舟回故居，中途遭大風，舟幾覆，賴獲天佑，幸而免。又數年，石卿以缺用將此書質於醉六堂，被鄰居失火，將所存古今書本悉化煙灰，此書幸另貯一洋鐵箱，火稍熄即用水灑之，全部雖爲水所濕，後來透乾，逐葉仍可揭開，可以便覽。

余以此書在吴申甫處，終非久計，與石卿相商，將爲另圖。乃於四月二十二日晤老友周萊仙相商，以百元付石卿，交申甫贖出，暫歸萊仙。今閲兩年，石卿遠客楚北，力不能贖，幸伊於小雅没後，將原書寄楚北託人另録副本，後亦質於申甫。今申甫欲將石卿前質諸書便爲出售，余以章氏此書已遭一水一火，幸而僅存，乃將此副本代石卿贖之。後來時事未可知，不設法早爲付梓，恐仍就湮滅。乃與申甫相商，將鈔本見假，仍向萊仙假舊本，將次第全校，募資速刊。度完工尚需時日，先將蕭山王宗炎編次全書目録記其卷帙，示同好。

王氏將此書分類，定爲三十卷，凡文史通義内篇六卷，外篇三卷，校讎通義内篇三卷，外篇一卷，方志略例二卷，文集八卷，湖北通志檢存稿四卷，又外集二卷，湖北通志未成稿一卷，别有乙卯劄記、丙辰劄記各一册，知非日札一册，讀書札記一册。小雅又於錢唐丁氏鈔得信摭一册，均不在此王氏所編遺書之内。又取刊本文史通義一一對勘，其内篇卷一刊本與舊鈔本正同；刊本卷二原道、原學、博約略三篇之後，即將舊鈔本卷四内言公上中下三篇繼之爲第二卷；刊本卷三至五所載各篇均不出舊鈔本三、四、五、六等卷之内，而次序多爲改易。舊鈔本卷六有同居一篇、感賦一篇、雜説一篇，爲刊本所未録。刊本外篇卷一、卷二均在舊鈔本方志略例二卷之内。惟卷二永清縣志序例刊本凡十五篇，而舊鈔本方志略例一僅載六篇。刊本外篇三有答甄秀才論修志書二篇、論文選義例書一篇、修志十議、天門縣志藝文考、五行考、學校考三序、與廣濟黄大尹論修志書凡八篇，爲舊鈔本方志略例一所未有。其餘刊本所有，皆在方志略例卷一之内。又刊本校讎通義三卷與舊鈔本校讎通義内篇三卷，次序、篇數一一相合。

第華紱跋云其先人易簀時，「以全稿付蕭山王穀塍先生乞爲校定，時嘉慶辛酉年也。穀塍先生旋遊道山」云云，今舊鈔本章氏遺書目録三十卷下標「蕭山王宗炎編次」，王宗炎者，即穀塍先生也。考王先生之年壽頗高，實卒於道光七、八年間，距實齋先生之没又二十四、五年，王公方没，不知華紱何所見而云然。又云「道光丙戌長兄杼思自南中寄出原草，併穀塍先生訂定目録一卷，查閲所遺尚多，亦有與先人原編篇次互異者，自應更正，以復舊觀。先録成副本十六册」云云，今按劉姚二公所編文史通義内篇五卷、外篇三卷、校讎通義三卷，而刊本文史通義外篇實有永清縣志各序例十五篇，舊鈔本缺九篇，與甄秀才論修志及修志十議、天門縣志各考、與黄大尹論修志凡八篇，總共刊本有十七篇爲舊鈔本所未有。則華紱所云「王公訂定目録一卷，查閲所遺尚多」，尚有實據。

今按王公所定遺書各種次序，雖未必盡合實齋先生本旨，而條理亦尚明晰，後來自應照刊，仍當以刊本所有之十七篇按類補入。此外似未有缺佚。而小雅所云某書坊尚有章氏遺書八寸，當是實齋先生所修和州、永清、亳州等州縣志稿本，或亦有他著在內。惜小雅當時未能勉力得之，以祛所惑焉。

記吳三桂上聖祖仁皇帝書

余舊閱逆臣吳三桂本傳，知其於康熙十三年正月僭稱「周王」，元年自雲南統兵至常德，有上聖祖仁皇帝一疏，其本傳既未載原文，知此書今日亦未必流傳於世。

去年秋，余訪老友周君季貺於吳門寓所。一日，章式之孝廉來訪，談及故事數端，伊云：「往年買得舊鈔本，專載明季、國初時事。中有吳三桂上聖祖仁皇帝一書，爲外間未有。」余一時未及假閱。今年夏，乃致書周君，屬向式之借鈔一本見寄。閱之，首尾皆悖逆之辭，然確爲吳逆當日所上原本，非他人所能僞託也。特其中有可疑者三事，不甚可解：

一爲吳逆招降，始終皆出於攝政王一人，此疏所稱攝政王爲九顛王子，考宗室王公等傳，並無此等稱號，豈當日國語一時有此稱號邪？

一下江南者，實爲豫王，此疏亦云九顛王子，豈吳逆此時年已遲暮，一時失記邪？

不獨此也，攝政王實死於喀喇河屯，在順治七年十二月，未幾，蘇克薩哈、詹岱、譚泰等，先後告王種種荒淫僭妄之罪，世祖章皇帝不過削爵、黜宗室、籍財産入官而已，不聞更有他罪也。乃吴逆上書至有「那九顔王子恃功拔扈，流毒宫闈，章皇帝赫然奮怒，粉骨擣灰」云云，考諸章皇帝實録及攝政王本傳，均無此事，豈當時曲爲之諱邪？抑當削爵、黜宗室、籍財産入官之時，而外間訛傳爲「粉骨擣灰」、爲吴逆誤聽而未深察邪？此等只可存疑，未敢懸揣爲定矣。

至後幅所述種種悖逆之詞，適足自彰其不忠、不孝、不慈、不義、大逆無道之罪，卒至身滅嗣絶，爲世大戮。後有英雄豪傑，生當海内混一之時，當深明天命已有所託，天位不可妄干；覩吴逆此書，再考吴逆一生之所爲，應知廢然而反，守分安命，善全首領可也。

記方恪敏公畫像

鄉先達方恪敏公奏議八卷，咸豐元年其孫彦和太守小嚴大令乃爲刊板，當時印本不多，邑人無有知之者。前年夏初，余以事至金陵，乃得訪其板於其曾孫婦□氏所，又訪得其奏議印本於其元孫董之培深所，比與董之議合印數十部未就〔一九〕。

今年春二月，余自上海到句曲，復由句曲到金陵。一日，復訪董之於殷高巷新宅，重議合印恪敏公奏議事，併知恪敏畫像兩軸尚存。董之即出瞻視之。一爲早朝圖，上畫黄屋一座，前有龍柱，彷彿天安門。公衣冠中立，左有二人，皆冠藍頂，一人手捧黄包書一部，一人手捧書畫兩卷。又一大像，公紅頂，花翎，蟒袍，補褂，均如今式，公身長，面黃黑，面上圓下稍鋭而短，鬚眉均疏而不濃，宛如鄉間一老諸生。

余舊聞公少貧，遊揚州客鹽商家，鹽商有母，窺公於末坐中，知他日當爲貴人，命其子厚餽之。又聞公嘗遊浙中，客於邑人某縣令署。一日，有相士，相一署人無一稱譽者，遠望見公即就禮之，且云公不久當上達，且助川資北行。意公狀貌必豐偉可觀，人所易識者。今以公兩大像審視之，了無以異於常人。惟相士識公，必微窺別有奇表，器宇非凡，特不知揚商之母何由識之，豈此母亦素具人倫風鑑，有非尋常女子者邪？庚子四月初一日。

又公大像上方爲長洲沈歸愚宗伯題云「太子太保制府宜田先生七十壽相」大篆，書瘦硬可玩，又自署款云「太子太傅禮部尚書予告食俸同學弟沈德潛拜題，時年九十有五」大行楷，古雅可玩。余嘗見沈公行書堂聯，不知沈公篆書尤佳也。

同時又觀恪敏公側室吴夫人大像，大方圓面，厚重足稱爲一品夫人，時年八十五歲，所畫即勤襄生母也。又觀勤襄公大像，紅頂，花翎，蟒袍，補褂，如今式。公長面，上圓下鋭，鬚眉秀偉，長身〔二〇〕，望而知爲大員。公配裴夫人特爲美秀〔二一〕，遠不如吴太夫人像之厚重矣。

記汪稼門先生退思圖卷册

同治初，獨山莫子偲先生友芝客於皖城，曾得吾鄉先達汪稼門制軍退思圖一册。丁卯秋，余與莫公同客金陵，談及此册，出以見示，余欲乞收藏而未明言也。光緒乙未、丙申間，余與莫公仲子仲武觀察繩孫又同客金陵，談及此册，因與相商，欲以他物相易。仲武曰：「可以轉贈。」今年季冬〔二二〕，余又與仲武同客上海，仲武乃踐前約，攜以見贈。

其圖像有二：一爲乾隆庚戌夏、秋間，便服科頭，著藍袍，扣帶及靴，靜坐小像，乃公官蘇州府知府時所繪也，時公年□十有□。公有一記兩詩，發明退思補過之義。一衣冠像，乃嘉慶五年所繪，時公已官江蘇巡撫，年□十有□。此册前有嘉慶四年鄭汝霖八分書「稼門先生退思圖」七字。小像後有方鶴皋、盧文弨、陸有仁、李堯棟、王一峰、吴嚳、邵齊熊、甯貴、張裕穀、慶霖、馮鼎高、李殿圖等題詠。而公於乾隆庚戌孟秋月自書退思圖説及庚戌孟冬自題七言律詩二首，即次於馮鼎高詩後。蓋公於乾隆庚戌官蘇州知府時作此圖，後來歷請同時諸名公題詠，至嘉慶五年庚申慶霖等題而止，時公正官福建巡撫。前有衣冠像，正此時補作也。

考公爲乾隆三十六年辛卯科順天鄉試舉人，四十九年補山西靈石縣知縣，五十一年遷霍州直隸州知州，五十二年擢江蘇鎮江府知府，五十三年調蘇州府知府，五十六年授蘇松糧道〔二三〕，十二月升授江蘇按察使，五十八年遷甘肅布政使，六十年調浙江布政使，嘉慶元年因事降補江西按察使，二年四月遷福建布政使，九月擢福建巡撫，六年十月因病請解任，七年二月回籍，八年四月入覲，以二品頂戴署左副都御史，五月署刑部左侍郎。旋命赴江西鞫案。途次簡任江蘇巡撫。十一年八月擢工部尚書，十月授湖廣總督，十五年九月調閩浙總督，二十二年爲鞫福建布政使李賡芸案不實革職，二十三年二月卒於家。

公歷任均有政績可紀，實爲嘉慶間督撫之冠。惟鞫李賡芸案所委非人，以致李賡芸含冤自縊，不得謂非白珪之玷。甚矣，「退思補過」之難言也！

公長身玉立，容貌秀偉，面白而長，上圓下鋭，鬚眉清疏。咸豐戊午、己未間，公之少子厚之名正塈避亂余里，年已六十餘矣。與余時相往還，所藏有誦先圖三巨册，乃畫歷代祖先及公晚年圖像，乃公歷官隨時請當代名人題詠者。公生前曾摹刻祠堂壁上。未幾，厚之丈殁於余里。其妻姚氏雅有文學，後歸南鄉故居，數年亦亡。後人凋落，此誦先圖真蹟今亦不知流落何所。展觀此册，遠想慨然。

己亥季冬二十三日記。

〔校記〕

〔一〕「多弆」，稿本作「所弆」。
〔二〕「多橱」，刻本作「多寶橱」，今依稿本。
〔三〕「屜」，據稿本補。
〔四〕「内府收藏之本，經三次著録者」，稿本作「内府收藏之未經著録者」。
〔五〕「精品」句上，稿本有「不少」二字。
〔六〕「文淵閣目」，稿本作「文淵等閣」。
〔七〕「編修」，稿本作「院長」。
〔八〕「又翰院内」至「八翰林主之」，稿本作「又翰林院内有清閟堂三間，内另有書庫約六間，皆礴石所砌，窗甚明亮，門格均以鐵爲之，火不能燃，凡書之出入，皆司書八大翰林主之。」
〔九〕「十一」，據稿本補。
〔一〇〕「閟」，刻本作「閟」，今依稿本。
〔一一〕「麼」，刻本作「摩」，今依稿本。
〔一二〕「侯」，據稿本補。
〔一三〕「自非」句下，稿本有「遇有脫誤，自不敢輕加斷語改訂，必一一尊信」几句。
〔一四〕「詩集二卷」，刻本作「詩文集二卷」，今依稿本。
〔一五〕「風格」，刻本作「夙」，兹依稿本。
〔一六〕「明」，稿本作「名」。
〔一七〕「六十」，稿本作「六十三」。

〔一八〕稿本末有「甲申夏五月廿八日記於直隸永定河道署西軒」。
〔一九〕「合印」上，稿本有「兩人」二字。
〔二〇〕「長身」下，稿本有「較恪敏公爲富厚」一句。
〔二一〕「裴夫人」下，稿本有「白面如瓜子形」六字。
〔二二〕「季冬」，稿本作「冬季」。
〔二三〕「五十六年」下，稿本有「二月」。

敬孚類藁卷十

傳　事略

故前欽天監監正楊公光先別傳　仿阮文達公元擬國史儒林傳稿本

楊光先字長公，江南歙縣人。尚書凝裔孫，世襲新安衛中所副千户，讓職與弟光弼，孑身入都。康熙徽州府志。

山陽武舉陳啓新者，崇禎九年詣闕上書言天下三大病，捧疏跪正陽門三日，中官取以進，帝大喜，立擢吏科給事中，歷兵科左給事中。劉宗周、詹爾選等先後論之，光先訐其出身賤役，及徇私納賄狀，帝悉不究。然啓新在事所條奏，率無關大計。明史姜埰傳。温體仁當國既久，劾者章不勝計，而劉宗周劾其十二罪、六奸，皆有指實。宗藩如唐王聿鍵，勳臣如撫甯侯朱國弼，布衣如何儒顯、楊光先等，亦皆論之。光先至輿櫬待命，帝皆不省，愈以爲孤立，每斥責言者以慰之，至有杖死者。明史温體仁傳。光先被杖謫戍遼左。徽州府志及王泰徵撰始信録序。

癸未冬，烈皇御經筵，求文武材，襄城伯李國楨以光先對。上曰：「是舁櫬之楊光先乎？」遂懸大將軍印以待之。襄城遣人迎，未至，而明已亡。王泰徵始信録序。

入國朝，順治十七年，抗疏斥西洋教之非，以西人「耶蘇會」非中土聖人之教，且湯若望所造時憲書，其面上不當用上傳批「依西洋新法」五字等語，具呈禮部，不准。徽州府志、阮元疇人傳、及黄伯録譯正教奉褒。

康熙三年七月，光先叩閽，進所著摘謬論一篇，摘湯若望新法十謬，又選擇議一篇，摘湯若望選擇榮親王安葬日期誤用洪範五行。下議政王等會同確議。四年三月壬寅，議政王等逐款鞫問所摘「十謬」，楊光先、湯若望各言己是。歷法深微，難以分別。但歷代舊法每日十二時，分一百刻；新法改爲九十六刻。又康熙三年立春日候氣先期起管，湯若望誑奏，候至其時春氣已應。又二十八宿次序分定已久，湯若望私將參、觜二宿改調前後，又私將四餘中删去紫氣。又湯若望進二百年曆，天天祐皇上，曆祚無疆，而湯若望止進二百年曆，俱大不合。其選擇榮親王葬期，湯若望等不用正五行，反用洪範五行，山向、年月，俱犯忌殺。事犯重大，擬欽天監監正湯若望、刻漏科杜如預、五品挈壺正楊宏量、曆科李祖白、春官正宋可成、秋官正宋發、冬官正朱光顯、中官正劉有泰等，皆凌遲處死。已故劉有慶子劉必遠、賈良琦子賈文郁、宋可成子宋哲、李祖白子李實、湯若望義子潘盡孝俱斬立決。得旨：「湯若望係掌印之官，於選擇事情不加詳慎，輒爾准行，本當依擬處死，但念專司天文，選擇非其所習，且效力多年，又復衰老，著免死。杜如預、楊宏量本當依擬處死，但念永陵、福陵、昭陵、孝陵風水皆伊等看定，曾經效力，亦著免死。湯若望等並其干連人等，應得何罪，仍著議政王、貝勒、大臣、九卿、科道再加詳覈，分別確議具奏〔一〕。」東華録。夏四月己未，議政王等遵旨再議，湯若望、杜如預、楊宏量、潘盡孝及案內干連人犯等，俱責打流徙〔二〕，餘俱照前議。得旨：「李祖白、宋可成、宋發、朱光顯、劉有泰俱著即處斬。湯若望、杜如預、楊宏量責打流徙俱著免。伊等既免，其湯若望義子潘盡孝及杜如預、楊宏量干連族人責打流徙亦著俱免。餘依議。」東華録。光先疏言湯若望之曆法件件悖理，件件舛謬，特授欽天監右監副，旋授監正。阮元疇人傳、徽州府志及黄伯録譯正教奉褒。光先以「但知推步之理，不知推步之數」叩閽辭職，疏凡五上，不准辭。輯前後所上書狀論疏爲上下卷，名曰不得已。疇人傳又徽州府志云：「凡九叩閽、十三疏辭，弗允。勉就職。」今據疇人傳及不得已本書。

五年二月丁巳，欽天監監正楊光先奏：「今候氣之法久失其傳，十二月中氣不應。乞准臣延訪博學有心計之人，與之制器測候。並敕禮部采取宜陽金門山竹管、上黨羊頭山秬黍、河內葭莩備用。」從之〔三〕。東華録。

七年，詔求直言。光先條陳十款，悉見采納。內逃一人一款，得免十家連坐之例。徽州府志。

冬十月戊子，禮部以江南取到元郭守敬儀器，請旨定奪。得旨：「楊光先奏稱所用律管、葭莩、秬黍已經取到。照尺寸方位，候過二年，未見效驗。案候氣之法，自北齊信都方取有效驗之後，經千二百餘年，俱失其傳。爾部議交與楊光先，令訪求博學有心計之人，應將一千二百餘年失傳之處，能行修正之人可得與否，及楊光先能修正與否，俱詳問再議具奏。」東華録。

十一月丙辰，禮部遵旨議覆候氣之事：「據欽天監監正楊光先奏稱：『律管尺寸雖載在司馬遷史記，而用法失傳，今博訪能候氣之人，尚在未得。臣身染風疾，不能管理。』查楊光先職司監正，候氣之事，不當推諉。仍令延訪博學有心計之人以求候氣之法。」從之。東華録。

十二月庚寅，治理曆法。南懷仁劾奏欽天監副吳明烜所造康熙八年七政民曆，內康熙八年閏十二月應是康熙九年正月，又有一年兩春分、兩秋分種種差誤。得旨：「曆法關繫重大，著議政王、貝勒、大臣、九卿、科道會同確議具奏。」東華録。

八年春正月庚申，議政王等會議南懷仁奏吳明烜推算曆日差錯之處，奉旨差大學士圖海等同欽天監監正馬祜測驗立春、雨水、太陰、火星、木星，與南懷仁所指逐款皆符，吳明烜所稱逐款不合，應將康熙九年一應曆日交與南懷仁推算。得旨：「楊光先前告湯若望時，議政王大臣會議以楊光先何處爲是，據議准行；湯若望何處爲非，輒議停止。及當日議停、今日議復之故，不向馬祜、楊光先、吳明烜、南懷仁問明詳奏，乃草率議覆不合。著再行確議。」東華録。二月庚午，議政王等遵旨會議前命大臣二十員赴觀象臺測驗，南懷仁所言，逐款皆符；吳明烜所言，逐款皆錯。問監正馬祜、監副宜塔喇、胡振鉞、李光顯，亦言南懷仁曆皆合天象。

竊思百刻曆日，雖歷代行之已久，但南懷仁推算九十六刻之法，既合天象，自康熙九年始，應將九十六刻曆日推行。又南懷仁言羅睺計都月孛星係推算曆日所用，故開載，其紫氣星無象，推算曆日，並無用處，故不開載。自康熙九年始將紫氣星不必造入七政曆日內。又言候氣係自古以來之例，推算曆法亦無用處，嗣後亦應停止。楊光先職司監正，曆日差錯不能修理，左祖吳明烜，妄以九十六刻推算謂「西洋之法必不可用」，應革職，交刑部從重議罪。得旨：「楊光先革職，從寬免交刑部，餘依議。」東華錄。

三月庚戌，授西洋人南懷仁爲欽天監監副。先是，欽天監官案古法推算，康熙八年曆以十二月置閏。至是，南懷仁言：「雨水爲正月中氣。是月二十九日值雨水，即爲康熙九年之正月，不當置閏，置閏當在明年二月。」上命禮部詳詢。欽天監官多直南懷仁，乃罷康熙八年十二月閏，移置康熙九年二月，其節氣占候悉從南懷仁之言。東華錄。

八月辛未，康親王傑書等議覆南懷仁、李光宏等呈告楊光先依附鰲拜，捏詞陷人，將歷代所用之洪範五行稱爲「滅蠻經」，致李祖白等各官正法；且推曆候氣茫然不知，解送儀器虛糜錢糧，輕改神明，將吉凶顛倒，妄生事端，殃及無辜，援引吳明烜謊奏授官，捏造無影之事，誣告湯若望謀叛。情罪重大，應擬斬，妻子流徙甯古塔。至供奉天主，係沿伊國舊習，並無爲惡實蹟。湯若望復「通微教師」之名，照伊原品賜卹，還給建堂基地；許纘曾等復職，伊等聚會散結天學傳概及銅像等物，仍行禁止；西洋人栗安黨等，該督撫驛送來京；李祖白等照原官恩卹，流徙子弟取回，有職者復職；李光宏、黃昌、司爾珪、潘盡孝原降革之職仍行給還。得旨：「楊光先理應論死，念其年老，姑從寬免，妻子亦免流徙。栗安黨等二十五人不必取來京城。其天主教除南懷仁等照常自行外，恐直隸各省復立堂入教，仍著嚴行曉諭禁止。餘依議。」東華錄。光先邀蒙恩免，黃伯祿譯正教奉褒放歸，卒於途。徽州府志。又疇人傳：「歙人言：光先南歸，至山東暴卒，蓋爲西人毒死。」而池北偶談則稱：「論大辟。」其實光先蓋論大辟免死歸卒者也。又黄伯録譯正教奉褒：「出京回家，行至山東德州地方，病發背死。」

元和錢綺曰：「楊公於康熙初入京，告西洋人以天主邪教煽惑中國，必爲大患，明見在二百年之先，實爲本朝第一有識有膽人。其書亦爲第一有關名教、有功聖教、有濟民生之書。當時邪不敵正，質審明白，黜湯若望諸人之官，殺監官之附教者五人，禁中國人習天主教〔四〕，可謂重見天日矣。乃西洋人財可通神，盤踞不去，遍賄漢人之有力者，暫授楊公爲監正，必欲伺其間隙，置之死地。楊公明燭其謀，五疏力辭，又條上「六畏二羞」之疏，情詞剴切。部議陰受指使，始終不准；不得已就職。不久，即以置閏錯誤坐論大辟，蒙恩赦歸，中途爲西洋人毒死。而後西法復行，牢不可拔。蓋楊公死於未授職之前，則無以摘其誤謬，而西術不能復興；即興，亦終不能固，故設此陷阱，以洩其憤而售其奸。邪謀之深毒，不可畏哉！然而天主教之不敢公然大行，中國之民不至公然習天主教而盡爲無父無君之禽獸者，皆楊公之力也。」不得已跋。

戴憂庵先生事略

康熙五十二年，歲在癸巳，二月初十日，戴憂庵先生伏法於京師。其從弟輔世扶櫬歸葬桐城南山岡硯莊之陽。當時以先生觸忌諱得罪，傳狀銘幽之文闕焉。迄今百四十餘年，墓道荒蕪，父老過客且有不識爲誰氏之塚。特其文名尚爲四方學者所稱道。然其淺者，但知先生舉業之文；稍深者，亦僅知先生之古文而已。至其生平留心先朝文獻，嘗以有明一代之史事爲己任與其遺事，概未嘗聞，且多有附會謬妄失實之説。予年十六七，曾得先生四書文及古文百餘篇，時時心摹手追，稍知古文、時文塗轍。稍長，乃遍搜輯先生遺書與文。今又幸逢聖天子久除文字之禁，乃据遺書及家乘並鄉先輩遺集遺言，先生生平文字最精粹者，酌載數篇，輯爲事略，以示鄉邦後進焉。

謹案：先生姓戴氏，諱名世，字田有，一字褐夫，號藥身，又自號憂庵。身後鄉先輩及四方學者皆稱之曰宋潛虚先生，以宋爲戴族所自出也。

先世洪武初自徽州之婺源，徙居桐城，家世孝弟力田，至南居府君，族始大，尤多隱德。所居地曰南灣，因以爲號。繼乃遷於縣治之城東。嘗使其長子面峰至南灣，佃夫有掘地得白金二甕，其上皆金玉寶器，不敢匿，以告主人。面峰歸請命將取之，南居大怒，曰：「有毋望之福者，必有毋望之禍。女欲取非義以長其驕，吾家焉用此不才子！」乃杖之。佃夫喜，與妻子潛捆載去之鄰邑，買田宅爲富人。居數年，獄吏艷之，誣爲盗，家竟破，罹禍而死。聞者皆服南居之識。面峰之幼子曰默齋，爲處州經歷時，太守有羸疾，知其長者，事皆屬之治，吏懾服不敢欺謾，一府中皆稱其能。歷署篆，每去，士民追送百里。時鄰邑俗悍難治，上官調公往，事輒平。以故，常兼攝兩縣事。居鄉好賑卹貧乏，鄉老大夫莫不加敬。屢舉鄉飲大賓。生四子，長曰孟庵，即先生之曾祖也，弱冠爲諸生，有聲。後國變，痛哭薙髮，服僧衣，入龍眠山中不出。祖古山先生，宦江西回，侍養山中，後因家焉。父碩，字孔萬，邑博士弟子。爲人醇謹忠厚，與人語，輒以爲善相勸勉，無賢愚皆服其長者。尤喜詩，辭多悲楚，凡百餘卷。

先生幼聰穎，六歲從塾師受學，中間以疾未能專讀，凡五年而四書、五經畢，自是窺探經史百家，即善爲古文辭。年二十，授徒養親，師事里中潘蜀藻先生江，且多借其藏書觀之。是時，長州韓文懿公菼以雄駿古雅之文登高第，爲天下宗仰。先生年少，好爲妙遠不測之文，頗爲鄉里姍笑。惟縣司教王先生我建及潘先生奇之，且以宗伯韓公相擬。先生大父古山先生亦勉勿怠，不以窮困爲嫌。

康熙庚申，先生年二十八，入縣學爲諸生。是冬，父霜巖先生卒。先生明年乃編訂其遺詩及自訂古文初集、周易文稿。又四年乙丑，以廩生得選拔貢生，督學使者爲諸城劉公木齋、吉水李公振玉，咸以國士相目。丙寅冬入京師。明年，以選貢生考取，補正藍旗教習，考授知縣，應京兆試，被放。戊辰、己巳之間，應山東學使某公之聘，自燕逾濟，遊於渤海之濱，遍歷齊魯之境。己巳夏，自河濟入京師。居三年，授經於李太常愚庵家。壬申冬十月，祖古山先生卒。明年，元配李孺人卒。是年，乃客福建。明年，遊淮上。又明年，入京師。居二年，丁丑之春，自京師返金陵。明年秋九月，母方孺人卒。庚辰之春，操房書選政。夏五月，應浙江學使保德姜公之聘。姜公詩文教令多出其手。冬十二月，仍回金陵。明年，再赴姜公之約往浙江，且遊覽爛柯、雁蕩、大龍湫、赤城、天台諸勝，次第爲文記之。而金陵門人尤雲鶚以平日所藏先生古文百餘首雕刻行世，名曰南山集偶鈔。是時先生已買宅里中之南山，將歸隱，故取以名其集，志歸隱之地也。壬午之冬，乃自江寧歸里，居南山，所謂硯莊者。

又二年，甲申，復客遊姑蘇。明年乙酉，應順天鄉試中式舉人。又明年，會試被黜，乃自京師復客吴門，操房書之選。又明年秋，乃客江都並淮上，又客南陵。

先生嘗編訂四書朱子大全，是年冬告成。明年，過淮上入京師。錢塘友人程逢儀鳳來爲鋟板，以廣其傳。先生序之，略曰：「四書歷漢及唐，至宋諸儒出，而其義乃大明。蓋自二程子始發孔孟之祕於千載廢墜之餘，至朱子出而其學尤爲純粹以精，其闡明四書之義者尤爲詳密而完備。自朱子殁，諸儒競起，人各爲書，或不能盡得朱子之本旨，其陽奉而陰違者，亦往往有之。明永樂中，詔諸臣編纂四書大全，一時諸臣皆不知聖人之道，竊取倪氏、吴氏兩家龐雜割裂之書以應詔，是非互陳，邪正並列。自是學者眩瞀莫辯，雖顯背於朱子之旨者，亦與朱子並奉以爲不刊。蓋四書之義，既大顯明於朱子之手，而復混淆於諸儒者，歷二、三百年矣。近日平湖陸氏、長洲汪氏爲之抉摘其疵謬，以告於世，於是大全之雲霧漸掃。而余以謂古人罷黜百家，獨尊孔氏，今之尊朱氏即所以尊孔氏也。故余是書一以朱子爲主，其於朱子之書一以集註、章句爲主，至於朱子他書與集註、章句互相發明者，采其精要，集而次之，而務一其旨歸。其於諸儒之説，概弗參載焉。夫諸儒之説，其龐雜割裂而疵謬者，汰而去之，宜也。然其中不無可采之論，至當之言，而亦莫之入，何也？夫其可采之論，至當之言，原不能出乎朱子函蓋之内也。今夫一堂之上，衆論喧呶，紛紜攻訐，苟非窮理之深，析義之精，聽之焉能無誤哉！惟得一明允之吏，片言立剖，而紛紜之辨自息，是故學者但明於朱子一家之言，而諸儒之說是非邪正自了然於胸中，而不爲其所亂。此則區區爲是書之意也。」

明年己丑，會試中式第一名貢士，殿試欽點一甲二名進士，授職翰林院編修，時先生春秋巳五十有七矣。又二年，以南山集獲罪，獄辭具於辛卯之冬。又二年，論死。蓋先生少即以明史自任，嘗遍訪遺書，網羅故老傳聞，欲以成一家之言。時鄉前輩方學士孝標，故翰林，失職遊滇中，陷賊而歸〔五〕，著有鈍齋文集、滇黔紀聞等書。先生日記中頗采其語，姓而不名。且與余生書曰：「前者浮屠犁支自言永曆中宦者，爲足下道滇黔間事，余聞之，載筆往問焉。余至而犁支巳去，因教足下爲我書其語來。去年冬，乃得讀之，稍稍識其大略。而吾鄉方學士有滇黔紀聞一篇，余六七年前嘗見之。及是，而余購得此書，取犁支所言考之，以證其同異。蓋兩人之言各有詳有略，而亦不無大相懸殊者。傳聞之間，必有訛焉。然而學士考据，頗爲確核，而犁支又得於耳目之所覩記，二者將何所取信哉？昔者宋之亡也，區區海島一隅，僅如彈丸黑子，不逾時而又巳滅亡，而史猶得以備書其事。今以弘光之帝南京，隆武之帝閩越，永曆之帝兩粤、帝滇黔，地方數千里，首尾十七、八年，揆以春秋之義，豈遽不如昭烈之在蜀、帝昺之在崖州？而其事漸以滅沒。近日方寬文字之禁，而天下所以避忌諱者萬端，其或菰蘆山澤之間，有僅僅誌其梗概，所謂存什一於千百，而其書未出，又無好事者爲之掇拾流傳，不久而巳蕩爲清風，化爲冷灰。至於老將退卒，故家舊臣、遺民父老相繼澌盡，而文獻無徵，凋殘零落，使一時成敗得失與夫孤忠效死、亂賊誤國、流離播遷之情狀，無以示於後世，豈不可歎也哉！終明之世三百年無史，金匱石室之藏，恐終淪散放失〔六〕，而世所流布諸書，缺略不詳，毁譽失實。嗟乎！世無子長、孟堅，不可聊且命筆，鄙人無狀，竊有志焉，而書籍無廣購，又困於饑寒，衣食日不暇給，懼此事終已廢棄，是則有明全盛之書且不得見其成，而又何况於夜郎、筇、笮、昆明、洱海奔竄流亡區區之軼事乎？前日，翰林院購遺書於各州郡，書稍稍集，但自神宗晚節，事涉邊疆者，民間汰去不以上。而史官所指名以購者，其外，頗更有潛德幽光稗官碑誌紀載出於史館之所不及知者，皆不得以上，則亦無以成一代之全史。甚矣，其難也！余夙昔之志，於明史有深痛焉。輒好問當世事，而身所與士大夫接甚少，士大夫亦無有以此爲念者。又足迹未嘗至四方，以故見聞頗寡，然而此志未嘗不時時存也。足下知犂支所在，能召之來與余面論其事，則不勝幸甚！」蓋年少氣盛，擇言不精，輕論史事，實非熙朝臣子所應出此。然至是已二十餘年矣，至康熙辛卯冬，武進趙都諫申喬據南山集題參，而同時又多忌先生名者力擠之，故當時仁廟方拔起天下英偉之才，相國安溪李公雅重先生，欲疏救於萬死一生之地，卒不可得。然尚賴仁廟寬仁，減吏議極刑，改死罪而已。牽連三百餘人，悉爲保全。而先生宗族及子弟，悉蒙寬宥，方氏遺戍及隸旗籍者，雍正元年恩詔均爲宥赦焉。

桐城經學文章之端緒，開自錢先生田間，其後望溪方侍郎昌而大之。先生亦自幼殫精經史，得禍後，多所未究。其緒論惟見之於遺文，嘗曰：「易之道大矣！夫子以爲可以寡過，往時讀其言而不知自省也。既學易，而後知生平動静，無時不在過中，而無有一當，輒不禁涕淚之横集也。欲擒周易一卷，隱居深山，朝夕占玩，考校諸家，而勒爲一書，或可借以稍寡其過，亦足以樂而終身也歟！」又曰：「『九師興而易道微，三傳作而春秋散。』善哉，文中子之論也。易之爲書，廣大悉備，而其變動不居，不可爲典要，自聖人已言之。是故淺學曲士一切瑣屑紛紜術數之説，皆得託之於易。雖皆不可謂非易之所有，然徒執區區以言易，則已非易矣。易之理至程傳而明，至本義而益大明。然而言湮世遠，師傳歇絶，自晚周至宋，凡千餘年，伊川、考亭鑽研反覆，得其不傳之意，而著之爲書。其書出於草創之際，豈無十之二、三與文王、周公、孔子之本旨不相比附者？世苟有通經學古之士，潛心冥會，融釋貫通，其於程朱繼志述事，能補其所未及，是亦程朱之功臣也。若乃騁其私見小慧，支離蔓衍，顯無忌憚，而務求勝於古人，是乃所謂叛臣者也。其或讀古人之書，而阿諛以曲從，不敢有毫髮之别異，是乃所謂佞臣者也。佞之爲古人之害也，與叛等。」先生於經持論平允多類此。

而生平最精者，尤在史學。嘗著論曰：「昔者聖人何爲而作史乎？夫史者，所以紀政治典章、因革損益之故與夫事之成敗得失，人之邪正，用以彰善癉惡，而爲法戒於萬世。是故聖人之經綸天下，而不患其或敝者，恃有史以維之也。史之所繫如此其重，然而史之難作，久矣！作史之難其人，抑又久矣！今夫一家之中，多不過數十人，少或十餘人，吾目見其人，吾耳聞其言，然而婦子之詬誶，其釁之所由生，或不得其情也，主伯亞旅之勤惰，或未悉其狀也。推而至於一邑一國之大，其人又衆矣〔七〕，其事愈分雜而不可詰矣。雖有明允之吏聽斷審讞，猶或有眩於辭、牽於衆、而窮於不及照者。況以數十百年之後，追論前人之遺迹，其事非出於吾之所親爲覩記，譬如聽訟而兩造未列，只就行道之人、旁觀之口、參差不齊之言、愛憎紛紜之論，而據之以定其是非曲直，豈能有當乎？夫與吾並時而生者，吾譽之而失其實，必有據其實而正之者；吾毁之而失其實，其人必與吾爭辨而不吾聽也。若乃從數十百年之後，追論前人之遺迹，毁之惟吾，譽之惟吾，其人不能起九原而自明也。孟子曰：『盡信書則不如無書。』吾於諸家之史亦云。然則作史豈遂無其道乎哉？夫史之所藉以作者，有二：曰國史也，曰野史也。國史者，出於載筆之臣，或鋪張太過，或隱諱不詳，其於羣臣之功罪賢否、始終本末，頗多有所不盡，勢不得不博徵之於野史；而野史者，或多徇其好惡，逞其私見，即或其中無他，而往往有傷於辭之不達，聽之不聰，傳之不審，一事而紀載不同，一人而褒貶各别。嗚呼！所見異辭，所聞異辭，所傳聞異辭，吾將安所取正哉！書曰：『三人占，則從二人之言。』吾以爲二人而正也，則吾從二人之言；二人而不正也，則吾仍從一人之言；即其人皆正也，而其言亦或可盡從，夫亦惟論其世而已矣。一事也，必有一事之終始；一人也，必有一人之本末。綜其始終，核其本末，旁證互參，而固可以得其十八、九矣。子曰：『衆好之，必察焉；衆惡之，必察焉〔八〕。』察之而有可好，亦未必遂無可惡者；察之而有可惡，亦未必遂無可好者。衆不可矯也，亦不可徇也。設其身以處其地，揣其情以度其變，此論世之説也。吾既論其人之世，又論諸作野史者之世，彼其人何人乎？賢乎？否乎？其論是乎？非乎？其爲局中者乎？其爲局外者乎？其爲得之親見者乎？其爲得之遜聽者乎？其爲有所爲而爲之者乎？其爲無所爲而爲之者乎〔九〕？觀其所論列之意，察其所予所奪之故，證之他書，參之國史，虛其心以求之，平其情而論之，而其中有可從有不可從，又已得其十八、九矣。嗚乎！史之難作如此。而自古以來諸家之史，不能皆得而無失，此吾所以謂作史之難其人也。曾鞏氏曰：『古之所謂良史者，其明必足以周萬事之理，其道必足以適天下之用，其智必足以通難知之意，其文必足以發難顯之情，然後其任可得而稱也。』又曰：『史者，所以明夫治天下之道也。』由此觀之〔一〇〕，作史之人豈不難哉！自古稱良史，莫過於班馬二家，然以司馬氏之雄傑，覆冒百代，而不無是非顛倒、采摭謬亂，是其智雖足以通難知之意，其文雖足以發難顯之情，而明固不足以周萬事之理，道固不足以適天下之用矣。至於班氏之文，較之於司馬氏又尚有不逮焉。夫班馬二家，豈非天下之才乎？而猶有所憾若是，而況於魏晉以後區區之破析其體、藻繪其辭，而義類盡失者哉！此吾所謂作史之難其人也。且夫作史者，必取一代之政治典章、因革損益之故，與夫事之成敗、人之得失，一一了然洞然於胸中，而後執筆操簡，發凡起例，定爲一書。乃能使後之讀之者，如生於其時，如即乎其人，而可以爲法戒〔一一〕。譬如大匠之爲巨室也，必先定其規模，向背之已得其宜，左右之已審其勢，堂廡之已正其基，於是入山林之中，縱觀熟視某木可材也，某木可柱也，某木可棟也、榱也，某石可礎也、階也，乃集諸工人，斧斤互施，繩墨並用，一指揮顧盼之間，而已成千門萬户之鉅觀。良將之用衆也，紀律必嚴，賞罰必信，號令必一，進止必齊，首尾必應。運用之妙，存乎一心，變化之機，莫可窺測。乃可以將百萬之衆，而條理不紊，臂指可使。兵雖多而愈整，法雖奇而實正。而吾竊怪夫後世之爲史者，規制之不立，法律之茫然，擧步促縮，觸事尷尬，是亦猶之尋丈之木，尺寸之石，而不知所位置；五人十人之聚，而駕馭乖方，喧嘩擾亂而不可禁止；又安望其爲巨室而用大衆乎哉！此吾所以謂作史之難其人也。且夫爲巨室者，羣工雜進，而職其體要，惟度材是任者，大匠一人而已；用兵者，卒徒雖多，偏裨雖武猛，而司三軍之命者，大將一人而已。爲史者雖徵文考獻，方策雜陳，而執筆操簡、發凡起例者，亦不過良史一人而已。而吾又竊怪夫後世之爲史者，素不聞有博通三史之學也，素未知有筆削之法也，分編共纂，人人而可以爲之，一人去又一人來，往往一書未成，而已經數十百人之手，曠日逾時，而卒底於無成。衆拙工而治一器，衆懦夫而治一軍，器安得不窳，而軍安得不敗哉！是故以司馬氏、班氏、歐陽氏爲之大匠、良將，而史記而漢書而五代史可成也。新唐書非歐陽氏一手之所定，遂不能與五代史齊觀。則夫史氏非專家之學不可以稱其任，此亦可以見矣。夫所謂專家之學者，天下之才也。如曾鞏氏之所謂「而後可以爲良史也」。或謂史之難作如此，作史之又難其人如此，顧安所得如司馬氏、班氏、歐陽氏者出而任之？此亦視乎上之所重而已矣。上之所重在經學，則天下之通經者出；上之所重在史學，則天下良史者出；而又何患於史之難作與作史之難其人哉！」

先生於文，幼有天授。才氣汪洋浩瀚，縱横飄逸，雄渾悲壯，深得左、史、莊、騷神髓。嘗以其所得暢發之於書，曰：「蓋余嘗讀道家之書矣，凡養生之徒，從事神仙之術，滅慮絶欲，吐納以爲生，咀嚼以爲養。蓋其説有三：曰精，曰氣，曰神。此三者，鍊之，凝之，而渾於一。於是外形骸，凌雲氣，入水不濡，入火不熱，飄飄乎御風而行，遺世而遠舉。余嘗欲學其術，而不知所從，乃竊以其術而用之於文章，嗚呼，其無以加於此矣！古之作者，未有不得是術者也。太史公纂五帝本紀，擇其言尤雅者，此精之説也。蔡邕曰：「鍊余心兮浸太清，」夫惟雅且清則精，精則糟粕煨燼、塵垢渣滓與凡邪僞剽賊皆刊削而靡存。夫如是之爲精也。而有物焉，陰驅而潛率之，出入於浩渺之區，跌宕於杳靄之際，動如風雨，静如山岳，無窮如天地，不竭如江河。是物也，傑然有以充塞乎兩間，而蓋冒乎萬有，嗚呼，此爲氣之大過人者，豈非然哉！今夫言語文字，文也，而非所以文也；行墨蹊徑，文也，而非所以文也。文之爲文，必有出乎語言文字之外，而居乎行墨蹊徑之先。蓋昔有千里馬牝而黄，伯樂使九方皋視之，九方皋曰牡而驪，伯樂曰：「此真知馬者矣。」夫非有聲色臭味足以娱悦人之耳目口鼻，而其致悠然以深，油然以感，寻之無端，而出之無迹者，吾不得而言之也。夫惟不可得而言，此其所以爲神也。今夫神仙之事，荒忽誕漫不可信，得其術而以用之於文章，亦足以脱塵埃而游乎物外矣。」又曰：「文章之爲道，雖變化不同，而其旨非有他也，在率其自然，而行其所無事，即至篇終語止，而混茫相接，不得其端。此自左、莊、馬、班以來，諸家之旨未之有異也。蓋文之爲道，未有不讀書而能工者也。然而吾所讀之書，而吾舉而棄之，而吾之書固已讀，而吾之文固已工矣。夫是以一心注其思，萬慮屏其雜，直以置其身於埃壒之表，用其想於空曠之間，游其神於文字之外，如是而后能不爲世人之言；不爲世人之言斯無以取世人之好。故文章者，莫貴於獨知。彼衆人者，耳剽目竊，徒以雕飾爲工，觀其菁華爛漫之章，與夫考据排纘之際，出其有惟恐不盡焉，此其所以枵然無有者也。君子之文，淡焉，泊焉，略其町畦，去其鉛華，無所有乃其所以無所不有者也。間嘗入乎深林叢薄之中，荆榛罥吾之足，土石封吾之目，雖咫尺莫能進焉。余且惴惴懼跬步之或有失也。及登覽乎高山之巔，舉目千里，雲煙在下，蒼然茫然，與天無窮。頃者遊於渤海之濱，見夫天水渾淪，波濤洶湧，惝怳四顧，不復有人間。嗚呼，此文之自然者也。」又嘗論曰：「質者，天下之至文者也；平者，天下之至奇者也。莫質於素，而本然之潔，纖塵不染，而采色無不受焉。莫平於水，而一川泓然，淵涵渟蓄，及夫風起水涌，魚龍出没，觀者眩駭。是故於文求文者，非文也；於奇求奇者，非奇也。今夫浮華濃艷刊落之無遺，而後真實者以存。潦水既盡，寒潭以清。此其所以造於質且平也。假使世俗爲之，則其所爲質且平者，枯槁頑鈍而無一有，安在其文，亦安在其奇邪！」蓋先生之論文如此。

先生生於國朝昌隆之際，人才極盛之秋，所與交遊，砥礪學業，四方豪俊英偉，莫不傾倒。尤留心先朝文獻，蒐求討論，自以爲此古今大事，不敢聊且爲之，欲入名山中，滌洗心神，餐吸沆瀣，息慮屏氣，久之乃敢發凡起例，次第命筆。而不幸死喪相繼，家益落，衣食於奔走，又以奇禍困躓顛倒，含恨而歿。千秋大業，卒未能顯於世。徒以區區文字爲世所稱道，豈先生之本志哉！

先生堅苦力學，晚益深造自得，不肯一刻離書。在獄中約計二載餘，以昔所編訂四書朱子大全鐫板行世，尚以爲未盡也。復取原書增損，條記簡端，硃墨淋漓。蓋此書羽翼經傳，爲程朱功臣，故慇懃爲後學計尤切。其史學可見者，則孑遺録一卷，及集中紀略并忠義諸傳而已。

往者戴存莊孝廉鈞衡嘗搜輯先生散軼之文，合偶鈔本，編爲潛虛先生全集，成十四卷。予又搜求，得紀略四首及他雜文百餘首，詩三十首。俟他日訪求更有所得，乃合存莊所編本細加采擇，別分卷帙。今姑記其大略如此。

先生生於順治十年癸巳三月十八日，年六十有一。母方太孺人生二子，先生居長。元配李孺人無子。弟平世歲貢生，亦以學行見稱於世。

咸豐庚申冬十月，邑後學蕭穆謹狀。

〔校記〕

〔一〕「分別」，刻本作「分明」，今依稿本。
〔二〕「徙」，刻本作「徒」，今依稿本。
〔三〕「用」，據稿本補。
〔四〕「人」，據稿本補。
〔五〕「賊」，據稿本補。
〔六〕「失」，據稿本補。
〔七〕「衆」，刻本作「重」，今依稿本。
〔八〕「衆惡之，必察焉」，據稿本補。
〔九〕「其」下「爲」字，據稿本補。
〔一〇〕「由此」上，稿本有「故爲之者亦必天下之才，然後其任可得而稱也」二句。
〔一一〕「法」，據稿本補。

敬孚類藁卷十一

墓表　志銘

故前欽天監監正歙縣楊公神道表

穆嘗恭讀世宗憲皇帝所録庭訓格言，中有訓曰：「爾等惟知朕算術之精，卻不知我學算之故。朕幼時，欽天監漢官與西洋人不睦，互相參劾，幾至大辟。楊光先、湯若望於午門外九卿前當面睹測日影，奈九卿中無一知其法者。朕思己不知，焉能斷人之是非，因自憤而學焉。今凡八算之法，累輯成書，條分縷析，後之學此者，視此甚易，誰知朕當日苦心研究之難也。」

穆既知聖祖仁皇帝之精算術，實由於此，因想楊公之爲人。今年夏，晤黟縣老友李君宗煟，談及楊公當日情事，因託遣人於歙縣楊氏代求楊公所著之書。旋於楊公族裔孫□□孝廉家得之。穆既得所録副本，因念楊公之墓，年久不免荒蕪。復託李君他日會同孝廉，商爲修理。因略叙其生平事蹟，他日表於其阡。

公姓楊氏，諱光先，字長公，徽州歙縣人也。其□世祖諱凝，字彦謐，明宣德五年進士，官至禮部尚書，調南京刑部尚書，嘗自叙前後戰功，乞世廕，子堣遂得新安衛副千户，子孫遂世襲焉。傳□世至公，乃讓職與弟光弼，孑身入京師，時爲崇禎十年也。

時有山陽武舉人陳啓新者，崇禎九年詣闕上書言天下三大病，捧疏跪正陽門三日，中官取以進，帝大喜，立擢吏科給事中，歷兵科左給事中。劉公宗周、詹公爾選等先後論之，公復劾其出身賤役及徇私納賄狀，帝悉不究。復經御史王公聚奎、倫公之楷、給事中姜公埰先後劾其溺職及請託受賕、還鄉驕横併不忠不孝、大奸大詐狀，乃削籍，下撫按追贓擬罪，啓新竟逃去，不知所之。

又中極殿大學士温體仁當國既久，劾者尤多，公復論之，至輿櫬待命，帝皆不省，每斥責言者以慰之，至有杖死者。而公卒以此遣戍遼左。然體仁亦旋以黨與奸狀爲帝所悟，放歸。十六年冬，烈皇御經筵求文武材，襄城伯李國楨以公對，上曰：「是舁櫬之楊光先乎？」遂懸大將軍印以待之。襄城遣人迎，未至而明已亡。

先是，崇禎元、二年間，莊烈帝以欽天監推算不合天行，日食失驗，欲罪臺官。時禮部尚書徐光啓言：「臺官測候，本郭守敬法，元時當食不食，守敬且爾，無怪臺官之失占。臣聞曆久必差，宜及時修正。」帝從其言，詔西洋人龍華民、鄧玉函等推算曆法，徐光啓爲監督。三年五月，又徵日耳曼人湯若望、意大理人羅雅谷襄授製器演算諸法。入國朝，順治元年夏，湯若望具疏，將本年八月朔日食、明年正月望日食照新法推步〔一〕，京師所見，虧蝕分秒，並起復方位圖象與各省所見不同之數，繕册進呈。秋七月，復將所製渾天星球一架、地平、日晷、窺遠鏡各一具併輿地屏圖一幅進呈，旋補授欽天監監正。自是十餘年，屢加恩擢用。十七年，公入京抗疏，以西人耶蘇會非中土聖人之教，且湯若望所造時憲書其面上不當用上傳批「依西洋新法」五字，具呈禮部，不准。是年，復召比利時人南懷仁來京纂修曆法。康熙三年七月，公復叩閽，進所著摘謬論一篇，摘若望新法十謬；又選擇議一篇，摘若望選擇榮親王安葬日期誤用洪範五行。下議政王等會議。四年三、四月，議政王等逐款鞫問及遵旨再議，湯若望等奉旨僅得罷職，旋以病死。聖祖特授公欽天監右監副，旋授監正。公以「但知推步之理，不知推步之數」叩閽辭職，疏凡五上，不准。乃輯前後所上書狀論疏爲上下卷，名曰不得已。七年，詔求直言，公條陳十款，多見采納。内逃一人一款，得免十家連坐之例，實自公發之。八年春二月，爲治理曆法，南懷仁所劾曆日差錯，得旨革職，旋蒙恩放歸，卒於途。

公歿後，西人以重價購其書，悉爲焚燬，欲滅其迹。新城王文簡公士禛所撰池北偶談曾記此書事實，西人復以計削去此條，且有改爲詆毁此書者。以故公此書及生平事實，後人罕有知者。嘉慶門，吳門黄主事丕烈曾得此書，嘉定錢少詹事大昕、儀徵阮相國元先後評跋，阮公復見初印本池北偶談，併采公所著日食天象驗篇爲疇人傳，且推摘謬十論，譏西法一月有三節氣之新、移寅宫箕三度入丑宫之新，則固明於推步者所不能廢。錢公雖以公於步算非專家，亦深惜公無有力者助之，故終爲彼所詘。其詆耶蘇異教，禁人傳習，爲大有功名教。近吳門葉君廷琯嘗稱公「少年已氣節魫魫如此，乃越三十年，時移世易，而剛直之性不渝，可謂豪傑之士。其書雖爲西人計燬，然迄今仍有傳本，而姓氏亦稱道弗衰。蓋其精誠固結，自有不可磨滅者在」云云，皆能知公之深。穆乃恭記庭訓格言一則並綜明史姜埰、温體仁等傳及東華録、康熙朝徽州府志，近世名人著述之可傳信者，檃括以表公阡，俾鄉之後進者詳焉。

原任貴州都勻府知府劉公墓表 代

公姓劉氏，諱宗幹，字松巖，桐城人也。曾祖玉潤，祖馨，皆太學生。父諱琢，邑庠生。少受業於族兄海峰先生，詩古文皆有法律。年未逾冠而殁。母何太恭人，守節自誓，數月始生公。

公少而天性純篤，嘗痛其先人早世，慨然欲繼其志，奉何太恭人以終老。嘗曰：「儒者遭時遇主，當爲國家建不世之勳。若自度其才有未足，力有未能，則巖居川觀以老，守其學以傳於後，可也。」當是時，公之配方恭人有賢行，最爲何太恭人所鍾愛。公事太恭人孝謹，不忍斯須離左右。而太恭人時察公達於時務，不欲公之鬱鬱久居也。公不得已，乃承太恭人意，援例入仕，授貴州都勻府同知，又署直隸古州知州。方恭人奉何太恭人家居，代公承甘旨，内外家務一以身兼之。以故公無内顧之憂，益得盡心於民事。

公之權知古州也，旋捧檄雲南督造銅船，事竣，空萬餘金，無所償，乃多方籌之，心力交瘁。何太恭人年近七旬，蒙恩旌表節孝，旋以天年終。公傷未得親視含殮，星夜奔喪，哀毁幾至不起。

方恭人力贊苦塊之所不及。先是，太恭人在牀褥，恭人刲股和藥以進，家人皆未及知也。至是，公察而感之，益思整頓精神，爲報親之地。服闋復回原任，又署大定府知府。逾年，以卓異擢都匀府知府。歲餘，以解銅入京，引見，道出江蘇清河縣，以積勞，舊疾大作，遂卒於彼。所莅各州府士民聞之，皆號泣，呼爲「劉青天」，咸鳩資建祠以祀之。

公才識精明，馭民寬厚，凡有所舉，必思有關於國計民生，前任官有弊政及陋規，必嚴加整理、裁汰。公事之暇，輒以讀書養性爲事。惜乎！年不中壽，所用僅此，未及大展其能也。公素尚誠實，不務立名，歷任善政，家人均不及知，不能爲公縷述。然觀其既殁，而民思之至爲立祠祀，則公平日勤政愛民、澤浹於肌者，可知已。

公以嘉慶□年□月日卒，距生於乾隆□年□月日，年五十有□。配方恭人生三子：法純，太學生；晟，工部議叙侯選縣丞；慶榮，太學生。側室張氏生一子：世恩，太學生。女三人：長適謝氏，次適方氏，三適王氏，皆方恭人出。孫六人，曾孫五人。以咸豐七年丁巳冬十二月十九日，葬於廬江縣横山冲之陽。方恭人祔。

某少嘗讀書公家，與公子慶榮交最深，今以薄宦羈縻數千里外，慶榮書來乞誌公墓，因以所知者稍論次之，以寄慶榮表於公阡。

二品封典通奉大夫原任桐城馬踏石巡檢山陰陸公神道表〔二〕

昔上虞倪文正公有云：「西漢循吏，趙廣德不及張敞，張敞不及韓延壽，韓延壽不及黄霸，黄霸不及朱邑，朱邑茂矣，然猶不及河南守吴公。史云吴公，不舉其名，是不可名也。曰治平第一，不詳其迹，是不可迹也。其庭不必鉆筩，其袖不必記籍，其野不必下神雀，其道路不必有烏攫肉，其生不必太傅封侯，其死不必桐鄉之俎。」穆嘗深偉其言。究之，諸公皆有經世安民之略，其所就功業有等差，蓋所遭之時、所歷之境而使之然。要其易地而治，無二致也。

吾鄉官師，以循良著稱，愈久而民愈不能忘者，在漢則有朱公邑，在晉則有陶公侃，下逮有明，則有陳公于階、石公克肖，時有「陳父石母」之稱。當吾世則有原任馬踏石巡檢陸公其庶幾焉。

公諱枚，字建中，一字立甫，浙江山陰人。陸氏故爲吴會業族，周漢以來，代有傳人，唐之忠宣公、宋之渭南伯，皆公之遠祖也。公少有經世志，嘗侍父閬風公遊學京師，援例以吏員議叙，補安徽廣德州杭村巡檢。以距原籍在五百里内，調補桐城馬踏石巡檢。道光十四年涖任，廨駐樅陽鎮。樅陽故爲晉陶桓公所治地也。公涖任即慨然以陶公之事世爲己任，所治雖僅桐城南鄉一隅地，公輒統觀全境形勢，不分畛域，按本地與他鄉鄰縣接壤之區，度其險要，察其利病，而經營之。樅陽鎮右有河，爲桐、廬、潛、懷各縣山水出口入江要道。内有菜子湖，爲諸水所潴。各縣有久雨，則山水勃發，先潴於湖，煙波浩渺，一望無際，俗號稱爲菜子海。樅陽正踞下游，滔滔之聲，日夕不絶於耳。夏秋江潮陡漲，水復内灌，澎湃之聲，亦日夕時有所聞。各縣田廬之窪下者，時有浸没，年穀不登。有縣令某，與彼地紳士鋭欲籌資，於江河之交，築隄以障之。公知此隄一築，民勞財傷，萬難永固。若内河諸水驟發，其勢洶湧，隄不能支，淤泥一時不及順流而下，愈積愈多，水無所洩，河以内窪下田廬，仍不免爲澤國。力爲縣令及紳士痛切而申明之，其事乃寢。識者以爲微公此議，不第將來多有紛更難行之端，且於各縣之風水有礙焉。樅陽舊有漕倉，往者漕糧未行全折〔三〕，縣令必於冬初親臨兑運。時鄉人輸輓，糧艘雲集，羣氓雜遝，宵小潛蹤，因事生風。公察其弊，預爲編立保甲，詰姦弭暴，軍民奉法，比户安謐。其他建巷柵，修橋樑，施藥餌以濟窮黎，製水龍以防火災，年饑歲晏，輒捐廉散賑，時形匱乏不惜也。鎮東沿江有戚家磯，石筍林立，急溜中，時爲往來舟楫之患。公籌資創立救生局，造船數艘，每疾風雷雨，則揚帆鼓舵，巡拯洪濤巨浪中，每歲全活往來之檣摧櫓折者無算。又嘗籌買義地，收掩旅櫬及浮棺數十百具。並與好義紳商，籌設同仁局，施棺槥以斂旅殍。縣東南兩鄉，時遭水災，公念沿江一帶，非堅築隄壩不爲功。適有江都史公丙榮來爲縣令，公察其有任事才，乃佐史公偕在籍紳士張太守寅等，躬詣大府，陳民間疾苦，請帑措資督工，興築高黄瓜墩及新生、樂生諸圩隄。又助史公創築東鄉沿江之天定隄，及永鎮壩，自南至東，凡六七十里，爲外江之障。大水之年，恒賴安堵。鄉民有爭訟者，就質於公，必反覆勸諭，有感激泣下，與親友約，永不再造公庭者。咸豐間粤西盗起，蔓延大江南北。樅陽爲水陸要道，公督鄉勇辦團練，大軍之往來不時，盜賊之出没靡定，公隨時應接，捍禦有法，軍民又安。六安有曹綬卿者，率練勇助官兵剿賊，至樅陽潰没，公倡紳士立忠義塚，兼籌資春秋致祭。逾年，湘鄉李忠武公克復桐城，大府知公能實心任事，即檄公攝行縣篆。公於善後諸務，籌辦如法，紳民感戴，以爲前此令君所未有也。後還本任。時邑紳方大令傳理，將設育嬰堂於城中，以東南沿江左右六、七十里，多有貧瘠，棄兒溺女，時有所聞，力勸方君分設一堂於樅陽，公親鳩工擇地，費極心力。堂工完固，每歲收養羣嬰，往往逾城中數倍。樅陽舊有白鶴書院，年久經費不足，幾就廢頽。公捐俸生息以濟之，生童乃勤於立學，文教大興。舊有城隍廟，而燬於兵燹，復捐俸籌資重修，以光祀典。凡諸善舉，知無不爲，爲無不就，多類此。自奉甚約，而待人極厚。嚴家法，重祭祀，内外有閑，手足倍篤。嘗著家訓一編，所以垂誡子孫立身爲人之道尤備，讀者擬諸顔黄門、張文端兩家之書焉。公先後官巡檢三十六年，署縣篆三年。同治八年致仕。又十六年，以光緒十年五月初三日，沐浴具衣冠端坐，終於樅陽寓舍。臨終神色清明，猶訓子孫做好人，行好事，毋越職，毋越思，乃瞑。距生於乾隆六十年乙卯八月十九日，享年九十。公子顯勳等，即以是年十一月二十七日葬公於山陰天樂鄉新橋頭之原。公元配周夫人，又以兼祧配王夫人，卒，又繼配姚夫人。今公子奉王夫人祔公葬，以是月二十九日别葬周姚兩夫人於本鄉安山村。公以次子顯勳貴，贈二品封典通奉大夫〔四〕。公配均封太夫人。子八人：長炘，江蘇候補巡檢，以治團練陣亡；次顯勳，安徽壽州、宿州等州知州加運同銜；次焕，從九；次顯仁，湖北糧道庫大使；次熒，殤；次炳，江西新昌大姑嶺巡檢，次獻，湖南候補同知；次銑，江蘇泰州知州。女四人，均適士族。孫六。孫女八。

公久官吾鄉，穆未及一見，以修部民之禮，曾識公次子樹臣刺史，今年秋以事僑寓金陵，獲與公子詩城司馬、筆城刺史相往還，得讀公行述，併時賢所爲家傳碑志等文。公子詩城、筆城復屬穆纂公行誼，以益諸賢所未備。乃參諸舊聞，併述公鄉先達倪文正公之論，以明公之治行，庭亦不必鈷鉧，袖亦不必記籍，野亦不必下神雀，道路亦不必烏攫肉，生亦不必太傅封侯，歿亦不必桐鄉俎葬，與漢晉諸公同時易地而官，所治所就，必無差等。爰表公神道，以俟來者觀感而則效焉。

光緒丙申季冬月。

按察使銜江南安徽即補道奏調陝西委用道易君墓志銘〔五〕 并序 代

光緒四年正月三日，吾友長沙易君以疾終於里第。閱四年，辛巳□月□日，其哲嗣達鑌、達鈐等將卜葬君於□鄉□山之原，先期以狀來乞銘。余以君之功業，當著於太常，其孝友仁愛已孚於鄉里，正不待余文而顯。然余與君生平風誼，實有不能已於言者。往者君值覽揆之辰，嘗乞序於余，復以稿寄存，預託他日銘諸幽。蓋其生平志事，惟余知之最深，宜其來屬於余也。

按狀君諱潤壇，字畇荄，號荷生，晚號跱山石叟，爲晉忠愍侯易公雄之裔。明時有諱觀志者，乃由江西遷湖南長沙之烏山，是爲烏山易氏。六世祖諱綱，又徙居長沙之東碬石嶺。世有隱德，孝弟力田。曾祖諱仕芹。祖諱文基，乾隆癸未進士，授翰林院檢討，改甘肅鎮原縣知縣，有政聲，入名宦祠。考諱鵾翥，均以君貴，累贈榮禄大夫。曾祖妣羅氏，祖妣魯氏、戴氏、高氏，妣陳氏，累贈一品太夫人。贈公生八子，君其次也。

幼即聰穎絶人，八齡入家塾，作擘窠書，筆力遒勁。數年，博覽載籍。嘗叙古今興廢數千言，識議甚精。咸豐元年，受知於學使車公順軌，以古學補弟子員。後學使劉公崐復拔置優等。時值粵匪倡亂，君以終日專精舉業，終於斯世無裨，乃講求經世之業，慨然有澄清天下之志。時撫軍駱文忠公方爲堅壁清野之計，君乃奉札辦理團防，又委籌釐餉，各有條法。駱公深器之，特疏保薦，奉旨以訓導候選。丁巳之秋，賊犯江西之吉安。時君客太守黄公冕署中，黄公以君無官守，遣之去。君曰：「安樂與共，患難違之，非我所爲也〔六〕！」未幾，王壯武公鑫督師來援，一見君，相得甚歡，謂君才宜用兵，可練勇爲湘軍後路。君乃練五千人，駐水東。及城圍師潰，惟君所練軍迎機應接，所向有功，克復吉安。撫軍毓公科彙案奏保，奉旨訓導選缺，後以知縣即選。

逾年，遊曾文正公幕府。時公將上封事，君立爲擬草，曲盡事情。兩年之間，書記要務多所倚任。文正公於是益知君深明軍務，派辦湘軍營務。旋以擊退安慶、太湖、小池驛大股援賊，并克復太湖縣城功保奏，奉旨免補訓導，以知縣不論雙單月歸部即選，加同知銜花翎。旋進攻安慶府城賊，南渡黄石磯，至祁門大營。文正公以君自辦營務以來，動合機宜，時有朱軍門品隆以假歸里，即委君代統其衆。又奏統湘前新營馬步兵勇。先是，徽州失利，僞侍王李世賢踞徽州城，屯溪、巖市街等處皆賊，祁門孤懸賊中，惟水路一綫可達鄱陽，又時有游賊刼掠。諸將帥多調往他所，當賊鋒者，惟君與唐軍門義訓兩軍。人心惶惑。君與文正公日夕商榷軍務，一夕，甫就寢，公忽召入謂曰：「今四面皆賊，正賊安在？」君曰：「在歷口。」公又曰：「予與賊不兩立，明日拚決死戰。」君曰：「兵貴神速，盍今早出隊？先駐㠓幢嶺，賊至，急擊之，我軍得地勢，必可制勝。」公曰：「今日爲往亡，奈何？」君曰：「我往，賊亡〔七〕，非我亡也。」公首肯，遂飛書告唐軍門拔隊同行。甫抵十里鋪，兩山對峙，中夾小溪，縱横半里許。羣賊麕至。君令軍分三路，左右伏山巔，中路鳴鼓，直進交鋒，而兩山伏兵旋起，賊大驚，望風鼠竄，遂乘勝追剿。黎明至歷口，遣哨巡，浮梁、建德等賊皆遠遁。旦夕間，連復三城，內山外江，聲氣聯絡，祁門老營始固。文正公特爲保奏，奉旨以同知直隸州留於安徽，遇缺即補，并頒賞甯紬袍褂一襲。辛酉，克復休寧縣城，擊退皖南援賊，迭經五次，并克復建德縣城〔八〕。

同治元年冬杪，帥師擊屯溪、巖市街賊。時風雪嚴寒，方逾嶺，至大峽中，賊突至，礮矢交發，軍將無策，君麾軍稍退，賊以爲敗，蜂擁入峽，我軍已踞山巔，君令嚴陣堵駐，劈山礮轟發，賊遽披靡，斬獲無算。更由大洪嶺外追剿，三戰三捷，克復徽州府城。奉旨以知府仍留安徽〔九〕，遇缺提補。二年春，轉戰皖南，繞道旌德。夏初，克復青陽縣城。青陽爲金陵後路，賊所必爭，君與朱軍門稟請文正公率七營守之，互相犄角。七月十九日，僞堵王等五悍酋合營環攻，復有僞孝王等兩大隊及僞奉王之分股，數逾十萬，一晝夜直逼城根，築僞壘百廿七所，聯營七、八十里，縱横狼籍。每二鼓合圍攻緊，天明乃颺。如是三十五日。時君與朱軍門均因勞致疾，七營二十八哨官病及帶傷并勇弁又逾其半〔一〇〕。君力疾巡城，慰諭兵民。自被圍，君與軍士日食減半，後又減至一、二合，草根樹皮佐之。八月二十六日，遥見援兵旗幟，乃令每人日食米四合，整隊以待，未幾，援兵至，内外夾擊，四面會剿，未及兩時，破賊壘三百餘所，圍遂解。時僞奉王率所部大股賊衆駐太平〔一一〕，旌德、廣德州四城，衆號十餘萬。自青陽解圍後，與堵祐兩僞王遺書於君，欲拔身歸順，又狐疑多端。君乃草檄諭以「急應圖改者六」，反復一、二千言，諸酋讀之，莫不感激。然尚月餘不決。君乃單騎入石埭城，隨行僅四親兵。賊衆列陣以待，礮聲雷動。甫入城，酋長佩劍擐甲，次第跪迎，君乃剴切宣示朝廷恩威，及曾侯相德意，衆酋悦服，咸曰：「易公誠信待人，故隻身至，我輩猶有二、三其心者，非人類也！」十數萬衆，一夕落髮。遂旋營，擬善後事宜條上文正公，行之。始督官軍入城，秋毫無犯，衆酋感泣。不五日收復四城。皖省以次廓清。文正公奏請優敘，奉旨以道員仍留江南兩省，即補加正二品封典〔一二〕，頒發誥命三軸。

甲子春，請假歸里。逾年，文正公復奏派督辦湖南督銷淮鹽局務。五年間，銷數暢旺，國課日增，蕩平任賴諸賊軍餉有濟。奉上諭，加按察使銜。己巳冬，今侯相左公復委辦湘省甘捐，兼籌黔餉，肅清案内，奉旨交部從優議敘，恭遇覃恩，由按察使銜加三級，給予從一品封典〔一三〕，三代及本身妻室頒發誥命四軸。是年，陝西巡撫劉公典特疏奏調，奉上諭，著赴陝西委用。君聞命即行，以庚午之夏抵襄樊，有目疾而返歸里。後愈劇而精力漸衰，不復作出山計矣。

君歸自皖，年尚未艾，里居凡十四年。自以少孤，事父祖未極色養，晚年承祭，戚如新喪。督課諸弟，各有成立。其六弟潤堈，官旌德縣，賦詩遺之〔一四〕，有「惟仁無殘刻，惟明能斷決，惟節無困窮，惟儉能廉潔」之句。其他族戚貧乏，各量力助資，或置薄田以贍之。有青年守節及子弟貧不能耕讀婚嫁喪葬者，均爲籌畫，多所成立。早年文詞即播於藝林，晚尤嗜學，有心得輒手録之，集有名儒語録、讀史摘要及日記以自省，又有聽竹草堂詩文集若干卷。

君在皖時，余亦爲文正公檄襄軍務，同事多人，與余尤爲親密。凡有所舉，度余不甚許可者，恒輟之。丁丑冬，余由江南歸里，曾過君里第。方擬次年春復訪君作文酒之會，未幾即得凶聞矣。嗚呼，余其何以爲懷耶！

君生於嘉慶二十四年己卯六月二十二日，享年六十。配師夫人。子二：長達鑌，候選同知；次達鈐，附貢生，員外郎銜候選主事。女三：一適余子昌濬；一適湘陰郭氏，早卒；一適同縣庠生黄希尚。孫二：經訓、經詁。女孫一。銘曰：

軍興以來，人才輩出。惟我湖湘，實爲超軼。猗歟易君，志氣凌雲。威敵能武，附衆能文。幼學壯行，奄有衆美。衡鑑人倫，不謬朱紫。八載戎行，艱辛備嘗。功成名遂，暫理歸裝。十有四年，所見獨諦。爲善多門，公私兼濟。純孝所凭，獨有嘗烝。秋霜春雨，悲感填膺。骨肉之恩，既篤無兩〔一五〕。尚有高誼，惠及閭黨。身居江海，志切龍樓。二豎爲祟，造物同遊。我性迂直，世以爲否。君獨余暱，曰吾畏友。昔有陳亮，託銘葉公。謂有不實，當辨空中。余懍此言，有書必覈。

勒績貞珉，永奠幽宅。

朱魯岑先生墓志銘 并序

先生姓朱氏，名道文，字魯岑。先世爲徽州婺源人，明初遷於安慶之桐城。祖某父某，皆業儒不仕。

先生幼英敏，善爲文，以經濟自負。凡天下利病，及輿地險要，必一一窮其原委。年十八應省試，時山陽汪文端公廷珍爲督學使者，奇先生文，取入縣學。屢試不售，遂棄去，乃大肆力於學。家貧，以授徒爲生。邑中賢士大夫有宦於外者，常延入幕府，遂獲閱歷嶺南江右，以及秦楚名山水。多爲詩歌，以誌其勝。

年逾六旬，以母老不復遠出，時授徒於附近，以養親、飲酒、賦詩文以自娱。當是時同輩諸老，或以經世自負，或以文章自鳴，各造其勝，炫耀一時，彼此 集 各爲異説高論不相下，或盛氣交争。先生閉門掃迹，上下千古，辨學術之真僞，窮陰陽之消長，以及歷代文章之正變，酒闌鐙炧，高吟莊、騷、史、漢、李、杜、韓、蘇及陸宣公、朱文公、陽明王氏之文，聲瑯瑯徹户外。家徒四壁，怡然自樂。人有饋遺者，非其人終不受也。

咸豐癸丑冬十月，粤賊陷桐城。先生奉母家居，賊至，見先生，以巨刃劈其首。先生高誦邵子

「上天生我」之詩者，數罵賊不屈〔一六〕，賊復以刃斫其頸，斷幾半，乃仆地。血淋漓被面，賊以爲已死，更他去。良久乃甦。時冢婦及女孫數人，已先投井中死。先生被創，猶奉母不倦。母卧病，衣不解帶，侍疾凡二十餘日，母以天年終，先生號痛如嬰兒，見者皆爲感動。後與孺人深入龍眠山中。

時先生門人馬大令建勳避亂邑之東鄉黄家山，遂延先生課其子孫。穆聞往謁，見其音容謦欬，超然風塵之表。逾年乃受業門下，是爲咸豐丙辰歲也。先生少好老莊之書，論學則以濂洛爲宗，兼取金溪姚江，不執一隅之見。生平所著，於詩易俱有成書〔一七〕，詩文數十卷，城陷盡失。今以先生避亂數年之作，合前殘藁，編爲十卷。先生素不欲以詩文名世，存者皆非先生意也。穆質薄才弱，侍先生將二載，朝夕聆其訓誨，寢疾時，猶諄諄以讀書窮理、務爲明體達用之學爲勖。今距先生之卒，又五年矣，每思先生遺言，不覺愧懼交集。

先生之卒也，以咸豐丁巳冬十月二十八日，距生於乾隆乙巳年正月初八日，春秋七十有三。娶左氏。子三人，長某早卒，次某，次兆蘭。孫二人，長某，次某。兆蘭久客於外，穆家貧未得爲先生卜宅窆，今兩江制府曾相國聞先生學行，慨然助白金若干，屬邑人甘君紹盤爲買山資，以同治元年夏□月□日，葬先生於龍眠山都家窊之原。孺人左氏祔。相國大書刻碑，題曰「大清文學朱君魯岑之墓」。穆於是稍論次先生學行，爲之銘曰：

斂其才終未能施也，抱其道無所矜奇也。樂天知命，不與世推移也。古之人歟？乃周邵之風規也。高碣巍峨，千載下庶幾識吾之師也。

劉悌堂先生墓志銘 并序

先生姓劉氏，諱宅俊，字愷生，號悌堂，桐城東鄉陳家洲人也。祖□□，父斗才，皆業儒。斗才公以貧教讀里中，主人數家，皆連班供飯；不肯攜子，以故先生年十一，尚未入小學。一日拾薪，過父館窗外小立，時父爲生徒講中庸某章，先生心領神會，一一記之。次日，乃特到父館窗外竊聽，父命諸生覆講，皆不能答；先生自窗外一一對之。父大驚，急出覘之，乃其子也，遂抱頭大哭曰：「吾誤吾兒矣！」主東互聞之，相商勉力爲之。一本家某願獨任其事，先生每日三餐，均到其家。先生於心未安，亦時不至，在野擇草木實食之。

先生非常聰穎，自從父學，日見進益。歲餘，一日父將外出，命題諸生作文，先生已悟題義，亦以意草一稿，中多空格。父回，爲諸生改文畢；先生以草稿呈父。父見多空格，問其所以。先生曰：此當用某字某字，彼當用某字某字，吾均不知何寫。父一一代爲填之，乃統觀之，果皆順理成章也。自是文日大進。年十四應學使試，即入縣學，數年食餼。父已前卒。先生教授鄉里，專以欽定四書文爲圭臬，教諸生原本經訓。

道光丁酉舉人，甲辰進士，廷試二甲，以知縣用，掣籤廣西，特授來賓縣知縣。歷任天河、修仁、荔浦、懷遠等縣知縣，署新甯州知州。公務之餘，嘗進諸生談經講藝，終日無倦容。咸豐初，以母老告終養，歸田里，遂不復出，宦槖蕭然，仍以課徒自給。

先生舊與吾先君善，咸豐庚申、辛酉間，先生館於歐窑族人叢桂堂，距吾家一、二里，穆以子姪禮往見。先生曰：「閩子學問甚好，一見幸甚。」嘗往來余家，見穆文數篇，以爲氣力醇厚，頗近先秦、兩漢。穆乃綜前數年散文一巨册，請先生改訂。先生推獎之餘，仍以師道父執自居，凡有不合，輒爲批抹塗改，不稍假借。又嘗以自著詩文三、四册見示，且命言其是非，不以我老稍爲迴護，情致甚殷。

先生壯年曾刻詩集六卷，請序於鄉前輩方植之先生。方先生詩法極爲精嚴，於當代詩人，少所許可，獨稱先生詩爲「卓然見先正典型」，既爲先生序其詩，晚年以家藏刊本書其卷端，以爲「深得古人超妙之境，平心而論，實在孟塗、歌堂之上。」孟塗者，爲劉處士開；歌堂者，爲朱學博雅，兩先生均以詩學鳴世，爲當代名公所重者也。然穆見先生在廣西諸作，奇峭瑰瑋，神采壯麗，尤深入杜韓之室。惜歸田後，而方先生已謝賓客，不及見而歎賞之矣。逾年辛酉秋，里中遭水災，先生解館歸所居之德新莊。又逾年，以疾終於南灣族人某家，以手合掌端坐不動，年近七十。妻□氏。長子元佐，邑廪生，年少有學行，早卒。側室□氏生四子，先生殁時，年皆幼不能力學。

穆嘗日侍先生，曾叩及居官時事，先生曰：「吾本非吏才，幸歷任平安，公事一到即了，不取民間一錢。民情愛戴如父母，士子沾化如父師。吾雖未有出奇政蹟，於心實無愧也。」今僅搜得古文一册，凡□十□篇。在廣西及晚年之詩，爲其族人某攘爲己有，余屢求之，堅不肯出，他日能得，當并其古文共爲刊之。今距先生之殁，已二十年。而先君棄養，亦有三年矣。終年遠客海濱，不惟先生葬與未葬，尚未及知；而先君亦尚浮厝於會公里祖塋之側。今不肖年近始衰矣，生平志事，百無一就。念少時與先生論文解惑，相聚之時，爲日雖無多，而獲益於先生甚衆。度餘年更無所進，以酬當日教導之風誼，乃追述大略爲之銘。他日有力，當刻諸石，補納先生幽宅，庶幾以表私淑之忱云。銘曰：

所學所行，並與古人相映，而志事終未能竟。惟遺業尚有留於人間，論者以爲奄有六代、三唐之盛。

張舜卿先生墓志銘 并序

同治元年壬戌夏，余以事到汴梁。往往見書肆有中州八先生凝道録。所謂「八先生」者，乃孫先生奇逢、湯先生斌、耿先生介、張先生沐、張先生伯行、竇先生克勤、冉先生覲祖、李先生來章。乃吾鄉張君舜卿時主講許州聚星書院，特取八先生生平著述，擇其最精者，前載本傳，後附語録，刊板以教諸生，俾諸生用功，立身爲人，一以此八先生爲法者也。余是以心儀張君之爲人。旋與開封紳士之有學者談及，皆云張君主講許州，沈潛四子、六經之書，終日坐講堂，孜孜教誨諸生不倦。余於是又心儀張君經師、人師兼而有之者也。是年冬十一月，余由汴梁赴湖北，道過許州，下晚停車，即到聚星書院，見君留晚飲，並以所著經學稿本數册見示，閲其大略，即别歸旅舍，次日啓行。自此十數年與君音問不通。

光緒三年丁丑，許州奇荒，君以年老辭聚星講席回里。閲八年，余以事至皖城，時君亦寓所親方宗屛大令昌翰所。余訪方君又與君相晤，則君鬚髮皓然，面貌全改，非復余與君相見時之顔色矣。時方君特設酒，宴君與余，爲一夕之談。次日，余適有事回家，方擬他時稍暇到縣城見君，小住數日，藉質所業，未嘗所願，聞君已謝人間世矣。

壬寅春，君之曾孫其昌以君狀及君諸著述踵門，乞余爲君銘幽之文。余文雖不足以重君，乃據狀書君學行大略，以爲鄉之後進矜式焉。

君諱承華，字蓉溪，號舜卿。桐城人。太傅文端公諱英之□世孫。祖□□，父□□。君雖家世貴顯，均以清白自守。自君祖、考皆食貧；以故君自成童後，即爲里中童子師，課讀養親。幼時，母嘗患胃疾，痛不能支，君虔禱於神，刲肱和藥以進，母患頓愈。

年逾冠，學大進，爲名諸生，世家巨室争延聘，館穀漸豐。乃將曾祖以下未葬多棺，竭數年之力，徧歷本鄉山水，均得吉壤安葬。某年作館於外時，父在家遘疾，一夕心動，即星夜馳歸，則父疾已篤，猶得侍疾三月，親視含殮。道光二十七年，君北遊中州，當道有知君學行，特聘主講許州聚星書院。咸豐三年，粤西之賊陷桐城，君馳歸，時母已先避亂山間，君號泣尋母，猝遇猛獸於五嶺山中，獸見君乃遠奔，君得無恙。乃奉母至許州書院，侍養多年，母年七十六以壽終，君一切盡禮。君主講許州，前後凡三十年，教諸生多所成就。自奉甚儉約，衣服非至敝不輕易。人有急難來告者，輒不憚推解周卹之。平生相知及里人有過許州，資用不給，必竭力佽助之。

君爲學不存門户之見，於漢宋兩派能持其平，不苟異，亦不苟同，惟求心之所安。所著有大學補釋、中庸補釋各一卷，三頌考一卷，困學齋文存二卷。所輯有中州八先生凝道録二卷。其著大學補釋有云：「古本不分經傳，非有缺文，亦無錯簡。朱子補格致之傳，爲窮理之功，又補敬字爲涵養之要，其於義理可謂致極精詳。乃細玩古本原文，則格物與敬之義皆已周備，而無俟後人之補。惜古注未能盡明，故朱子亦未看出。」又其先見湯文正公集上孫徵君書發明古本大學之精義，洋洋千餘言，又嘗見溧水黄鈍齋之説，次序一仍原文，義理盡宗朱子，極爲善論。君本湯黄兩公之論，更暢乎其言之，爲大學補釋一篇，與程朱之義理無不脗合，而愈見陽明之致良知非經文本旨，庶後之論者不得執古本爲朱子病，亦不得因注疏及陽明誤解，遂謂古本有差，而大學乃還其真面目云。此書極爲湘鄉曾文正公、河内李公棠階、高要蘇公廷魁諸名公所契。其三頌考序略云：「余讀左傳與今詩周頌有歧，讀孟子與今詩魯頌有歧，蓄疑於中。後得王文憲公之説，謂魯頌有錯簡，玩之誠是。更以左傳證周頌，則錯簡尤多。諷玩久之，忽若睹二書之面目，乃細審其章次，成周頌、魯頌考定二篇。友人金陵劉武橋、洛陽曹伯繩見之，謂確是本經真義諦，而新鄭閻遜之尤喜大武七章之解，謂千餘年後復睹大武全詩爲快」云云。其困學齋文存二卷，凡五十四篇，亦皆説經之作，確有根據，非苟與先儒立異者。君身前皆先後自行鏤板行世。

君卒於光緒十二年丙戌十二月十九日未時，距生於嘉慶十四年己巳十一月十六日亥時，享年七十有八。先是寢疾時，已自知不起，沐浴更衣冠，拜辭家廟，諭家人曰：「我行年將近八旬，不爲殀矣。平生自問無他長，但樸實頭地，不敢妄爲。汝輩記之，善事宜多作。」遂端坐而逝。人咸稱君爲生有自來云。妻□氏，前卒。子家鼎，孫紹祖，曾孫其昌、其興、其猷、其盤。其昌等以某年□月□日葬君于□□□□之原。君子家鼎、孫紹祖均左右祔葬。銘曰：

吾鄉前輩老嗜學，君與二方尤卓犖。曾生先生、存之先生。二方與君學異諦，各有著述傳諸世。惟君之著最後觀，我欲長追力已殫。四顧徬徨無所倚，深望後人有繼起。我今衰老一無成，傾心先哲銘佳城。

節孝先生烏程周君墓志

先生姓周氏，諱思誠，字一庵，湖州烏程人也。生有至性，事親孝。素嗜學，聞道場山費文學熙以理學教授，遂往謁師事之。於是研究四子、六經，旁及天算、醫卜諸書，無不通其精奧而得所指歸。因輯下學指南一篇，以示爲學宗旨。家貧，課徒養親，以廉潔自守。

同治元年五月初三日，賊陷府城，先生不屈死之。距生於嘉慶二十四年三月三日，春秋四十有四。先生父諱永源。母施氏。妻楊氏，生子一，名驤；女一，未字。當城陷時同日殉難。惟母施氏得脱，越數月，以天年終。有先生故交張君維楨及親故等經營棺殮如禮，葬於菡萏山麓。亂甫平，門人等欲求先生遺骸及衣冠以葬，不可得。有趙君復振藏有先生石印章，文曰一庵，將謀即以此葬，而趙君旋殁。今其門人周文桂等議以鐵函緘封，乃卜於光緒十一年十一月初二日招先生魂，葬於金蓋山雲壑隖紫清潭左側之阡，先期屬桐城蕭穆爲之志，里人李宗蓮爲之銘，曰：

金峰峨峨峻且寬，佳城鬱鬱神永安，鐵邪石邪其忠肝。

馬慎庵先生墓志銘 并序 〔一八〕

光緒十四年秋九月八日，吾友馬慎庵先生以疾終於里第。逾月，其孤其昶以訃聞，時余適有東洋之役，因設奠春申江上，西嚮而哭之。八、九年來，竟不克憑棺一奠，以申余哀。而君之孤其昶已於十六年葬君於城北朱家橋矣。

當同治九年夏，余遭先君喪，忽得心疾，慮不能起，時余長子生甫數月，念孤穉無所芘藾，乃寄書屬君。不料余以樗櫟之資至今尚偃蹇人間，而君墓木又將拱矣。嗚呼，痛哉！今其昶以君葬地未善，復改卜龍眠山保烏石崖，將以二十九年春三月己未遷焉。余悲感往事，乃拭淚擩筆，志君行誼大略，以付其昶，俾刻石納於壙中。

君名起升，字慎甫，號慎庵，一號趣園。先世本固始祝氏，又遷居六安，易姓趙氏。明永樂初有州學生諱驥者，出贅桐城馬氏，又承其姓世爲桐城人。六世祖太僕公孟禎以風節著稱，事續載明史本傳。高祖翮飛，曾祖春生，均研精禮經，家世傳業。祖邦基，考樹章，以耆年碩德爲鄉里之望，具詳安徽通志。

君幼聰穎過人，學詩古文辭於世父公實先生，兼受業於鄉先生方儀衛、蘇欽齋、戴存莊諸老。諸老學術不同，君能左右采獲而得其精粹。兼工六書，私淑鄧山人，筆力沈厚，波磔奇偉，則君又自得古人用筆之意，非諸老所能爲力也。

咸豐間，粵西盜起，蔓延吾邑，君挈家避亂邑之東鄉。當是時有成都蔡先生天培者，年老罷官，依其壻廬江章太史瓊。蔡先生無子，而以其學傳諸其女玉生。君一日過章氏，與蔡先生相見縱談，蔡先生大驚異，立呼女玉生出見，各證所學，有契於心，因師事蔡先生而與其女爲道義交，時論皆不謂然。其實，蔡先生父女所學，亦真有大過人者。昔鼂錯受尚書今文於伏女，馬融受漢書句讀於曹昭，艷稱今古，何獨於君而疑之？

余與君訂交稍後，所居距君寓僅十餘里，時過從論學。已未夏秋間，邑東大亂，君挈家避杭州。三年亂定，歸里。余訪君山中，君以流離播遷之餘，閱歷興亡，隨境體察，所學又加進矣。君固有經世才，屢困名場，又不肯自他途進。年甫四十，即棄諸生業，益肆力於詩古文詞。其求君四體書者，尤踵相接於門。

君故言辭温雅，不甚聞遠。一日外出，值羣氓雜還遝囂梟獷，交貿相競，將揮拳鬥勇，以洩私忿〔一九〕。君聞馳歸，立出數言排解之，其音宏亮，徹於遐邇，衆相顧驚愕而散。邑有大事，悉推君主持，君必力持正誼，强者抑之，屈者伸之。而君亦以此時遭謗議。余每與君相見，無所不言，意有不合，或直爲面刺，或隱相腹誹，亦有時故持堅僻怪誕之説，相牴牾爲笑樂。

同治庚午、辛未間，安徽大吏奏修通志，檄各州縣分纂以上。余與君總理本邑志稿，君意主寬厚，余主嚴謹，各持一説，每盛氣陵轢，辯駁不相下，至鐘殘漏盡、力竭神疲乃各就寢。餘氣未平，天將明，輒蒼黄拽履，襲裘露頂，搥門而入，復伸前説，往往至日昃不歡而散。余一夕頓有所悟，晨起盥櫛畢，整冠束帶造君之廬而三揖之，君亦謬爲恭敬，互相推奬，兩人雖知非其本衷，然亦因此兩相遷就，卒能相與有成也。是歲之晏，與君别，各有贈言，自是遂不復再見。余之負疚於君多矣，今一一思之，其將何以爲懷耶！

君生於道光八年戊子十一月二十七日，享年六十有一，以附貢生議叙同知加四品封典。妻張氏，有賢行，祔君葬。子一人，即其昶也。女三人，均適士族。孫二人：根碩、根偉，皆幼〔二〇〕。銘曰：

龍眠有一老居士，别號雪谿之釣子。人云泉石有膏肓，寡欲差同徐偉長。早年經世頗自許，雲起龍驤不我與。六經萬户與千門，隨人所得皆同源。良知之説久沈翳，君乃獨耽其妙諦。旁追王孟法韓歐，斯冰李蔡亦同儔。高躅芳踪雖可擬，文子文孫相繼起。有謂我銘不由衷，請君與我辯空中。

〔校記〕

〔一〕「日食」，稿本作「月食」。
〔二〕「二品」上，稿本有「欽加」二字。
〔三〕「漕倉，往者」，據稿本補。
〔四〕「贈」，稿本作「欽加」。
〔五〕稿本題作「皇清誥授榮禄大夫賞戴花翎欽加按察使銜江南安徽即補道奏調陝西委用道加四級易君墓志銘并序」。
〔六〕「我」，稿本作「我輩」。
〔七〕「賊亡」，稿本作「亡賊」。
〔八〕「克復」句下，稿本有「奉旨賞知府銜」一句。
〔九〕「奉旨」下，稿本有「免補各班」四字。
〔一〇〕「勇弁」下，稿本有一「病」字。
〔一一〕「太平」上，稿本有「石埭」二字。
〔一二〕「補加正二品封典」，稿本作「補加四級，予給正二品封典」。
〔一三〕「給予」，稿本作「予給」。
〔一四〕「遺」，稿本作「遺」。
〔一五〕「既篤無兩」，刻本脱，今據稿本補。
〔一六〕「數」，據稿本補。
〔一七〕「詩易」下，稿本有「二經」。
〔一八〕稿本題作「亡友馬君墓志銘并序」。
〔一九〕「門」、「以」，據稿本補。
〔二〇〕「孫二人：根碩、根偉，皆幼」，稿本作「孫根摯，尚幼」。

敬孚類藁卷十二

傳

左沅州傳

左德球，字球如；子旗，字天章，桐城人也。明崇禎中，球如以歲貢薦例得官。時秦中盜起，蔓延幾遍天下，李自成寇西北，張獻忠寇東南。球如謁選，得廣西奉議州同知，其地故荒徼也，與球如相知者咸勸毋往，球如毅然曰：「今國家多難，正臣子致命之秋。衆思爲其易，孰爲其難者？」因顧其子天章曰：「吾與汝偕往可乎？」天章亦諸生〔一〕，每讀書見忠孝大節，輒三復流涕，至是受命，與老僕侯某同侍行。幾歷險阻，乃抵任所。

逾年，李自成陷京師，莊烈帝殉社稷。天章聞之，慟哭不能食。老僕從容叩之曰：「郎君今就義，太安人在家，縱不以爲念，顧誰侍老父千里之外耶？」天章曰：「吾非不知時不可死，顧食不能下咽耳。」因屬老僕謹事其父，乃作絶命詞曰：「口不欲言，手不忍書，國事至此，安用躊躇？此志已定，廍可奪諸。明倫堂上，謂我何如？」先是，其父諭之曰：「兒能爲國死誠善，但死亦有道，毋爲徒死也。」天章乃占此，至第七日，嘔血數升死。粵西人聞之，皆爲流涕。

先是，球如不欲以家自隨，妻任氏及女在里中。既而江南爲大兵所下，念故鄉不可以久處，乃遣老僕迎任氏及女往。順治三年丙戌十一月，明桂王稱號於肇慶，改明年爲永曆元年，擢球如湖廣沅州知州。時大兵下江西，黄公石齋、楊公機部相繼敗，楚中大吏，多望風迎降。順治四年九月，沅州城陷，球如觸石死。當未死時，爲城守計，老僕爲言城不可守狀，且勸其自爲計。球如曰：「吾行年六十，尚苟且偷生，愧吾地下兒耶？」至是死之。妻任氏及女亦相繼死。於是老僕號慟曰：「嗟乎！吾主人皆相繼死，吾獨不能死乎！顧吾死誰殯吾主人者？」乃具棺殮之。逾年，始以棺歸里，葬所居吳莊宅後，天章附焉。今其裔孫居潛山。

贊曰：吾邑左氏有兩宗，均爲大族，世居東鄉，曰宕股，曰崗股，相距僅一里。自少保忠毅公於明天啓間死崔魏之禍，乃宕股之宗也。球如父子，乃崗股之宗也。然忠毅之名在天下，無不知之。而球如父子之名，即鄉里間至今知之者已尠。余乃采左氏家譜，叙述頗有缺略，參之桐溪漁隱所撰桐城軼事，訂正脱訛，而成此傳，以表揚之。

左文思先生暨子公虔孫采一家傳

文思先生姓左氏，諱德瑋，字無奇，又字鏡懸，桐城人也。父士梓，字成庵，嘗受學使耿公楚侗之知，力以正學自淑淑人。成庵有子三人：長曰德玉，字元璞，以尚書專家，食餼邑庠，膺天啓丁卯歲薦。

先生爲成庵季子，以春秋名家，年二十二入縣庠，旋食廩餼。同時邑中以春秋獲雋者多出其門，方宫詹父子其尤著云。當萬曆之末，邑中饑饉，民多刼掠爲生，有司捕得者立置之法。先生時授經城中方氏，自城歸鄉，道經祖居，族人見之，告饑者雲集，乃出館金散之。有一人後至，金盡，即解所被袍予之。歸家，囊橐蕭然，不能自給。後嚴拘不法者，他族均有之，先生之族以勸諭給金故，無一人罹於法者。九入棘闈，兩中副車，每撤棘後，主司歎息久之。兩恩選當第一，一以讓貧士，一屈於勢家不録。以歲貢先一年歿於方氏講堂，年五十二，是爲天啓五年乙丑十一月也。時直指使者方以次日觀風，諸生既入，比明聞訃，棄筆硯奔喪者十七、八。及門蔣司農臣、方學士拱乾、盛司農璜請同鄉先達老友之在家者相國何公如寵、大勳卿盛公世承、宫諭吴公應賓、中丞方公大任及學校諸生聚明倫堂，私謚「文思」。

先生所著詩古文并手批史、漢書，手注春秋、左胡合傳、道德經、楞嚴經等書，其孫昊欲次第刊行，未果，今皆佚。有子四人：鉛、鉞、鋭、鑌皆守其學。

鉞字公虔，文思仲子也。文思治春秋，其伯兄茭河先生治尚書，兄弟俱以經學名家。先生獨傳其伯父尚書學，幼工制舉文并鍾王書，孝友雍睦，出入必循禮法。年二十八，乃補博士弟子員，與弟鋭字幼錞遂大肆力於經史之學，旁通諸子百家。其卒也，以崇禎己卯正月，年三十有七。妻盛氏，同邑盛寅陽之四女，十歲能通毛詩、論語、列女傳、晉、唐詩。有子一人昊。先生嘗覃思性理大全、史學諸書，漸有成編，惜早世，未卒業。與弟鋭、鑌均爲邑庠生。

昊字白存，别號采一。祖、父兩世皆積學名儒。先生生當明季，經荒亂，家遂落，又早失怙。先世手澤，兵火耗蠹之餘，存者什一。母盛太孺人，幼承家學，甚賢淑，嘗晨昏課讀，先生内賴母教，外資叔父藏一先生獎勸。少長，力以承前緒自任，諸子百氏之書能會其宗。性喜山水，足迹幾遍東南，發爲詩文，有先民矩矱。著有四書表證、六經正訛，爲學者所宗。又選金陵名詩一編，義取重本省而昭古蹟也。然生平精力尤瘁於史，自劉恕外紀、温國通鑑、紫陽綱目、李燾長編，皆默識心融。其他稗官野乘、府州縣志，無不旁搜博采，丹鉛鈐識。又詳於有明一代掌故，著爲一書，曰讀史綱、曰續讀史綱，嘗遍質同好。年三十七，受知於督學李公，以二書進，李公評爲「良史」，勸其行世。乃鬻田宅，付剞劂，工竣而家資亦盡。生平交遊咸一時名宿，同里張文端、姚端恪皆見推重，與方公邵村田伯、位伯諸先生尤善。晚年以修家乘，一司其任，事畢即謝去。嘗抔土於浮渡之陰，葬其先人。遂偕田伯昆仲於華嚴寺朝夕會講。以康熙三十七年戊寅十月卒，年□十有□。先生家在邑東鄙漨湖之北所謂宋莊者，長老相傳云，豐頤白皙，終日恂恂，非其人竟席無一語，或酒酣縱談天下事，聽者娓娓忘倦。有孫維騋，早死。婦王氏，以節孝著其門。

蕭穆曰：先生所著讀史綱，今里中罕有傳本。余訪於先生六世孫愷，乃得讀其書，詳帝王之源流，分正閏之支派，即后妃、親王有事可考者亦附紀於後，爲讀廿一史綱十卷。復綜明朝緣起至於末季，或本從信諸録，或采野史遺聞，爲讀明史綱五卷，首載總論及歷代統紀、世系、國都、地域、改元年號、諸圖考，體裁精審，持論公平，洵當家置一編也。據其序例，實起於文思先生，略具大概，公虔先生復取釐訂，於晉、魏、十六國、南北朝之始終尤爲精核，値兵火，未遑成集。幼錞先生隱居，取父兄餘業，更研精思，於漢、唐、宋三朝再加編訂，有宋以後缺焉未備。易簣後，卷帙都無完好。至先生取其遺緒，仿佛補綴，乃集其成。因讀其書，考其家乘，參之故老傳聞，牽連書之，以著先生累世家學淵源，其曰「窮理盡性，出治之本，通今博古，致用之術」，可以想見爲學之旨矣。屢世績學而不獲施諸用，所著之書又卒不能顯，豈獨先生累世之不幸也邪！

方息翁先生傳

先生姓方氏，諱世舉，字扶南，晚年自號息翁，世皆稱曰息翁先生。桐城方氏故華族，冠蓋相望。先生獨與從弟貞觀世稱曰南堂先生并以詩鳴。天性高曠，不求聞達。少遊秀水朱太史彝尊之門，多見古書祕本，博學篤行。康熙間北遊京師，賢豪長者多就唱和，質疑辨難無虚日，名譽日起。臨川李巨來督部尤推重焉，嘗以先生所賦長篇險韻，張諸廣座，誇耀同人。中年以本宗孝標學士書案牽連，遠戍塞外。雍正元年，恩詔放歸田里。嘗寓揚州，時朝廷方開博學宏詞科，某侍郎欲羅致先生，舉以應詔，婉謝不就。

生平所閱古今載籍，均有評訂，或屢加塗改，上下朱墨交錯，其議論考據，多有前人所未及者。少年好爲詩歌，卷軸甚富，晚年多所芟削，所訂詩集，斷自甲辰南歸以後。嘗見友人顧嗣立俠君箋注韓詩，於韓公身世，多有不合，乃鉤稽羣籍，發明旨趣，爲韓昌黎詩集編年箋注十二卷。遂嗜韓詩，長篇瑰譎，亦往往似之。年八十餘，於廣坐酒闌鐙炧中，伸紙濡墨，頃刻數千言，不復斤斤繩墨，而精采不少衰〔一〕。

其族子宜田宮保觀承撫浙時，屢以書訂期，請遊覽武林山水，卒不往，復書曰：「野人方與故里諸朋舊日劇譚會吟，掀髯鼓掌以爲樂，乃欲以爰居享我耶？」其襟懷高曠若此。卒於乾隆二十四年己卯，年八十有五。所著江關集、春及草堂詩鈔、漢書辯注、世説考義、家塾恒言、蘭叢詩話，已久行世；其韓昌黎詩集編年箋注、兩淮鹽運使盧公見曾爲刊於揚州。又有李義山詩集箋注，其表弟江都程太史夢星借刊之，世多有其書。余欲搜先生生平評訂羣書，芟繁揭要，勒爲一書，名曰春及草堂筆記，久之未就，乃撮其出處學行大略爲之傳，以示讀先生之書者有所考焉。

朱孝子傳

朱孝子名武東，涇縣東鄙李園村人。父某早卒，母胡氏。家甚貧，孝子生不識詩書，天性純孝，終歲爲賈人傭。母目盲，年七十餘，又遘風癱疾，衣食漱溺皆孝子躬自扶持〔三〕。先是，母爲孝子娶婦，性頑鈍，至不能躬執爨，一切皆孝子身任之，無幾微怨懟形諸面。母得風疾，至九十餘乃卒。孝子哀痛，營葬距家裏許，日必爲食詣墓祭者二。後二、三年，孝子亦卒。其族中諸老憐之，請於邑令，聞於朝，建坊里中。是爲乾隆三十四年也。

贊曰：余識孝子族裔孫平佳，爲言孝子狀如此。且曰孝子性亦愚拙，爲人傭但知刻苦勤儉，事母但知純孝盡力，其他皆無慧悟。余曰自來大姦大慝、傷道敗俗，往往出於天下之所謂大智者也；至能扶持綱常名教，往往見於天下之大愚者也。孝子之愚，其殆孔子所謂不可及者歟。

故奉天府府丞提督學政陳夢湖先生別傳 代〔四〕

先生姓陳氏，名廷桂，字子犀，號夢湖，又號花谷。和州人也〔五〕。乾隆五十三年舉人，乙卯會試中式，廷試二甲第一名，選翰林院庶吉士。嘉慶元年丙辰散館，改工部屯田司行走，旋授刑部直隸司主事、四川司主事，題陞江西司員外郎、直隸司郎中。十五年春，京察一等引見，記名以道府用。

逾二年，補授湖北安襄鄖荆兵備道，蒞任，覽其山川風土，每歲秋讞，勘淤田，賑飢民，往來各屬，區畫均有法。時「白蓮」餘匪，潛匿樊鄧間，禽其魁王珂等六人置於法。有巨猾王七，大吏又檄令擒之，先生以爲其黨多亡命，激則生變，乃使人誘而械之。癸酉秋，河北「八卦教」匪起，蔓延直隸、山東、河南三省。而林清一股，闌入禁城〔六〕，次第伏誅；其在定陶滑濬者，破城戕官，勢甚熾。襄陽故爲「白蓮教」賊出没之地，時提督一軍，奉調赴豫〔七〕，不軌之徒，思乘機起，勢幾殆。先生亟言之大府，籌備非常，乃修城隍，閱軍器，謹門鑰，搜間諜，分檄佐雜巡邏邊圉。嘗静夜微服行城中，且渡漢江，赴樊城等處譏察，鈴柝之聲，終夜相聞。勤勞數月如一日，境賴安堵。是年冬，豫東賊復煽亂，陝西姦民遥應之〔八〕，次年春蔓延及於興安之白河、石泉等邑，鄖陽戒嚴。時將有秋讞之役，或尼之，先生奮曰：「食禄赴公義也，遇賊戰不勝，死耳！」戒備而往。

二十四年，擢湖北按察使，楚省民風多狙詐，訟獄繁興，日事討論。逾年，調任陝西，陝人直樸，土著者奉法唯謹。惟南山州縣地廣山深，川楚無業之民，多就開墾山地，姦徒溷迹其間，而北山鄜州、延安等處，亦有此患。上深以爲慮，於先生陛見時數言之。履任，即擬嚴察保甲。而南山州縣，適撫臣朱公勳已先奏請前往。先生乃由三原、耀州、同官、宜君、中部洛川、鄜州、甘泉、膚施等處詳勘，獲姦匪數人，合境嚴肅。旋調任江蘇，是邦聲明文物，異於他省，而政事煩劇。江之北風氣剽勁，命盗等案，月十數起；江南紳士包納錢漕〔九〕，往往連訟，尤好京控，一案恒三、四翻；而蘇州又當閩越往來之衝，沿海姦民，時出爲盗。先生處置得宜，風氣爲變。道光三年春，奉召入都，旋補太僕寺少卿，明年遷奉天府丞。奉天爲國家留都，府丞兼提督學政，不治地方事，與順天府丞異。校士之暇，日理書生舊業。終任，以年老乞休，遂不復出。

先生博學多聞，自守以嚴，遇公事必籌畫至再，得當乃已。官刑部時，以秋曹爲人命所繫，盡心所事，日勞形案牘，同僚多目笑之，弗恤也。後歷任湖北、陝西、江蘇按察使，均兼護布政使印務，尤以矜慎自持，清理積牘，多所平反。嘉慶戊午，副錢讀學棨典試雲南，過湖南澧州，州守滇人，欲有請託，峻拒之。辛酉副周侍郎興岱典試江西，相與釐剔姦弊，佳士被落而拔起者得十餘人。道光癸未、辛卯間，江南大水，屢捐錢穀平糶，給散鄉里，災民多所全活。

性好山水，官部曹時，車駕時幸木蘭、南海子、五臺等處，嘗扈蹕隨行，得縱覽西北諸名勝。及歸自奉天，年七十不復遠遊。於城中故宅，築筍根精舍，以古銅器尊彝、秦漢瓦頭、唐宋碑刻〔一〇〕、古書數萬卷弆其中，終日編摩纂述不輟。又四年壬辰七月卒，年七十有四。

所著有尚書質疑八卷，尚書古今文考證二卷，續識小録六卷，神京風土記十卷，滇程日記二卷，豫章行記、瀋陽於役記、江漢行程録、郎潚隨筆、入秦記、秦三絶録、牝金集各一卷，香草堂集十四卷，詩略十一卷，蔗廊短書八卷，所獨集、太音集各二卷，陳氏家乘、筍根雜録各六卷，選歷陽詩囿十二卷。生平尤留心鄉邦掌故，嘗薈萃古今載籍，爲歷陽典録一書，諸城竇閣學光鼐、河間紀尚書昀見而嘉之，均爲之序，後開雕於襄陽道署中，凡三十四卷。晚年閲書，時有改訂，復爲補輯六卷，附刻原書之後。歸田時，里人復以續修州志爲請，乃取州人張孝廉元銘、胡明經勳，及廣文楊肇元、張志鴻編訂稿本，增删分合，復爲完書。先生卒後四年，州守北平善貴，乃釐定付梓，得二十四卷。

今智開幸菈先生之鄉，既搜輯歷陽典録，讐校重刊，復摭先生出處大略而爲之傳，俾讀是書者有所攷也。

孫孝子傳

孫孝子名佐標，□□人。家貧，拙於治生，乃奉其母來，寓居桐城東鄉。日乞食於村中，而亦時爲人傭。母有所欲，必先意承志，欲出遊則負之以行，不計道路遠邇。母寢疾，孝子日夕不安寢。母以天年終，孝子涕泣悲哀，依母墓寢處者數年。後獨自乞食，數年乃卒，卒之前數日，乃徒步至各村中諸長老訴之曰：「吾某日當死，然死亦不能不擇地，請以里中大清庵爲吾死所可乎？」於是諸老素欽慕其孝，聞其言甚異之，皆曰可。孝子領謝而去。乃於卒之日沐浴更衣，至庵中佛座上，端坐而逝。後里中長老請於邑令，得旌於朝，奉旨建坊於里中張家村。

贊曰：乾隆間廬州有何孝子，奉其母來居吾邑東鄉之水圩保，行傭以養，雖陰雨大雪不外宿。食有異味，必留以遺母。母喜聞歌，暇輒負母於背，自行自詠，以娱母意，旁若無人。爲人渾渾，終日多笑容，人皆稱爲「何孝子」。母死，哭泣悲思，未逾年亦卒。嗚呼！以吾鄉僻陋之區，而前後孝子獨喜流寓，所行大略相等，是殆天實使之以爲鄉人鑑邪？孝子卒前數日，向諸長老以擇地建坊爲請曰：「吾非好名者也，恐諸君忘我，即忘吾親耳。」嗚呼！此乞人之所以爲孝歟。

悌堂先生曰：孫孝子字香山。道光丙戌歲，余親詣其廬墓之地，前有天鐙，土人結片席覆於碑上，中有香爐，圍飾以貯香，一凳、一瓶、草一束而已。家有弟一人，少行乞，長以肩輿爲生，爲弟娶婦，事母盡孝，母卒買地葬之，遂以墓爲家焉。余聞之土人如此。

鍾繼昌傳

鍾繼昌，廬州舒城人。少以豪華自許。咸豐三年冬，粵賊陷桐城，入舒城，鄉人惴慄，多以金錢羊豕供賊。繼昌憂憤不平，時諭以大義，或執而戮辱之，由此結怨於鄉。先是，賊每至一處，輒立僞職，賊中自稱，必曰「天朝」，鄉人於是以繼昌阻供事爲僞職訴之。

明年四月，秦提軍定三復六安，繼昌乃同邑前任金訓導上珍招募義勇，以圖恢復舒城、合肥等邑，義民聞而助之者數千人。五月某日，率義勇圍城，未克而賊援自六安、合肥兩路來，義勇驚潰。忽有僞職數人執繼昌，繼昌曰：「若等不過欲得金耳！」僞職咸叱曰：「但得禽爾，金安往？」乃以繼昌並金訓導俱執交賊，嚴拷之。而問官爲胡元煒。胡元煒者，前廬州知府也。初廬州陷時，胡介其差徐淮降賊，淮以猛勇辯詐爲賊所器。胡體肥質鈍，臨事遲緩，每出行數武，攝衣喘立，汗流被面，賊咸揶揄而笑，呼之曰「胡胖子」。而淮受僞職，反居胡之上。胡見郡邑舊紳士〔一一〕，輒以降賊爲勸。至此一見繼昌，責之曰：「爾世家子弟，當揆時度務，今天威大振，其鋒不可當，何不望風拜降，同膺天福？而乃妄動輕舉如此！」繼昌高聲曰：「若非吾郡前太守乎？何居然在此！我等所以稱世家者，以讀書忠義，不負國也。方欲速滅逆賊，藉報國恩，而謂我能降賊乎、不能降賊乎！」胡聞繼昌言，慙而退。屢易賊嚴問之，繼昌皆不屈。賊怒，先割其下體，繼昌大罵曰：「爾逆不過有剖吾腹一策耳！」賊有微笑者曰：「恐不第剖腹也。」乃令數賊拽繼昌出，將就刑，繼昌負痛不能步。時繼昌有老僕前陷賊中，見繼昌欲救之，乃佯若不知曰：「待我將若拽出！」繼昌得老僕扶持出，賊衆又大聲呼曰：「鍾繼昌若能回首，吾當不殺汝！」繼昌毅然不顧，罵賊益厲。賊怒，先以刃割其背，毒刑備施，抽其腸而死。金訓導亦以罵賊不屈遇害。

繼昌死時，年甫二十六。妻某氏，以守節聞。有一遺孤。繼昌死後，其友人吳道立以死事狀上於福中丞，往返者數，乃得上聞。

贊曰：乾隆間，寇起金川。舒城有鍾邦期者，時爲某郡太守，陣亡，奉旨卹其家，子孫承世職勿替。繼昌乃太守之從元孫也。繼昌少即入貲，得州同知銜，一旦見粵賊披猖，即倡大義殺身，名動天子，可謂不墮其家聲矣。繼昌所居曰鍾家坂，初與金訓導起義，其鄉人皆曰：「鍾某將謀反，禍且延族。」及就義後，其鄉人咸相慶曰：「是宜早死，我屬無患矣！」嗚呼，聞東阿周文忠公奉命防堵，至廬州即曰：「人心太險，逆賊恐難卒平。」由繼昌之事觀之，文忠之言，其驗也歟。

錢警石先生傳

先生姓錢氏，名泰吉，字輔宜，自號警石。浙江嘉興人。太傅文端公之曾孫也。少有異才，與其從兄衎石給諫諱儀吉相砥礪，日有文聲，郡人咸稱「錢氏二石」云。弱冠時，山陽汪文端公試嘉興郡，得先生文，詫爲逼近眉山，拔冠曹偶。然先生少年服古，文多奇崛，屢躓秋闈。道光乙酉秋試，得而倇失，時先生年甫三十五。自是不復應舉。

逾二年，選授杭州府海甯州學訓導，攜所藏書萬餘卷，皆少所披閱丹黄者。偶檢仇山村金淵集，有「官冷身閒可讀書」之句，曰：「先得我心矣。」乃名學廨之室曰可讀書齋。官訓導二十七年，引退後，掌教安瀾書院又七年。海甯士大夫相依如父兄，惟恐其去。

先生少好深湛之思，中年以後，慕梅子真之爲人，以讀書養性爲務。嘗畫冷齋勘書圖以見志。公務之外，讎校經籍，日有定程，治一書，必貫首尾，朱墨交錯，點勘至十數周不倦。史記、兩漢書、三國志、元文類〔一二〕，校勘功力尤深。每閱宋元以來版本至十數種，皆蠅頭細書，標録於本書上下方。尤善爲詩古文辭，深得古人淵雅之指。所與吴越耆舊及當時名賢，相與抵掌上下，其議論莫不心折，以爲其學不可以度量窺也。

先生抱用世才，深自退藏，官海甯甫數年，遇計典，大府將以先生名上，先生力辭之。顧大府廉知先生能，遇地方事有關民生利病者，必屬州刺史與之商榷。歲在丙申，將開濬備塘河，杭嘉湖道金公洙首以相屬，先生采訪輿論，時刺史李曉村甫下車，先生以民所不便，痛切言之。刺史意未合，先生持論不撓，乃作書詳析論辯，辭開河事不預聞。刺史旋熟思先生言，重索前書觀之，乃歎服。暇與學官弟子講論經史，深相勸勉，而訓於家者，尤以培養元氣爲本。友人文字有涉嬉笑怒駡者，必深規之。每舉昌黎語以示學，而引伸之曰：「行峻而言厲，不如心醇而氣和也。」

晚年避賊氛，哲嗣應溥奉先生寓居安慶西城。應溥在節相曾公戎幕，一時名賢輻輳，自曾公以下，多時相過從，先生顧而樂之，論談娓娓不倦。手校「三史」，惟范書未得殿本對校，至是猶借其書，日校數葉，盛暑不輟。逾年寢疾，遂卒於此。年七十有三，是爲同治癸亥冬十一月也。

所著有甘泉鄉人詩文稿二十四卷、清芬世守録二十六卷、曝書雜記二卷、海昌修志采訪日記四卷、海昌備志五十二卷、附録二卷。子二人：長炳森，甲辰舉人，考補景山官學教習，先先生卒；次應溥，己酉拔貢，現官吏部文選司主事。孫□人，皆能守其學。

蕭穆曰：先生以壬戌冬寓居吾郡，明年春，余始謁先生於城西寓所，聆其言議，真篤雅君子也。是年秋，穆府試被黜，先生悄然不樂，穆屢請業於先生，是時學使朱公方奉命按試吾郡，先生力勸暫輟所學，留意舉業。穆旋以舊爲文一册呈閱，時先生猶力疾以蝇頭朱書，評其得失，未竟而先生棄世。卒前數日，猶呼余字，問其哲嗣子密曰：「蕭敬孚已入學否？」嗚呼！穆以迂拙窮困於時，而先生獨引而教之，勤勤懇懇如此，疾中余屢見之，猶力疾出語，移時再三喘乃罷。是亦足見前輩之古風，不再見今世矣。先生之學行，具見其哲嗣子密所編年譜，其討論經籍文章，具見於集中，故不著。獨以所聞見、私淑於先生者，書其大略如此。

汪梅村先生別傳

先生姓汪氏，名士鐸，字梅村，晚號無不悔翁。先世爲安徽歙縣之潛口人，曾祖楨始遷江甯，祖照、父均，皆有隱德，不仕。父均好先儒理學之書。

先生嘗自述云：「士鐸家極貧，然性好讀書。先君子好理學，嘗訓士鐸曰：『窮而在下，須記「餓死事小」四字。』除程朱經注之外，禁勿觀。日以『無人不自得』爲訓，故視戚族之温飽美衣食爲餘事。然蒙師皆不逾閭巷，雖歲一易，率無所講授。年十一，從徐先生諱鎔游，始覿考試帖括之書。乙亥冬，館災於火。明年益貧，不能從師。其夏，學故衣於焦氏。才六月，其肆歇業。又明年，復學於朱惠泉姑丈宅，亦只五月，其肆再閉而歸。先君子館孝陵衛，月一歸定省先大母，暇則煮茗與先慈弈棋，而勖余以習楷書而已，未嘗一語憂飢寒及詣戚黨也。戊寅五月，改習餻餅業於長干里，店曰「祥和」。其東人萬姓，燕人也，謂余曰：『子非商賈中人也，奚不歸讀書耶？』遂於八月又歸。歸則刺譏之言、揶揄之狀，殆鄉里族黨中周徧以爲不才矣。於是取四子書温習之。中表吴春卿茂才杰爲略解説，乃習爲制義。己卯七月，求考鳳池書院，邑令某極賞之。題爲「從義崇德」也。時先大父卒已久，舅氏聿文先生習緞業，不好書，外大父榕庵先生所藏書束之高閣；四舅氏振聲先生嗜繪事，存其二十之一於齋中。余時時竊觀之，大母妗倪太孺人賢之，或舉以贈。庚辰八月以能讀書入泮，督學使者姚文僖公諱文田，字秋農，浙之歸安人。首題爲「未信則以爲謗己也」，次題「河漢」，余首藝用韓非、屈原作正面；以伯夷、賈誼作陪面，以陳東、歐陽澈、李綱、趙鼎作反面；次藝力言嘉陵江非漢，西域非河源，嶓冢昆侖，班、酈之言非是。由是人争見余文矣。深加歎賞，然亦惜其文法未合。外舅宗錦城先生嘉之，以南陽君字余。辛巳壬午舉膺房薦，湯文端公金釗謂其「有大醇，亦多小疵，由洗伐之功未至」。徐惺齋侍郎士棻謂其「亦自按弦拂節，惜詞旨尚薄耳」。乙酉，以經文草率，房師擯之。丁亥冬南陽君來歸。君性木强，鮮言笑，不加修飾，先君子喜之，先慈雖惜其太樸素，然亦喜其能聽教言也。江甯之俗，新婦入門有所謂暖房者，用魚肉將之。中表朱鄰水茂才華輩知余意，皆以書代之，如墨池編、廣輿記之屬，皆是也。時見佳書，則私典南陽君嫁衣釵釧之屬以市之，而屬其勿言。南陽君亦喜余讀書，嘗冬夜一燈，憑矮几作針黹於牀前，余無絮裾，坐牀上牛衣中俯而觀書，率夜漏三下始寢。蓋余性剛拙，而南陽君能安貧，勤操作，於堂上極婉順敬慎之真，而於余二十年無一語反目，雖或小不加以理，亦淡然置之無違言，他人雖其兄弟無一字假借也。乙酉，余始食廩餼，南陽君既歸，謂余勿争泉刀，貽上人不美名，故余不與人争利。先考聞而喜之曰：「是能守吾道者也。」連舉五女，一無服殤子，坐是病瘵，日以婞直。家雖漸裕於昔，而念遺嫁諸女，遂不能市藥醫之，此余之深悔也。己酉冬，始以無子續取吴興君，始製珍衣裘，始役一老嫗，始能具飲饌，遺嫁兩女，始連舉二子，雖下殤歟，而先考妣及南陽君皆不及知矣。」此先生自述中年以前之境如是。

豐咸三年癸丑春，粤西之賊陷江甯，先生與妻沈氏轉徙於徽州之績溪深山中，授徒自給。數年，益陽胡文忠公開府楚北，聞先生避地於彼，乃召往鄂渚，同長沙丁君取忠爲輯讀史兵略於武昌節署。先生故有水經注圖，鉤稽羣籍，以爲學者讀唐以前古書之資，遭亂失之，避地績溪時略有追補。胡公閔恤先生窮老，平生著述多燬兵燹，爲刊此書，並叙先生學行大略，其序曰：「江寧汪梅村士鐸，余道光庚子典試江南所取士也。嗜山水，無仕進志。四上春官，特借以瀏覽山川風土，不謁一人，不待榜而歸，其視富貴利禄泊如也。雅性好學，藏書二萬六千餘卷，閉户絶慶弔，蒔花木、讀書爲樂。國朝學人率自經史秦漢諸子外，天官、曆算、輿地、職官、蒼雅、典禮之屬，靡不綜覈。君承吴越諸尊宿緒論，又金陵爲南北津要，通人名士魁耆之彦多遊寓其地，故平生師友講説，頗不狹陋。家至貧，傭書河、泲、江、淮間，皆以府主意不能自有以發攄，而其自爲説半札記其書上下左右方，朱墨交錯，陸離不可辨。嘗據注疏、通典及宋楊氏、元敖氏、本朝盛百二、吴東壁、程易疇、張臯文、張惠甫諸家説爲禮服記三篇，曰『本仁以親親，率義以戚戚，準禮以貴貴』，而加降、不降系於本服之後。又取後漢諸書爲儀禮鄭注今制疏證，績溪胡竹邨農部甚稱之。又據仁和趙氏本水經注爲之疏櫛，釋以今地及列史、諸家文集有可附屬連綴者，率爲補輯，不盡酈亭意也。然於山川阸塞、陂池水利特詳盡，可施之政治。又取説文、玉篇而下諸小學書及史鑑注爲廣韻雅。正其文字雅俗而旁及於訓詁、姓氏、郡縣，并爲廣韻聲紐表一卷。又以宋、齊、隋有志而梁、陳、北齊、周皆無之，爲補梁陳州郡志，於梁之百七州皆爲確證其沿革。壽陽祁相國亟賞之。其北齊、周志惜未成。又據續志四分術，衍東漢朔閏考，以正范史及洪氏、王氏書，而注其甲子異同於下。據太平廣記所引鄭君生日，爲布算其月日，於七月五日偕同志祀之。又爲佚存書目，蒐討至廣，及韓詩外傳疏證，皆未成。其爲散文喜秦漢，駢文喜齊梁，而亦不廢魏晉，爲詩喜唐人及有明七子，爲詞喜南宋人，則皆無草稿，以爲不必存也。粵逆之亂，一切燬於賊。遂避地績邑北山深谷中，客授自給，號曰無不悔翁。咸豐九年，余召來楚北，詢其舊作，無一存者。惟授徒之暇，曾補爲水經注圖二卷，蓋爲班志而作，非其前書之旨矣。余重憫其學行，又經喪亂，年已衰病，無子息，致可悲歎。故爲刊其水經注圖以補黄子鴻氏之所逸，而牽連及其爲人如此」云。

先生又嘗爲種樗老人傳以自況，其詞曰：「種樗老人，自忘其氏字，似漢魏間人。喜種樗，樗成林，甚茂。嘗一詣市，貨之，不售。歸益種不輟。居貧老憊，顧自少多忘年交，與北海管幼安、高密鄭康成、汝南許慎、南郡龐德公、豫章陶潛、范陽酈道元、京兆杜佑、吴陸德明、洛陽賈公彦、魯孔穎達往還最數，東海徐陵、南陽庾信亦嘗把臂。稍閒，輒與諸人議論樗林間，人笑其迂曲，弗恤也。遭時之亂，諸人各避地，不相聞問。老人遂寖忘之。五季之末，老人益聾瞽，時人與言多不省；老人言，世亦不省。以是宋以來交遊絶少。卒窮老以死。其鄰曰：『余嘗聞老人言：蒼勁硐磊多節目，歷寒燠不渝，松柏也。今兹培塿地，弗宜礱琢彤绿，爲明堂清廟建章樓觀，其小者，爲舟車禮器之屬者，杞梓豫章也。然必世適相需，又有工師重而采之，與所以施之用者當其任。否則，無若與吾樗老於空山荒江之濱，而弗妄斲小之，以嬰世患也。其桃李棠棣之妖冶可憐，與性不相類，故不植，植亦必不蕃。樗不才，中爲薪，造物無私，雨露其長養與它材木同。石炭用多，而天地山谷之氣必有窮，則吾薪獲厚直未可知焉。惜吾不及見之矣。」其詣如是。悲夫！老人之嗜自爲謀也。」先生之胸懷高曠如此。

先是，胡文忠公延先生輯讀史兵略，成，復屬爲大清中外一統輿地全圖，垂成，而胡公薨於位。楚督官文恭公及繼胡公撫軍新繁嚴公樹森復延先生續成之。

同治元年壬戌之冬，余由河南至武昌，因見先生於寓居，往還數日，先生期望爲學之道甚切，陳義甚高。歲晏返里。逾年，余致書復申爲學大旨，先生答之曰：「士鐸以謂：凡爲學者，學至於聖賢而已。聖賢至衆，而以孔子爲集大成。學孔子如飲巨海、登泰山，各有所得，而不必其相同。比而一之，陋矣！漢魏儒者自博入，惜其未知約也；宋元儒者自約入，惜其未知博也。然人之性情既各有所近，不能强同，且爲博、爲約，皆須竭其畢生精力，如飢者求食，寒者求衣，孳孳日加勉焉，而後各有所得。既得之後，而互相非詆，不知交相資益，則門户之積習，争勝之客氣爾。學者未得其致功自得之真，而徒掇拾其妄自尊大之貌，此不善學者也。然既博、既約，既交相取益，而士鐸猶未敢以爲合乎聖人之道者，則以服、鄭、程、朱雖殊途同歸，而皆得乎道之全體，其於大用猶有未臻，是具聖門四科之一爾。管、商、申、韓、孫、吴，後人所唾罵，而儒者尤不屑置齒頰，要而論之，百世不能廢，儒者亦陰用其術，而陽斥其人爾。蓋二叔之時已不能純用道德，而謂方今之世，欲以儒林道學兩傳中人遂能登三咸五，撥亂世而返之治也，不亦夢寐之囈言乎？然則管、商、中、韓、孫、吴與吾儒交相濟，亦如服、鄭、程、朱之爲博爲約宜相資助，而後可以窺見洙泗體用之全也。蓋自孔子生於古，其時地狹人寡，俗樸事簡，一切狡詐奢侈風氣未開，不見今之火器、鐵騎、大舶之害，不知有英、法、美、俄佳兵、强市、邪教之事，不計有回回、苗、猓與吾民爲仇之孽，故其言如彼。設生於今，其必有所以感喟而爲世儒設之鵠矣。然則，吾儒爲學之次第，亦先原其性之所近，而後自權於出處用舍之間，以定其讀書尚友之志，此非他人所能代謀也。如士鐸者，少嘗服膺許鄭，既乃約以程朱，於經世之用曹如也。而自涉寇難，間關吴楚，所遇不一人，知漢宋之言皆鑿枘也。又况外無應門之童，内有交謫之婦，日處失意中，則又取黄老之言以自放，蓋不足與於學人之數，已明矣。」蓋先生雖以儒學爲世所推，而實能洞達古今之治體如此。

甲子秋，王師收復江甯。是年冬，先生東歸，當道仰先生名德，月致餼廩，制府曾文正公尤禮異之。是時曾公奏請補行本科及咸豐乙卯等科江南鄉試，余乃至江寧，與先生再見於秦淮之上。自是二十年來，往來江甯，輒時相往還。先生自甲子東歸江寧，即不復出，閉户窮居，非其人不見，非其餽不納。光緒庚辰夏五月，余以事至江寧，省先生於家。先生時年八十，猶扶杖出見，尚善談論，且屬余爲覓書帖數種，聊以自遣。自述平生著作多不能自信，且半爲他人代作，惟所爲水經注疏證以古證今，工力頗久，以爲經世之資。惜燬於兵燹，不能追記。然北方水道時有變遷，今又閱數十年，與前所記不免又有參差矣。辛巳夏，先生故人六安涂朗軒中丞宗瀛、涇縣洪琴西都轉汝奎及諸故人生徒輩，爲先生校刊文集十二卷、外集一卷。癸未秋，先生門人合肥張士珩爲先生校刊悔翁筆記六卷，詩鈔十五卷，補遺一卷，詩餘五卷，先生皆以刊本先後寄余於海上，且自品其「亂後之作，筆記爲上，詩次之，詞又次之，而文最下。斯刻也，莊生所謂不報其人而報其人之天者也」云云。先生舊時所著書有禮服記、儀禮鄭注今制疏證、廣韻雅、廣韻聲紐表、梁陳州郡志、水經注疏證、東漢朔閏考，皆不存，今存者僅胡文忠公所刊水經注圖及附録二卷，淮南書局所刊南北史補志十四卷。

先是，咸豐辛酉秋，胡文忠公薨於武昌節署，先生爲文忠删定遺集□卷刊行，又搜輯文忠在武昌數年政蹟公牘稿本等編，删繁舉要，撰爲胡文忠公撫鄂記二十卷。因文忠歷年於不職之員多所參劾，今其人及子孫仍多貴顯，書出慮有所忌，鈔本僅存，不輕出以示人。同治二年春，余由安慶致書武昌，請鈔副本，先生祕不肯與。去年春，余以先生年已八十有八，復致書先生，欲爲傳之。先生時目眵不能復書，僅於爲余經手致書之人李光明傳言，此書現已在山西書局云。至秋七月間，余至江甯，欲見先生親索之，時先生已於十日前卒矣。今因檢先生先後所寄水經注圖、文集等書，乃將先生文集之自述並種樗老人傳、胡文忠公之序及先生癸亥秋在武昌復余書爲今刊文集之所遺者，薈萃成篇，俾後之知先生者有所考焉。

光緒十六年春三月十五日謹述。

劉融齋中允別傳

光緒八年□月□□日，國史館上言：「儒林、文苑傳曠不修，懼經明行修之士久而湮没不著，宜下各直省采訪以聞。」從之。於是江蘇巡撫衛公榮光以故左春坊左中允興化劉君事實上聞，七月□□日，奉旨「原任詹事府左春坊左中允劉熙載前在上書房行走，曾任廣東學政，旋因病請假，主講上海龍門書院，品學純粹，以身爲教，成就甚多，洵足爲士林表率。著即宣付國史館，列入儒林傳，以彰碩學。欽此。」仰見聖主敦崇實學，嘉惠儒臣，式型多士之至意。於是海内士大夫知其事者僉曰：「允哉！」公傳在史館，名在天下，既足傳諸天下後世矣。然金匱石室之藏，非草茅所得聞見。穆自同治十一年壬申之冬客遊海上，與公還往凡八、九年，稍能窺公學行崖略，乃據公家狀及其所撰諸書大旨，別爲一傳，以示同志者焉。

公諱熙載，字伯簡，一字融齋，江蘇興化劉氏。曾祖瓚，祖銓，考松齡，世以耕讀傳家。公少孤貧，力學，中道光十九年己亥恩科舉人，二十四年甲辰成進士，改翰林院庶吉士，二十五年乙巳散館，授編修。咸豐三年癸丑，文宗顯皇帝召對，稱旨，奉命直上書房。久之，上見其氣體充溢，早暮無倦容，問所養，對以「閉户讀書」，上嘉焉，書「性静情逸」四大字賜之。六年丙辰京察，公名在一等，記名以道府用。旋以病乞假。十年庚申，湖北巡撫胡公林翼特疏薦公「貞介絶俗」。同治元年壬戌，詔起舊臣，公與焉。其明年，兩奉寄諭入都。三年甲子，補國子監司業。其秋，命督廣東學政，旋補春坊左右中允。五年丙寅，引疾歸，遂不出。當道請主講上海龍門書院，凡十四年以終。

公秉性儉約，至貴不改。其初，嘗以翰林直内廷，徒步無車馬，有晏子浣衣濯冠之風。視廣東學，一介不苟，取諸生試卷無善否，畢閲之，試畢，進諸生而訓之如家人父子焉，作懲忿、窒欲、遷善、改過四箴以示之。其主講龍門書院，與諸生講習終日不倦，每五日必一一問其所讀何書，所學何事，黜華崇實，袪惑存真。嘗午夜周覽諸生寢室，其嚴密如是。與人居，温温然，無疾言厲色；與客言，善談議，亦時雜詼諧嘲笑，恒不見其有高邁遠俗之概，而意有所不可，亦卒莫之能奪也。閒居敝衣糲食，不多用一錢。親故有貴顯，遠有饋，不一取；有貧苦，必多方周濟；而待客又必盡豐潔。其處己接物，變動不拘又如此。

幼敏悟，太翁鶴與公嘗曰：「此子學問當以悟入。」故公晚年亦自號寤崖子。自六經、子、史、天文、算法、字學、韻學，下至詞、曲以及仙、釋家言，靡不通曉。尤以躬行爲重，嘗曰：「所貴於學者，求盡人道而已。所著書有四音定切四卷，説文雙聲二卷，説文疊韻二卷，持志塾言二卷，藝概六卷，昨非集四卷，皆公晚年在書院自爲校刊行世。又有自記語録若干卷，藏於笥，未能整理。

其叙四音定切曰：「余幼讀爾雅釋詁至『卬吾台予』四字，忽有所悟，以爲此四字能收一切之音。後證之諸韻書，皆合，益自信。乃易以『欸意烏于』四字，蓋『欸意烏于』皆取聲音之名以爲名，其於『卬吾台予』，則『欸』代『卬』，『意』代『台』，『烏』代『吾』，『于』代『予』

也。前數年，客有問余以切字法者，余先問之曰：『子知開口正音、開口副音乎？』曰：『知之。』『子知合口正音、合口副音乎？』曰：『知之。』『開正一名開口，開副一名齊齒，合正一名合口，合副一名撮口，子知之乎？』曰：『知之。』曰：『吾有常言之四字：欸、意、烏、于是也，子知之乎？』客曰：『將焉用此？』曰：『然則子之所謂知者，豈誠知乎！夫「欸」字收聲者名開口音，「意」字收聲者名齊齒音，以及收「烏」名合口，收「于」名撮口，自非先辨欸、意、烏、于，何以能定開、齊、合、撮也？不能定開、齊、合、撮，而欲切音，更何以能定上一字母、下一字韻也？吾試問子：「關、雎、河、州」四字於欸、意、烏、于宜若何分屬？』客謝未能。余曰：『子試於「關」字長其聲以讀之，「雎河州」三字皆長讀之。』客從余言。余曰：『子覺「關」字下隱然有一「彎」字乎？「雎」字下隱然有一「于」字乎？「河」字下隱然有一「阿」字乎？「州」字下隱然有一「優」字乎？』曰：『然。』『「彎」亦「烏」也，「阿」亦「欸」也，「優」亦「意」也，「于」則無俟復言，是則開、齊、合、撮不既定矣乎？推之一切韻之收聲可知矣。』客悦曰：『此旨吾未前聞，然尤願論撰以貽後學，俾得與能也。』余時頗心許之。今余爲圖説既成，又因及門黄接三鑽研韻學，與之準佩文詩韻字數，輯爲韻釋四卷，事固有難已者，書名四音定切，蓋原其實且使余向者之所以自悟與所以告客者胥統焉。」

其叙説文雙聲曰：「切音，始於西域乎？非也。始於魏孫炎乎？亦非也。然則於何而起？曰：起於始制文字者也。許氏説文於字下繫之以聲，其有所受之矣。夫六書中較難知者，莫如諧聲，疊韻、雙聲，皆諧聲也。許氏論形聲及於「江」、「河」二字，方許氏時未有疊韻、雙聲之名，然「河」、「可」爲疊韻，「江」、「工」爲雙聲，是其實也。後世切音下一字爲韻，取疊韻，上一字爲母，取雙聲，非此何以開之哉！是編獨詳雙聲者，以韻有古今之別，雙聲則古今一也。徐鉉等注說文字音，以孫愐唐韻音切爲定，要之許氏之聲，本可爲切，由古人制字，其中本具字母也。是編韻借孫氏母即用許氏之聲，如「江」字，許云：「工聲」；注：「古雙切」。今用許氏之本聲易「古雙切」爲「工雙切」，不正切「江」字乎？由「江」字推之，如「脂」字，許云：「旨聲」；「模」字，許云：「莫聲」。孫氏業已取其聲以爲母矣。至於虞、佳、殷、蕭、宵、尤等字，虞、吴聲，佳、圭聲，殷、㐆聲，蕭、肅聲，宵、肖聲，尤、又聲，苟以許聲加孫韻皆可爲切〔一三〕，而一切雙聲之字，不皆可知乎？夫雙聲之大略，不外乎清、濁二聲之從類，及開口、齊齒、合口、撮口四呼之相通。自有切音以來，學者固皆知之，惟其知之，則與余之遡源於古人制字之本音，必有合也。余纂說文雙聲，僅舉崖略。及門陳仲英以爲裨於小學，孜矻助余成之。學者誠因是編以契許氏之聲，因許氏以契古人制字之音，庶無負諧聲之本指也哉。」

其序說文疊韻曰：「書以說文疊韻名，疊韻也者，疊古韻也。古韻有與今同、有與今異。與今同者，即爲今韻，何以不疊今韻？今韻不勝疊也。夫古韻可據者有若詩三百篇焉〔一四〕，有若屈宋之辭焉，推之凡古有韻之文，無不可見，何必許氏一人之書？顧許氏於字下繫聲，所以著韻即出於其字，雖雙聲亦在其內，要不及疊韻之多，即但以疊古韻而言，其字亦豈少哉。論者於「河」、

「可」共知爲叠今韻，於「江」、「工」或但以雙聲目之，其實雖取雙聲，亦取叠古韻也。然則欲明古韻，舍説文其可乎？間嘗以此語及門袁竹一，竹一所見輒符，余因與之輯叠韻上下卷，以明説文合體之字與獨體之聲，體既相因，韻自相合。即有不合，亦由後人之失讀，類非古韻之本然。是編於許聲雖若有信之過者，然過信猶愈於過疑，况信固未必過也〔一五〕。同校者爲及門黄淵甫，蓋亦以其明於許書而屬之。至古韻大旨，爲余舊著，今列爲首卷，雖所言不專在説文，要與説文相發云。」

公於音韻小學確有心得之外，而潔身修行與有宋諸儒言行相爲表裏。凡日有心得，隨筆記載，晚年手編定爲持志塾言上下二卷〔一六〕，内分子目二十事：曰立志，曰爲學，曰窮理，曰存省，曰擴充，曰克志，曰力行，上卷。曰盡倫，曰立教，曰人品，曰才器，曰致用，曰濟物，曰正物，曰處事，曰處境，曰處世，曰天地，曰心性，曰禮樂。下卷。復爲之序曰：「孟子始言持志，志之賴於持也久矣。持之義不一端，大要維持之欲其正也，操持之欲其久也。持之之方不一端，大要善其志之所以養也，慎其志之所以發也。每念古人之學，無不以此爲兢兢，而即可準此以見吾人之失。故余之教於塾也，嘗以「持志」二字額其齋焉。塾中講貫，自聖賢經義以及先儒格言，固皆日有課程矣。其有不及舉古人之辭，但自言之以取易明者，則隨時筆而存之。蓋以便學者之復習也，原本即名持志塾言，惟不立門類，不避重復，未免雜而難約。今姑删複分類，以成二卷，然亦但如原本之所有而未嘗增益，實亦未嘗得整齊次第之宜焉。夫持志之功，深求之而未有盡者也，學者誠由所至而進推焉，則是編者或亦由淺之深之藉也歟。」

公既以持志塾言教授及門諸子及窮鄉晚進之餘，又探討古今人詩、賦、古文、詞、曲、書法、經義，深造自得，復爲藝概六卷。子目有六：曰文概，曰詩概，曰賦概，曰詞曲概，曰書概，曰經義概，自爲之序曰：「藝者，道之形也。學者兼通六藝，尚矣！次則文章名類，各舉一端，莫不爲藝，即莫不當根極於道。顧或謂藝之條緒綦繁，言藝者非至詳不足以備道。雖然，欲極其詳，詳有極乎？若舉此以概乎彼，舉少以概乎多，亦何必殫竭無餘，始足以明指乎！是故余平昔言藝，好言其概，今復於存者輯之，以名其名也。莊子取「概乎皆嘗有聞」，大史公歎「文辭不少概見」，「聞」、「見」皆以「概」爲言，非限於一曲也。蓋得其大意，則小缺爲無傷，且觸類引伸，安知顯缺者非即隱備者哉！抑聞之大戴記曰：「通道必簡。」概之云者，知爲簡而已矣。至果爲通道與否，則存乎人之所見，余初不敢意必於其間焉。」

公於古人詞章文學既有深造獨得之境，嘗有述作，不自收拾，隨時散佚，晚年就篋中所存詩、文、詞、曲各類，編定四卷，而以所仿周秦諸子書寓言四十二篇，曰寤崖子，列爲卷端，總爲之序曰：「此集始名四旬集，蓋集中所編入大率四十以前作也。余之少也，學不知道，雖從事於六經，然頗好周秦間諸子，又汎濫諸仙、釋書，并騷人、辭客之悲愁、放曠、惜衰暮、感羈旅者，亦未嘗不寓目焉。故當時所作，指趣多所出入，且有傲然自得而不知其爲非者，豈非沈溺之甚也哉？四十後，乃始悔之。又後，則欲勿存之矣。既而思之，非與是不容偏掩者也，是中有非，非中亦豈必無是？狂言聖擇，理或同歟！且即未必有是，然存之以著其非，庶鑒余非者，得以及時趨是，而不至若余之過時而悔歟。偶憶陶淵明辭有「昨非」二字，因以名集。「昨」之云者，豈獨爲四十以前言之乎！四十以後附入者，自視實亦未見是也。故並以「昨非」概之。」

以上六書，惟持志塾言成於同治丁卯，藝概成於癸酉，餘四種均成於光緒三、四、五年間〔一七〕，先後公自校刊成之。遺書有讀書劄記、游藝約言、制藝書存三種，乃公歿後公子彝程等從公篋中所存手稿分類鈔出，示公及門諸弟子，於丁亥冬續刊之。劄記與持志塾言相類，游藝約言與藝概相類，制藝書存原爲昨非集之第六卷。公刊集時，尚在游移〔一八〕，未能即時刊入者也。

公早年工行、楷書法，晚年喜橅漢魏人八分、篆書。久之，鎔鑄一體，規模奇古，變化無端。人有求者，亦時應之。又嘗命工爲刻一石，時以餉人，亦自喜也。

公以光緒六年庚辰夏五月上海龍門書院遘寒疾〔一九〕，其初尚輕，尚能時時見客及拜客。穆以四月間由上海廣方言館附輪船回里，至五月二十七日回館，次日即到龍門書院候公起居，時公遘疾已十餘日，尚能談話如故，留同午食。至六月初三日，公乃到廣方言館訪，談移時乃去。自是以後，穆數日輒往書院候問。公疾雖未瘳，尚能坐話移時。至十七日，公門弟子沈約齋、袁竹一到館，言公疾久不愈，思回興化。穆即同局總辦李勉林觀察相商，李君故與公友善，乃爲主張，以本局小火輪船拖帶公舟回鄉較速。公乃清理書院一切事宜，即於七月十三日登舟，時穆亦將有事於蘇州，即附公舟，於十四日巳刻抵蘇州胥門外小泊，穆即別公上岸，時公病已不能興矣。公歸里後，疾亦時重時輕，中間尚能訪老友陳君茂亭一談。

至七年辛巳二月乙未，乃終於里第正寢。距生於嘉慶十八年癸酉正月癸巳，享年六十有九。夫人宗氏，先公□年歿。公子三人：長彝程，太學生，精通天文、算法，公嘗與穆談及，時以爲慮，曰「察見淵魚，不祥」；次展程，光緒元年乙亥恩科舉人；三尊程，縣學生。女二人：長適高郵吴嵩泰，次適泰州唐恩祥。孫三人：啓詵、增詵、祥詵。

左端臨先生傳

君姓左氏，名莊，字莊士。邑諸生。少從其舅氏吴明經孫纖學〔二〇〕。明經之時，鄉里耆舊尚有存者，明經帖括之餘，頗研究經史，并漢唐以來之文。君少多病，聆其緒餘，置之胸臆而已。年逾壯，乃肆力於學，久之有得，視世味泊如也。好獨遊，家貧，恒敝衣履。徜徉山水間，不知者視其面貌多迂笑之。君與世無忤，歲饑，嘗推食以食人，里中咸稱爲長者。晚乃好言古文法，蓄異書千卷，每當晨夕，凄風急雨，木榻敝帷，圖書狼藉，擁褐高吟，聲瑯瑯與之相應。

穆少困俗學，間嘗取古人之文讀之，略知其意，欲屏舉子業，治經書古文辭，時頗目爲迂闊。歲在甲寅，讀書於左氏宕村，時與君聚處，且得借先輩遺書瀏覽。君閒居亦喜與穆談論古人之文。嘗出所藏吴明經所録先輩劉海峰先生唐宋八家文選十餘册以示穆，亦手録副本，嘗竊取其意爲文。穆粗諳古文法，實始於此。海峰先生八家文選，凡於古人精神不到，間有一、二敗句，則删薙於旁，以示學徒。君聚漢唐以來之文甚夥，於先輩所未入選者，輒擇取之，或删薙數行，或一、二句，覺莊雅可誦，評定朱墨，交錯陸離，至不可辨。穆每至其家，輒舉以相示，皆有真識，云：「此非俗儒所知也。」嘗往來余家，每至輒挾書數種，薄暮而返，相送一、二里外，猶立談依依不忍去。穆嘗叩其著述，云：「凡吾所欲言，皆古人已言之；文不關於經術實用，虛辭濫説，徒敝人精力耳。」君生平不事著述，其所評論古今人物，皆有卓見。律己以嚴，待人以恕。亦喜閲時賢之書，然亦罕當其意也。晚乃厭家務，欲覓一静室研究古書，且與穆朝夕相質。詎意天不憖遺，鄉里頓失此典型，爲可惜也！

君之卒也，以同治二年癸亥夏六月某日，年五十有□。其小友蕭穆，乃以所知一二而爲之傳。

循吏陸枚傳

援桐城縣志名宦傳

陸枚字建中，一字立甫。浙江山陰人。少游學京師，援例以吏員議叙，補安徽廣德州杭村巡檢，旋調補桐城馬踏石巡檢。道光十四年莅任，廨駐樅陽鎮，舊有漕倉，當漕糧未全折時，縣令於初冬必親臨兑運。鄉人輸輓，漕艘雲集，羣氓雜遝，公察其弊，編立保甲〔一一〕，詰姦弭暴，運民奉法，比户咸安。復建巷栅，修橋樑，施藥餌，製水龍。年饑歲歉，恒捐廉散賑。鎮東沿江有戚家磯，石筍林立波中，時爲往來民船患。公創立救生局，造船數艘，大風駭浪，每年全活舟人遇險者無算。又籌買義地，收掩旅櫬，設同仁局，施棺槽，斂旅殍。邑東南鄉多水災，有江都史公丙榮，來爲縣令，公佐史公〔二二〕，偕紳士張太守寅等，造大府陳民疾苦，請帑籌資，先後督工興築高黄瓜墩、新生、樂生諸圩隄。又助史公同諸紳士督修天定隄及永鎮壩，自南至東六、七十里，保障外江，大水之年，諸圩隄恒賴安堵。鄉民爭訟，就質於公，必反復開諭，往往有感激泣下，與相知者約，終身不涉公庭。咸豐間，粵西盜起，蔓延大江南北。有六安曹綬卿，率練勇助官軍剿賊，至樅陽全隊潰没。公倡紳士立忠義塚，兼籌資，春秋致祭。逾年，湘鄉李忠武公克復桐城，大府檄署縣事〔二三〕，善後諸務，籌辦合宜，紳民感戴。後回本任。時邑紳方大令傳理，將設育嬰堂於城中，公復勸分設樅陽，督工擇地，極盡心力，每年收養羣嬰，逾城數倍。舊有白鶴書院，經費不繼，公捐俸生息，文教復興。舊有城隍廟，燬於兵燹，復捐俸重修，以光祀典。凡善舉知無不爲多類此。

先後官巡檢三十六年，署縣篆三年，同治八年致仕，光緒十年五月初三日具衣冠端坐，終於樅陽寓舍，享年九十。嘗著家訓一卷，垂示子孫，臨終猶訓諸子立身爲人之道，神明不亂。

先是，樅陽鎮右有河爲桐、廬、懷、潛各縣之水所由出江者，夏秋江潮陡漲，又灌入內河，各縣田廬窪下者，時爲漂没。公莅任數年，邑令某與紳士倡議籌資，於江河交界處，築隄障之。公知此舉爲上游各縣水路出入所關，非一隄所能永固，一旦潰決，淤泥充塞，不能順流而下，內河水無所洩，窪下田廬，仍受其患，善後爲難。因爲官紳力陳利病〔二四〕，事乃就寢。後三、四十年，鄉紳復有詣大府請帑籌資，仍於江口築隄者，糜費資帑，工久不就，紳民意見不合，幾釀巨案，鄉老益念公謀深慮遠，爲不可企云。

文斗垣先生事略

先生姓文氏，諱漢光，字鍾甫，一字斗垣。世居桐城北鄉孔城鎮。少工應試文字，年逾壯，游於方植之先生之門，乃大肆力古學，詩、古文、詞，皆有鄉先輩風範。後來歷遊幕府，均能盡其才力。有餘資則購古書籍字畫以自娱。生平重交誼，輕財貨，凡有以貧乏來告者，必隨時周應之。師友中有飢寒不肯告人者，亦必隱察之，時加持護，又使其人能自安焉。先生天性和曠仁慈，好詼諧。年四十無子，人有規其納妾者，則以貧乏爲辭。及聞一義舉，見一難事，又必盡力籌畫，屢形竭蹶，不惜也。偶有感觸，往往泣下沾襟。或聞歡娱之事，神奇譎怪，又不覺破涕大笑。頃刻之間，悲喜屢易，隨性所發，不立城府。後納妾，卒無子，亦不以爲戚戚也。惟晚年慈親尚在，及所遭時事，則愴然於懷。

咸豐三年春，粤西賊東下，正月省城陷，十月桐城陷。又數年官兵屢到桐城，先生嘗在營中襄辦軍務，精力疲弊，卒無成功，人多忌之，亦不爲動也。當賊陷城數年間，鄉間尚有安土，世家大族，自明以來，積書充棟，多爲鄉人搬出賤售〔一五〕，公先後所收至十數萬卷〔一六〕。逾年，孔城鎮大亂，先生倉皇奉母逃避〔二七〕，家中所收之書，又爲土人分略，售之遠方。余後所得鄉先達張晴嵐閣學所臨歸震川史記標録、姚惜翁所録劉海峰先生歷朝詩選殘本九册、孫麻山遺集及他書數種，皆先生藏本也。

余於戊午之春，始見先生於里寓，一見如舊相識。後每逾月，必就問鄉先輩遺事，及當時人文才學，增廣見聞。己未之春，先生來余家，歡留數日乃去，更約夏間復來觀荷。逾月乃爲詩見寄，余期之甚篤。至七月初旬，賊大股至，公奉母避亂廬江，憂亂之心，鬱不可忍，故有嘔血疾，至是大作，殁於廬江寓所，時七月望日也。年五十二。

生平歷游幕府及居鄉，均有事績，皆余所未詳。著述亦散失無存，惟亂中時時賦詩，曰藕孔餘生集，余曾録副本藏之，殁後余曾爲哀詞一篇，以呈劉悌堂先生，先生爲評數語，以補未及。今閲四十年，復取舊稿，删爲事略，仍録悌堂先生評語，稍悉其家世云〔二八〕。

悌堂先生曰：文君字焕章，本名聚奎，後改今名。其先父祖俱忠厚。文君少時極貧，從師無資，其父嘗早起於塾門外叩謝師，每以蔬菜送之。居孔城，爲人排難，多以至誠動人。少從事吴君寶臣、房君披垣，後舉孝廉方正。咸豐丁巳冬，吕亭解圍，籌糧饋軍，當事薦擢光禄寺署正銜，以是爲物議，哀辭不必絜論。特補志於此。

贈侍講學士張敬堂太史事略

張錫嶸字敬堂，安徽靈璧縣人。道光己酉科選拔貢生，咸豐壬子科順天鄉試舉人，癸丑會試成進士，改翰林院庶吉士。丙辰散館，授翰林院編修。己未充山西鄉試正考官，庚申會試同考官，秋八月奉旨提督雲南學政。同治元年壬戌，以奏事不稱旨被議，未幾丁艱回里。乙丑，兩江總督曾文正公特奏保治軍淮北，自到營，嘗著草履，與士卒同甘苦，又以災賑，日行泥淖中，民賴以甦。丙寅冬，髮、捻再竄陝西，奉旨督師赴援，抵陝即解省圍，轉戰益力，孤軍無援，遂殉難於西安城西之魚化寨。大府奏聞，贈侍講學士。

家素貧，庚戌以朝考入京，遂留應鄉試〔二九〕。勤學勵志，一室累月不掃除〔三〇〕，恒終日不舉火，蓬頭垢面，從不乞助於人。其同年拔貢生石埭陳虎臣艾聞之，懷錢券數紙，訪其所寓〔三一〕，詢其日用，云「本鄉有一公款，月可得六、七千文。吾出不乘車馬，與人無文酒之會，日用飲食，寬然有餘。日前吾尚助某友數千文爲生計也。」陳君知其介，言竟不敢以錢券進。其應壬子科鄉試也，未揭曉前數日，即預備刀繩各一，儻不入彀，非自刎即就縊，其堅忍明決如此。留京數年，孤特自遂，不恒與人往還，同儕均以不近人情少之。

癸亥冬，由滇回里，泊舟安慶城下。時金陵尚未克復，兩江總督曾文正公駐節在此，委陳君虎臣總辦忠義局務。太史往拜陳君〔三二〕，拜曾文正公及藩臬，挂號即去。時文正公晤陳君〔三三〕，云：「吾素聞張太史之爲人素行，不近人情，子以爲何如？」陳君因道其爲人，實爲績學勵風節之士，與言之最悉。文正公曰：「既爲子之密友，所言自得其實。」次日，文正公同司道諸公均到舟答拜〔三四〕，直登其舟，歡談良久，即預訂太史次日入城〔三五〕，歡留數日。時陳君同縣老友楊君仲乾德亭，及吾縣方先生存之宗誠，均寓皖城，往來講學，太史因陳君往拜楊方兩先生，一見如舊相識。一夕，同聚方先生寓所論學，穆時以應試留此，在窗外竊聽，遥見太史狀貌面圓，白皙帶紅，微鬚，年在四十左右，言詞不多，而有精義〔三六〕。是夜，太史與諸君别，未曾再至，余遂未及相見。陳楊諸君，旋知余是夕在窗外竊聽，均以余不入見爲咎。太史行誼風節，余皆聞之於陳君。

又悉太史自登第後，益沈酣古學，頗有著述。即在軍中，公務之餘，尚雪鈔露纂，勤學益力。殉難後，所著均散佚無存，惟平日所著孝經章句、孝經問答、讀朱就正録及續録三書，爲其門人長安蔣善蘷所藏。同治九年，盱眙吴督部棠爲刊於蜀中。余近乃得其書讀之，因追憶同治間與陳君時相往還，深悉太史之爲人，紀其大略，併悔當時與太史失之交臂，不無遺憾云。

外祖左鴻志先生事略

外祖左公諱知來，號鴻志。世居邑東鄉棋杆岡，距予家不過二里，與先祖守璞公交最善。少年應小試不售，援例爲太學生。好讀書、飲酒、賦詩。薄田僅數畝，遂開門授徒。兼習俗所稱堪輿之學，閒居無事，輒自備資斧，遍歷大江南北名山水，遇有佳境，往往流連數日，一一記之於心。歸輒爲先祖及里人之相好者道之。又好詼諧，里中有公事讌會，皆喜聽先生一人暢論。一歲凶荒，除夕，不名一錢，所儲不過斗粟，即大書門帖云：「詩書有味堪銷夜，爆竹無聲也過年。」其風度如此。

小子之生，先生猶及見之，先母歸寧，公輒懷抱，撫養周至。小子三歲乃謝世，年垂七十。

先曾祖成玉公、曾祖母江太君，均公所定葬地。先曾祖墓在南鄉會公里宗祠後山，曾祖母墓在邑東白雲冲保汪家山中。公自云生平爲人葬墳，以先曾祖母地爲第一吉壤。其地自墓後東山發脈，蜿蜒下山十餘里，平地結穴，坐東朝西，墓前十餘步，下有山澗，水自東山出，西流繞墓，流十數里出山，墓前三四里有山，峰如筆架，人皆以爲文明之象云。

孫文雅事略

公諱琴書，字納才，號執禮，譜名文雅。少讀書聰穎，工書法，而秉性狂放不羈。少席父祖産業，不數年揮霍殆盡，乃落魄江湖，崎嶇閩越，恒以賣字爲生。人有求書楹聯者，往往不用成語，自出心裁，援筆立就，各如其人之意。中年以後，浩然歸里。有子德恒，能勤儉力田，間亦棹舟爲生計。公亦以謹身節欲，課徒以佐衣食。

公故與余先君善，余有再從兄時春爲公之外甥，公嘗往來余家。余曾記：年十七、八時，先君爲擇師里中，余一時性劣，恒不到學舍，在家自課。公一日到余家留宿，余夜侍公飲，酒酣，公訓之曰：「賢姪讀書，此時正爲成敗所關，趨向須正。」因以手畫席曰：「譬如一條正路，前途忽分數歧，賢姪今正走正歧之間，若誤入歧途，則誤終身德業矣。懍之！慎之！無荒無怠。」今余已逾公當日訓誨之年，追思公言，恍如音容宛在。然今於鄉里求此直諒老成之人，不可多得矣。

光緒二十六年八月秋分前一日。

蘇懋甫哀詞

吾友蘇君懋甫，名求敬。邑諸生。其父欽齋先生，講學以程朱爲宗，於近代儒者，師張楊園、陸清獻。君與其兄求莊，能承父學。咸豐癸丑，邑人馬慎甫起升，結同人講學於麗澤精舍，君與其兄與焉。慎甫故欽齋先生弟子也，與君兄弟尤相友愛。是年冬十月，粵賊陷城，慎甫後乃挈家避亂於邑東鄉王氏之官塘，即延君課其弟，藉以砥礪於學。

余之獲交於君也，在丙辰之夏始相接。時見其容貌恭謹，而出言不苟，心竊異之。後君出所著筆記數卷見示，又聞慎甫言君之堅苦力學，乃益知君之爲人。余自愧所學，未能窺君之萬一，而君虛懷樂善，不欲自恃，嘗以書與余曰：「僕受性駑怯，幼聞父兄之教，長得良友之輔，而悠忽以至於今，行能無所見於世，以視吾子之孑然獨立，而能成就如此，真乃愧死萬萬矣！以此大懼隕穫，欲自振拔，然以親老家貧，出謀菽水，思一日閉户讀書不可得，每心自傷之。念及吾子，曷勝歆羨！吾子其勉之，僕於吾子，更無所進，吾子秉心忠直，有所見顧相示無隱，僕雖不敏，猶能受盡言也。」嗚呼！觀君之愛余，與其所以自待，君之爲人，概可知矣。

丁巳春，余聞君來慎甫寓齋，與相聚一、二日。其形容雖憔悴，而言語益加温和。蓋君是時已奉欽齋先生家居，慎甫復延其兄求莊來課其弟也。已而君歸，猶録余文數首，與余相別於歧路，更約春秋之間，復來余家觀荷。

是年秋九月，欽齋先生以天年終，君兄弟行喪禮，一本於古，而君身體故孱，至此積勞，又極哀毁，以家貧，食指十餘口，授徒不足自給，往來借貸，恒爲風雨所侵，已漸至疾矣。明年春，不得已乃謀食於浙西，客於仁和邵先生懿辰家。邵先生故與欽齋先生爲道義交，念通家之誼，又嘉君之學行，遇之亦與其子等。君舊疾日加劇，竟以六月十八日卒，年二十有七，喪殮皆邵先生爲經紀也。君與余自丁巳春一別，即未通音問，往浙西時，亦過余里門，余適以他事出，次日過慎甫寓齋，聞君且渡江矣，而竟成再世交，余之悔恨，曷有已邪！

君詩歌、古文辭俱有前賢遺軌，書法、篆刻頗工妙，於宋儒書尤加研究，著有愧學録若干卷。妻葉氏，生一子，甫三歲，君卒後數月亦殤。先是，其兄於去歲冬十二月望後過余舍，猶以久不得君消息爲憂。余得君之凶問也，以今年正月六日，今其家果知乎〔三七〕！當此烽煙滿目，棺歸未知何日，乃先爲詞而哀之，曰：

西湖之山水深秀兮，中有羈魂於此棲。慈親日倚閭而長涕兮，更有腸斷之寡妻。固知同寄軀於大鈞兮，彭與殤爲一轍。嗟大雅之日就替零兮，正學恒虞於湮滅。

趙静涵哀辭 并序

君姓趙氏，名元益，字静涵。蘇州新陽人。父諱之驥，道光甲午舉人，甲辰恩科會試，房薦大挑一等，分發東河，數年殁於河工差次。

君幼孤，能自力學，爲諸生。同治間來上海，當道延至廣方言館，繙譯外洋製造及醫學諸書。公務之餘，仍力學不懈，兼通醫術。君頗藏古書，及名人手校鈔本，時加研究，中光緒戊子舉人。庚寅、辛卯間，無錫薛公福成奉旨出使外洋，延君爲隨員及醫學官。三年差竣回里，得保舉知縣，君不樂仕進，仍在廣方言館繙譯外洋各書，兼爲人治病，有求必應。

余以同治壬申冬客遊上海，癸酉春，應製造局總辦南海馮觀察焌光校閱本局所刊各書，亦任廣方言館，居室與君相近，朝夕相晤。余亦攜帶古書鈔校本數笥，與君互相借閲，以故兩人益加親密，特異於他同事者。君舊藏有李文貞公所刊朱子韓昌黎集考異十卷，余以此書刊於康熙戊子，在乾隆間詔修四庫全書，館臣著録文淵閣，已云「李光地得朱子門人張洽所校舊本翻雕，最爲精善。光地殁後，其板旋佚，故傳本頗少」云云，因勸君寳此本，以館俸摹刊，君欣然從之。此書復得於流傳于世，君之力也。君自刊此書後，益好以餘資刻書，二十年來，所刻有用精本凡十數種，志尚未已。今年刊其鄉先輩明人龔詡大章所著野古集三卷，秋九月完工，以四部見贈。此書四庫著録，係内府藏本，乃崇禎乙亥，其八世從孫挺所刻，外間不甚經見也。

余與君結交於同治癸酉春，於今卅年，相親如一。今年十月初七日，爲湖州老友周君萊仙病久不愈，數醫無效，因浼君同往，爲周君診脈開方。閲二日，余往視周君，服藥仍不效，回告君，君約日欲同余再往審視。閲數日，君獨到周君寓所門外，詢問余尚未至，君乃怏怏而返。先是，君與本局所請某洋人繙譯某書，洋人今秋至此，將往京師，應當道之請，仍申前議，約君到京師，接繙此書。君來相告，余詢行期，因問何時回，君云總須年餘，定於月初出門。余到君寓送行，遂别。未幾接京師電，云君已歿。余大驚，傷感累日。計前月初七日同君問周君之疾，君爲診脈定方，月半君復獨往視周君，至今不及五十天，而周君已於前月十九日逝世，今君又繼之，兩月之間，連喪二知己，余其何以爲懷耶！今先爲君此詞，以抒余之悲哀云。

粤有賢士，素重風義些。力之所能，無所迴避些。潔身自愛，無所猜忌些。久與結交，不我遐弃些。家有奇書，充几盈笥些。有求必應，不自珍異些。疑義相析，廣聞博識些。古笈流傳，從無藏祕些。一旦踐約，情迫無遲些。曾未幾時，二豎爲祟些。有子有孫，醫藥無侍些。仁不必壽，修文召至些。層冰嵯峨，靈寄北地些。望君不見，長流别淚些。接席重歡，形諸夢寐些。魂兮歸來，不可遠寄些。天涯寄詞，以鳴哀思些。表君行誼，聊慰君意些。

〔校記〕

〔一〕「天章」句，稿本作「天章素有至性，爲諸生」。
〔二〕「而」下，稿本有「壯年」二字。
〔三〕「湫溺」，刻本作「溲溺」，今依稿本。
〔四〕稿本題下有自注「丁卯冬敬孚代游子代刺史作」。
〔五〕「和州」句下，稿本有「少爲博士弟子員，負文譽，食廩餼，爲諸生祭酒，中」几句。
〔六〕「禁城」，稿本作「紫禁城」。
〔七〕「豫」，稿本作「豫譽」。
〔八〕「姦民」下，稿本有「乘機惑衆」四字。
〔九〕「江南」下，稿本有「人情狡獪」四字。
〔一〇〕「唐宋」下，稿本有「以前」二字。
〔一一〕「胡見」，稿本作「胡恒爲賊中軍師，凡見」。
〔一二〕「元文類」，稿本作「晋書」。
〔一三〕「苟」，刻本作「茍」，今依稿本。
〔一四〕「三百」，刻本作「百」，今依稿本。
〔一五〕「固」，據稿本補。
〔一六〕「手」下，稿本有一「自」字。
〔一七〕「年」，據稿本補。
〔一八〕「游移」，稿本作「游疑」。
〔一九〕「上海」上，稿本有一「在」字。

〔二〇〕「少從」句下，稿本有「爲學子業」四字。
〔二一〕「察其弊」，據稿本補。
〔二二〕「公佐史公」，稿本作「公知其幹濟才，乃佐史公」。
〔二三〕「大府」下，稿本有「知公賢」三字。
〔二四〕「因」下，稿本有「痛切」二字。
〔二五〕「賤售」上，稿本有「於四鄉」三字。
〔二六〕「公」，據稿本補。
〔二七〕「逃避」下，稿本有「東鄉」二字。
〔二八〕「稍悉」句，稿本作「稍悉公之家世云。己亥三月十一日」。
〔二九〕「遂留應鄉試」，稿本作「遂留應咸豐元年辛亥恩科鄉試，未中式」。
〔三〇〕「掃除」下，稿本有「四壁羅列均近時舉業文字，朝吟夕誦，簡練揣摩」數句。
〔三一〕「所寓」下，稿本有「接談半日，風骨凜凜」二句。
〔三二〕「陳君」下，稿本作「因亲拜曾文正公及藩臬諸公，只到門首掛親拜號即去」。
〔三三〕「陳君」下，稿本有「談及」二字。
〔三四〕「答拜」下，稿本有「太史遣家丁揩駕，文正公」十字。
〔三五〕「太史次日」，刻本無，據稿本補。
〔三六〕「精義」下，稿本有「又极稱陳君曰：虎臣兄之爲人真不可及」二句。
〔三七〕「家」，據稿本補。

敬孚類藁卷十三

傳

倪烈婦傳

烈婦姓朱氏，名珠〔一〕。世居涇縣東鄉李園之印星塘。幼從兄讀書，輒知忠孝大節，言談舉止，一秉禮經。年十七、八，適同邑倪晶。是時舅姑俱存。逾三年其舅死，家漸落；烈婦事孀姑維謹，得其歡心。時其夫貿易於外，婦姑食貧，相親愛無已。烈婦藜藿不充，時爲人紉綴刺繡，以謀甘旨，愉色進姑。姑曰：「美惡與共，何自苦如此？」烈婦曰：「我年少，食此自甘，姑勿介意也。」

後數年，其夫竟客死某地，家人恐烈婦知之，匿不以聞。烈婦後隱然有覺，乃言笑自若，人咸疑有異志。然烈婦不見姑，輒涕泣悲哀，人曰：「此傳言之妄耳，汝何悲！」烈婦曰：「我固知之久矣。然我之所以强顏色笑者，以有老姑在，我悲恐愈觸姑悲耳。」或勸之他適，烈婦曰：「命也，我命當昌倪氏之門，不應凋落如此。今若此亦命也。姑老矣，又無人事，我意已決，勿復他言。」自是紡績養姑，益加恭順，數年如一日。姑亦幾忘其無子也。

咸豐庚申春三月，賊入涇邑，大肆掠，是時烈婦歸母家，賊衆至李園，其嫂曰：「賊至矣！奈何？」烈婦泣曰：「我義不受辱，當潔身從夫子於地下。老姑在室，今不能以終養，實我九京遺恨耳！姑如能生，當爲我寄語慰之。」恐賊衆直逼，不獲死所，遂溺死於印星塘。凡二十餘日，賊退，其家人乃出其尸，裸葬之。

烈婦適倪氏數月，其夫即客於外未歸，以故無子，死時年二十有八，距夫死時蓋已七、八年矣。又二年，烈婦之族叔平佳及其伯舅圭，以烈婦狀，遍乞詩文，以傳烈婦焉。

贊曰：涇邑人多賈於桐城之雙溪鎮，余因以知烈婦之賢。烈婦之父諱琦，乃前明嘉定太守朱儀之後。儀萬曆庚辰進士，崇禎十四年，獻賊陷嘉定，太守合家殉難者也。烈婦以一弱女子，與之先後輝映，亦奇矣哉！方烈婦隱然知其夫死，言笑自若，人方疑之，烈婦佯不爲動，卒以婦道兼子道，得其姑之歡心。一旦覩賊衆，度不可脱，望風就義，何其終始從容若是也！嗚呼，彼素以節義自矜，於亂離之際，失守受辱者實多矣。如烈婦者，不爲過言畸行，生死皆能折衷大道，賢於人也，不亦遠哉！

江寧二烈傳

江寧二烈者，汪孝廉梅村先生女也，長名淑莚，次名淑蘋。梅村先生博極羣書，無子，因課二女，自四子書、尚書、毛詩、小戴禮記、烈女傳、通鑑，皆能貫通。最閑習者，春秋左氏傳也。梅村家藏書幾三萬卷，二女次第翻閱殆遍。梅村注通鑑地理，纂南北史志表等書，二女檢點參校。淑莚復爲搜討鈔輯册府元龜、太平御覽諸類書，細書條記，稿逾數寸。梅村成書之速，皆二女之力也〔二〕。

淑莚年二十一，適上元庠生吴榮曾，甫半月，榮曾即幕遊，明年客死彰德。淑莚奉姑家居，默自飲泣。未幾，粤賊破金陵，淑莚欲投水死，其姑止之。因奉姑遁居句容北門外許村，每得食必先奉姑。咸豐六年五月，向營軍潰〔三〕，二十二日，賊率醜類東下，淑莚乃投許村某塘死，年二十八。時家人蒼黄北行，比寻尸出，不及葬也。

方賊之破金陵也，次女淑蘋投繯，繩絶不死，時女繼母沈誕子甫數月，母泣曰：「吾非不欲死，顧汪氏自歙遷江甯已六世，今族人皆無後，汝父年老，是子所繫汪氏者重，我甯且匿草間，如程嬰故事，汝素通書史，盍體此義，相與持護，以延汪氏一綫歟？」女因含涕受命，自是不言笑，不繙書執筆，撫弟外，輒涕泣。夜則故卧陰濕下地求自戕。賊婦有所令，其母不能供，賊婦怒將箠之，女泣請代，恒杖數十，女坦然無戚容。賊婦又嘗虐使其母負米〔四〕，女五、六月暴坐烈日，劍弟望母歸，雖飢至夕不忍食也。無何母病，弟以失乳死，女大慟曰：「哀哉！天竟欲絶汪氏，余乃徒生數月乎！」拊膺長號，遂不食死。時癸丑九月十日也。女字上元范氏，未嫁，乃藁葬城内隱仙庵側〔五〕，年甫二十二。

生之業，余又悲其能繼伏生之學，而不逮伏生之遇也。噫！

蕭穆曰：壬戌之冬，余來鄂渚，時梅村先生亦寄居武昌郡城，年逾六旬，篤學清修，然名在天下。余數謁之。繼乃聞二女節烈事，因爲書之，所以嚮仰梅村先生之風節，又賢二女咸能折衷大義，其來有自也。昔漢之伏生，以年老賴其女傳經，今梅村先生道埒伏生，而二女竟不能留以竟先

四烈婦傳

姚烈婦姓王氏，桐城南鄉白苓里人也。父曰錫純，里中稱爲長者。與同里姚氏世有姻親，以故烈婦適姚曉山之次子國珍。姚氏世讀書，烈婦之母即其舅曉山之姊也。烈婦自適姚氏，事舅姑維謹，戚里以賢淑稱。生子女各一，皆在襁褓。咸豐十一年春，賊踞南鄉，大掠，烈婦與夫及子女俱先赴水死。

先是，國珍善病，父母相繼殁，國珍兄弟數人乃異爨，國珍貧病，衣食不克自給，烈婦盡力籌畫市藥餌，終不能濟。里中窮年兵荒，至是賊勢猖獗，正月五日國珍諸兄弟各避亂他所，乃泣謂烈婦曰：「我病已不可支，不如赴水死，以免害汝。可攜子女去，同殲無益也。」烈婦泣曰：「夫子死，婦何以生爲！」

明晨賊至，烈婦扶夫出，以一繩先繫子女，復繫己，與夫行至宅後山塘共没。烈婦于時年甫三

十餘也。

閲六日又有唐烈婦事——

唐烈婦姓許氏，南鄉會宫里農家女也。其夫曰唐德田，幼孤貧，以傭爲生，年逾壯，乃娶烈婦。育一女。家艱窘，烈婦處之裕如，惟日勤紡績以助日食。咸豐十一年春，賊踞里中，居人多挈家遠遁。時德田適病，烈婦遂舁夫攜女避亂于七家領，距家僅五里許，欲再徙他所，而賊猝至，窮搜山谷。德田卧病山坳草間，烈婦抱女依坐。有一二賊見，欲污之。烈婦詈賊，賊怒，以刃批其左頰，烈婦駡不絶口，賊復批其右頰，駡愈厲。賊强曳之去，婦右手抱女，而以左手抱夫，足不可動。其夫戰慄泣謂曰：「盍姑從之。」烈婦不聽，賊無何，乃釋手，行數武，呼賊衆，欲環害之。烈婦知不可脱，環顧山下有塘，水澄清如鏡，曰：「吾有死所矣！」遂辭夫，解帶繫女而共没焉。是爲正月十二日也。烈婦死時年二十有九。

閲七月又有方烈婦事——

方烈婦姓余氏，亦會宫里人。舅朝安，夫元成，皆農人。婦素有賢稱。咸豐十一年秋，賊衆至南鄉，其夫肩衣物先渡河，婦攜一女隨舅，距河不數武，賊猝至，舟人大恐，不敢近。賊擄舅去，婦攜女方逃，賊目懾之，婦見勢迫疾，趨河躍身入水，舟子挽救已無及矣。時七月十四日也。烈婦死時年二十有七。

閲四月，又有許烈婦事——

許烈婦姓殷氏，南鄉黃泥岡人也。幼字同里許虎生。虎生少慧，好讀書，過目輒成能誦。婦來甫三月，而虎生病死，婦即矢志守義。烈婦之父曰希六，舅曰敦素，皆儒生，蚤世。烈婦性嚴正，家故貧，節儉自持，鄉里咸敬憚，以爲不愧儒生之女也。

咸豐十一年冬十一月二十二日，賊大寇樅陽，居人皆逃散，其家人謂婦曰：「不避且罹賊禍。」婦曰：「賊烏能害我哉！汝等速去，毋溷我。」家人方蒼黃去，婦遂整衣履拜于堂下，出門投池水死。

後賊去，家人乃拽尸起，面如生，衆咸驚異而以禮殮殯焉。時年三十有九。

贊曰：余嘗讀明歸太僕文集有云：「每恨足迹不出里閈，不得奇節偉行爲紀。」然穆謂抱奇節偉行之資，里閈多有，特不遭其變，未見所施，亦與常人終老耳。矧值海宇清平，足迹又不出里閈，雖欲紀之何由哉！嗚呼，彼四烈婦不值其變，又烏知其奇節偉行之資，歷萬世而長存邪！

應烈女傳

烈女姓應氏，上元北口渡人。祖曰北村，篤行君子也。父某，母某氏，皆蚤世。烈女乃依叔父母，事之如父母焉。女幼性好潔，衣履几席，稍著點污，必除去而後已。及笄，字同里陶氏，陶氏故貧儒，女于歸有日矣。

咸豐十年春，金陵大營潰，賊衆四出擄掠，烈女舉家徙禄口鎮，烈女謂叔父母曰：「此地距家僅十餘里，賊必至，兒不如早死，不然，累且及叔父母。」家人勸止之。無何，賊果至禄口，家人倉卒逃出，過寧橋，河水洶湧，女顧謂叔母曰：「母速行，兒獲死所矣！」語未竟，身已躍入河，家人急欲挽救，而賊已逼近，遂各奔散。閲日賊去，家人覓女尸，不知所在矣。

金陵應氏有賈于吾邑會宫里者，時爲吾友姚君灼言之，蓋其族女也。予是以著之，且嘉烈女之幼好潔，卒能潔身就義，無慚所好，北村于是有女孫矣。姚君又爲予言曰：「烈女之就義，蓋在三月十二日，時年甫十有七歲。」

張貞婦傳

貞婦姓盛氏，名明錕，字耆姑。江西武寧國學生盛翎之女也。幼許同里張英濬。英濬讀書有大志，年二十遘疾，時耆姑年十八未嫁，聞夫病，因請往視，家人不許，則號痛曰：「今不能去，何以生爲？」家人知不可留，乃聽往張氏。時英濬病已篤，耆姑持藥鑪，淚潸潸滴藥餌間。有頃張氏促之歸，不可。越日夜英濬死，耆姑伏尸大哭，聲哀慘不忍聞，是爲咸豐元年五月二十二日也。踰日求行廟見禮，所親使止之，不答，輒號慟，卒行之，衣麻衣，奉夫主哭拜，時水漿不入口者四日矣。已而泣訴太姑曰：「氏今且爲張家婦，夫死無子，從夫死分也，其如夫祀何？」張氏咸哀之，爲立繼子名柱，貞婦乃忍涕，事太姑課子爲事。居恒手列女傳一編，或時披閱番禺許氏傳，輒哀其志節，爲之泣下。所居一室，雖同懷弟無敢輕入，如是者三年如一日。

是秋疾作，勸之藥餌，皆不進，惟日清坐一室，飲水焚香。有問疾者，輒謝之。江西俗：少年殀者，以紙作主，除喪乃焚之。貞婦將除夫喪，乃捧主哭曰：「夫死而主存，猶吾夫存也；今主撤，是夫將去，妾亦誓從夫子於地下矣！」已又呼子柱曰：「爾父既去，母豈獨存？父有遺書，爾其讀之；母有遺訓，爾其守之。」語隨淚下，遂除喪九日，而貞婦亦卒。時咸豐三年九月七日也。

論曰：女未嫁而爲夫死，且或終身不改適者，考之於禮，未有明文。明之震川歸氏，嘗著論非之。然近世廉恥道喪，婦人一失所天，至有墳土未乾，即改適他氏；而貞女烈婦，亦往往出焉，如者姑事甚奇。是則貞節如者姑輩，雖未見禮有明文，天獨生之以拯薄俗，是亦君子所許也。余遊楚北，晤貞婦之弟盛寶鈷，寶銛讀書謹篤，時宦遊武昌，以貞婦狀示余，因其弟益知其姊之風烈，因爲書之，以勵俗焉。

太平蘇氏二烈傳

寧國太平琳瑯村有烈女者，姓蘇氏。祖某，太學生，以篤行著於鄉里。父森桂，能文章，蚤世。

母某氏，守義。家頗饒，烈女之兄弟俱夭，母最憐愛，女亦至孝，戚里咸稱之。女及笄，字同里甯氏。咸豐十一年三月八日，賊至琳瑯村，母及家人逃入山谷間，女弱且病不能行，乃匿身牆壁間。賊搜得女，强曳之行，女紿之曰：「吾有金帛藏皮甚夥，取之以從，可也。」賊欣然許諾。女乃疾走後院投井中。居人有匿於院中，驚救起，女方甦，瞑目，適賊且至，復投井死之。賊亦驚異曰：「我輩所至，如此女者，亦罕見矣！」乃集香楮以祭焉。

同時又有烈婦姓杜氏，即烈女從堂伯母也。其舅曰宜禮，三世皆太學生。烈婦幼以孝聞。及歸蘇氏，事舅姑及其夫怡源俱能盡禮。怡源讀書未就，有子三人。是年春寧國大亂，烈婦與夫扶舅姑逃入山谷。子幼弱，不能從，俱被害，舅姑亦相繼死。踰月，聞賊復至，婦泣謂夫曰：「舅姑弃世，三子已死，不如無生！君速行，我不復累君矣！」夫不得已，先逃去。烈婦奔至河邊，解帶縊柳樹下，復以帕蒙面曰：「我死不忍見賊！」無何賊至，婦恐氣不遽絶，更以身躍入水死。距烈女之死僅十六日，烈婦就義。時年三十有九，烈女時年十有九也。

論曰：世言求忠臣於孝子之門，即婦人女子亦然。蓋婦女之最重者莫如節、孝，未有不孝而能成爲節烈者。嗚呼！彼蘇氏二烈，其先皆以孝聞，是其明於大義，天性然也。臨危難而不辱，非偶然矣。賊衆驚嘆，聚香楮爲禮，不見化於衣冠，獨見感於巾幗，亦異矣哉！

朱節婦傳 代

朱節婦姓蕭氏，邑之南鄉會宮里人也。適同里朱氏子，曰超筆，時夫之父母及大父母皆在堂。超筆幼聰穎，誓欲讀書成立。節婦來歸，甫二十餘日，而超筆遘寒疾甚劇，鄰里來視，超筆度不可起，每以家事爲託；諸叔父母入室，超筆又以婦爲託，曰：「新婦來歸未久，以後幸加憐愛，亦如多育一人耳。」時節婦方倚橱立，其二叔指節婦問曰：「爾知彼爲何人？」超筆徐應曰：「叔父，我豈昏迷不省人事耶？」言未竟，淚潸潸墮衾枕間，家人及鄰里無不欷歔流涕者。無何，超筆死。含殮畢，節婦號痛，自誓必從夫於地下，不飲食者數日矣。其母及翁之父母力止之，乃強進飲食。先是，超筆寢疾時亦訓節婦曰：「我今不幸，不能逮事父母及大父母。我死，汝必矢志代我盡子孫之職，則我雖死之日猶生之年也。」至是，節婦追思夫言，乃含涕素服以聽。是時超筆有三弟，皆早殀，節婦痛翁姑年逾強仕無子〔六〕，時焚香默禱。聞里中有黃谷山神著靈異，嘗徒步往來數十里，山徑崎嶇，不知憊。逾年，其姑果舉子。

節婦喪夫之四年，里中有婦忽來告其母曰：「今朱氏將以汝女議昏，他適有日矣。母聞之乎？」曰：「不聞。」節婦族兄某乃使其小弟往朱氏迎節婦歸甯，以覘信否。而朱氏實無其事，節婦歸，母告之故，節婦力言其僞。次日仍歸朱氏，小叔姑聞其事，爲白於翁父。翁父慰之曰：「汝素明大義，慎勿以爲信。如有此，我何面目對人邪？」逾年，里有無賴婦復造蜚語，節婦憂懼不能無惑，節婦祖姑距宅東數武，有柳樹塘，屢欲投於此。小叔姑姚氏知其事，防之甚密。朱氏有老媪某氏，以行也，守節數十年矣，亦時訓節婦曰：「此事甚難！我艱辛備嘗，屢遭蜚語，而至今日不死者，以志先定，且能忍耐也。萬一有此，彼時就義，庸爲晚乎？」節婦然其言，由是不復覓死所。

節婦喪夫之三年，翁之母死，家漸落。又十二年，翁父死，寢疾四十餘日，牀褥污穢不可近，湔滌藥餌，節婦皆身任之。又六年，姑得痢疾，月餘卒，節婦侍湯藥亦如翁父，時雖逾月如一日。翁父卒前三歲，粤賊竄至，至姑死時凡九年，里中兵火，繼以凶年，其艱辛有人所難歷者，節婦事其舅，處之裕如也。

節婦歸超筆時年甫二十，超筆即卒於是年十二月九日，年甫十六，是爲道光二十年庚子也。今其舅少子生一子，出與節婦爲嗣，節婦於今年四十五，蓋已守二十五年矣。

贊曰：余與節婦之弟某交，又以同里，節婦之賢淑知之最悉。世以節、烈並稱，昔人言守節之苦較之於烈尤難，又云或不幸而夫不以正命終，與己無所依，又或不免於侵暴凌逼之患，則可死，不然則守志以終其正也。今觀節婦歸朱氏未一月而夫死，以時勢論之，可以死矣；卒能隱忍至今，上事翁姑之父母盡禮，以成夫之志，又得夫弟之子爲嗣，使夫有後，其鬼終不就餒，其爲朱氏門户之光者大矣。節婦年未五十，今且衰疾，其弟云恐不能長閱人世，余是以備著之，且以爲世之失所天者鑑焉。

盧江胡氏三節婦傳

盧江胡氏三節婦者，故江西□□道胡公□□硯農之側室陸氏及其子大臨婦盧氏、孫賢婦劉氏也。

陸氏年十□歸胡公，道光三年胡公病歿，陸氏年甫二十四，生子大臨僅三歲。胡公諸子分居，陸氏僅得租田百石，而胡公病時所服蔆苓藥餌債負千金，諸子習於華侈，家業日替，而陸氏獨矢志茹苦撫孤，隨時變易租田，以償夙負。後來持家勤苦，積累有加，增置租田七百餘石。凡胡公宗族及里中貧乏者，隨時賑濟，一復胡公舊章，族里皆稱誦之。歿年六十□。

大臨妻盧氏，無爲州世族盧□□之女也。年十□歸大臨，道光二十一年大臨年二十一病殀，盧氏時年二十五，長子賢年五歲，次子球於大臨歿後數月乃生。盧氏上事孀姑陸氏，下撫兩孤，漸至成立，次第爲之娶婦。行誼一遵於姑，不敢稍有逾越。咸豐元年，營葬姑陸氏及夫兩喪盡禮。又二、三年遭粵賊之亂，數年間遷徙靡常，禍變不測，族里貧乏者恒依之以活，家道益落。盧氏摒擋一切，筋力交瘁，旋以病歿，年□□。

又□□年辛酉，長子賢病殀。妻劉氏，邑諸生劉沅之女也，時年二十六，有子懋鏞，甫八歲。時里中兵荒之餘，家無儋石，乃攜子乞食鄰境，益以苦節自礪。數年間，辛勤備至，稍復先世之業，於同治五年，亦營葬姑盧氏及夫兩喪盡禮。今年四十，守節已十四年矣。

論曰：胡氏爲廬江世族，硯農先生觀察江右，政績故有可紀，而族里尤被其澤。嘗購古書數萬卷藏于家，自爲楹帖，有「插三萬軸于架上，以裕後昆」之語。數十年來，書已散佚，獨有三節婦蟬聯輝赫，礪冰雪之操以爲宗族閭里之榮，謂非觀察詩書之澤所致邪？今觀察之孫球以祖妣以來三世節略相示，因爲叙次其大者，列之家乘及郡縣志以傳焉。

節孝黄孺人傳

孺人姓路氏，名□□，字□□。懷甯人。父□□，母□氏。孺人少習詩書，通文史。年十八，適同里黄慎修，事翁姑極盡禮，里中以賢婦稱之。逾年舅殁，夫哀毁成疾，一切惟孺人是賴，有不給，以奩資助之，不使夫知，而姑之甘旨無缺。年二十九，夫以疾殀，時家道已落。一子佩蘭，甫四歲。孺人一痛幾絶，家人守之三日，乃飲水，泣曰：「姑老子幼，吾必不死。」自是，惟養姑課子，藉鍼黹爲生計。

數年，乃命子就外傅。嘗值凶荒，市薯飼子，俟至塾，乃拾遺皮食之，而供姑甘旨如故。同里有金翁直堂，察其賢淑，以女字其子，年十七來歸，有婦道。數年，姑有疾，孺人共卧起。越三年，病劇，孺人目不交睫者數月。彌留時顧孺人曰：「我久病，非爾無以至今日，願爾媳之孝爾亦如爾之孝吾。」

又二年，子佩蘭年二十三，生子名銈，數月，佩蘭以暴疾殀，婦年二十二，姑婦號痛，瀕于死者屢矣。既而孺人奮然曰：「吾不亡于夫亡之日，今詎死於子死之時乎？子尚有子，是吾責也。」因力勸婦收涕撫孤，而孺人含酸茹歎數十年，筋力亦交瘁矣。又數年，金翁舉家遷桐城會宮里〔七〕，憐孺人姑婦無依，請同居。金氏内外數十人，皆敬事之。孺人時課孫讀書爲詩文以自遣。

金翁有次子名達，字鐵杉，年少好學，有大志，於時人多否少可，獨尊孺人爲師，有疑義必就質。咸豐庚申，鐵杉應順天鄉試，爲孺人請旌節孝。又數年，鐵杉以軍功得官湖北鄖陽府知府，凡吏治利病必致書以告孺人，前後兩復書，皆數千言以訓之，委曲詳盡，陳義甚高。鐵杉每得一書，輒張之坐右，朝夕玩誦以自警。

又數年，孫銈應試，得爲博士弟子員。又數年，銈次第舉兩子，孺人喜曰：「吾願已足矣，可以死矣。」未幾，寢疾數月。一日，起索紙筆，自書數事，訓其孫銈，以竟生平未竟之志，以身服殮，不延僧道，祭只菜果。又曰：「厝屋朽棺，人人見惡，宜以速埋，不必擇地，但植松三四株，多則濃黑無趣也。」殁之日，異香滿室，逾時乃散，年八十。時同治十二年十二月十五日也。

論曰：咸豐八、九年間，金封翁舉家避亂桐城東鄙。余時訪封翁於寓，嘗一瞻孺人懿範。今讀孺人之書及其孫銈所爲行述，不覺爽然自失，恨曩者知孺人猶淺，未嘗時親絳帳考德稽疑也，千里尋師，而竟失諸眉睫，不其陋哉！孺人之言行可風者甚多，他日當上之史氏，今書其大略，俾鄉里得矜式焉。

金孝女傳

孝女姓金氏，名爾英，嘉興金□□之女也。生七年，遭母□氏之喪，哀毁如成人。嘗奉母遺訓，事父撫弟，治家儉勤，兢兢不敢忽。偶有道及者，輒泫然久之。父以有子女，義不再娶。英稍長，治家，事無巨細，悉有條理。漸徹書史，喜誦女誡、孝弟圖説等書。日夕餘功，即課弟爾珍讀，無間寒暑。見古今忠孝節烈之事，亦時時樂爲人道之。而事父尤盡其力，起居、飲食、寒燠之節，無不先意承志。當父疾〔八〕，扶持搔摩，衣帶恒累月不解。父嘗有目疾，久不能視，英時舐之以舌，復廣施天燈以祈之。性聰穎，凡刺繡之屬，他人久習不盡其妙者，英一覽輒了之，常手製衣履，博父歡。而性甘淡泊，尚樸素，衣裙恒百結，猶不忍易也。平居默默，足未嘗輕出户。

咸豐庚申夏四月，賊陷嘉興城，父與弟適受困，英時居鄉，聞之朝夕憂泣，焚香默禱，願以身代。越月餘父弟均脱歸，悲喜交集，乃僑居上海，親故以英年已長，當受聘，英慨然曰：「患難餘生，願父一日存，則侍奉一日足矣。」父及親故，察其志乃寢。念母氏早喪，未遂廬墓之願，居恒鬱鬱不樂，忽頸有痘疾，閲六、七年不愈，卒以劇殞。時光緒元年七月二十九日也。

論曰：昔震川歸氏，嘗自恨足迹不出里閈，所見聞無奇節偉行可紀。余客海上四、五年，每留意外間奇節偉行，幾與足迹不出里閈等。不知世間未嘗無奇節偉行，而一人之見聞有囿故也。一日，友人劉省菴、姚遂夫以孝女之弟爾珍所爲事略來示，載孝女之嘉言懿行甚夥，因檃括一二，以概其餘。且曰孝女平生論事，能持大議，識大體，遇善舉必稟其父力行之，雖稱貸無吝色，在室四十年，操作有恒，病中獨以未能善事父終爲憾。於戲，豈非其至性特稟於天，有非常人所能疆躋者乎！

女士王德卿傳

王貞儀字德卿，先爲安徽泗州人。其祖者輔，字惺齋，遷居金陵。父錫琛，母洪氏孕十三月而生德卿。幼讀書聰穎絶倫。惺齋官宣化府知府，以事遣戍，歿於吉林。德卿時年十一，侍祖母董氏及從父奔喪塞外。其祖藏書七十五櫃，乃護持而涉獵焉。又嘗學射於蒙古阿將軍之夫人，發必中的，每角射，跨馬橫戟，往來若飛。年十六回江南，又隨父由京師至關西，復自楚之粤東。年二十五，乃適宣城詹氏子名枚字文木，年三十而歿。德卿淹貫羣籍，復嫻武藝，精梅氏天文算法，下及醫卜壬遁，靡不通貫。嘗夜坐觀天象，言晴雨豐歉，皆奇驗。

時有吴江蒯夫人亦僑居金陵，德卿一見如舊相識，嘗以文字往還。蒯夫人名與齡，字九英，爲嘉興錢文端公之孫女，安慶府江防同知錢公□□之幼女，適權廣西太平府明江同知吴江蒯君嘉珍，幼承家學，工詩善畫，信厚明達，故與德卿尤爲相得。

德卿所著有星象圖釋二卷，籌算易知、重訂策算證訛、西洋籌算增删、女蒙拾誦、沈痾囈語各一卷，象數窺餘四卷，術算簡存五卷，文選詩賦參評十卷，德風亭初集十四卷、二集六卷，繡紩餘箋十卷。將歿，謂其夫文木曰：「君家門祚薄，無可爲者，妾今先死不爲不幸。吾生平手藁，其爲我盡致蒯夫人，蒯夫人能彰我於身後者也。」夫如其言，蒯夫人總爲一緘囊珍弆之〔九〕，時嘉慶二年也。

後六年，嘉興錢衎石給諫訪其姑蒯夫人於黎里，得見德卿諸藁本。其詩文皆質實説事理，不爲藻采，諸藁不獲遍録，僅得術算簡存五卷，序而識之，謂爲班惠姬後一人云。又上元朱公緒曾嘗見德風亭初集文九卷、詩三卷，詞一卷，云：雜文如勾股三角論、日食論、歲差日至辨疑、盈縮高卑辨、經星辨、黄赤二道辨、地圓論、地球比、九重天論、歲輪定於地心論、五星隨天左旋論、籌算易知自序，歷算簡存自序，皆足以見天文、算學之大略；其讀詩私箋序、韻學正訛序、論史偶序、葬經闢異序、醫方驗鈔序，原原本本，見聞該洽。詩五古如吉林塗中頗近選體，七古如飼蠶詞、擣練圖、枯樹歎皆有篇法，近體佳句亦多可采。

德卿歿後數年，其夫文木亦亡，無子，門祚薄無可爲，德卿蓋已先見之矣。

論曰：余舊聞王德卿名，苦不得讀其書。及閱同治上江兩縣志、續修江甯府志，稍稍知其著述大略。近讀錢氏記事藁術算簡存序、朱公讀書志德風亭初集序，叙述頗爲詳盡，余雖未能讀其書，而二公皆爲知言君子，立言固可徵信也。錢氏所述頗采詹文木所爲傳，又謂九歲通十三經，長覽二十三史，七月卒業，其言過夸，不足信。然觀其爲書，自有實學，不可没也。余謂書史所載，女子聰慧，代不乏人，然未有如德卿之能兼資文武，六藝旁通者也。觀其年僅三十，所著述如是之多，博而能精，是其天資英敏過人，本不可以常理論之。是以就錢朱二公所述合爲采録，其要，昭晰之，計他日覓其諸藁録上史氏。又德卿原籍本泗州，其夫家又爲宣城詹氏，是兩地地志亦宜兼載，而宣城尤不可缺略也。

黄母沈孺人傳 代

孺人姓沈氏，華亭福安里人，儒生沈東繁之仲女也。幼讀書，明大義，長而端重婉嫕，凡盥饋織紝無不嫻習。年二十六，適青浦黄祖憲。祖憲父鶴樓君，母計太孺人，均在堂。父子以授徒爲生，時有不贍，孺人佐以機杼，上奉舅姑，下操井臼，鄉里咸稱曰：「黄氏有婦矣。」祖憲登道光乙酉拔萃科，旋丁鶴樓君艱，孺人贊襄大事，規矩秩然。家境益困，孺人勤操作，摒擋有法。祖憲服闋，將補應朝考，忽遘疾，遂不起，孺人擗踊，誓以身殉。時年三十六，有子家麟，生九歲矣。計太孺人諭以撫孤大義，孺人亦旋悟，以有姑在堂，遂不忍。自是含涕，一以養姑教子爲務。

姑性嚴毅，稍拂意，輒呵責，孺人事奉維謹。姑有疾，侍藥，恒衣不解帶。日命家麟就外傅，夜歸課讀，并自紡績，一燈熒熒，漏永不輟。旦起作苦如恒。隆冬盛夏，備歷艱辛。值歲歉，藜藿不充，戚里有憐而周恤者，非其人輒婉言謝之。然境艱窶，值春秋祭掃，備牲醴必豐潔。後數年，計太孺人以天年終，孺人曲盡哀禮，心力交竭。

家麟年十八，爲里中童子師，孺人訓以視生徒當如子弟，隨時體察，因資爲課，夏楚毋至首，一以相夫教讀時法授子焉。家麟年二十，爲博士弟子，旋領咸豐紀元恩科鄉薦，孺人雖色喜，益以敦品績學立身行道爲勖，非端人正士不得造其廬。嘗有緩急，以敝衣裙入質庫，及出，誤予以新，孺人諦之曰：「此非吾物，忍累質中人改償邪？」卒易敝者歸。其生平取與〔一〇〕，準情酌理類如此。年逾七十，猶操作不倦，朔望祭祀拜跪有常，日瀏覽書史，間與家人輩瑣述曩者所遭之境相慰勉。其卒也，爲光緒丁丑秋八月十六日，春秋八十有二。

贊曰：余主講海上，每聞諸生述孺人之賢。孺人之子家麟及孫恩煦又奉孺人命來從遊。孺人之殁，家麟狀其嘉言懿行，乞爲之傳。余惟孺人秉貞潔之操，挽黄氏一線之緒，核其清修苦節，其有造於黄氏甚大。又聞曩者鄉之耆老多孺人高誼，欲以節孝事實上之大府，以請欽旌，孺人以所處之境分所應爾，又年已逾例，卒命家麟力辭謝。而家麟念念不忘孺人艱苦及恩煦謹身節欲，類與明之許敬庵勖劉念臺之言相協。他日成就，顯揚孺人，正未有艾，均不藉余言爲輕重。而余特采其大略著於篇，以慰家麟之思，且以矜式鄉里焉。

丁安人傳

安人姓丁氏，諱瑶真，字叔媛，世居江蘇無錫南市橋之上塘，係出元萬户府諱進五之後裔。祖諱升，邑庠生，本生祖諱瀚，陝西甯羌州知州。父諱棠，福建候補知縣署龍溪縣知縣。母畢太夫人，生二子四女，安人其次也。幼讀書，明大義，嫻内則，得父母歡。

道光甲午安人年十七，適同里光禄寺署正周建標。周氏亦無錫大族，建標之祖諱□□，官福建漳州府知府。父諱□，有學行，知名於時。安人適周氏，翁姑均在堂。姑爲龔太安人。安人奉翁姑以孝，御僕婦以慈，婦姑尤相得。龔太安人遘喉痧疾，安人日夕侍養不離側，臨終執安人手不能言，戟二指示意，若曰：「以此累汝。」蓋一少子未婚，一女未字也。安人以塚婦持家，事死事生，一出於誠。

舅繼娶王太安人，安人旦夕問視，不以先後稍失婦道。建標弟妹之婚嫁，安人佐舅姑豐約盡禮。王太安人生一子，安人愛同胞弟。道光乙酉，大水年饑，舅姑爲建標兄弟析爨，薄田若干畝，連年旱蝗，束修所入，恒不足自給。安人耐苦習勤，節縮有法，建標恒得暇逸。

咸豐間粤西盜起，蔓延大江南北。庚申四月朔，賊竄無錫境，安人有從娣鄧攜老幼來依，以其不載神主偕遷也，切讓之，仍優待如禮。初十日，賊陷無錫縣城，四出焚掠，火光燭天，村人惶懅議徙，建標與安人議，卒不得一安全之法。安人曰：「吾意決矣，必不如彼忍辱偷生也！」乃呼僕婦尤媪進，曰：「負若工值，任若取之，去留自便可也。」媪曰：「安樂共而憂患離，吾不忍爲也。」後數日，建標同安人、尤媪各自逃避，乍合乍離，每相遇，安人必顧建標曰：「各自爲生，毋牽連也。」一日，安人遇賊於荒塚，罵賊甚厲，將引刀自刺，尤媪止之。賊怒，脅行至邵家池，見從娣鄧已死池中，安人曰：「得所矣！」遇某姑曰：「而女擄矣，何不殺之！且而兒女多，何不留子去女，以一死繼之？」賊怒甚，舉刃背擊安人肩，安人奮迅投池中，尤媪援之，如是者三。賊遥睨之。尤媪防益謹，安人曰：「汝勿害我，我何人？豈爲賊污者！但我死，主人恐不獨生，非汝誰救？汝服事主人亦須如我，我在九原，自當默佑也。」言訖即躍入深淵，尤媪又下援，力竭不勝，安人遂没。時咸豐十年庚申四月十八日，年四十有三。先是，建標過祖祠，見安人披髮履水坐淚，促速行，建標曰：「俟我回家一視，即來同汝歸，慎勿輕生也。」安人曰：「諾。」比至家闃然，返而安人已没矣。建標痛極亦投池，尤媪力持之，仍就水負安人屍出，次日午乃得棺，草草成殮，即日權厝於先塋昭次。

尤媪之夫曰查阿敉，無錫南門鄉北碼頭人，年三十二，夫死，族人逼嫁，不從，傭工守節，始終在周氏，臨難不去，事死事生，卒得其力，例得附書。

孝烈丁安人傳附記

余友新陽趙静涵孝廉元益以周君建標所作其妻丁安人節烈行略見示，乞代爲家傳，余已采其要者書之，今仍就行略中所載補録數端，安人之行誼乃備。

安人之父龍溪公居廬遘疾，左右無人，巫醫祈禱，經歲不懈，既卒，哀毁踰制。畢，太夫人殁於楚中，聞訃，號慟幾殞，喪還，哭如之，鬱火結，成痔瘍，爲終生患。

安人揚皙頎頤，博脣秀目，鬒髮長可委地。精女紅，雖尋常衣履，裁製新奇，不同俗艷。繡字尤妙，轉折次第，筆法毫忽無差，而姿媚較勝墨書。自奉甚約，修祀維虔，脱肉作魚，造次必以正，縱盛寒暑不假人手。他人效之，亦未有如安人之甘旨者。暇率僕婦藝蔬，紫茄白莧，瓜果圍牆，盆盎栽花，四時不絶。所居之室，謦欬無聞，匳鏡縹緗，燦然羅列。夜輒篝鐙誦唐宋人詩，遂亦能詩。兼能繪事，不肯多作，作亦不存。又喜閲明季殉難事，逢人道説，聽者厭聞，蓋天性如是，意有所託，可見駡賊投池非偶然也。

安人有兄名紹儀，知府銜，曾署福建上洋通判。父疾，嘗刲肱和藥以進。季妹麗貞在室時，母有疾，亦刲肱和藥以進。安人之兄妹一門純孝，尤爲世所罕見也。

安人殉節後二日，周君之六嬸母程孺人紿賊，脱其夫於難，即投池死之。又有孕婦王聞夫趙擄走，入蘆渚死，賊刳剔腸胃棄葬後山。蓋咸豐間凡遭賊氛，婦女不肯受辱，望風而死者，不知凡幾。

兹就周君所述並附存之。

周君自安人亡後，室中早晚常聞異香，寅夜有光，圓轉類火，聚散不一。是年夏，窗外榴花開尤繁艷，具有啼慘之狀。入秋，梨實落而復敷榮，白花紅葉，帶雨悽然，咸以安人靈爽所憑云。

孫氏二節婦傳

節婦姓金氏，桐城東鄉雙溪鎮金宗健之女，少適圩缺口孫東來。當是時，東來之父竹亭及繼母左氏均年四十餘。逾二年，東來繼母左氏歿，其父復娶同里嚴氏。節婦上事舅姑，均能盡禮執婦道。同治三年，節婦生一子，名加珠，逾年殤，又逾年其夫東來亦病亡。孫氏長老爲節婦過繼外房孫愛竹之子名加訓者爲節婦嗣子，節婦旋爲聘同里朱福康之女爲媳。洎加訓入小學之年，節婦即爲擇師教讀。加訓故早年多病，節婦竭心力撫育，至二十一歲病亡，時朱氏年十九，尚未成婚。後來人有爲之議婚他氏者，朱氏立志堅定，毅然奉孀姑守貞偕老。今光緒庚子，孫氏長老爲擇節婦夫兄揚來之子嘉麟子名立賢，年十一，爲節婦嗣子加訓爲嗣。

節婦於咸豐十年年十九適孫氏，年二十四而夫亡，今年五十有九，蓋已守節三十五年；朱氏年五歲適孫氏爲養媳，年十九未成婚而夫亡，今年三十有三，蓋已守貞十五年矣。節婦自夫亡後，備嘗艱苦，其境有爲人所難堪者，而卒能守分安命，立志無他。先是，其舅初娶劉氏，繼娶左氏，三娶嚴氏，節婦已於光緒八年時值水荒竭力經營買山安葬舅姑四喪，近又擇地葬亡夫及其嗣子，仍與朱氏含酸茹歎，益礪氷雪之操，迄未獲安常處順，今幸有嗣孫，以天道觀之，善人當必有後，孫氏姑婦晚年幾可享安平之福矣。

贊曰：晚近之世，天地之正氣多不鍾於丈夫而鍾於窮鄉婦人女子，故一鄉之中，婦人之不幸失所天而卒以節孝著者，恒有所睹，而女子未婚守貞者，亦每有所聞。余早年頗習文學，爲鄉里及外間作節孝貞潔傳狀者多矣，然亦未有貞潔萃於姑婦並在孫氏一門者。於戲，其可憫也夫！其可敬也夫！

丁節婦贊 并序

節婦姓俞氏，桐城東鄉人，敕授文林郎俞民昇之女。年二十一適同里丁有才之子必壽爲妻，曲盡婦道，鄉里賢之。將近七年，夫以病歿，時節婦年甫二十七，以守節自誓。夫家故貧，三年後，以亡夫及其家三喪未葬，乃請於母家故山餘地安葬之。年四十，丁氏長老以節婦含酸茹苦，礪氷雪之操，始終不改，乃爲立本房之子懷榮爲之嗣。節婦又以俞氏四弟某之女爲之媳。今節婦年四十有八，蓋守節已二十一年，例得請旌於朝矣。里人蕭穆乃爲之贊曰：

粤有賢媛，挺生閭閻。閨房之秀，四德能兼。年甫及笄，箴明女史。出嫁於丁，朱陳媲美。

天道難測，案不齊鴻。霜凋夏緑，雹碎春紅。倒用陳句。正衾既奉，誓從地下。茹苦含辛，鄉里感化。千丈之松，常有風霜。撫孤養媳，奕葉其昌。

記黟縣老節婦鄭氏事略

己亥夏四月初旬，余由家出門將赴上海廣方言館，道過和悦洲利和錢莊，留住三日，與莊友汪永年話舊。

永年因述去年冬十二月十九日，在里中往見少東李子嘉回，便道省先人之墓，所行路徑皆爲阡陌，見一老婦抱首蹭地，似爲患急症狀，因詣前問視。將近咫尺，其老婦突然樹立，大聲曰：「適擔糞來澆灌坦麥，黟人以旱田名之曰坦。不意患頭暈，是以爾爾。」余見此老婦年七十左右，衣裳破裂，寒賤可憫，因問：「現年七十有幾？」答云：「今年九十三歲，衣禄未滿，閻王不收，以至此耳！」言詞之間，尚見精悍之氣。余惻然憐憫，即探囊取錢盈手贈之。老婦堅辭不受，且大聲曰：「我生平嗜煙，亦不曾喫人一口，豈肯受爾先生此多文錢乎！老婦無狀，夫十七歲即死，掩埋官山。前年曾積下荳麥，售之得價，託表叔某君買得一地，將來爲葬翁姑及身之計。甘自茹苦食力，不願耗費他人一文。上年九都朱先生欲爲老婦報名請旌，需錢三千幾百文，老婦自念無親無子，要此何用？乃以無錢拒之。」問答片刻，欽敬無已。即到先君墓，回路追思前事，行至西崗村，見男女老幼曝日聚談，余趨前便問：「適間見一老婦擔糞桶歸乎？」答云：「已回。即前屋是也。」轉問：「何幹？」余將前事述之，大家哄然曰：「此人姓鄭，親族無人，又無姻戚，孑然一身，世居於此，種田種坦，每日只喫米一筒爲粥，分作兩餐，往往做事無力，輒自詈駡。傍人問渠何故自詈，答云：「無力做事，不自詈，詈誰乎？」我輩所見，一生茹苦守節，自食其力，從未見苟取於人，一奇婦也！」余嗟歎而歸。旋詢之鄉中老者，乃知爲十都榧林村王十朋之女，幼字九都鄭朝雪，十七歲即寡，今實九十三云。

永年所述如是，因據此記之。跡其生平苦節而又剛介，實異於寻常守志者。

葉念庚聘妻方氏貞節紀略

昔歸震川先生自恨足迹不出里閈，不得天下之奇節偉行而書之，今觀其集中所作陶節婦、章節婦、王烈婦等傳，寥寥數篇，當時節烈情事摹寫曲折詳盡，至今如目覩其事。惜天下之婦女貞節可風，不遇震川其人，湮没而不見知於世者多矣！吾鄉婦女前此節孝貞烈見於縣志及鄉先輩文集傳者固多，而湮没不傳者亦復不少。

近有同鄉章敬文之第三女，許字同里張氏，未婚而張氏子死。章女聞之，毅然請於父母，歸張氏奉姑守志。今已十三、四年，敬文已爲其女請旌於朝，鄉里莫不盛稱之。

今年秋八月，余以事至金陵，適同邑葉松坡亦館於族人葉篤臣大令差次，相晤即爲余道其從子念庚之聘妻方氏守貞之事甚悉，余因紀大略以識之：

方氏者，名威吉，字淑貞，邑庠生方昌熾之女孫，儒士方夢徵第三女也。母氏許，有禮法，爲鄉里所稱。先夢徵與松坡從堂兄葉蔭椿同就館於縣城，往還相友善，蔭椿攜長子念庚附課，夢徵愛其聰穎，爰以第三女威吉許字之。逾數年，夢徵以一子夭，又屢困場屋，鬱鬱成疾以歿。蔭椿曾率念庚往弔，知其家貧甚，而力不能賙，乃攜念庚就館於皖南，數年與方氏不通音問。未幾，念庚以勤學得咯血疾，以今年正月某日死，年已二十有三。方氏年亦相若。蔭椿以子未完姻，不即訃聞。乃方氏一夕夢一少年立其前，形色慘憎曰：「余即若壻也，若毋負我！」方氏驚寤，竊怪之。逾旬乃悉念庚亡狀，即沐浴更衣，拜哭父墓，歸復拜於寢，扃户蒙被而卧，四日不出。其母許氏先往其父母家久住，室内無人，其鄰衆見方女多日不出，大駭，咸破扉而入，見女困頓牀褥，掖之不起，進飲不納，鄰婦等勸之至再，女哭愈哀，且曰：「我無父無兄弟，苦累寡母有年矣，徒生益增母累耳！」言已，以首觸牀，血流殷枕，鄰衆力救，更番坐守。母氏聞信歸，女不食已七日矣，奄奄一息，相抱痛哭。其堂兄嚴明喻以大義，良久始强納勺飲，急遣伻，以狀告葉氏。時蔭椿已就遠館，妻汪氏以家窘，一時無所措，問計於松坡。松坡稍有疑慮，乃向來伻詳問此女素行若何，伻云：此女内慧外樸，端重寡言，能稟母教，持躬倍極勤苦。嘗虔禱神以療母疾，質薄産葬父，種種美行，不具述。松坡乃知此女生有自來，必能終副所志。遽資汪氏往女家撫之。體已半僵，舌輪結不能出聲，灌以西洋參湯，乃强張目，對姑泣曰：「姑獨不以兒爲婦邪？使兒早知，先往親侍湯藥，殁視含殮，兒死亦無恨！」姑引咎哀慰再三。調養數日，漸能扶起，其母與堂兄嚴明送偕姑歸。既拜葉氏祖堂，即撫夫主呼天，一慟幾絶。速進以湯，不肯飲。其姑與母銜淚吞聲，慘傷無計。松坡乃引禮經繩之，多方寬譬，女乃稍有所悟，强飲米汁少許。松坡即爲女安身心計，命其妻梁氏善撫之如己女。其母與姑均銜感，命女拜松坡妻爲母，松坡女爲妹，一切生計皆盡力爲之籌畫，將擇五服内外有子弟稱心者爲之嗣焉。

余既嘉方氏之貞節，與章氏之女同時媲美，爲吾邑增輝，又欽松坡能善成女志，爲今士大夫所難能而可貴也。爰書其略，以俟世有能文如震川其人者詳書之，以師世範俗焉。己亥九月朔，書於秦淮寓舍。

【校記】

〔一〕「珠」，稿本作「晶珠」。
〔二〕「二女」下，稿本有「檢點參校」四字。
〔三〕「向營」，稿本作「向軍門榮營」。
〔四〕「使」，據稿本補。
〔五〕「隐仙庵側」下，稿本有「全貞堂後門外」數字。
〔六〕「痛」，據稿本補。「强仕」，稿本作「强」。

〔七〕「會宫里」，稿本作「會公里」。

〔八〕「嘗父疾」，稿本作「嘗侍父疾」。

〔九〕「珍弆」，刻本作「珍襲」，今依稿本。

〔一〇〕「取與」，稿本作「棄取」。

敬孚類藁卷十四

記事

記宋紹興十八年戊辰科榜首王佐事

朱文公登紹興十八年戊辰科五甲第九十人進士，其一甲榜首爲王佐。宋時題名録至今無一存者，惟紹興戊辰科有朱文公，故此題名録明人重刻之，至今流傳於世。偶閲會稽章實齋先生嘉慶戊午己未劄記有云：紹興府城中正橋北有碑大書「宋徽國朱文公榜狀元王佐故里」。按宋制，進士一甲及第，二、三甲賜進士出身，四、五甲賜同進士出身。凡進士之登第者，記其科年，必以狀元姓名標識，故叙朱子履歷當云「登王佐榜五甲進士」。今狀元乃反借五甲同出身之進士爲榮，然則天爵之不比於人爵，亦可見矣。然章先生博極羣書，考求先達故事，亦不知王佐之爲何如人也。

頃遊湘中，偶閲湖南通志名宦傳所載，「王佐，山陰人。紹興末，知永州，民有寃者，盡言其情，無實者，咸畏其法。暇即延見諸生，諮詢長老。張浚、王十朋薦之，加直寶文閣。孝宗時爲湖南安撫使。茶賊陳豐嘯聚數千人，出没旁郡，朝廷命佐討之。時太尉馮湛謫居在焉，佐權宜用之。

課知賊巢所在，乘日晡放飯少休時，遣亡命卒三十，持短兵前；湛率五百人繼其後，徑入山寨。豐方抱孫獨坐，其徒皆無在者，錯愕不知所爲，亟鳴金嘯聚，已無及矣，於是成禽。餘黨亦多就捕。佐以湛功聞於朝，復元官，佐增秩。」據此則王佐實有經世之略、文武兼資者也。然湖南名宦志祇載其人在湖南政績，以後則不兼具，想王佐後來升遷，亦必尚有緯績可紀〔一〕，容當留心檢閲宋史及他載記詳考之。

記明徐中山王遺事示諸生

諸生讀明史太祖功臣諸傳，多有不得其死，怪太祖刻薄寡恩，又極稱徐中山爲能保全晚節，其智術有足多者。余因述舊見明人記載「中山晚年寢疾，太祖遺醫示意以鵝肉進，與證相反，中山知之，歎恨而飲，旋即薨逝」答之。蓋史臣以事屬暗昧，不欲明載，與太祖取陳友諒之妻闍氏一例，曲爲之諱耳。

諸生曰：若如此，則明太祖爲刻薄寡恩，何以遠過庸主哉？余曰：此不盡然。諸臣晚節不終，其過亦不全在太祖，亦多有自取之道。若就各人事迹細考而言之，則非一時可了，姑就中山一人論之：太祖初至金陵，督吴王宫居之，即位另起宫殿，即以吴王宫賜中山，旋又悔之。今王府園之地是也。意中山功成名立之後，晚節多有奢侈僭擬之事，爲太祖所深忌，特又不欲明申其罪，故一旦乘其疾，而藉醫以致其死命，形迹不露，亦兩全之道也。

諸生又問：中山晚年奢侈之事不能詳明，先生何以意度之？余因引王弇洲金陵名園記，言金陵名園凡十有六，而徐中山之園即占十有一處，某園爲雄爽，某園爲清遠，各具其勝。又記某園在某地，某園在某地，一一羅列，如數家珍。度其中亭臺、樓閣、花木、怪石、珍禽、奇獸之外，必尚有非其園中所應有者而僭有之。由此類推，合當日賜吳王府而旋悔之之事可以略知其故矣。世咸云明太祖薄待諸功臣，余獨以爲實不盡然，蓋諸臣亦各有自取之道也。

又憶去年秋在金陵秦淮水榭與魏太史家驊相晤茶話，偶及明太祖事，伊云三年前在鳳陽府分修志書，有舊家藏明太祖軼事一册，絶非外間所知，中有記徐中山有疾，太祖遣醫診治，授意用藥與其證相反，中山飲藥而歿，太祖聞之，乃跣足奔弔，慟哭逾恒，旋即將此醫棄市云云。余彼時頗以爲疑，此等掩耳盗鐘之事，太祖未必肯爲之。既而思之，太祖生平所爲實亦有出人意外之事，大凡英雄舉動，人所不能爲之事固多，而人所不屑爲之者，亦不免有十之二、三也。

中山之園十一，至明萬曆時已多非其所有。王弇洲當日所記尚爲遊目及之，今其故址多莫可考，惟藩司署以東至東牌樓一帶爲遺址之一，藩署西首尚有花石數件，其東三、四百步茶館有花石，高數丈矗立，是其故物，至今未移徙也。又南門西首今爲胡家花園，尚是中山西園遺址，明萬曆間已爲吾縣先達吳大司馬用先所得，傳至子孫，康熙間尚能守之。戴南山西園記所云，園今屬吾縣吳氏，自其先世司馬公居之是也。自康熙以後不知所屬幾家，至今屬諸胡氏。余嘗爲友人所邀，數會飲於此。度今日園中位置、風景非復中山及吴大司馬時之位置、風景矣。

記鄭鄤獄

崇禎間，常州鄭峚陽太史鄤有被誣杖母之事，首發之於其從舅大學士吴宗達及其同鄉許舍人曦，而獄成之於温體仁。雖黄公道周、劉公宗周先後上疏辨誣論救，迄不可得，時懷宗正信用温體仁，體仁故嘗有不慊於峚陽，必欲置之死地者也。及温以彈劾者衆放歸田里，而懷宗猶聽温一面之辭，怒不能已，仍磔峚陽於市。此事已經黄公宗羲所爲鄭峚陽墓誌銘詳載之。後來沈公德潛、汪公師韓、陸公繼輅、梁公章鉅各爲記載，詳略不同，其爲峚陽辨誣則一也。

然余以吴宗達、許曦、温體仁等不摭峚陽他事以誣之，而惟以無理杖母之事爲誣，蓋士大夫雖至有不孝，亦斷不至於喪心病狂而有杖母之事也。二十年前，於新陽趙君元益寓齋見有舊鈔本歸安嚴氏元照所著蕙櫋雜記，多載前人軼事，中有述及盧抱經先生言鄭峚陽獄事，乃恍然大悟。峚陽杖母雖無實情，而事出有因，則又諸名公所不及知也。

蓋峚陽母夫人嘗夢神言當受官刑，告峚陽，恐踐妖夢，峚陽解釋再四，母疑未釋，峚陽憂之，乃曰：「兒亦嘗食禄於朝矣。」設坐訊，母伏受杖，母大喜從之。遂命婢撲三下，適爲表兄某所值，遂爲所掎。峚陽平生事母至孝，事發，母夫人具牒述其始末，屢奉部駁，始終爲温體仁害之也。抱經先生嘗主講常州龍城書院，曾親至鄭氏，見當時案件如是，後爲嚴君述之。

又婁陽之事外有陳忠裕公年譜，所述與諸名公之論相反，顧亭林詩集有「陸貢士來復昔代許曦草疏攻鄭，至詆爲宵人」。余舊已著一論各辭而闢之，此不具述。

記鄭成功遺蹟碑銘及傳

戊子冬十一月，余在日本東京中國史館見隨員遵義劉子貞大令慶汾案頭有日本人舊鈔肥前國平户島千里濱鄭氏遺蹟碑記并銘一篇，凡千五百餘字。彼國嘉永五年壬子冬十有二月中澣高行所撰，即我中國咸豐二年也。又有鄭氏遺蹟碑陰記一篇，凡二百二十一字，未著撰人；又有鄭將軍成功傳碑一篇，凡五千五百餘字，乃彼國碩儒東都朝川鼎字五鼎號善庵撰，均記明季鄭芝龍到日本長崎，原注慶長壬子即明萬曆四十年壬子也。從平户河内浦娶土人田川氏女，生子成功，及其父子後歸中華占臺灣始末，中多異聞軼事。中華人記鄭氏父子之事未有如此詳盡者也。

先是，田川氏娠成功時，一日出遊千里濱拾文貝，俄將分娩，不暇還家，乃就濱内巨石以誕，時爲彼國寬永元年七月某日，即吾中國明天啓四年甲子也。土人因名其石曰「兒誕石」。後來成功暨其子孫歿後數十年，彼國藩王乾齋公感成功三十餘年獨據孤島，奉明正朔，恢復之志，雖未能遂，實爲義勇兼全，命彼國儒臣朝川鼎作傳，將勒石於千里濱以存古蹟。以字過多，不便上石，復命彼國儒臣高行爲之碑銘，僅一千五百餘言，較朝川氏傳碑各有異同。遂據此勒石於肥前國平户島千里濱兒誕石，即在碑西沙礫間仍建石標之，而以朝川鼎所撰碑銘鋟版藏於碑西。河内浦羽流善相院庭有鄭氏遺愛竹柏樹，土人謂之「力柴」。舊時相傳斯石忌人以足上踏，若踏之即聞空中兒啼聲，而得疾者多不起云云。事雖屬於怪誕，然忠義之士英靈未泯，偶示靈異，理或有之。

余既向子貞假此把玩之良久。子貞云係前假之於長崎老儒岡田篁所，名穆號恒庵者藏本，今擬還之。時余以歲時將晏，急欲回華，子貞遂以此本付余過長崎特訪岡田翁，可向轉借，並作字爲之介紹。未幾，余過長崎，即訪岡田翁於同區引地町，翁一見，善氣迎人，如舊相識。架上圖畫森列，兩人筆談良久，余以子貞書信投之，并言將假此書回華手鈔，一月即可寄還。翁云此係友人之物，亦不急須，即兩月何妨？并設饌見餉，并所書條幅、所畫古松各一，及古書二、三種見贈。時戊子嘉平十一日也。余回華後，至次年己丑二月間將此書先後鈔畢，即以原本寄還岡田翁。

此鈔册藏之於家，後來曾借與丹徒陳優貢慶年另録一本，亦久見還。今檢閲舊籍，忽見此書，細閲一過，距戊巳借鈔之時，又十三、四年矣。暇日當取中國記載鄭氏事迹，考其同異焉。

記寧化雷貫一副憲遺事

往余讀方望溪先生與雷公貫一手札有云：「賢文頗得理趣，而字句不合於古。」又云：「賢文大長，乃不離經史之效也。」蓋副憲受業於方公，其文多本其法，而不爲苟作者。後得經笥堂文鈔讀之，皆平近切實，大約不出方公所言。集首有陰承方所撰行狀，於雷公學行亦具崖略：「公前後兩督浙江學政，其後任時值乾隆乙亥秋浙西災，公寓書督撫，勸其入告，弗聽，乃自奏，即荷恩賑濟，民困以甦。丙子陳情，得請歸里。」行狀之言如此。

今偶閱蕙櫋雜記〔二〕，有一則記公事，可與此相發明，特爲要删以補行狀所未及〔三〕：先是，公督浙學，聞有處士吴穎芳，通儒釋，居杭州艮山門外，李眉生丈云：穎芳字西林。乃往就見，詢謀所及，處士概謝不知。公歸數日，復往訪之，禮愈恭。處士不復辭拒，縱言不隱，自晨至日中未已。是時湖州大饑，大吏置勿理，處士爲公言之；時烏程吴刑部嚴任錢塘教諭，公問其詳，與處士言合。公即發檄按臨湖州，目覩民困，怒甚〔四〕，參奏大吏以下降罰各有差。其原奏爲幕客陳梓所爲，公稍爲點竄之。未幾，陳君作勸農詩示公，公遂告養歸。其詩頗傳誦人口，僅「暮雨欲來須早計，春風雖好不多吹」一聯耳。公既得請，吴教諭慮禍及，問計於公，公令赴禮部試，後成進士，官至刑部員外郎〔五〕。

記開化戴簡恪公軼事

余往者聞金谿戴尚書敦元居官之清儉及記誦之淵博，未深悉其所以。後讀海昌陳其元庸閒齋筆記，中有記公事云：「余道光壬辰應京兆試，公時爲刑部尚書，以年家子上謁，公謙抑殊甚。余搜僻典數則叩之，公則曰：年老記憶不真，似在某書某卷第幾葉第幾行内；其前則某語，其後則某語。試繙之，則百不爽一。余嘗問公：『天下書應俱讀盡矣？』公曰：『古今書籍浩如淵海，人生歲月幾何？安能讀得遍！惟天下總此義理，古人、今人說來說去，不過是此等話頭。當世以爲獨得之奇者，大率俱前世人之唾餘耳。』公於刑部例案最熟，無一事可以欺之，老胥猾吏，見之束手，故終身歷官不出刑部」云云。

後與歸安友人凌子與霞談及此段，子與曰：「公幼讀書，即十行俱下。乾隆間，南昌彭文勤公元瑞督學兩浙，公時年十一，補博士弟子員。彭公見公年尚幼，其文雖老宿不能過，疑非公作，發放時，因以書義數事問公，公應答如流。彭公勉之上進，不復深問。公即以古書數事轉問彭公，彭公幾於辭窮，勉强答以大略。後來學益精進，成進士，入翰林，官刑部侍郎。時以事請假小住杭州，未幾，有補授刑部尚書之命。公攜一僕入京，道過揚州，其僕有疾不能從。時錢塘陳大令文述爲江都縣令，因向陳君借一僕同行。甫至黄河，公慮陳僕不能久留，遂命陳僕回揚州，獨身渡黄河入京師，道途旅舍均不知其爲新任之尚書也。」

頃讀國史列傳，憶及陳君所記及凌君所述，遂追記之。

記方恪敏公軼事二則

鄉先達方恪敏公少遭家難，出入關塞，流離困阨。至中晚之年，遭時得位，歷任封疆，勳名懋著，大者載於國史、家乘、名人碑傳，文人學士類能知之。其生平遺事極多，余少時往往聞諸師友，隨得隨忘，今追憶瑣事一、二，聊爲録之：

公少年落魄揚州，主於某鹽商家，豪客極多，終日坐爲之滿。鹽商母素有知人鑑，一日謂曰：「子終日招攬游客，拯助多人，中亦有足稱脚色者乎？吾將瞯之。」一日，賓客滿坐，其母瞯之。晚，謂其子曰：「子所招之客皆庸庸不足道，惟末坐一人，他日功名富貴未可限量，子當厚資之，乃不負多年延攬衆賓之豪舉耳。」所謂末坐，即指公也。時極襤褸，衆客皆不經意，即此商亦不以上客待之也。

一、公少時嘗客浙中所親某官廨中，亦僅以食客待之。一日，有相士至，決人貴賤休咎，侃侃直言，無所迴避。所有署中賓客幕友，無一足中相者。公時在署中，不爲衆人所禮，有以公爲戲，屬其一相者。公不爲動。相士無意中遠見之，即大驚異，迎面而揖之曰：「子大貴人也！其窮不久矣。」因屬其早入京師，當必有遇。蓋相士知公不足爲異；所異者，婦人女子亦有具人倫風鑑耳。

然此爲人之知公也，而公之知人則尤有奇者。公官直隸總督時，凡有大公事當堂廳辦者，必先招首縣某君來，命其立坐後，事畢，乃命之回署，不交一言。一日，與保定府知府某君燕見，話及瑣事，某君亦有心人也，乘間請曰：「宫保每有公事，嘗招某令至，不與一言，何也？」公曰：「子未知邪！我這一席，某令他時有分，我不過令其熟悉公事耳。然此席吾兄他時亦有分，又當在某令之後。但吾兄閲歷較深，他日當可優爲之，吾兄再加勉之，可也。」其後公薨於位，十數年左右，某令與某守先後均官此位，一如公言。

一、公官直督時，有臬司裴公宗錫，與公意見時有不合。凡遇公事，嘗持異議，不甚相得，彼此亦嘗相遷就，而公事亦卒不爲之僨。及公寢疾，自知不起，公晚年得勤襄公，時方十歲，乃請裴公至寢室，以身後諸事爲託，且請以裴公之女爲其子婦。時裴公已丁父憂，尚未起程，乃慨然身任之。裴公起復後，官至安徽巡撫，亦卓有政聲。公與裴公之事，學士大夫尚有知之者，其知某守令先後爲直隸總督，知之者鮮。暇當考畿輔通志、保定府志，尚可均得其人。大凡名公貴人多有知人鑑，不足爲異。所異者，公何以知二人之先後均爲封疆大吏，又何以知其先後必在直隸也？

記海寧陸辛齋處士逸事

海寧查初白先生人海記記錢塘大遮山東明寺，相傳建文曾避迹於此。順治丙戌，有二十二人偉幹傑貌免胄而入，遍視佛像不拜，見建文像則拜而下泣，一人在前，餘隨後，不敢並。裹衣朱殷，膚如刻漆，人臂二弓，腰一銃，鎧仗重鐵，負荷皆百餘斤，後皆投碧浪湖死。首尾凡四百餘言，其事其人甚怪。查公云外舅陸辛齋名嘉淑，字冰修，述寺僧指月之語云云。余是以意陸公之爲人，必明季遺老，多識前言往行者。後檢乾隆間海寧州志文苑傳云：辛齋父鈺，明舉人，方正樸茂，鄉黨宗之。嘉淑生有異稟，數歲能作徑尺大字，長益博覽羣書，詩文清麗，援筆數千言立就。以父歿於亂，棄諸生，不應有司試。家計日落，殊不屑意。晚歲遊京師，一時名公鉅卿交相推重，或欲薦應宏詞科，力辭不就。查編修愼行其壻也，少從學詩，得其指授爲多。又藝文志有辛齋遺稿、辛齋詩話，今亦未見傳本。

今偶閱雲間蔡澄練江所著雞窗叢話中有記辛齋逸事一端，頗爲風韻。蔡氏之書不甚傳世，今特爲標出，以見陸公不第天性高曠，以詩文鳴世，其人倫風鑑亦不可及也。蔡氏之言曰：海寧陸射山先生嘉淑，前明老宿，善詩古，有人倫鑑，欲爲其女與寡嫂之女擇壻，於邑中得查愼行、許汝霖，二人皆貧而好學，謂其嫂曰：「查貴未可必，必成名士，許則八座無疑也。」嫂以女字許，查爲射山壻。許既婚，射山嫂知其家徒壁立，爲之哭失明。查竟不能娶，而射山適斷弦，欲遠行，佯謂其女曰：「我與汝至母舅家。」遂同乘小舟至壻門，射山先入門，謂愼行父曰：「我兩人兒女長大，可成婚矣。」愼行父亦名士，而拘禮法，答曰：「雖貧不能備六禮，即具酒食一席，亦非倉猝可致者。」射山曰：「皆不須此，今是吉日，我特送女來。」遂成婚。許娶後數年，聯捷至大位，竟爲愼行座主云。又汝霖娶後，其妻歸甯，有孕欲產，而汝霖適有遠行，俗謂出嫁女不利產於母家，其母亦以爲嫌，射山曰：「此鄉愚之見，豈可出於我家乎！」遂產，得男，而陸氏後頗昌盛。以上俱本蔡氏原書，又有記汝霖事二則，不録。

今案查編修之祖大緯仕行朝爲武庫主事，父崧繼，字柱青，後改名遺，字逸遠，號學圃。武庫側足焦原，逸遠左右其間，往來四渡潭海。武庫捐館，逸遠宏濟艱難，重立門户，內行純備，多所義舉。與吾縣錢田間先生先後入復社，田間嘗贈之以詩。許公以康熙乙卯舉於鄉，壬戌成進士，入翰林，官至禮部尚書。初白先生以康熙甲子夏北遊太學，又九年舉癸酉順天鄉試，年已四十有四，又十年癸未成進士，入翰林，年已五十有四。後供奉內廷者七年，從事書局者三年，癸巳夏移疾乞歸，年已六十有四，仕宦終不如許公之顯，卒以詩詞鳴於世，終不出陸先生之所鑑云。

記吳文節公遺事一則

儀徵吳文節公文鎔，道光朝服官中外，及咸豐三、四年間總督兩湖，禦賊於黃州，殉難始末，已見國史列傳及諸家記載，公之志事已與日月爭光矣。今閱歸安亡友陸存齋所作公神道碑銘，因記三、四十年前吾邑亡友姚伯厚爲余言一事，他日有輯國朝名臣言行録者，亦可載之，以見公清德之一端焉。

據云：咸豐初，公以浙江巡撫奉文宗顯皇帝特旨，昇授雲貴總督。一日，駐雲南某縣，清晨，縣令某衣冠捧燕窩一盌奉公，公熟視之曰：「此何物也？」縣令以燕窩對，公駭然曰：「此物舊嘗聞之，知爲貴物。汝一縣令，焉能辦此？且汝雖縣令，是朝廷命官，此等事自是紀綱之職，汝奈何自輕若此！」因訓誡十數語，力卻之。鄰縣有聞其事者，轉相傳語，後來公騶從所至，無敢爲越禮之進焉。

伯厚又述道光間四川總督寶興公一事，雖與吳公奢儉相反，亦足爲封疆大吏徧隘殘刻者戒。據云：寶興公閱邊，至頭站某縣辦差，凡飲食之精美、器具之華麗不具述，僅舉地毯一端：第一層用棉花，上鋪氈條；氈條上用大紅緞，以金線界爲方磚；又此上乃用五色絨緞。寶興公入，一見駭然，曰：「此等陳設，我兄弟萬不敢當！」力命撤之。見第二層，亦復紅彩奪目，金光燦爛，復駭然曰：「我兄弟更不敢當！」縣令以此下更無他物，僅紅呢一層，勢難再撤，寶興公乃欣然履入。時下站已早遣人來視，一一明列，照樣辦備；念無有以取勝者，復以千金買一美人，伺寶興公入室，送之侍寢。至第三站，其缺極苦，不但他物不能備辦，即地毯一節亦無力爲之，頓出主張，乃決意去官，一切不辦，行所無事。寶興公入城，亦不迎接，遣人問訊，以某老爺正在大堂問案，再問公館所在，縣差人引一空屋，灰塵不掃，似多年無人看守者。寶興公不得已，冷坐空室，茶水不時進。良久，縣令乃入參見，衣冠破裂，曰：「請大人立參。」寶興公徐徐應曰：「我亦不肯參汝。」自指其鼻曰：「但汝亦收拾我兄弟太苦耳。」乃草草一宿而去。以下各站，皆各視其力之所及者行之。自公督四川，一切皆照定章，黜陟秉公，而閱邊之前兩站亦未見昇擢，以下諸站亦未見譴謫。

蓋太平之世，川廣州縣類多殷富，州縣辦差各極華麗，大吏亦習以爲常。若寶興公又爲華胄高門，生平享用又與寒儉起家者不同，且聞其官均有政績，一切以寬大處之，即此一端，可以見矣。雖與吳公相去懸遠，然總非尋常督撫所易企也。

記通州徐清惠公遺事

同治五年十一月二十日，江南通州徐公宗幹以疾薨於福建巡撫任所，時湘陰左公總制閩浙，以徐公遺疏及其生平政績奏聞，天子軫悼，賜卹如例，入祀福建名宦祠，予謚「清惠」。沅陵吳公大廷嘗官福建鹽法道，於徐左兩公爲屬員，兩公亦深器之，徐公薨後，吳公曾據所知事績爲銘幽之文。今偶檢所著小酉腴山館文集，因憶同治、光緒之間五、六年，與吳公在上海時相往還，偶及左徐兩公同官之事，有云：同治某年左公參劾州縣官三、四人，徐公旋知之，知其一時誤聽人言也，即爲專摺奏保。閱日，因公事往見左公。談畢，徐公乃曰：「近聞季翁具摺奏參某某等；然季翁參之，兄弟保摺已拜發矣。此稿請季翁一閱之。」左公徐曰：「幸賴有此，兄弟無悔矣。」自是兩公凡有要公及舉錯，必先相聞，所見合，然後行之，一無成見橫於中。

穆往聞湘陰郭公嵩燾官廣東巡撫時，恒與某制軍意見不合，公事不免掣肘，郭公忿曰：「督、撫同城，誤盡天下蒼生！」蓋當日國家立制有督、撫同城，必有所爲，而兩廣總督舊本駐節肇慶，道光□□年因洋務事改駐廣州，今只兩廣、兩湖、閩、浙、雲、貴等省如是，若吏部奏請將此四督改駐各省險要之地，與巡撫分任其事，庶乎可也。然以左徐兩公之事觀之，則督撫同城並無有礙，又足爲天下蒼生造福矣。嗚呼！和而不同，和衷共濟，近世尚有聞風而興起者邪？

張愛濤先生軼事

先生宦遊十餘年，秦人既以政績彙一編，刻爲張公名宦録，又於長安、潼關等地建祠，春秋致祭矣。今年冬十一月，余由大梁往楚北，道過新野，時先生哲嗣佳齡主講白水書院，留數日，言先生軼事數端。云先生入翰林時，成親王以書法名動一時，見先生書甚愛之，使人屬意，欲羅致門下，先生不可，既而請爲友，又不可，後又寄紙索書，又不可。

散館後，出宰陝西長安縣，時巡撫某公有豪奴甚猖獗〔六〕，人多憚之，先生一日上院，與同僚集官廳，衆曰：「撫軍豪奴甚兇横〔七〕，我輩力不能制，君亦淡漠視之耶？」先生曰：「我固未知也〔八〕。」同僚方歷數其罪，忽有肩輿直入堂上，衆方驚訝，察之即豪奴也。先生怒，即命大笞數十，乃執以聞，秦撫曰：「可再笞之！」先生命拽之下，又大笞數十，即請秦撫立逐之。秦撫素嘉先生忠直，亦不以爲過也，遇之如初。

官潼關同知時，先生長子延齡讀書署中，時有商人練達公務，先生嘉之，商人嘗往來署中。一日延齡北上鄉試，商人懷數百金爲資斧，趦趄不敢進，先生察其故，乃大怒曰：「吾以爾爲老成人，今以我爲何如人！」乃逐之，不令再入署。

先生卒後十餘年，次子怡齡以事入秦，父老有相識者，感念先生德政，咸泫然流涕，争以酒食相餽，且慰問曰：「先公在此甚清苦，今家何以爲生？」秦人至今春秋致祭不絶，有禱於祠輒應。先生廉潔愛民，不避權勢，即此可見。其他事蹟，則别具焉。

周端孝先生遺像記

丙申冬十二月十四日，訪諸暨孫問清太史於上海寓居。其鄉人俞墨莊攜明遺老吴郡周端孝先生畫像一軸，付裱工重爲裝潢，余因展軸觀之。左方有「己亥夏日豫章舒時貞寫」十字一行，上方有墓志銘一篇，末署「秦餘山人俟齋徐枋撰，葑溪後學髮持徐惇書」，左方又有高松一株，并贊云：「儒衣儒冠，先生是安。一木一石，先生是適。斯之靈光，殆古之遺直歟！」下題「壬子小春，爲蕓齋老表伯佈景，敬贊，呈教正，小姪王武」二十一字兩三行。據墓志序：先生諱茂蘭，字子佩，私謚端孝。姓周氏，爲宋太師左丞相益國文忠公必大之後，本江右廬陵人。從益國五傳而遷吴郡之虞山；後三傳而别居郡城。再傳爲贈太常卿渭川公諱冠官龍游令；龍游生贈太常卿沖宇公諱可賢；沖宇生贈太常卿忠介公諱順昌，即熹廟朝天下所稱爲周吏部，清忠絶世，以忤逆璫緹騎逮，吴民爲擊殺緹騎者也。忠介故四子，先生爲長。忠介逮時爲天啓丙寅，先生年二十二云云。以下敍述忠介赴義後，先生事母吳太夫人孝養及爲諸弟妹先後婚嫁，并烈皇帝即位爲忠介伏闕訟寃，請誅逆黨倪文煥報父讐，請三代贈官申父志。刺十指血書疏，淋漓千言，指血不足，復以刀刺舌血，再書以進。及營葬三代，爲忠介起特祠，諸務畢而天下亂。入國朝以遺民老。至丙寅考終，年八十二。家世及行誼大略如是。

憶乙酉秋余在江寧府學教授趙季梅丈所，見忠介公小像，及被逮赴詔獄家書二紙，裝成卷子。家書訓子立身爲人爲學之道甚悉。趙丈曾與諸同人各爲詩及題跋，余亦賦五言律詩兩首，書於卷末。趙丈云將送焦山藏之。忠介像面白而長，下方稍削，鬚眉極秀，如書生。先生面上豐而下鋭，色黄而鬚疏。忠介之像當摹於中年，先生像上方署「己亥寫」，以天啓丙寅年二十二推之，則在國朝順治十六年，先生年五十有五。迨壬子，王武布景又在康熙十一年，先生年六十有八〔九〕。所題「芸齊」，蓋先生晚年別號。因詳識之。計十二年間，無意中獲敬觀先生兩代遺容，幸何如也！

記嘉慶戊午科湖南鄉試事

嘉慶戊午科湖南鄉試場後，諸生有肄業省會各書院者，咸以文呈院長訂其高下。時主講嶽麓書院者，爲原任通政司羅徽五先生典。有湘陰肄業生員彭珴，文品極高，羅公決其必第一名中式，及榜發，解元乃傳晉賢，而彭珴固未中式也。羅公大駭，將使人搜訪落卷閱之，會闈墨出，彭珴見解元之文，即己作也，即往取原卷不得，而傅晉賢固富家子，素無文名，而中式之文絶高，人皆知其非己出也。於是物議紛然，監臨、監試諸公，乃遍搜落卷，則傅晉賢之原卷固在，共加訊究，悉得其情。

蓋傅以千二百金，賂承辦科場五經房繕書樊順承，勾串内簾刻字匠羅文秀，私抽取中紅號之卷，交樊託病竊帶出外，令傅謄入空白試卷，而以所雕假印蓋之，彌封如式，密置懷中，隨同填榜書吏混入。又賄屬收掌卷箱書吏喻廷選，於臨寫榜唱名提對墨卷時，抽填呈堂，傅乃因此中式。獄既具，樊立斬，傅羅絞決，餘發黑龍江爲奴。而彭珴仍賞還舉人。先是事未發時，有人從中勸傅爲彭捐一知縣，彼此兩得，彭意亦可，而羅院長不答，一定須澈底查辦。樊順承臨刑時大言曰：「彭某之事，何足異哉！前有新化戴某先生，歷試八科均中式，均爲我所抽换他人卷得之。彭某僅一試，何足異哉！」監斬官慮生旁案，立爲斬決以滅口。此爲今廣西布政使遊子岱先生舊爲余言〔一〇〕，因追記之。

遊公又述：羅通政爲諸生，家極貧，肄業嶽麓書院，不甚顧䘏妻子，妻某氏多方假貸撫養子女，羅公每回家，見釜中有食，輒全啖而去。乾隆□□科鄉試，羅公應試，榜將發，忽回家，妻方外出，見釜中飯已熟，乃悉啖而去。妻旋回家，將以食子女，己亦且充飢，見釜中已空，知爲夫歸所啖而去者，一時苦無生法，又以積怨，乃就縊。其夜榜發，羅公高捷第一〔一一〕，後來成進士，入翰林，以及爲官、致仕、主講，遂終身不再娶。

記釐金

咸豐軍興以來，月餉浩繁，各省賴有釐金以濟。人知釐金本謀出於浙人錢江，成於雷副憲以諴。其實，雷公奉旨辦理糧臺，開府邵伯埭，僅疏請試行於泰州仙女廟兩處。其後侍郎勝保又推廣雷公之意，疏請於西北各省之完善者仿行之，實未通行於東南諸省也。咸豐六年，向忠武公奉旨督師江南，時寧都彭雲墀都轉玉雯已致仕歸田，忠武素知其有幹濟之才，奏請幫辦軍務，未幾上寄諭忠武議行止，忠武素不諳理財之方，一切均委之於彭君。彭君以月餉日多，各路協款不足以濟，思非仿行釐金不爲功，乃與向公疏請如雷以諴、勝保之議再推廣之，各直省全行開辦釐金；并聲明以撤兵之日，一律停止。

後來錢江與雷公一日談話，議論不合。雷公亦以屢聽讒言，與錢江漸疏，因大加誚讓；錢江亦使酒罵坐〔一二〕雷公旋命帳下健兒張小虎刺殺之，乃以錢江跋扈，將謀不軌爲詞出奏塞責。

彭都轉晚年無子，有從子三人，皆能讀書，人有勸其立繼者。彭君謝曰：「今天下尚未安謐，釐金停止，遥遥無期。自古剥民財以利國者，天且譴之。釐金之利，衹有此數，我爲東南始禍者，而禍且及於天下。我從子承父餘蔭，尚能讀書自愛，福壽尚有可期；我若擇繼，此子必爲六極之首，吾不忍爲之也。」

人謂錢江之不得其死，彭都轉晚年絶嗣，皆以爲創設釐金之報，此非然也。錢江之矜才使氣〔一三〕，即不遇雷公，亦必不免於禍，特雷公萬不應不忍一時之小忿，而全忘其大力耳。

大凡建非常之策，只視其爲公爲私，若真爲公，雖有害於天下，天亦必曲爲原諒之，其罰總與害公營私、流毒天下者有間。錢江建策，固爲公也。然非雷公，亦不能成之。錢之死也，自取之也，非天殛之也。雷公雖以他事褫職，流寓清江佛寺，亦深以誤殺錢江爲不然，至爲之誦經茹素，懺悔自新。然享年九十有餘，考終於家。彭君無子，晚年亦深以括辦釐金爲憾，亦享年八十有餘。觀其不以從子爲子，深慮流爲六極之首，其平日宅心仁厚可知矣。諸從子能體乃從父之存心，亦必不使爲若敖之餒，又可知矣。是彭君無子，猶之有子也。若勝保之不終，則又有自取之道，昭人耳目者焉。若以疏請西北各省開辦釐金而論，尚爲伊之盛業〔一四〕，以其本意，皆出於公也。

〔校記〕

〔一〕「緯」，稿本作「偉」。

〔二〕「偶閲」下，稿本有「歸安嚴修能」五字。

〔三〕「要删」，刻本作「節要」，今依稿本。「所未及」，稿本作「之闕」。

〔四〕「怒甚」下，稿本有「凡府縣試之前列者，悉被黜，遂」幾句。

〔五〕「官至」，稿本作「歷官」。

〔六〕「豪奴」，稿本作「悍奴」。下「察中」句中同。

〔七〕「撫軍」句，稿本作「此奴兇横」。

〔八〕「知」，稿本作「諳」。

〔九〕「年」，據稿本補

〔一〇〕「岱」，稿本作「代」。

〔一一〕「第一」，稿本作「第一名舉人」。

〔一二〕「罵坐」下，稿本有「與雷公勢不兩立」一句。

〔一三〕「使氣」下，稿本有「目中無人」四字。

〔一四〕「盛業」下，稿本有「雖名尊身泰，延年益壽可也」二句。

敬孚類藁卷十五

雜記

大禹陵記

史記：「禹會諸侯江南，計功而崩，因葬焉，命曰會稽。會稽者，會計也。」皇覽曰：「禹塚在山陰縣會稽山上。會稽山本名苗山，在縣南，去縣七里。」然明以前尚不能定禹陵確在何地。宋人魏了翁於理宗時奉旨到紹興上皇村祭告諸陵，一路均有詩記其風景，於禹陵有曰：「禹陵原在亂山中。」自注曰：「大禹葬於亂山之中，人迹所不到之地。」是不以今之禹陵爲禹陵也，而云「人迹所不到之地」，不知何所見而云然？然後世定以今禹陵所在者，一因山下有一窆石，爲大禹下葬之物，上有漢人篆刻，留傳已久，又山下有姒姓數十家居之，云自夏商以來皆大禹之後看守陵寢。自明浙人南大吉來官紹興，其人精於地理，始定禹陵確爲今會稽山地，乃大書「大禹陵」三字刻陵前。國朝康熙□□年，聖祖仁皇帝南巡，到紹興祭大禹陵，始封姒姓一人爲九品奉祀生。

余於光緒壬辰秋九月訪老友周季貺太守星詒於紹興，因偕鍾厚堂觀察念祖、徐顯民文學飴孫孝廉兩昆仲，至初十日乘畫舫出東郭門，南行六、七里，泊舟會稽山下。厚堂備竹兜五，到大禹廟，入廟敬瞻大禹塑像。前有古柏二十餘株，正殿前左首有古檜一株。復由大殿下左首迴廊出耳門，上石磴數十級，至窆石亭，摩挲窆石，光澤如鏡。下方有漢人篆刻，多不可辨；至後人題名頗多，未暇細覽。其石高一人伸一手乃探得石圈，上尚有六七寸，中段寬廣約兩人合抱乃周，上方漸鋭。其石中斷，今係接豎之。相傳此石舊埋土中，明初爲胡大海掘出，久不能起，工人用力過猛，以致中斷云。由亭左下，有阮相國元八分書重修大禹廟碑刻，亦有亭覆之。出廟門左首上行百餘步，即「大禹陵」三字碑亭。亭之右稍下又有咸若古亭。由大碑亭左首行數十步，有「禹穴」二字碑刻，亦有小石亭覆之。乃康熙二十一年會稽知縣咎爵林書也。又上山十餘步，有竹二、三百竿，疑此下即爲隧道，左右兩山環拱，形勢甚佳。且今陵地距山陰縣南恰有七里，與皇覽合，再證之窆石及山下姒姓數十家居之歷代無恙，則大禹之葬確爲此山無疑矣。復下山至南鎮廟，又上香鑪峰，周覽會稽諸山，峰巒重疊，奇秀可愛，昔人所云「山陰道上，應接不暇」是也。

後改遥下山回舟，與諸子暢飲良久，入東郭門，別鍾徐三子回季老寓，戌刻矣。

娱園記

余於癸卯九秋訪老友沈子培太守於南昌府署，太守館余於署西之寄舫。數稱此署有吾鄉張子畏太守故蹟。一日，太守導余于府署之東花園，約五、六畝，北有兩亭，東南首特建一樓，榜曰「春暉樓」，上標「道光乙未秋九月，子畏太守屬書，桐城姚元之。」登堂小坐，太守導之登樓，望署外四面人煙風景，而西山距此四十里，時有雲霧蒙籠，山色在若隱若見之間。下樓，堂東別有一室，可以下榻，太守請余移寓于此。余以小住誠佳，然時不能久，乃以「他時重來，即行住此」爲辭。太守頷之。

又數日，幕友杭州徐次笙處士導余訪錢穀杭州高賓于時，往來皆過二堂之東〔一〕，一堂南轉，一門上有石刻「娱園」二字，横額標「道光乙未仲夏桐城張寅題。」入此一門，東有隙地一區，又東有園牆，闢一門，即入園之所。今此門已久閉塞，遊園者須北上東首〔二〕，曲折轉東數石級，乃得入園。

然「春暉」名樓，歷任太守，均不甚知張公當日命意所在，今忽覩舊入園之門，又以「娱園」命名，乃悟張公封翁澮村先生其時尚存。蓋張公爲吾鄉世族，其八世祖諱秉文，於明崇禎間官山東布政使，明季與夫人方氏同殉節投大明湖。後來子孫多有貴顯。至張公封翁澮村先生，天性高曠，不樂仕進，日與城中士大夫之致仕者多人，相與爲詩酒之會，亦時出郊，與田夫野老話桑麻，具雞黍，終日酣嬉淋灕以自娱。張公爲道光壬午進士，官部曹，於道光十四年由九江府知府補南昌府知府，年尚在强壯之間，封翁之年，亦甫逾六旬，故太守迎養於官齋，特建此園以娱之。此「春暉」名樓、「娱」字名園之本義也。太守封翁與吾師朱魯岑先生爲詩酒密友，道光間太守奉養封翁於南昌府署，朱先生屢到南昌訪舊，時在娱園，與封翁父子往還，飲酒賦詩於園中。

太守官此，凡五、六年，勇於任事，敢作敢爲〔三〕，爲時所忌，嗾某御史列款參奏，鎸秩回里，遂不復出，日以侍養先意承志爲事。凡城中及四鄉有公務應辦者，封翁亦時命太守出而襄助成之。桐城東鄉自道光三年以後，屢遭大水，太守於道光二十三、四、五年間，助邑令史穎生明府及東鄉紳士，創修天定隄及江壩三、四十里，數十年沿江田廬均得免於水患。蓋其聲望素孚於鄉，時創義舉，不第有功於南昌也。咸豐間太守年垂七十，尚思有爲，惜彼時老成次第凋謝，獨力難支，乃齎志而没。

其時穆年已逾冠，受業於朱先生，朱先生嘗以太守與封翁之事，一一向穆言之。未幾朱先生與太守相繼而逝，穆終未覩太守之面，而朱先生與太守封翁在鄉里及南昌往還之詩，一一載諸集中。今追記朱先生在南昌詩，一一悟出，慨想朱先生及太守、封翁，曾在此園飲酒賦詩，老輩風流韻事，今不可追，不勝今昔盛衰之感。度太守當日創構此園，必多羅四方異草名花、珍禽奇獸、各地陳設，位置天然。今沈公乃召工人，多所修補，又將煥然一新，行將與張公遥遥輝映矣。

癸卯秋九月晦日鐙下，草於南昌府署西偏之寄舫，時窗外陰風怒號，寒氣襲人。

就光明室記

吾鄉張子畏太守以道光十四年由江西九江府知府調補南昌府知府，下車伊始，即於府署二堂之西構玻璃屋三間，榜曰「就光明室」，並自識云：「此室爲張古愚先生所構，歲久陰翳。余來此闢而擴之，坐客爲之目爽。因思居學行政無一不以光明爲先，豈獨居室？然區區勵政之心，未嘗不願與都人士相見，何敢自蔽人以自蔽？所苦余性識闇昧，未能遽去彼而就此耳。因以此名室，即用自警云。」

今年秋九月，余來南昌訪舊交嘉興沈子培太守，太守以廣信府知府調署南昌，即館余於府署西偏之寄舫，恰與張太守所構之就光明室相鄰，凡出入均由此室之門。沈君會客即在此室之左〔四〕，而此室之門常閉〔五〕。余寓此室之右，不便會客，沈君即闢此室爲余會客之所，各不相繞。追憶張公之構此室時，次年余方出世。張公守此凡五、六年，即遭讒被議，致仕歸里。余自少壯嘗考求鄉先輩故事及服官政績，而於張公服官之事尚茫然也。一日，沈君以江西通志宦績録見示，乃知張公服官南昌，政績固卓然在人耳目。爰照録之，以示吾鄉之後進考求張公仕績者得所矜式焉。

道光十五、六年間，江西數大水，疾疫流行，蝗災繼作，張公捐錢穀，施醫藥，給棺櫝，置局買蝗，教民掩捕，治荒政甚具。又念郡治濱江，隄防宜豫，乃行屬邑察形勢，於豐城上游築隄，下游建閘，皆楗以石，隆如屹如，以迄南昌、新建、進賢諸縣。舊圩塌損，咸整齊之。復創建義倉，儲穀六萬八千餘石，以爲荒備。立洪都書院，以育人才。治行卓立，稱一時最。風骨峭厲，勇於有爲，當時頗以嚴見憚。及被議去官，行李而外，更無長物，士民咸憮然有去思焉。張公服官南昌，治行卓卓如此，使久於其任，其治行當必更有大過人者。惜乎所就止此。

余日徘徊此室，竊歎天之生才無限，生才而不竟其用者無限，甚且有才而終身沈淪於里巷，卒不能一吐其經綸者亦復無限，而鄙夫庸人且多在高位者亦復無限，何造物之顛倒弄人如是哉！爰歔欷而爲之記，癸卯秋九月。

游滕王閣記

余來南昌，客於府署，數日即擬訪滕王閣之故蹟。或云地已荒殘，無可游觀，乃戛然而止。後游百花洲作記，以不訪滕王閣之意首發明之。沈子培太守見余此記〔六〕，乃云：「今閣已重修，大可壯觀。」余乃乘輿出章江門，左行，轉折百數十步，而雄樓傑閣，宛然在目。即入，命守閣之人萬某啓鑰，上梯二十多級，知舊閣於咸豐間爲粵西寇燬。同治間湖南劉公坤一來爲巡撫，特籌數千金，爲之重建，於舊閣有過之無不及焉。余登閣小步，眺覽西山綿亘近百里，在煙雲縹渺之間，再望南浦，二水雙流，近江帆檣林立，左右皆居人，接屋連牆，人煙稠密。時北風大作，陰寒之氣襲人，不能久留。

思天下名勝之地，所在多有，如會稽山陰之蘭亭，特因王右軍偕同時三十二人宴會於此，右軍曾爲之序〔七〕，因之流傳千古。此閣乃唐高祖之子元嬰封藩於此，建之以爲游觀之所。後來都督閻公鎮守，欲誇其壻，大會賓客，所謂孟學士、王將軍，其人文武兼資，又經王子安一序〔八〕，此閣遂藉以流傳千古。然子安之序，已云「勝地不長，盛筵難再，蘭亭已矣，梓澤邱墟」〔九〕，而此閣自唐以來，代有重建，歷代節鎮，不乏閻都督其人，而賓客宴會，如孟學士、王將軍者，亦何代蔑有！而卒不能有風流嘉話艷稱今古者，豈非無王子安之妙筆燦乎其間者邪？然舊閣子安序後，又有王緒作賦，王中丞作記，後來韓昌黎之守袁州，承王中丞之命，亦爲一記以配之，所謂「竊喜載名其上，詞列三王之次，有榮耀焉」者是也。後有「江山之好，登望之樂，雖老矣如獲從公游，尚能爲公賦之」云云。然韓公卒亦未能一踐所言，究竟三王及韓公所爲序、賦、記等，又適各得其時，四美二難，兼而有之。

如穆者不過桐鄉一老耳，生平才望遠不逮諸公之萬一，今乘便來游於此，强爲之記，欲附諸公之後，不亦愚且妄乎？然彼一時也，此一時也，使諸公獨游於此，值隆冬風寒霰發，氣寒栗烈之秋，恐亦束手棲豪，不能施其驚才絕艷之筆矣〔一〇〕。然則如鄙人者，又何必責其不敏不文也哉！

癸卯冬十月初七日書於南昌府署之寄舫。

桃花隝記

和州城大西門外，土山綿亘，清池曲折，荇藻交橫，綠波盪漾。昔時園亭，多半構此，號爲勝境。余以丁卯客於州廨，乃於三月四日，大雨初晴〔一一〕，乘輿訪唐詩人張司業別墅，所稱桃花隝者也。出大西門，觀覽一帶山水，昔時勝蹟猶可仿佛知其大略。沿溪西行二里，有大橋，甃石爲之，左右砌以石欄，可坐百數十人，曰桃花橋。橋下綠水縈洄，深不可測，曰麻溪。蓋此水由大江東來〔一二〕，流和州城西南，逕此又蜿蜒數十里，達含山縣城。夏秋之間，帆檣來往，大抵商賈貿易之區也。逾橋十數武，有地數畝，草樹叢生，岡阜翼然枕於溪橋之上，即桃花隝之遺址也。

隝今已爲墟莽，迴憶張司業嘗與孟東野輩載酒往還，談笑風流，今已閱千年，其風邈不可追，即宋人賀方回所云「茂林深竹，猶占近郭之勝」，近代王善㦤竹所謂「紆餘蒼翠，岡巒蜿蜒，回互若層障，爲近郭奥區，雜木外環，中有桃數百株」風景，今亦末由仿佛。惟登隝四顧，大江南北諸峰，蜿蜒磅礴，煙雲縹緲，一一與目相併，是則足以怡情也。

或云此地即司業故居；然宋人賀方回百福寺詩注「與縣廨鄰，案縣譜即唐詩人張司業之故居也。繪像今存」。據此則故居實在城中；而宋人吳龍翰又有過和州報恩寺唐張籍故居詩〔一三〕，明一統志亦云「司業故居在報恩光孝禪寺」；而州人陳少京兆廷桂引宋趙昇朝野類要云：「高宗中興，令諸州軍各建報恩、光孝寺觀，追崇佑陵香火。或百福寺入南渡後，改爲報恩，一統志遂沿其舊名」云云，當得其實。然司業既家於此，城内外勝境，或營别業，或與同人載酒賦詩，當不勝紀。而烏江東一里，又有文昌讀書堂，宋人張孝祥有讀書堂詩云「在烏江，即文昌公讀書處，自五代至今，皆世守之，渡江後爲史氏所有」云云，則司業讀書别業，且有在烏江者，又不第此隖也。世又傳文昌七世孫孝祥亦讀書此隖，舊有碑紀其事，今亡之矣。

唐書載張籍爲和州烏江人；韓昌黎張中丞傳後序有云「愈與吴郡張籍閲家中舊書」，王荆公詩亦有「蘇州司業詩名老」之句。及閲张司業集，有寄蘇州白使君詩云：「登第早年同座主，題詩今日是州民」，蓋用晉人簡帖中二字，韋蘇州所謂「敬共尊郡守，牒簡具州民」是也。故司業以此施之於白樂天。據此三説，則司業爲吴郡人，明矣。但韓公有與孟東野書，又有「張籍在和州居喪，家甚貧」云云，蓋張公實爲吴郡人，而寓居於和州頗久，故和州時有遺迹，當時即常在此桃花隖，亦未可知。至前人相傳宋人張孝祥爲司業七世孫，亦常住此，似未可信以爲實。嘉道間，和州陳少京兆廷桂著歷陽典録，承唐書之誤，不加詳考，殊爲疏略。今特證明之。又以此記作於同治丁卯，時在和州游使君智開幕中，本文尚仍舊説，今不復追改，漫記於此。

光緒二十九年癸卯九月朔日記。

豐山杜氏宋梅記

宋杜師雄故居及手植梅花數本，在今和州西南三十里豐山中。杜氏世聚族於此村之左右，曰考子塘，至今八百餘年，屢經兵燹，而此梅尚存。昔時名人經此，輒往觀之。乾隆三十八年，大興朱學士筠督學皖中，以是年春試和州士畢，與知州同年慈利劉長城往觀之，因屬劉君重築亭於中，即據石先生介詩「曼卿豪於詩，永叔豪於詞，師雄歌亦豪，三人宜同稱」所謂「三豪」，今三豪亡而杜先生手植之梅巍然獨存，梅亦豪矣哉！因以「梅豪」名其亭，復爲記而刻於石，今杜氏子孫世守之。

歲在丁卯，余客和州，乃於上巳後一日出州城大西門二里，訪唐張文昌桃花塢之遺址，即乘輿行三十里至豐山考子塘。豐山長四、五里，無林壑泉石之勝，獨杜氏考子塘幽靚盤曲，宜爲隱者之所徜徉。時當兵燹之後，杜氏尚餘數十家，結廬於中。余乃逾頹垣入，婆娑古梅下，攀柯執條，梅豪之亭已圮，而朱學士碑記尚矗立其間〔一四〕。據學士所記，「其樹凡六，其四已枯。枯者如銅，如石，如蟉蛇之死，而骨倔强不解。其不枯者二本，本大五、六圍，徑上三丈餘，花覆小山，與枯木交錯，枯者亦榮。其花之種曰『玉蝶』。今存者僅一本，分十餘榦，或竦然高翥，或柯條相環，或撑拄欲攫人，或偃蹇欲拂地。堅勁如鐵石，輪囷如虯龍。計往者遊人，春玩其華，垣亭可容百餘人，夏休其蔭，枝葉扶疏，亦可容數十人。」今距朱學士所記未及百年，已非復舊觀，疑杜公當時種梅必多，後漸就凋亡，至今僅存其一耳。詢之杜氏子孫，云：往年猶時有花，今不作者二年矣。余既歎此樹幾閲滄桑，往者盗賊盤踞各地，大木斫伐殆盡，而此梅獨存，今其子孫又不甚愛惜，既不修葺垣亭，又聽前此官兵斫去數榦爲薪，今牧童成羣，時攀援而上以爲娱樂，然則更逾百載，猶能存此輪囷離奇之觀邪？

杜公名默，字師雄，宋史未爲立傳。朱學士據石先生介及歐陽文忠公贈杜公歸歷陽二詩，并考其生卒年月以正杜氏家譜之誤〔一五〕，兼及其始終周旋其師石先生之難，思所以表章者，死生不相背負，於當日情事，頗爲精確。然則，杜公即此一端，亦足覘其生平學行風節，固不僅以詩歌爲豪也。因久立枯梅之下，且吟公植梅詩三章，不知日之將夕，歸而記其大略如此。且擬請於州守新化游公智開仿當日劉公故事，修葺以還舊觀，命杜氏子孫世世守之〔一六〕。

川沙新築外圩塘碑記 代

川沙舊爲南匯之境，民俗敦樸，惟東濱大海，時有風潮衝突之虞，城東故有老護塘，年久沙漲爲田，地益東增。雍正間，湖州欽公連官南匯知縣，曾捐資獨築一塘，土人德之，因名之曰「欽公塘」。洎乾隆□□年分境而治，而護塘以東下砂二三場、竈地八九兩團直出海灘，里人蔡□□等又築有圩塘，數十年來，民獲安堵之益。

光緒辛巳閏七月初，風潮大起，沿灘開墾之民棚廠漂没，相率遷避圩塘之内，哀鴻遍野，鵠面鳩形，目不堪覩。時有烏程善士陳竹坪太守煦元適居上海，聞而憫之，即集資來此，會同兼理廳篆潘□□、貳尹兆芬暨下砂二三場左泉山鹺使昭澤前往撫卹，災黎各得其所，而左君即將兩團額征本年分竈課稟請上憲減免五釐，廳轄各圖隨忙帶征捐錢積穀。時祥符適奉檄署理廳篆，目覩情形，亦即稟請上憲停收額征，以紓民力。方籌及善後事宜，而陳君乃創爲修理圩塘，以工代振之法〔一七〕，勸募集資，稟請上憲。旋奉札飭祥符會督紳董相助爲理，因偕左陳兩君往勘，乃悉圩塘内外均爲竈田，緊逼塘基，附近實無可取土。蓋此塘自建築以來，沙灘日漸外漲，塘外亦有成熟之田，兼有蘆葦之利，察度地勢，沿灘均有漲無坍，將來即爲陞科之漸。祥符又以一無屏蔽爲慮，而陳君復議以爲與其修舊，畚挶維艱，不若改建新隄爲善。因返上海勸募鉅資，稟請上憲於圩塘之外，另築新塘。祥符亦奉札飭「妥爲經理」，即移會左君出示，以辛巳冬十一月上旬祀土，插立界樁，距水濱以三百五十弓爲率，自九團三甲，迄八團南一甲，南北延袤三十里，計四千餘丈。又選經董武生徐君德佑往局督飭窮氓認段挑築，計工給資，凡支用各款，仍由陳君自擇妥人經理。祥符惟偕左君輕車減從，隨時與紳士□□等分別往勘。凡五閲晦朔，以今年三月竣工，凡橋梁、水洞、出入碼頭，罔不備設，計用白金萬兩。

先是，祥符履任時，見曠野棺槽暴露甚夥，復與陳君相商，以餘資妥爲掩埋，陳君慨然許諾。核著清册，於塘工垂竣，將境内之二十五圖及竈地之八、九兩團共葬三千三百二十七具，計用洋蚨一千八百四十一枚。於是遠邇聞之，莫不以爲法良意美，成工之速，一舉而兩得焉。

祥符嘗讀宋賢曾文定公記越州趙公之救災也，以爲其施雖在越，其仁足以示天下；其事雖行於一時，其法足以傳後世。蓋災沴之行，治世不能使之無，而能爲之備。然趙公以名臣兼有守土之任，救災於越，固職分所當然；今陳君無官守之責，復無鄉里之親，慨然不憚心力，不惜鉅資，規畫有方，俾死生均得其所，其施其事，雖在一時一隅，其仁其法，實足以示天下後世。自茲以往，此邦人士每當春秋佳日，以及風潮澎湃之際，相與登斯塘也，東望滄溟，風帆來往，魚龍飛躍，出入於煙波浩淼之間；西望田塍溝渠，星羅棋布，禾黍稠油，煙火萬家，不知蕩析離居之患，而有含哺鼓腹之歡者，其亦可以開拓胸懷，暢然滿志，益勵濟世安人之略矣！

海寧馬氏槐蔭祠堂記

在昔先王報本追遠，稱情而爲之制，故有七廟、五廟、三廟、一廟之分。降至庶人，分力不足以立廟，亦必祭之於寢。晚近之世，士大夫於廟制之法不講，其祭先也，因陋就簡，與庶人同。自宋以後，祠祀之典興，有合族而爲一祠；一族而有數支，又或一支而爲一祠。在禮有功德者，例得別立祠廟，雖百世不毀。後人亦有仿而行之者。然近世祠祀之典，或奢侈踰制，或樸野無法，有不盡合先王制禮之意，要之，其爲報本追遠之誠，則同也。

海寧馬氏，世居城東十五里之桐木港。其先世有桐川公，自花山遷此，傳至十世爲槐村公，諱士珩，而族始著。公生五子十三孫，拓田數百頃，建屋三區，分居五子，復以仁義禮智信爲五房之目。家法嚴謹，教子弟必本之以忠信誠樸，享年八十有四，歿即棲神於此。有公產二十餘畝，使五房輪值，以供春秋祭掃。

道光三十年，公之曾孫眉生掃公之墓，慨然遠想，有建專祠之志，尋遭咸豐庚申之亂而寢。今公之來孫崇輔、崇熙等，力勤服賈，欲纘祖父未竟之業。既修葺祖遺公屋，復積公產祭掃之餘貲，二十年來，得數百金，即於槐村公墓右，鳩工庀材，坐東北朝西南向，爲中堂三楹，奉槐村公暨以下栗主，名其堂曰「槐蔭」，志祖德也。前兩廂爲左右翼，共計四楹，外接門牆，祭則啓之。堂側別立偏門，以便尋常出入。每屆掃墓，兼祭於祠，俾子孫飲胙於此。經始於光緒十年正月，落成於十一年八月。

越三年，崇輔等介其族孫瑞熙謁予，乞爲之記。予以崇輔昆弟遠念槐村公德業，近追父祖未申之志，報本追遠，今世號稱知禮之士大夫，尚不知從事於此者，而馬氏昆弟以勤力服賈，獨毅然爲之，於是賢於人也遠矣。予既嘉馬氏昆弟報本追遠之誠，特書其事，復系詩以表之。詩曰：

維公之德，克紹燕山。子榮孫茂，禮誦義嫻。既享大耄，拓業亦厚。濟濟繩繩，咸推族右。閱世十五，閱年逾百。代有興替，孰能爲役。前賢邱壟，多化雲煙。惟公幽宅，歷久彌堅。時際昌隆，裔孫繼起。遠慨前修，益思媲美。爰召匠石，爰命工師。妥公之神，墓右爲宜。經始甲申，正月旭旦。蟾輝乙酉，已彰輪奐。秋霜春露，崇德報功。觴豆備設，薦獻儀隆。我願輔熙，更拓餘場。廣建學舍，務爲高明。叶芒。族其子弟，攬其俊秀。安絃鼓篋，朱紫不謬。龍驤雲起，各顯所能。報本之效，凖此爲憑。

桐城篤山重修包公祠記

穆少讀鄉先輩方息翁春及草堂詩集有作包公祠記書後五言古詩一首，乃知吾邑北鄉有包公之祠。咸豐辛酉春，晤息翁元孫振卿德貴求息翁遺著，得雜文五六篇，則所作包公祠記存焉。案所記邑東呂亭驛又東數武，道左有包公祠，外無高門，槿籬繚之，入其中，屋僅三楹，司香火道士一人，展禮像設，金帶金幞頭，狀貌武毅，望而知生爲偉人，殁爲明神也。然無碑記可考，問之道士，以爲宋包孝肅。案孝肅平生未嘗過化兹土，又嘗見畫像於其鄉合肥，面目刻削嚴冷，與此和易者不類，蓄疑久矣〔一八〕。

一日閲趙給諫天羽、盧大令公弼合撰前明續表忠記，見有援皖諸忠合傳，然後得之。援皖之役，崇禎十年丁丑流寇老狪狪闖踢天連兵東下，前鋒哨大石磯，去皖城僅二十里。皖城爲明南京上游，應天巡撫張公國維檄將援之，而蘇州衛指揮包公文達與焉。公聞命即日整旅，拜母輒行。及戰，諸將皆敗死，公躍馬益進，脇中流矢墜，强起再戰，手刃賊數十人，彼衆我寡，遂爲賊斫其左臂，斷首而去，且曰：「諸將皆螳臂當我，獨此一人庶幾耳。」士人壯其勇，悲其亡，立一祠祀之。又引黄公淳耀陶庵集包烈士哀詞序云：「包公字行甫，其先江夏人，國初死事。世襲指揮同知，遂家於吳。奉巡撫檄，時統兵官凡四，以軍械草草，人無鬭志，包將軍進戰，賊伏起，官軍鳥獸散，矢盡援絶，遂力戰以死。友人金孝章傳將軍事甚悉。」又云：「公死之地雖不詳二書，而當時之祠必非漫然。今祠地曰平壇，度之堪戰場，受檄援皖，必須去皖遠，死此無疑。而皖卒無恙，必以此血戰而得有備，公之功豈不大哉！明末至丁丑，亂極矣，恤典無聞，時勢使然。縣志又不遑收載，士大夫亦不遑作碑記，草草一祠，不可不著，又不可混淆宋賢，致失其死事大節。今將屬邑之文士能書者，大書特書，以爲碑額，曰『明世襲蘇州衛指揮同知援皖死節諱文達字行甫包公碑』」云云。

穆既心儀方公援引趙氏、盧氏、黄氏之書，證爲包公文達，以正士人相傳爲宋包孝肅之訛，且美其所論，當有合於彼時情事；而又以三公之書，終未著包公援皖及死節有桐城字面。再檢鄉先輩蔣公臣之桐變日記、王公雯耀之全桐紀略、戴公名世之孑遺録等書，所記吾邑明季兵事及援桐城諸將帥姓名頗詳，並無有包公其人者，仍未免以息翁所記有如酈道元水經注所云「單文孤證，不足爲憑」之疑。但以息翁考訂爲包公文達於事理爲近，而士人相傳爲包孝肅於事理爲遠耳。

丙申夏四月，穆有事於皖城，晤邑人姚慎思孟振〔一九〕，談及其地古迹，偶舉包公祠事，據云：「其所居附近之篤山，舊有包公祠，土人皆以爲宋之包孝肅。咸豐間粵西盗起，踞其鄉，祠神頗著靈異。今其地首事諸人將爲重新之。」穆即舉方公之記以告，旋録其記文付之。數月後，慎思回里，寓書於穆云：「方公之記乃平壇之祠，非篤山之祠，兩地相距尚有二十餘里。平壇之祠今亦兵燹無存，而方公之記於篤山之祠又不甚相合。」並致其地首事諸君之意，屬穆別爲一記以表揚之。穆以明季吾鄉遭流賊之亂，當時文武諸公爲援城血戰，城賴以全，其後諸公或捐軀於本邑，或抗節於他方，承平之後，邑人僅立史公可法、黄公得功、竇公成三祠於城中，而四鄉訖無一祠以報死事諸公全城之功者。惟包公之祠，平壇、篤山兼而有焉，縣志不著其名，桐人紀載不書其事，此真有令人索解不得者。遲之又久，不能屬稿，以應篤山諸君之命。

近年乃連得無錫計氏六奇所撰明季南北略及乾隆間吴縣石公韞玉所修蘇州府志細考之，雖未能深悉吾邑平壇、篤山兩地所以並立包公祠祀之本意，而知此兩地所祠之包公確爲明季蘇州衛揮之包公文達，決非北宋時合肥之包孝肅也。計氏之明季北略紀包公文達死節事頗詳，其地實爲吾郡之宿松，並云：「土人悲其死，廟祭其地，鄉賢士大夫吴默、張世偉輩，咸爲文哭之，而諸生金俊明紀其事。」又别紀有「石電，常熟人，世爲丐，僑居長洲彩雲里，崇禎八年流寇躪中都，圍桐城，江南震動。電與所游同志陳英，從指揮包文達往援〔二○〕。二月十二日追賊於宿松。文達死。電力盡，舍鎗，手射殺數人，賊羣斫之，頭既斷，猶僵立爲擊刺狀，良久乃仆。皖人招其魂祀之余忠宣廟下。」石氏蘇州府志恭載乾隆四十一年欽定勝朝殉節諸臣録及徐公秉義明末忠烈紀實云：「包公文達字行甫，蘇州人也。世襲蘇州衛指揮同知。崇禎八年正月，賊攻桐城，巡撫張國維檄之從征，别其所知曰：『父死未葬，念之心痛，今已矣。』及至而桐城圍解，賊已移師至潛山、太湖，國維乃發守備朱士允趨潛山，文達及把總張其威、守備項鼎鏞趨太湖。二月十二日遇賊於宿松五里鋪，人馬飢疲，將嚢而獲賊哨，譁然分其嚢金，以爲賊星散易襲，争出迹之，文達止之不得已，而賊伏四起，士卒皆竄，文達中流矢墮馬，强起揮戈再戰，爲賊斷臂斫頭而死。乾隆四十一年通謚『烈愍』」。

據北略、蘇志所紀，則包公實死節於宿松之五里鋪，趙、盧、黄氏之書較北略、蘇志所載大致無差，不過失載包公有解桐圍之事及崇禎八年乙亥訛作十年丁丑耳〔二一〕。則包公之祠祀於桐城、宿松兩地均宜，今屢詢彼鄉人士，已無有知其事者。其地當日有祠及今尚有遺蹟否，均不可知。意者前明續表忠記所載「士人壯其勇，悲其亡，立一祠祀之」，明季北略所云「士人悲其死，廟祭其地」者，實在吾邑平壇、篤山之間，所云「宿松五里鋪」者，儻係傳聞紀載之訛邪？今雖不敢强爲臆斷，而可以想包公當日既有解圍桐城之實績，必有大造於兹土，士人深感其德而不能忘，吾鄉士大夫失於紀載可知也。

嗟乎，古今來英雄豪傑，生當亂世，力屈勢窮，忠義憤發，效命疆場，當干戈雲擾，頃刻百變，無文人學士躬履行間，詳爲紀述，朝廷無由聞知，以致褒忠之典不能加，而姓名亦隨與有身同歸於盡者多矣！如包公者，猶爲特幸耳。觀公當時奉檄與所知相别之言，可知公之忠勇性成，此行亦預料有「壯士一去不還」之事，而公之名字事蹟在吾鄉竟湮晦於二百餘年，直至今日乃大明者，豈非遺廟有幸賴邪！「禮失而求諸野」，古人豈爲一端云爾哉！遂拉雜書此，以復慎思暨篤山首事諸君子，且深欽其能善承鄉先人所以創立兹祠之美意。後來春秋報賽尤當恪供將事〔二二〕，不懈益虔，仰答神庥於萬一，則神之英風浩氣終古不泯，其必默佑兹土之人，亦與天地之無終極也，可知已矣。

蘇州龍壽山房觀元僧善繼血書華嚴經記

庚子秋九月，余訪友於吴門，時與祥符周季貺太守星詒、武進費屺懷太史念慈、吴縣曹君直孝廉元忠、元和顧鶴逸茂才麟士、獨山莫楚生太學棠、會稽章蓮愚參軍濂等往還，偶及龍壽寺藏有元僧善繼血經事。周君旋買舟邀同諸子出閶門，東行三里至半塘，泊舟龍壽山房門首，上岸，入內堂小坐，乃請寺僧出元僧善繼血書之經觀之。司事徐某開櫥，乃知所書爲大方廣佛華嚴經，凡十七匣，每匣五册，字如今世所行之歐陽率更體而加秀潤。别有血書大乘妙法蓮華經一匣，其經每開十行，行十五字，卷末有善繼法師自記寫經原委，及無相居士金華宋濂撰血書華嚴經序讚，又每卷之末多有有明以來名人及無名小族者題名。

然余統觀善繼所記及金華宋公所述，竊有疑焉。據宋公血書華嚴經讚之序大略云：「上人從十指端刺出鮮丹，盛於清净器中，養以煴火，澄去白液，取其真純，蘸以霜毫，志心繕寫，滿八十卷，尊閣半塘壽聖教寺。無相居士未出母胎，母夢異僧手寫是經來謂母曰：『吾乃永明延壽，宜假一室以終此卷。』母夢覺已，居士即生。今逢勝因，頓憶前事。於是親焫五分妙香，香雲輪囷，結爲寶網，遍覆經上，乃復合爪向佛散華作禮而稱贊」云云，是明言善繼寫此經滿八十卷而止，少一卷即怛化，復降生爲無相居士宋濂，後到此寺續成終卷者。又觀善繼自記有「光陰半喪，悲幻景之驛遷，道業全虧，慮將來之罔託。由是於乙巳歲仲春六日爲始，謹發誠心，刺血爲墨，躬書大方廣佛華嚴經，總八十一帙，成於丙午之秋」云云，又有一記云：「旹至正丙午季秋八日半塘壽聖寺沙彌善繼書畢謹題。」據善繼自記兩起，均言成於丙午之秋，且有季秋八日之語，是此經顯爲成書，並未有缺。別有血書大乘妙法蓮華經一匣，似又在書此經之後。而宋公所記又明云「善繼書此經未畢而終，後降生以終此卷」者何耶？且宋公既到寺續書，不應不見善繼兩記，又何爲此序讚與原記顯異？若以宋公此序爲僞耶，此序又自載其文集。宋公文集初刊本多自書小楷及其門人方正學等小楷書，今世間尚有傳本；此序所書與文集所書一律，不可以僞目之也。若以宋公述其母言爲妄耶？則宋公所序亦不應顯與善繼所記相反也。疑不能明，請以質之知者。或云：曾見一書云善繼之終而宋公已先數年出世。今考宋公生於元至大三年庚戌，據善繼成此經在至正丙午季秋，是又後五年宋公方生，善繼之終不知定在何年，或成此經終於丙午之後、庚戌之前，均未可知。而云善繼之終宋公已出世數年，似未可以爲信也。歸舟晚入閶門，行數里抵岸，回寓已更魚二躍矣。

逾年辛丑九月望前一日，病榻追記。又龍壽山房舊名壽聖寺，在半塘。據善繼自記爲「大元浙西道平江路長洲縣武丘鄉第九都」云，因附著之，以示後之考求蘇州地理者詳焉。

【校記】

〔一〕「高賓于時往來」，稿本作「高賓于時穆，時高君尚在卧榻，往來」。
〔二〕「北上」下，稿本有「籤押房」三字。
〔三〕「敢作敢爲」下，稿本有「才大眼高」四字。
〔四〕「會客」下，稿本有「之花廳」三字。
〔五〕「常閉」下，稿本有「作爲宴客之所」一句。
〔六〕「此記」下，稿本有「前半」二字。
〔七〕「右軍」句下，稿本有「寫作均佳」。
〔八〕「王子安一序」下，稿本有「將遠方之勝境，拉作本地之風光」一句。
〔九〕「梓澤邱墟」下，稿本有「今蘭亭、梓澤實如子安之言」一句。
〔一〇〕「驚」，稿本作「矜」。
〔一一〕「大雨」，稿本作「天雨」。
〔一二〕「東來」，稿本作「東南來」。
〔一三〕「和州」，刻本作「和和」，據稿本改。
〔一四〕「間」，刻本作「門」，今依稿本。
〔一五〕「之誤」，據稿本補。
〔一六〕「守之」上，稿本有一「慎」字。
〔一七〕「振」，稿本作「賑」。
〔一八〕「蓄疑」句上，稿本有「予率由祠下過」一句。
〔一九〕「孟振」，稿本作「孟起」。

〔二〇〕「從」，刻本作「後」，今依稿本。

〔二一〕「十年」，刻本作「十一年」，茲依稿本。

〔二二〕「恪供」，稿本作「確供」。

敬孚類藁卷十六

雜記

先宅記

余家先世本姓陳氏，元季明初，有復二公，由徽州婺源縣之陳村偕彼地唐、夏、孟、余、方、巴六姓，渡江來桐城南鄉之會公里。時大亂之後，其地無人，乃各占一村安居。余始祖先至南鄉焦嶺西首，即今蕭家岱是也，旋贅於土居蕭姓。二世祖□□公、三世祖□□公尚姓陳氏，至四世祖子昱公乃改姓蕭氏。自復二公至今，傳十七、八世。自有明中葉，人口漸多，又不免有出居外鄉者，余支不知幾世，乃出居廬江縣羅昌河北五里，地名大楓檣樹。

庚寅秋九月初旬，余以身受風濕，骨節酸楚，乃到廬江□鄉之□□□湯池就浴，往來均由羅昌河及所謂大楓檣樹者。今並無有所謂大楓檣樹，特有一、二小店賣茶，以供過客。道旁僅有小楓檣樹三兩株。余乃在茶篷小坐，與主人□姓談話，乃知大楓檣樹者乃古地名，樹則亡之久矣。余因問：「此地昔有蕭氏居之，其基安在？子知之否？」主人曰：「吾知之，」乃北指一村，「距此一里，蕭氏今早無人居此。舊有走馬樓屋故址，牆壁尚有存者，余可陪子往觀之，可乎？」余時以天色不早，急於到羅昌河買夜行舟回家，遂以「俟他日重來」辭之，今尚有遺悔焉。

又不知傳至幾世祖某公，遷居桐城東鄉黄泥山附近，起名曰蕭莊。至乾隆三十八年，余曾祖諱章任，號成玉，偕長兄諱章□號□□、仲兄諱章□號□□，兄弟三人，又遷居湯家溝東十五里，土名錢氏小墩，地在滋湖西濱，隔湖東首，即爲横山。後來人口稍多，余伯祖□□公，又遷居本墩西里許之馬家山，余祖與弟□□公仍居此墩。然道光以前，江水皆小，此地雖低下，而江潮不至，年年豐收，家頗小康。自道光三年以後，江水驟大，薄田十數畝，常被水淹，家道日落，别無生法善地可遷。以故余祖、余父，皆相繼爲附近劉氏治家事，藉以度日。此地雖地瘠民貧，惟亂世不通大道，賊不恒至。咸豐間粤東盗起，蔓延大江南北。吾邑西南北三鄉，皆糜爛不堪。惟吾鄉賊不恒至，至亦過而不留，時又多値豐年，民皆安居樂業，三鄉人多在此避亂。己未、庚申，賊曾蹂躪兩次，三方均被其害，惟不至湖泊近水處，余宅竟始終無恙。念東鄉地小，水占其半，人多田少，日不暇給，今多分散江南徽甯諸郡，竭力開墾，多至小康。即吾叔祖□□下人與余同居此墩，近因無業，先後出居青陽、銅陵，現在倉有餘糧，腰有餘錢，蒸蒸日上。

余則侯外間館地稍豐，節衣縮食，先人本有薄田十餘畝貽留，余擬爲兩兒再買，少則二、三十畝，多則百畝，子孫安居守分，量入爲出，豐年必求有餘，以備凶荒，雖饑不餓。又必讀書，只求明理，孝弟力田，不必應試。即有應試者，但以入學爲止，不可應舉。余久客上海，中外之事無所不聞，且多有目覩者，風波之險，人情之變，不可思議。不但官不可做，即外館亦不可就。以二者最易壞人心術，百弊叢生，鮮有不心勞日拙，漸入比匪，以至敗壞家風，漸至消亡者。惟願子孫謹守余言，本分自安，淡泊自甘，慎勿輕去其鄉，只期長守先人故基，吾之故宅，總可無災無害也。

先考溪源府君序略

先考諱錫光，字宜勉，號溪源，先世爲徽州婺源縣陳氏。明初有名復二者，由婺源陳村偕唐、夏、孟、余、方、巴七人〔一〕，遷居桐城南鄉會公里。復二公入贅於蕭氏，傳三世蕭氏人口微亡，四世子昱公遂襲其姓爲蕭氏。自明以來，家世孝弟力田，讀書皆不顯。府君曾祖諱金貢，字石山，太學生。祖諱章任，字成玉。父諱永興，字握中，生府君兄弟三人，長諱錫豐，仲諱錫敏，府君最少。當是時家道中落，先大父爲里中富宦劉氏司事十數年〔二〕，兩伯父治薄田十餘畝，大伯父必欲府君讀書成名，遂勉力延師受業。自道光三年以來，連遭水荒，薄田皆湮没於洪濤巨浪中。

四年秋大伯父殁，十二年夏二伯父殁，十三年秋大父殁，時府君年已三十有二，遂棄舉子業，復爲劉氏司事，藉資以贍家室。每自恨不能讀書發名成業，然少承先大父暨兩伯父之訓，知先世以來，咸履規蹈方，世有隱德，故府君一生爲人司事，必本於誠信，務求心之所安。復爲鄉里排解紛更，凡貧乏不能自存，有婚嫁喪葬之事，力不能舉者，必盡力之所及，多方爲之玉成。數十年來，鄉里皆以「義士」或以「善人」稱之。道光十五年，府君年三十有四，始生不肖子穆。年九歲，乃命出就外傅〔三〕。不肖年甫及冠，頗以文名虛譽傳於鄉里〔四〕，府君雖心喜而不現於詞色，蓋慮不肖將以此自足，不復有精進之功也。自咸豐三年癸丑春正月，粵西之賊陷安慶，冬十月陷桐城，凡九年，大江南北皆爲賊蹂躪〔五〕。惟吾邑東鄉濱江湖之地，賊蹤甚稀。惟己未夏秋間，賊結大隊至，鄉人與賊接戰，互有死傷多人。辛酉春，賊隊亦至，鄉人皆暫避之，而余居賊終未至也。是年秋，安慶、桐城先後爲官兵克復。

同治二年癸亥冬，欽命太僕寺卿餘姚朱公蘭督學安徽，補行咸豐三年癸丑及四年甲寅、六年丙辰、七年丁巳等歲科試，府君命不肖應試，得取入桐城縣學，補行咸豐三年癸丑歲試縣學第二名。府君訓之曰〔六〕：「自始祖遷桐城以來，吾宗未有名列膠庠者，兒今年雖已二十有九，然初與三四千人應試輒入學，名在一百六十餘人之前，後來能發憤用功不懈，庶幾不負吾望乎！」自甲子、丁卯，不肖兩應秋闈〔七〕，皆見擯於同考官。府君訓之曰：「家塾中有湯潛庵遺稿，末載家書二、三十通，中有一書，因其子姪輩於康熙某科應河南鄉試，均未中式，公寄示數語，汝可取閱遵行之。湯公爲國朝第一流人物，其全集皆閱歷心得之言，可以厚人倫，可以增學識，可以明世故，可以廣見聞，其論科名之得失，猶其末焉者也。汝其精心體察之。惜吾年老日衰，將來不及見汝之成就何如耳。」不肖服膺府君之訓，於學稍有所得，皆由府君此訓始。

府君體素强健，自辛酉冬歲晏大雪，由外間歸，汗流浹背，甫入門，即命家人爲熱湯，解衣就浴盆，即得風濕之疾，半身不能運動。後來雖大半治愈，而兩足風濕之氣，終不能除，步履維艱，不能如前此之輕捷矣。自庚午春得疾，時發時愈。時不肖館於安徽巡撫英翰公幕中，亦時回家省視。至四月二十外，疾漸劇，遂以二十七日巳時棄養，不肖於二十八日在撫署聞耗，星夜奔回，僅得親視含殮而已。距生於嘉慶七年壬戌五月二十二日巳時，享年六十有九。元配同里左氏，生不肖一人；兩女，一適同里項氏，一適黃氏。繼配范氏無出。孫二人，長受謙，生於庚午年正月二十四日，府君以晚年得孫喜甚，病中尚命抱至寢室，時撫摩之曰：「吾得撫吾孫兩年，死不恨矣！」次受辂，府君歿後六年乃生。孫女七人，今存四人，尚未適人。先妣歿於道光二十六年丙午閏五月十五日，咸豐三年癸丑冬，府君爲葬於會公里宗祠之右，丙辰春不肖曾爲事略以紀之。今距府君之歿，已二十二年矣，中間屢因世故及他慮有待，尚未得地〔八〕，以妥先靈，久厝於宗祠之左。

二十餘年以來，不肖子依然落拓塵寰〔九〕，既無以慰府君於生前，復無以慰府君於身後，屢欲有請於當時之賢士大夫有道德而能文章者，爲之傳誌以表揚之，又念府君一生勤苦，無他事業卓卓在人耳目，以故二十餘年與當時賢士大夫往還，未敢以府君事略爲請，僅得爲鄉里善人。自同治十二年癸酉，不肖館於上海江南機器製造局，時興化劉融齋中允主講上海龍門書院，劉公學行風節，爲當時賢士大夫第一，不肖時與往還。光緒己卯，乃預請劉公爲府君墓誌銘篆蓋，擬安葬之日，即以不肖爲此事略，節書數語，並加葬時年月日，及某地某山某向，爲一墓誌，倩友人之善書者爲之書丹，並以劉公篆蓋刻之於石，納諸壙中以爲銘，不敢再求當代賢士大夫銘幽之文矣。

光緒十七年辛卯秋七月十九日，不肖子穆謹述。

先妣事略

先妣左孺人，年十七來歸吾父。是時家貧甚，先大父爲人治家事以供朝夕，有子三人，季即吾父也。伯仲治田事，吾父讀書。嗣因食指多，歲凶不克自給，亦輟讀，繼先大父治生計。不孝生時，連年水旱，兩伯父與大父巳先後謝世，吾父愈難自給，孺人於是爲人紉綴紡績，且刺繡，得值以度日。藜藿不充，蓋常事也。不孝生一二歲時，外祖父尚在，外祖父諱知來，國學生，以儒學而諳於陰陽家言，且習於叔服唐舉相人之術〔一〇〕，嘗擁不孝謂曰：「此子狀貌甚佳，然三六歲恐難度也。」相孺人年亦不永，後不孝偶有疾，孺人輒涕泣，食不下咽。不孝九歲，始從塾師受學，夜歸，必使以日所讀書悉誦之，無一字齟齬乃悅。

孺人性仁慈，遇蟲蟻足不踐，有瓦礫荆棘，即徙之他所，恐不利於行人。見户外有菜色者，恒推食以與。不孝幼時性剛暴，見乞者往往詈之，孺人俟其去，訓之曰：「汝幼不知有饑寒事，幸汝父及余在也。設歲饑，貧乏不能自存，亦乞者耳，人將詈汝，汝能堪乎？」言未竟，泣數行下，不孝爲之感動。後歲餘卒。卒前一日，呼不孝命之曰：「吾忍飢寒以養汝，今幸見汝能讀書，然他日成立，尚未可知。念汝先大父與汝父讀書中廢，今大父長逝，不可復作，汝父年未盈五十，鬢髮巳白十之七、八，尚奔走於外，以託一日之命，家門之衰，於斯爲極。所期者汝耳！他日讀書成立，大善；即不能，當念汝祖至汝父世世教樸，慎勿墜汝祖家風也。」時吾從兄世發在傍，且訓之終日。卒之日，里中婦女來視者闐門，無不流涕。不孝年幼，於孺人之行誼，不能具知，略述其所聞見者如此。

而今不孝年已逾冠矣，暗昧亦復如曩時，迴憶十餘年前依孺人膝下，或歌或泣，並其臨終所訓之言，一一如昨，今欲再覩音容，不可得矣。嗚呼，痛哉！孺人生於嘉慶甲子年十一月初二日亥時，卒於道光丙午年閏五月十五日午時，年四十有三。有子一人，即不孝穆也，娶婦左氏；女二人，俱適人，婚嫁事孺人皆不及見也。嗚呼，痛哉！

咸豐壬子冬，聞粵西寇警，遂葬於會公里先人之右，丙辰年十一月二十二日，不孝男穆謹述。

先繼妣范太君事略

道光二十六年丙午夏閏五月十五日，余母左太君以生産未遂而歿；先君以爲人治家事不常在家，深慮不孝姊妹年幼少，在家無人撫養教導，乃續娶范太君。入門，即細問先君家事，左太君如何治法，先君一一言其所以。太君秉性仁慈，大類先母，家事一一仿行之，撫養不孝姊妹，曲有恩誼。不孝姊妹，久亦相忘非其所出也。事吾先君二十五年，安常處順，無所短長。先君歿於同治九年庚午夏四月二十七日，太君每日哭之尤慟。自是早晚進香、茶，日三餐皆親自行之，不孝姊妹，惟隨之行禮而已。三年喪畢，神主已上祖先香閣，太君每日進香上茶、食如故，不肖嘗引禮文止之，勿聽也。自是與吾妻姑婦相愛，相依爲命。

光緒四年戊寅夏四月吾妻病亡，時次子受鎔甫三歲。先是前一年，吾妻已大病半年，受鎔年兩歲，吾妻在病，不能哺乳，太君乃設法用藕粉，且乞他婦乳撫養之。受鎔遂依戀太君，日夕不離。及吾妻病愈，招受鎔回室，仍時哺乳，受鎔每夜輒欲就太君寢，且向其母曰：「我要家去！」蓋已忘其爲母所生也。及吾妻歿，受鎔時重病，日夕呻吟，不肯服藥，太君多方調養，久乃見瘥。自是於家事稍略，專以撫養受鎔爲要務，恩誼多出於人家慈母撫養愛子之外，至十四、五歲，猶不能捨。晚年好佛，日焚香爲禮，家事悉付不孝繼妻馮氏。先是太君歸先君時，常用桑葉水爲不孝洗頭，不孝壯年以後多在外，每歸必爲不孝一洗之，年逾八十猶不懈。

歲丁酉，年及九旬，時外間官長及親友進壽軸者凡數十，前後兩堂屋，張挂皆滿。生辰，家人扶太君登堂，親友家人，舉觴爲壽，太君神明不衰，望四壁壽軸，歡樂之氣，見於顔色。自是入室，終日憑几而坐，不常外出矣。

己亥冬遘疾，家人以太君亦常有此，不甚留意。至十二月精神漸減，半在牀褥。時不孝在外，聞信歸日侍，太君猶與談話。時太君多痰，不孝遂日用前得化州賴家園橘红黄水以進。二十三日，見太君問其所苦，太君曰：「無大患，只是多痰難忍，」並出好言語相慰歸室。至二十四日，未及一更，不孝方率兒孫在祖堂上香進酒甫畢，家人急報太君久不出聲，不孝倉皇入視，口氣尚微温，然已逝矣。嗚呼，慟哉！嗚呼，慟哉！念前此奉事先君無狀，時時飲恨，不能自釋，今奉侍太君，亦復疏忽，其罪均上通於天，萬死而不足以自贖矣！

先是，先君歿時，太君年已六十有四，遂浮厝先君棺木於會公里祖居，將待太君以天年終合葬之，不意太君之終，後先君凡三十二年，遂浮厝至今。不孝不能仿前人變通之法，求一吉地，先葬先君，俟太君終，即穿右穴，以妥其靈，未爲不可。不孝前十多年，已爲先君得一吉地，惑於陰陽家言，以右有山主之祖墳，每閱兩年第三年方可合葬。不料每逢合葬之年月，不孝非大病即他變故而止。今年辛丑冬，又可以葬，術者又以不孝生於乙未，今歲在辛丑，丑未相冲，又於己身不利，然不孝去年冬初大病，今年春二、三月始愈，至七月初舊疾復作，至今尚未能長離牀褥，不知至季冬權擇吉日合葬如何，遂述太君生平大略，而牽連及之如此，且以傳示吾子孫，凡此等大事，切勿效乃父乃祖，一生罪過，多半出於粗疏，萬不足以爲法云。

先從兄延春事略

先從兄名世發，字延春，余大伯父富才公子也。先祖守璞公生子三人，惟二伯得才公無後。兄幼少，資質甚鈍，身體亦弱。伯父早歿，先君以屢值荒年，又常在外，遂命兄與夥工治田事，且應門户。兄秉性拘謹，自以幼不讀書爲憾。年逾冠，乃發憤從師，夜讀雜字、百家姓、昔賢時文等小書，漸漸識字，且學寫字，先君甚喜之。咸豐三年夏、秋間，久病服藥無效，遂不起。歿之前一夕，先繼妣范太君問疾，遂以妻兒諄諄懇託，次日上午遂不能言。二伯母謝太君、嫂黄氏均在側，兄以手舉示上下身，即更衣畢，又屢舉手摹首，知其要冠，即覓红纓帽加首，痰湧遂歿。至四十九日出殯，家人擡棺，不甚能勝，棺首東而復西，久不能出門，家人均知其靈戀戀於家，不肯即出，先妣以好言語慰之，棺稍輕，乃得出。妻黄氏，即吾姑母第二女，與兄均以道光元年辛巳生，時年三十有三。一子受爵，甫五歲；二女年稍長，一適章氏，一適劉氏。嫂後三十□年乃卒。嫂歿□年受爵亦亡。孫二，長榮施，娶章氏，即兄長女之女；次榮遇，娶田氏，今孫二，長昌期，次昌運尚幼。

光緒二十七年辛丑秋九月十七日從弟穆述。

亡妻左氏事略

亡妻左氏名德尹，邑東左家嘴人。余家居滋湖極西，妻家居滋湖極北，水旱路均六、七里。余家故與左氏有姻，余先母亦左氏，故與妻家往來，愛親結親。妻七歲，先母即請其父母歸余家爲養媳，妻每歲亦必于歸一、兩次。余年十九，妻年十七，乃得完姻。時先母歿已八年矣。

妻雖出於農家，秉性靈敏，性本剛，而能以温柔强制之。余年少氣盛，有與人忤，妻輒時時勸解之。事余父及繼母范氏極孝，余父母皆憐愛之。妻自年十七歸余，連生五女，年三十四乃生長子受謙，又六年乃生次子受鎔。余年及壯，常館於外，至妻亡之年，每年多不在家。妻遂佐余繼母治家事。余年三十六，夏四月，先君棄養，余適館於皖撫英翰公幕中，未能送終。服中又追思生平於事先君之禮多疏略，先君遂自食其力，終未受不孝子一日之供養，愈思愈苦，頓得心疾，舉動一切反常，妻時時婉慰，卒乃復故。余繼母與先君伉儷極相得，先君終喪，尚爲過禮之行，余頗稍止之，妻諫曰：「凡禮寧可失之太過，不可失之不及，子若稍拂母心，令母含怒，他日母終，子又不常在家，喪中追念母在時，未能一切事母盡禮，又常拂母意，不亦一如喪中思父時乎？」余乃頓悟，自謝不敏。

妻歿之兩三年前，即不欲余外出，常竊寄思。卒前一年，大病幾殆。歲暮余歸自上海，妻病亦慶更生。自戊寅正月二十日，余將出門，前一夕有梟鳴於吾室之右棠梨樹，余時尚不爲意。次日起程，妻悽慘之色，見於顏面，含淚送別，旋洗衣於門首水次，不覺傷心大哭，自二、三月得病，三、四月間，家人連信速余歸，及歸，妻亡已七日矣。嗚呼，痛哉！

自余妻亡後，常追思二十年來常自任性，時拂妻意，妻多忍而不校，又以家累過重，資用時有不給，令吾妻終歲常不自適。男未及婚，所存二女，亦未出嫁，病中屢盼余不至，未及決別，此皆吾妻生平遺憾，時時負疚於心。屢欲述其嘉言懿行以表揚之，繼思皆近代賢媛之常。今追述其閨中規誡三兩事，以示吾子孫，俾知其略，以概其餘可也。

妻生於道光十七年丁酉八月十三日亥時，殁於光緒四年戊寅四月二十一日午時，享年四十有二。長子受謙，娶周氏；次子受鎔，娶王氏；六女三殀，第四女適貴池方氏，第五女適南鄉胡氏，六女癡未能出閣。二男二女，婚姻皆在吾妻殁後十餘年外也。

長孫榮觀哀辭 并序

余長孫榮觀，其母周氏，以光緒癸巳年四月初四日辰時生，己亥年八月初三日寅時殀，年甫七齡。

余年三十六，乃生長子受謙，先君年逾六十，尚未得孫，常以爲憂，至年六十九庚午正月二十四日，余乃生子，先君時已遘疾，常命余妻抱至榻前撫弄之，是年四月二十七日即棄養。

孫生四、五歲，即有知識，出語常如成人，每至余書室，見多書輒喜之，見部帖之精美者，常問曰：「阿爹，此何書也？」余即以某書告之，孫亦漫應之。余妻無事，每裁方塊五色紙，寫字千餘，每日課數字，皆能了了記之，七歲已識字千餘。余一日在大堂屋，展玩新摹本阮文達、張叔未兩公小像，孫適至見之，問曰：「阿爹，這兩人是某人？」余曰：「坐左者姓張，是個解元；坐右者姓阮，是個宰相。」孫漫應之，余徐問曰：「汝將來願做解元，抑願做宰相？」孫復諦觀之，即銜口應曰：「到底宰相像好，我必願做宰相！」余大驚且喜，終不知其何所見而云然也。其他非五六、七歲孩子所能言之事頗多，今不能悉舉矣。

孫自六歲即遘疾，亦無他苦，只心胸不開，漸不能食飲。日久腹日見其大，精神日減，人皆以爲飲食不時，積久停滯所致，屢延醫服藥無效，然並未著牀。余在外，則仍就余妻問字；余在家，則仍就余問字。是年七月二十三日，余歸自上海，入門見孫方小食，面已清瘦，羸弱不堪，日尚强食若干。次日午後，尚到余室坐卧，并索餅梨。逾日又到余室，坐卧久之，并索餅一盤去。孫腹久閉結，二十七日下午，間忽一瀉，余心稍慰。次日忽思食鴨羹，其母即以前此外家所送伊鴨，作羹食之。孫曰：「我要同我爹共食！」余坐東，孫坐西，甚以爲娱。至三十日上午，在牀忽昏暈不能出語，家人大駭，其母大哭，旋能出聲，止其母勿哭，又屢言之，未幾漸醒。下午稍進飲食，教家人抱至堂屋一遊。申正腹又大瀉，思食，且與余互相答問。夜間復大瀉。八月朔日，教家人抱至大堂外桂樹下，時花正開，孫即指折大枝，余以爲此非用刀斧不可，先折次枝且玩之，孫曰：「非大枝我即不要！」余再三勸慰，折三枝乃勉受之，回室置帳中，然於心終不悦也。時又多洩瀉，腹頓小，次日大小便均利。時余姪孫榮施，以有事請客，家人抱至其家，孫見席上魚肉等味，各索食若干，下晚在廚房小食，余見其面頓瘦削，頗心疑之。先是孫腹頓復常，家人皆喜，以爲從此可以復元矣。其外公周君聞之太息曰：「榮觀之病不起矣！此症望好，腹小宜從緩，今頓復元，非吉兆也。」是夜半忽動驚，余妻以金器煎水服之乃定。次日天未明，忽思食荔枝、石榴、八珍糕、桂元四物，命夥工成大速到和悦洲購之，成大方早食，又招成大至牀前促之行。行二、三里，孫舌漸短，遂不能言，未幾氣絶。余與家人慟不能忍。乃召木工用上等白木，仿江浙間棺制，做一小棺，即以前一年爲伊製綢緞袍袿入殮，逾三日命兩家人肩出，厝於先繼母及亡妻左氏厝室之右。兩人力若不能勝，遲遲其行，人皆以爲其魂魄尚眷戀於家，不肯即出云。

余自以爲年已逾六望七，兩子不能繼余志，全賴此孫，今孫已殀，余之書香繼起，不得其人矣！乃追爲一辭，以寄余哀。辭曰：

念吾孫幼即具聰穎之資兮，冀將來可以大充吾閭。七歲已至項槖兮，九齡遂不及於揚之烏。怪莊生獨以殤子爲壽兮，而以彭祖爲殀。彼誠以死生大故爲輕兮，余則何能隱忍而自了！

【校記】

〔一〕「偕唐」一句，稿本無。
〔二〕「司事」，稿本作「管事」。下同。
〔三〕「外傳」下，稿本有「日必稽其功課」一句。
〔四〕「傳」，稿本作「馳」。
〔五〕「大江南北」，稿本作「各地」。
〔六〕「訓之」，稿本作「喜形於色」。
〔七〕「秋闈」，稿本作「鄉試」。
〔八〕「尚未得地」，稿本作「尚未及擇地」。
〔九〕「塵寰」，稿本作「青衫」。
〔一〇〕「唐舉」，稿本作「唐莒」。

補遺卷一

趙高論

自古宦者亂人之國烈矣！惟東漢吕彊、後唐張承業等而有忠君愛國之心，嶢然而出其類，非他宦所能仿佛。秦始皇時，趙高有罪，始皇用之。始皇死，高佐胡亥殺太子扶蘇并始皇諸子殆盡，卒亂其國，而胡亥亦不免於望夷之禍。是宦官如高，實爲歷代篡逆極惡大罪之魁，其爲世所詬詈久矣。

然吾謂察人不察其跡，當原其心；論事不必求其末，而當窮其始。吾嘗論趙高實有合於古人報仇雪恥之大義，非若後世身親宗室之裔而反顔立乎人之本朝者比，不可與他宦官同日語也。

蓋趙高者，趙之諸公子也。秦滅趙，擄高。當此之時，趙之王子皇孫其危如一髮引千鈞，而高獨辱身爲宦官，此與豫讓之漆身吞炭何以異！當秦滅六國，天下莫不痛入骨髓，思所以報强暴，皆未得其道。燕太子丹使荆卿斬樊將軍首，持督亢圖，直指秦庭；而張子房亦嘗與力士椎始皇於博浪之沙。事雖不成，名皆震動天下。後世由今論之，荆卿不過受燕太子豢養之恩，子房不過以五世祖相韓之誼，義皆不忍故國之坐而待亡。惟綱目書荆卿爲盜，世儒咸（以）爲不允〔一〕，至有疑非紫陽之筆。彼二子者，身非燕韓宗室之子孫，功雖不成，事皆艷稱今古。

且夫復仇者，皆孝子順孫不得已而爲之，以爲第能復吾之仇而已，又豈可拘其爲宦官之跡！後來陳勝、吳廣與劉項起於隴畝之中，不數年而秦亡，非趙高之本謀，則秦漢之存亡尚未可知。是荆卿、子房之志，惟高能伸之；劉項之功業，惟高能發之。高之功烈在荆卿、子房并劉項之上，高之心跡能慰六國之君之精魂，真不愧爲趙室之賢子孫、佳公子也。

嗚呼！報仇雪耻，聖賢所許。當伍子胥以楚平王之殺其父兄，子胥卒佐吳王闔閭鞭荆平王之墓，臣復君仇，亦自謂倒行逆施，後世猶將稱之，矧以秦王之暴，天下莫不欲甘心，高以趙室之子孫，獨能辱身談笑而滅暴秦，伸六國之遺恨，遂豪傑之大業，後人不察，反列於宦官篡逆極惡大罪之魁，是則高之不幸也夫！

閨秀李吏香遺稿序

往者婁縣章韻芝明經以書抵余，詢其六世祖姑母橘隱夫人所賦詩歌存佚大略，蓋夫人於國初時適吾縣孫進士中麟，工文詞，著有澄心堂、望雲、再生等集，久爲當時名公傳誦者也。是時，吾鄉閨閣之通書史、嫻吟詠、以清操節義著聞者甚夥，夫人嘗與往還倡和，兼以名教風誼相砥礪，集中有呈清芬閣姚夫人七言長篇，猶可觀其勝概也。

光緒初，韻芝復於上海李氏得閨秀李吏香所著猶得住樓遺稿一册，詩上下兩卷，詩餘一卷，附祭文一篇，以示友人沈約齋。約齋選録一本，復以原稿示余。蓋吏香爲户部員外郎李心庵先生林松之女，適吾鄉方氏。道光七年夏于歸桐城，逾年聞父户部公之喪返上海。又一年訪其表姊黄香崖於蘇州獅子林，香崖亦閨秀之傑，通書史工文詞者也。兩人深相得，皆所遭不偶，以中秋夕偕没池中。余閲其詩詞數過，愛其風神超逸，清麗芊眠，洵爲近代閨秀所罕有，特其幽憂鬱塞之氣，時時流露行墨間，又嘆其遭逢蹇薄，與千古才人同概也！

念吾鄉閨閣辭翰之著名者凡四五十人，今兵燹之後，全集存者不過十之一二，即橘隱夫人生平吟詠之盛，亦多與雲煙飄散，惟潘公蜀藻龍眠風雅所載數十篇，後來長洲沈宗伯國朝詩别裁及邑人徐樗亭大令、方學博林昌桐舊集、桐山名媛詩鈔諸總集互相傳選而已。而吏香此集幸其弟尚暲爲之按年編定，弟之子梯雲尚能珍守，爲吾友章沈二君搜出而表揚之，而余亦得藉録副本，以備吾鄉文獻之一。每一披閲，而吏香之年華出處，感觸發抒，歷歷在目，豈非其精氣所聚，有足著於藝林者哉！行將謀諸方氏刊版流傳，漫書其原委於首而爲之序。

鄭福蘭堂丸藥品目序　代

古今人有宅心醇厚，恒以濟時育物爲念，不達而在高位，或每託商賈以全其真，其力之所及，心之所追，無不爲宇宙弥其缺陷，以濟人道之窮。史策中代不乏人，如韓伯休之翛然高蹈，所取者廉，故賣藥標「公不二價」之名；王彥方之道成名立，託業商賈，分釜庾之儲救餓殍，又建學校，因人性而誨之，使之從善而遠惡，遂能大化隆行，皆成寶器，爲後世之所稱。

歲在乙丑，余以奉差來滬上。滬爲萬商雲集之區，即吾鄉之貿易於此者亦夥。時公務紛紜，日無餘晷，不惟外間好善君子託業其中者余不之知，即同鄉有類韓伯休、王彥方之芳躅者，亦未暇一訪而識其面。側聞吾宗有芸初司馬之爲人，心窃識之慕之。一日友人茂名黄芳卿孝廉與芸初邂逅相遇，一見如舊相識，于是間相過從。余往者嘗聞其創办鄉族義學，以培養人材、敷茂風俗爲務，知其有濟世安人之略；嗣讀所爲學規，條理井井，措置周浹，不但一鄉獲（家）〔蒙〕其惠〔二〕，且足爲郡邑聞風而起，不禁心悦，因與從談生平行誼，並悉其封翁伯謙觀察優游閭里，尤以施藥濟人爲務。芸初旋於粵垣開設福蘭堂丸藥鋪，選料訂方，泡煉合法，且承其封翁之志而推廣之，有相知自粵中來者，屢稱述其功效之神。

適芸初以所爲丸藥品目彙一册郵書索弁言，余以爲昔人有云「不爲良相，當爲良醫」，又曰「一命之士，苟誠心于愛物，於人必有所濟」，吾人生天地間，得一事一念足以濟人利物，則並吾世而生者即受此一事一念之益；擴而充之，不難功及天下。如其不誠，徒飾耳目之觀，或且藉爲名利之媒，是與昔人貌同心異，非君子之所尚也。今福蘭堂丸藥雖葆生之一端，而其立念誠有合于昔賢之旨，與往者義學之舉先後輝映，且合韓伯休、王彥方爲一人，行將蒸蒸日盛焉。推是心也，他日利及於人與物，豈有既哉！

夫聞人之善而不亟爲表揚之，非與人爲善之義也，乃叙余與芸初晤識之由及有合於古人之風誼，述其崖略而歸之，以爲鄉人之勸焉。

懷寧黄氏新修宗譜序 代

今夫氏族之興隆，莫大於尊祖、敬宗、收族，而尊祖、敬宗、收族之道，蓋必藉譜牒以明之。昔成周之世，族姓掌於太史，至秦而廢。是故賈太傅論秦風俗之敗也，有曰：「家富子壯則出分，家貧子壯則出贅，借父耰鉏，慮有德色，母取箕帚，立而誶語，抱哺其子，與公并倨，婦姑不相說，則反唇而相稽，其慈子嗜利不同禽獸者亡幾耳。」此無他，尊祖、敬宗、收族之誼不講，其弊必至於斯也。漢唐以來，士大夫敦本睦族，矜重門第，於是講明譜牒之學。李善文選註引揚子雲家牒，其權輿也；而隋唐兩書經籍藝文之志均以譜牒爲史部之一類。顧其書今多不傳，傳者惟宋之廬陵、眉山兩家，一爲直圖，一爲横表，後來遂爲諸家譜牒之所祖述；特又加以嚻張塗飾，牽合附會，繁而無紀，濫而無法，不得兩家簡明闕疑之道，即屢加修纂，取充部帙，亦多視爲具文，而古人敦本睦族之誼亦寖失矣。

同治壬申、癸酉間，某奉命陳臬皖中，陰以訪求氏族中之有講求敦本、睦族、孝弟、力田〔者〕

約(有)數家，而懷寧黄氏其一也。逾年，黄氏有諸生某某等來謁，且言家譜修纂已潰于成，敢請序諸首簡。案其族原籍爲直隸大名府開州人，明初有名晟者於洪武二十五年以軍功實授安慶衛百户，世襲罔替，是爲遷懷寧之始祖。其後子孫居懷桐之間，或以宦績著，或以文學傳，或以武功興，而婦人女子或以賢淑稱，或以節孝顯，見於安徽通志及懷寧、桐城諸志者，不可更僕數也。雖無大貴顯於朝，而敦本、睦族、孝弟、力田，即世家大族莫能逾焉。今其譜亦詳而有體，簡而有法，遠乎塗飾附會之習矣。

夫天下之美，風俗之厚，恒係於一郡一邑；而一郡一邑之美，恒係于一族一家；而一族一家之美，恒係于一人之身。其所以致此，足爲一族一家一郡一邑以及天下之表率者，不外乎尊祖、敬宗、收族之大端。大端既具，則譜牒之講自不容已矣。語曰：「莫爲之前，雖美不彰；莫爲之後，雖盛弗傳。」黄氏諸生其念之！(而)黄氏之興余且拭目俟之焉。

同治十三年歲次甲戌八月。

桐城白苓澗姚氏八修宗譜序 代龍贊清大令

余莅桐城之二年冬，有姚麗山明經偕其宗老某某等八修宗譜成，問序於余。觀前此諸名公序例，於姚氏著姓之始，遷桐之初，與凡敬宗收族之道，言之至詳且悉矣，余又何能贅一義哉！雖然，麗山及姚氏諸老殷勤至意又不可恝也，請以余之所見言之，可乎？

余考桐城之姚有兩派，一爲麻溪，一爲白苓澗。麻溪之族，自有明以來，世多貴顯，發名成業，著名于天下。白苓澗即麗山之族，世以孝弟力田爲宗，讀書類多不求問達，雖有潛德隱行，無由見知於世，惟明季有康伯先生嘗參大興史忠正公戎幕，與當時賢士大夫相往還，又有著作傳於世，至今士大夫無不聞而知之。

余又攷麻溪之譜，前此頗傷于繁，乾嘉間，經姬傳先生仿史家年表之例爲之，特爲簡明可法。道光間伯昂總憲偕其宗人又續修之，確遵姬傳先生成法。總憲自序發明原委，又引陳家洲劉氏宗譜乾嘉間經海峰先生重修，一洗前人之陋，毅然以春秋之法爲之。凡家譜體製，類皆書善而不書惡，海峰先生以爲不善惡兼書，使後人有所觀感畏懼，於敬宗收族之道，尚有未盡，此總憲親見劉氏宗譜如是也。至其自修麻溪宗譜，又不敢以海峰先生之法爲之，說者以爲麻溪之族皆能奉規守法，實無其人以惡著云。今余涖桐城將近兩年，凡世家大族計較短長以訟事涉公庭者頗不乏人，而兩姚氏之族獨否，豈神聖之裔特有異於常人乎？抑其先世遺澤入人之深，子孫類能遜讓爲懷，各知自愛，篤守孝弟力田之科耳。顧總憲修麻溪宗譜，艷稱海峰先生宗譜之法，而已獨不肯仿效之，其深意尚非愚淺所能窺測。

今白苓澗之族生齒數千人，各安其業，與人無患，與世無爭，雖有海峰先生宗譜之法存，（雖）欲用之而固無所用之者矣。又道光間兩姚氏宗譜之修約略相同，今麻溪之族尚有所待，而麗山偕其宗老亟亟以白苓澗之譜八修爲念，可謂知所先務矣。充此敬宗收族之心，永保孝弟力田之訓，安見他日不有英豪輩出，黼黻昇平，爲國家柱石，爲熙朝儒宗，豈不與麻溪之族後先輝映也哉！遂書此以質諸麗山，其不以余言爲河漢否也。

圩缺孫氏新修宗譜序

辛丑夏，同里圩缺孫氏方修宗譜，其族人筱亭、稼亭、琢堂、仁壽諸子乞余序其簡端。余義不容謝，閲其例意，詳簡有法。其言孫氏受姓之初源遠流長，不重述。今吾邑之孫氏分鄉城四支，筱亭諸君之嫡派實居東鄉之圩缺，而燕窩亦其支屬也。其譜之修，自宋至今約六、七次。

余歷考譜牒源流，大抵三代時即有之，或存或亡，亦視乎氣運之盛衰及家運之厚薄。由三代至漢唐，族譜雖多，罕有存者。今世所傳有孟子家譜一卷，載孟子父名及孟子生卒年月最詳，學者或疑信參半；然證之周秦間諸古書，頗有根據，不可廢也。又載孟仲子名睪，孟子之子也，乃知朱子集注從趙邠卿以仲子爲孟子從昆弟之説爲誤，則譜牒之存於今者當以孟譜爲最古矣。

宋之歐陽文忠公及眉山之老蘇公尤以譜學爲重，各爲族譜，幸皆附其文集流傳，好古之君子皆得見之。今觀兩譜法律謹嚴，原勝於後代家譜之膚濫；間有用意粗疏，有萬不可以爲後人修譜之法者，不得以兩公名位之高、學問文章師範百代而概曲爲迴護，以爲法當如是也。

何以言之？歐陽公（爲其父崇公）所爲家譜，序其先代迂疏舛訛而不自知，已不免爲周密所議；其爲父崇公暨母鄭太夫人瀧岡阡表，細案其前後所述，則崇公實長鄭（太）夫人二十九歲，崇公之娶年當在五十左右，鄭（太）夫人出嫁年當在二十左右。崇公享年五十有九，文忠生四歲而孤，則鄭太夫人年甫三十，故云「太夫人守節自誓」，又四十二年鄭太夫人以疾終於官舍，享年七十有二。然其述「先公少孤力學，咸平三年進士及第」，則崇公固壯年顯達者也。以情事論之，則鄭（太）夫人當爲崇公之繼配，明矣。今考其譜，並未載崇公元配夫人之姓氏，又似以鄭太夫人即爲崇公之元配也。若以鄭太夫人爲崇公元（配）夫人而論，則崇公娶鄭（太）夫人年已五十左右，崇公既爲少壯進士及第之人，豈亦同尋常貧窮小民老年暴富暴貴乃得完姻乎？揆情度理，必不其然。則歐陽公之譜不載崇公元配夫人之姓氏，其疏忽實非小焉者也。

又老蘇公爲蘇氏族譜也，時二子東坡已年及冠，潁濱年亦十六、七，而譜均未載二子之名，幸其二子官高才美，名在天下，後世不藉其父所爲蘇氏族譜其名始傳耳。假使二子亦如韓昶之不識金根，白老之無文性，則老蘇公族譜雖藉其文集而傳，後人且不知其有子孫矣！此老蘇公族譜之疏略而不可爲後代譜牒之宗法也。然則所謂「觀吾之譜，孝弟之心可以油然而生」者，然邪否邪？

余又嘗謂：今人之學業多不若古人，惟天文算法及私家譜牒，今人實勝於古人。何則？天文算法，古人疏而今人密；私家譜牒，古人略而今人詳。蓋萬物本乎天，而人本乎祖，惟尊祖故能敬宗，惟敬宗故能收族。慨想唐虞之盛，平章百姓，百姓昭明，協和萬邦，黎民於變時雍者，豈非自「以親九族，九族既睦」中來哉？

余又考孫氏之先本於虞舜，傳至周，娶以元姬，備員「三恪」。迨陳敬仲奔齊，書公破莒，齊景公始錫封大夫，賜姓孫，食采樂安。是孫氏爲虞舜之裔可知也。嘗考陳氏在唐聚族而居者數世，蕃衍至三千九百餘人無閒言，百犬同牢，俱以親愛相感化。自唐僖宗歷南唐烈祖、宋太宗，下詔旌之，表義門，免徭役以奬之，歲貸粟二千以優之，此不數數見於他族也。

孫氏既與陳氏同爲虞舜之裔，今圩缺、燕窩亦聚族而居，煙户之多，人丁之衆，似又遠出陳氏之上。余知陳氏之盛，艷稱今古，當又再見於孫氏矣。行見孫氏子孫，必有賢士大夫出，達而在上，遥繼遠宗文正、文定、文靖諸公之事業，照耀人寰；沈而在下，亦必有修德勵行、守先待後之君子，如蘇門先後有兩孫先生其人者，清風高節，名垂千古。

余老矣，尚當拭目俟之，遂書此以復筱亭諸君，其不以余言爲〔河〕漢焉否邪？

送張生北歸鄉試序

唐初王、楊、盧、駱以文詞著名於時，號爲「四傑」，而裴守約譏之曰：「士之致遠，先器識而後文藝，如勃等雖有文才而浮躁淺露，非享爵禄之器。」由今觀之，不但四傑如其所評，實而其論萬世之名言，士君子所當深戒也。

今天子即位之元年，張生奉二親由中州回籍應□□恩科鄉試。蓋張生家世宛平，自曾祖竹莊先生宦遊南楚，其後流寓皖城，至其尊府，以家貧歷遊幕府，又客中州。後數年，生奉母寓居桐城之東鄉，與余爲鄰。是時生方垂髫，狀貌靜秀，讀書聰穎，余頗器之。又數年，吾鄉遭粵賊紛擾，生又奉母至中州，依其尊府。壬戌之夏，余來大梁，生時亦侍二親寓此，與余相見，已軀幹偉然，雍容儒雅，他日當無浮躁淺露之習。次第閲其所爲詩、賦、舉業之文，才思艷發可喜，詢其春秋，甫十八歲。余與生不見者五年，而所造又如此，其爲享爵禄之器無疑也。

雖然，余更願生勿泥於爵禄之説也。昔羅念庵先生狀元及第，其外舅賀之曰：「喜吾壻幹此大事。」念庵面爲之赤，曰：「此三年輒有一人，何謂大事？」遂即日裹糧講學。王文成幼從其父海日先生入京師，諸貴人奇之，咸推爲第一流。文成問之，皆曰：「射策甲科，爲顯官。」文成笑曰：「吾以爲當爲聖賢。」諸公爲之大慚。二公後皆不失爲明代理學名臣。自古英豪功在社稷，名在天下後世，少時器識已見，是故士君子欲發名成業，少時文詞雖燦然可觀，必先有器識，有器識然後能享爵禄，爲宇内建不世之勛。若浮躁淺露，少有文名輒沾沾自喜，即幸而享爵録，亦必身敗名辱，實爲後人嘲笑之資。且夫無源之水，其流不長，無本之木，其枝不茂，無根柢之學，不足成千秋大業，此其間不可不審也。

余終歲肆力於學，質薄才劣，年二十有八，尚與庸衆了無所異。生未逾冠，文詞已燦然可觀，更當研究經史，篤志濂、洛、關、閩之書，講求明體達用之學，他日所就，當更無量。

生啓行在六月既望，余以親老家貧，亦不日南歸，圖菽水之歡，未得與生俱，乃竊取古人贈言之義，以昔賢言行功烈爲生勗，勿徒以文詞獵取科名而已也。

陳心泉觀察五十壽序 代

今夫國家當隆盛之日，既已風教洋溢，德化旁流，有官守之責者但守其成法，不別生苛察繳繞刑名之術，養其廉耻禮義，則卧閩閤而治之有餘。若承彫敝之後，則非得俊傑識時務、本經術、潤飾吏事，久於其任，而欲風移俗易，使之回心而嚮道，則必不能有濟。昔文翁之治蜀，黄霸之治潁川，稱爲大化神明，其本則在謹身帥先，居以廉平，力行教化，而後刑罰，務在成就安全。故漢世循吏史不勝書，其極盛尤在孝宣之世。考其極盛之由，則在宣帝厲精爲治，拜刺史、守相輒親見問，以爲：「太守吏民之本也，數變易則下不安；民知其將久，不可欺罔，乃服從其教化。」故二千石有治理效，輒以璽書勉勵，增秩賜金，或爵至關内侯。蓋天下治安，其責全在刺史守相。後世未嘗無文翁、黄霸其人，治績或有不逮，非其風俗有厚薄，亦由用之不得其術耳。然則後有刺史守相之責，欲接武文黄諸賢之業，尤必得其所遇。

吾師福州陳公少承太公□先生之教，本經術爲文章，早入翰苑，有聲咸豐間。居諫院時，天子不親郊，嘗抗疏極諫，天下已嚮仰其風采。餘如極陳天下幕友、胥吏之弊，於當時利病洞悉原委，言論侃侃，無不曲盡。後以御史出守江右，時王師方克復皖城，制府今爵相曾公念撫遺黎(興)必得賢太守，以爲非公不稱其職，乃奏調來守吾皖。公一本於謹身帥先，居以廉平，佐大府宣揚國家威德，逾二、三寒暑，廢典漸修，人吏浹和，民務稼穡，户習詩書，家崇禮讓，爵相嘉之，乃特奏請以□□道擢用。某以非材辱公之知，居門下數年，竊見公虚懷樂善，親士理賢，日若不足。公務之暇，輒手一編，儼若書生故態。有讀經史劄記數册，酌古準今，莫不本諸躬行心得。太公□□先生作宰楚南二十餘年，卓著循聲，有家書數十通，於公之所以誘掖激勵者倍至。公嘗刻之官廨，某受而讀之，以陰驗公之言行，本於太公遺訓尤多。公平時恂恂然，言若不能出諸口，某嘗侍側，與公論議當時之務，娓娓不倦，風發泉湧，驟聞之若不測其津涯，退而切究，無不批郤導窾，確有當於經世實用。又嘗論大臣公忠體國，宜集衆材之用，以廣見聞爲先，以察賢否爲要，不必以才自見，尤貴明其大體；深嫉當時胥吏之害，論漸次革弊之法，以續居諫院未竟之業。

今年夏，忽奉開缺引見之命，而六月上旬適爲公覽揆之辰，皖之人士畢集公廨，稱觴介壽，又感公生成培養之德，深惜其去，咸殷卧轍之思。某等起侑觴而言曰：「公之言行既隱與昔賢相爲表裏，試於吾皖卓有成效，行見天子方大用公，益得大展其才望勛庸，以爲天下賀者爲公賀。而又念吾皖頻年兵燹之後，賴公佐大府休養生息，政平訟理，民得安其俗、樂其業。今公年甫五十壽耳，正昔人所謂服官政之時也，後來大任正未有艾，更留數年，某等久列門牆，藉以自勉，漸磨成就，則吾皖人士今兹躋堂稱兕，以爲公賀，某等與吾皖人士亦以得公預互相賀也。今天子厲精圖治，方遠法唐、虞、三代也，其亦洞察「所去民思」之意乎！某等與皖人士且拭目俟之。」

周翁壽序

今夫大造生人，萬類不齊，升沈無定，然吾謂人或遭逢不幸，不能爲國家建不世之勳，亦當爲一鄉一邑之善士，乃爲不愧。吾邑自明以來，節義文章，高科顯仕，不可枚舉。迄今，上之爲國家建不世之勳者既已如雲煙過眼，而爲一鄉一邑之善者頗亦有之。以余之所見所聞，(而)周翁□□亦其一也。

翁世居桐城東鄉之施家灣，昆弟六人，翁年最少，俱能承先人累世忠厚敦樸，不敢稍有踰越，而伯兄菊潁先生尤以德業著鄉里。翁少讀書，年逾冠，因屢試未售，以爲是區區者不足羡，遂棄業，勤理家務，立心制行，爲家人表率，衆皆推爲長者。

歲在乙卯，余與翁之長子曰庠同讀書于歐窰劉氏書齋，締交頗密，其後嘗往來其家，翁必喜，雖有他務必摒去，每談論至夜深乃罷。言詞之雅正，氣象之寬厚，極令人思慕，愈久而不能忘也。今年春，余來謁翁于家，精神意氣、言詞舉止猶與曩者無異，而翁子曰庠云：「今年六月爲家君六十誕辰，子必爲我序之。」余曰：「人莫不欲顯揚其親，而欲顯親之盛德，必賴有賢子弟。凡天生一代偉人，其先必有累世盛德，爲鄉里之望。今君之家，世有盛德，衆莫不知，何待余言以爲輕重？矧君昆弟俱能不墜家風，君又以文詞聞遠邇，所謂一代偉人豈異人任耶？」自今以往，翁之年愈高而氣益壯，所居前後左右，山川畢具，湖水之汪洋，輕舟之往來，魚龍之飛躍隱見，山林之清幽，百鳥之翔舞，瀑布之飛流，雲煙之變態，奇花瑶草之葱蘢艷發，四時之景無不可羨。而翁或于皎月東升之際，朝暾將出之時，撰杖攜孫，恣其遨遊，肆其觀覽，以俟海宇風清，玄黄戰息，而哲嗣輩方摶扶摇而上，功建名立。至於耄耋期頤覽揆之辰，爲酒食以招姻親黨友，而某等於時亦獲舉觴以祝大椿焉，而翁其許我乎？

劉悌堂先生評云：有烟雲繚繞之致。

方宗屏七十壽序

同治元年夏秋之間，予遊大梁。一日，訪同縣汪毅山觀察，坐甫定，門者報有衣冠客至，則方君宗屏也，時以縣令需次于此，不期而遇。時予年二十八，汪君年三十三；方君年三十六，容顔豐偉，秀骨天成，彬彬乎儒雅可親也。未幾，君以公務他往；不數月，予亦因事還鄉，彼此遂未及再見。

後來聞君歷任河南煩劇大邑，化行俗美，案無留牘，庭有落花，大憲器之，將以卓異保奏可勝府道之任；君忽慨然有慕梅子真之爲人，力求致仕，浩然歸里，以讀書養性爲事。時本縣兵燹之後，無家可宅，僑居會城。逾年，予以事至皖，與君相見，則毅山之墓木已拱，君年逾六旬，鬢眉蒼古，道貌儼然，而予則已有如東坡先生所云「白髮蒼顔五十三」，兩人面貌與在汴梁時已迥不相似，中道而遇，均不識爲何許人矣。自是三、五年，予輒一至皖，君必具茶果佳肴，論文講藝窮日夜，無不爽然有當于心。

時君以先世明善公以下著述浩繁，按時編輯校勘付梓，成爲七代遺書。本省大吏素知君學有本源，道達治體，每以公事就質，君亦隨時以應之。予嘗留心本邑文獻，屢欲擺脱身事，就君質疑問業，編定成書，乃以家累日增，頻年寄迹外省，又不幸有如東坡先生所云「自笑平生爲口忙，老來事業轉荒唐」，欲如君能進退自如，優游養望，上承先人未竟之業，更以編摩著述自娱，爲後學藝林之所宗仰，實大有霄壤之分矣。

今年夏予以事至皖，時君有目疾不能久于見客，僅一接而别。是冬十二月爲君七十初度，邑中人士與外間賢士大夫咸爲躋堂介壽之禮。予適羈留海上，不及附諸君子之末爲晉一觴，不能無歉于中。惟念昔人有「人生七十古來稀」之詠，此蓋一時有感而云，然非必爲千古之通論。若以熙朝之享高年者言之，上自卿相以逮庶僚，下至山林隱逸、草野編氓，逾七望八，逾九望百，且有百數十歲者，名人記載，班班可考。即以吾鄉而論，道光十年儀徵阮文達公總制雲貴，生辰避客，特招劉王二叟爲竹林茶隱之會，劉叟廷植即吾鄉之流寓于滇中者，時年百有四歲，鬚髮尚未全白，步履目光齒力皆健，後來享年尚不知凡百有幾。予以爲七十非稀，惟視其所處之境，所遭之時，得所爲稀。君慕梅子真之爲人，逾服官政之年戛然致政，以讀書養性爲事，此福此境非惟東坡先生洎我輩遠不能逮，即考諸梅公生平尚有遺憾存焉。以彼爲郡文學補南昌尉，後去官歸家，讀書養性，尚乃心漢室，求假軺傳詣行在，所條對急政，一以報罷，雖紹封湯終恰本衷；然以草野疏遠之孤臣，譏切親近專擅之王鳳，不自量其策之迂疏也。至元始中，王莽專政，乃棄妻子去九江，外雖傳以爲仙，實則變名姓爲吴市門卒，意其中必尚有大不得已者。是梅公之晚遇艱屯，違其夙好，讀書養性之事荒矣。今君年雖七十，而精氣内蘊，神明焕發，藻耀高翔，迴環文囿，子孫英俊，克繼家聲，後福方長，享年正未有艾，是真能善爲讀書養性者，古稀尚不足爲君頌，遂書此義，先行寄祝，且以質諸躋堂之衆君子焉。

方母蘇太宜人六十壽序

歲在旃蒙作鄂，菊月之吉，爲柏堂先生之繼德配蘇太宜人六旬設帨之辰，族姻黨友將謀爲介觴之禮。其哲嗣倫叔、悦庭等先期以壽文見囑，穆漫應之，自以年已及艾，蹉跎荏苒，修名不立，無以慰太宜人之望，久之未有以應。間嘗讀方望溪侍郎壽張公自超之母吴孺人七十之文也，有曰：「以文爲壽，明之人始有之。然其知體要者尚能擇其人之可而不妄爲，而壽其親者亦必擇其人之可而後往求。今之人則不然，其所求必時之顯人，而其人則傭之村師幕賓無擇也。」又曰：「周之初，后夫人之德著于詩者，皆女婦之常。其所以傳者，蓋將用之閨門鄉黨邦國，以化天下，而爲聲教焉。」因稍有會悟。蓋柏堂先生及倫叔先後所交不乏時之顯人，且又有道德而能文章者，概未有以壽太宜人之文爲屬，而倫叔昆弟顧獨屬于穆，意其必以穆爲可也歟？仲秋之月，穆以事留寓江寧，而倫叔復寓於秦淮之上，曰：「守彝交遊中惟吾子爲最舊，亦於家慈爲最親，今壽期已近，望速踐前約，以爲守彝等娛悦之資。」乃益信倫叔與侍郎之旨前後相合，而穆侍太宜人較諸同人爲最久，實亦不能已於言，故不復以弇陋爲解也。

惟太宜人雖產於名門，而幼遭孤苦，侍太節母以孝聞，鄉里嘖嘖稱道之。年二十爲柏堂先生之繼配，時前子培濬及從子培聰年皆幼，太宜人飲食教誨無異己出，鄉里皆稱其慈。咸豐間，粵匪蔓延數省，吾邑尤大遭蹂躪，柏堂先生偕太宜人避之深山，諸故人子弟來歸者，先生各爲教育，而飲食櫛沐，太宜人必躬任其勞，亦幾忘其爲非己出也。洎柏堂先生攜培濬、培聰客遊山左，太宜人撫諸子婦留山中。庚申之冬，賊大肆擾掠，深山窮谷皆不得免，太宜人蒼黃攜長婦幼子稚女脱於驚惶擾攘之中，忍飢耐寒，爲人生所極難處者，而戚友中嫠婦孤兒，貧病交迫，相依不能舍去者，太宜人猶時時解衣推食，患難與共，而太宜人心力亦交瘁矣。又十數年，柏堂先生乃得官直隸之棗强，時值大旱，赤地千百里，縣民有鬻子女爲生者，柏堂先生皆收育内署，日百數十口。太宜人必躬治體康，且盛暑當揮汗如雨，不肯稍息。其拯人之急，恤人之困，至今棗强人士咸頌太宜人內助之德弗衰。昔望溪侍郎之壽張公之母也，僅載不喜其子應舉求仕，張公所以無汲汲干進之心，以爲其母之賢。今觀太宜人之懿行，本末交修，內外被澤，在太宜人亦不過行其心之所安，以爲閫德之常，由君子觀之，自劉中壘以下傳記所載列女賢媛之行無以加焉，豈不足用閭門鄉黨邦國以化天下而爲聲教者哉！

穆自年二十四、五，即見太宜人於山中，今亦閱二十五、六年。惟太宜人從柏堂先生之山左之中州之鄂渚之北直，音問稍疏者十餘年；其居皖中前後十數年，皆嘗得而省侍之，而穆時有緩急，太宜人亦時時周恤。故太宜人之懿行，惟穆知之最深，言之爲詳，今略述梗概，以與倫叔昆弟及族姻黨友互相印證，以爲侑爵之資。而倫叔昆弟篤學力行，各有成立，爲當世賢士大夫所推許，（而）諸孫林立，（亦）皆爲芝蘭玉樹，他日（亦）必均爲令器。自今以往，太宜人之年日益高，而精神日益旺，閱歲逾時，每當設帨之辰，穆必偕姻親黨友爲躋堂之祝，升歌介祉，燕喜稱觴，看孫曾之繞膝，話梁孟之風徽，則太宜人之願樂，又必有逾於兹矣。

旌表節孝姚母王老孺人六十三壽序

同里姚子濟潢欲壽其節母王老孺人，問序於余，又以其母六秩已逾，七秩未臻，非時請序爲疑。

余曰：「昔人爲壽，不必定在六十、七十以至期頤也，但無時不可以爲壽，亦無日不可以爲壽。惟壽之有序，創于元明之間人，迨有明中葉崑山歸太僕有光爲之特多，相沿至今，亦無時不可爲序，以慰仁人孝子之心。」余因詢其母氏之生平及今(享)年凡幾，濟潢之言曰：「吾母係出同里王氏，今年六十有三。年十五來歸吾父佃南公，年二十三，吾父即棄人間世。當是時，吾祖父母皆在堂；吾父尚有兩弟未受室。吾母生吾兄弟兩人，兄生四歲，父歿之七日，不肖濟潢始生。吾母哀慟之餘，屢欲殉節，族戚長老咸以『上事翁姑，下撫幼子』爲勗。時值兵燹十餘年，饑饉洊臻，家計愈窘，吾母獨身支持門户，恒賴十指以濟繼，而吾兄病夭，〔大〕父逾年亦棄養，不肖爲承(種)〔重〕孫，尚未諳事，喪禮皆賴吾母拮据經營。至同治間，兩叔已成立受室，時祖母尚安康無恙，見家口漸繁，不以重任獨累吾母，乃命與二叔分居。又數年，祖母棄養，仍命不肖濟潢盡禮如故。不肖八歲，吾母即命從師受學，嘗撫而泣曰：『汝父力學未成，賫志以歿，汝兄早夭，我之茹苦含辛，所望者汝耳。汝其勉之，以成乃祖乃父之志，無墜家風！』不肖年十八，吾母爲擇婚章氏，生一子兩女而亡。章氏外姑素欽吾母之賢，復以幼女爲配，又生三子。今吾母喜諸孫林立，復命不肖延師以課諸孫。光緒十六年，吾從祖麗山先生曾録吾母事略，與鄉人士稟請上官旌表於朝，而吾母四十年苦節乃得獲顯于世。茲因家譜將修，欲請先生書其大略，爲之序列於家乘，以爲鄉族矜式焉。」濟潢所述如是。

余因告濟潢曰：「昔山陰劉忠介公早年喪父，賴其母□太夫人守節成立，後來求傳于其師許敬庵先生，以彰母氏之節。許公載筆而書，因以敬身之事勗劉公曰：『使念念不忘母氏艱苦，一切世味不入于心，則古人之德業不難成。」劉公服膺許先生之言，竟爲明季理學名臣；其母太夫人之節，今天下人士皆知之。濟潢孝養純篤，刻刻以母氏苦節賴以成立爲念，是其孝養之心無時或釋於懷，可知矣。推是心也，擴而充之，則諸子讀書，必能發名成業，光耀鄉邑。孺人自今以往，壽考康娱，不難一一皆見之，後福正未有艾矣。」因書此以示濟潢，爲孺人壽。迨孺人七十、八十、九十、期頤，濟潢更率諸孫曾届期爲壽，余倘未衰朽，尚當躬躋孺人之堂，爲孺人晉一觴焉，孺人其亦顧而樂之者乎？是爲序。

馬母方太夫人七十壽序

庚寅春，有吴客訪余于春中江上，詢及吾鄉世家大族節義文章之勝，余略舉方、馬、張、姚數家以告。客曰：「文章則已聞崖略矣，節義可得聞諸乎？」余曰：「吾鄉節義風烈，大者已著史策及方志名人載記。而開吾鄉風節之先聲，則首推桂林方氏，其先有斷事公名法當明建文之季殉靖難之師者是也。當勝國之際，不第士大夫節義相尚，即閨幃之中以節烈著聞者亦不能以縷數。我朝龍興之初，則有方氏仲賢適姚公孫棨，逾年而寡，苦節七十餘年，壽近期頤，世所傳清芬閣者是也。其姊孟式幼嫻女史，歸張方伯秉文。崇禎己卯隨張公之任山左，張公殉難，方氏即率妾陳氏同投大明湖以殉，世所傳紉蘭閣者是也。此姊妹之一節一烈，爲世所稱。其他有值世故人倫之變，或忍飢寒撫孤成立，聲名輝赫，傳于弈世，或投繯吞金，赴水蹈火，不得已以風烈著者，又不下數十百人，大要以清芬、紉蘭爲之範也。」客曰：「然則君鄉閫幃節烈之勝雖有數十百人之多，既不外于清芬、紉蘭之懿行，則云清芬、紉蘭二人足兼此數十百人，合爲清芬、紉蘭二人可也。今欲求有合清芬、紉蘭二人而爲一人者，有諸乎？」余曰：「前此尚未之聞也，於今則有吾馬老伯母方太夫人，實身蹈之。」

言未既，適有余世姪馬玉齋大令書來云：「今年秋七月某日爲太夫人七十生辰，其舊與太夫人伯子莪園、今與太夫人仲子健甫、季子質甫結金蘭之契者，有丁禹廷軍門、劉子香、林性士兩鎮軍等十數人，咸擬屆期赴太夫人寓居稱觴介壽。吾叔舊與莪園爲心性患難之交，而健甫、質甫又嘗從吾叔遊，太夫人之懿行惟吾叔知之爲深，敢乞爲文，爲太夫人進觴之助，以塞丁公暨諸君子之望。」余以太夫人生平所遭之境，與尋常閨幃之中，有不從同同者，今歲開八秩，丁公暨諸君子行介壽之儀，正歸太僕所云「愛其人者，必愛其人之親；愛其親者，必願其壽考而康寧。已願而得之矣，其喜可知也。」今丁公暨諸君子爲太夫人稱觴介壽，以慰健甫、質甫兄弟孝思，實有合于昔人愛親以及人親之道。然太夫人享今日之福壽駢臻，思當年之顛連困苦，既喜健甫、質甫之成立，又感莪園之早世，此其間不免有興感相乘、悲喜交集者矣。

方欲握管以復玉齋，而客趣之曰：「請以馬太夫人之懿行爲我概言之。」余曰：「太夫人故華族，即余所述清芬、紉蘭之族裔也。幼聞詩禮之訓，婉娩柔則。及笄，歸馬徵君先生，時徵君之父水部公方致仕家居，母方太恭人均康娱壽考。太夫人上事舅姑，中相徵君，均盡禮意。水部公之六世祖曰太僕公，以直節著於有明啓禎間；父進士公以經術爲乾嘉諸老所推重。水部公早年蜚聲翰苑，馳譽儒林，徵君先生承累世學行風節，繼以經術文章重于鄉里。文宗顯皇帝御極之元年，詔舉天下孝廉方正，里人以徵君先生應。當是時，徵君以學行文章著，太夫人以閫德稱，鄉里皆嘖嘖歎羨，以爲一門之盛爲他族所未有。咸豐三年春，粵西賊起，先後陷皖桐之城，水部公年逾八旬，從容殉難，徵君先生乃練鄉勇，起義兵，誓必滅賊，以洩家國之恨。時天未厭亂，力不從心，復殉難于周瑜之城。時太夫人攜子女避居于鄉，先後聞水部公、徵君先生之耗，百方覓以身殉，而家人防之甚密，最後潛吞金器一，旋亦爲家人所覺，得祕方和清水以進。太夫人以吞金事爲家人所不及知，時正渴，且以爲水也，飲之，遂無恙。時太夫人伯子莪園年十五，健甫、質甫均在十齡左右，於是馬氏内外族戚諸老咸踵門，苦勸太夫人爲子女計，爲門户計，太夫人旋亦覺悟徒殉於水部公、徵君先生無加於豪末，乃含酸茹歎，蔬食布衣，撫養子女，以長以教，正所謂以芬華盛麗之間，獨全純白縞素之質，於桃李艷陽之時，懔然松柏歲寒之操，族戚鄉里皆敬憚之。莪園學業早成，先後贊故大學士曾侯、左侯戎幕，又爲今伯相李公所知，政府諸公亦均知其才、且有忠孝大節，朝廷方欲大用之，不幸未及强仕，病困析津，洎朝廷命下，補授廣東□□鎮軍，而莪園已不及知矣。幸健甫、質甫承太夫人之教，能繼父兄之志，今伯相李公及當時賢士大夫皆深器之，洊至府道之階。諸孫七、八人，大者已有文名，將蜚聲庠序，幼者蘭茁其芽，英秀繞膝，他日必各成令器。（然）太夫人早遭家難，中年心傷伯子，心血苦耗，幾于朝不及夕，幸健甫兄弟及諸婦先意承志，所以盡歡于太夫人者無所不備。今雖年屆七秩，而神明不衰；(而)閨幃中遠邇聞風，有所矜式，以賢淑風烈著者尤夥。甲申之夏，穆于役析津，拜太夫人寓居，話二、三十年間時〔事〕，恍然如昨，今又六、七年矣。時有往來于太夫人僑居者，詢之神明尚與六、七年前無異，知其必與清芬老人先後輝映，且將有以過之。是則吾邑馬氏先世風誼氣節著于方策，艷稱今古，今兩家又有水部公、徵君先生與太夫人起而大振之。語云：『莫爲之前，雖美不彰；莫爲之後，雖盛不傳。』不其然歟？」客聞之，不覺肅然起敬，且曰：「如太夫人者，是誠所謂高情獨秀，魯冊飛華，峻節孤標，周篇勝茂者矣。」

穆因玉齋致丁公暨諸君子之意，遂以與吴客答問之語序其大略，復于玉齋，質諸丁公暨諸君子，並示健甫、質甫兄弟，即以此爲太夫人壽。屆期穆當航海附丁公暨諸君子之後，爲太夫人進一觴焉。

過岳州登岳陽楼書范文正公記後

昔范文正公爲滕子京宗諒作岳陽楼記，當時人多傳誦，惟歐陽文忠公以爲似小説家言。而後來文人學士講求文律者，又以范文正公此記後半横發議論，與岳陽楼毫無干涉爲疑。愚以爲此等譏評，皆所謂知其一不知其二者也。

蓋范公生平以經世自命，其文只長於論事，凡一切雜文本未嘗有服古之功，一以命意爲主，大意既定，凡用筆攄詞，不過我行我法，公亦未暇與前人争長較短，爲古文爲小説也。歐陽公不知范公此記命意全在後半，又不知前半悲喜兩排爲後半憂樂兩意伏根，徒以字句有時近俗，不合於古，而乃以小説目之，明於小而暗於大，豈可謂知言者哉！

愚嘗考滕子京之爲人，負大才爲衆忌嫉，自慶帥謫巴陵，憤鬱頗見詞色。文正與之同年友善，正患無隙以規之，子京忽求此記，故中「不以物喜，不以己悲」、「先天下之憂而憂，後天下之樂而樂」，意蓋有在。説見宋人范公偁過庭録。又周煇清波雜志亦云：「滕子京守巴陵，修岳陽楼，或贊其落成，答以：『落甚成？只待憑欄大慟數場爾！』」今不知楼成之時，滕公果憑欄大慟數場，一洩私憤否？又不知范公此記，滕公見之果能喻范公之意，即翻然改悔，後來盡其才力爲國爲民，竟能一一以副范公美意否？姑置勿論。

愚又嘗考范公所云，非爲規戒滕公而發也。蓋公早年未曾入仕，即以平治天下爲己任，其志已具於此數語中。蘇文忠公爲范公文集序有云：「古之君子如伊尹、太公、管仲、樂毅之流，其王霸之略皆定於畎畝中，非仕而後學者也。公在天聖中居太夫人憂，則已有憂天下致太平之意，故爲萬言書以遺宰相，天下傳誦；至用爲將、擢爲執政，考其平生所爲，無出此書者。」由此觀之，則公「先憂後樂」數語，豈非早定於畎畝中，與伊尹、太公、管仲、樂毅先後符合，故一旦承滕公以書求記，不禁直以胸中素所藴蓄者，隨記而流露焉，謂之規戒滕公也可，抑謂之自況也亦無不可。

癸卯之冬，愚於役長沙，往來道經岳州，時有外甥方培卿直刺荃崖次於此，於余之將歸也，偕其同年友望江宋伯均拔貢城導余入西城登岳陽樓。時歲晏風寒，洞庭湖僅一衣帶水，直達湘中，與昔人登樓賦詩以狀洞庭風景無相似者。古人云「百聞不如一見」，今又當云「一見不如百聞」矣。慨想此樓自滕公興修之後，元明以來，歷任太守叠有修葺，今所登乃光緒八、九年間三衢張太守德容募資大修，數年乃成，兹又二十年，吾鄉壽春韓古農先生觀察斯土，公餘登樓周覽察勘，尚有未備，復加修補，今年七月又遣人往君山，將宋元祐八年所鑄太平缸兩隻各重千斤，又遺書於漢陽鐵政局，將常州盛宫保宣懷所鑄聚寶鑪一座先後來移於樓前隙地分陳，以壯觀瞻。讀公聯文並碑記，非徒爲此樓尊重，實亦深契范公此記，有恰於心，益爲斯樓尊重也。又嘗攷滕公昔修此樓，范公作記，蘇子美書丹，邵竦篆額，時稱「四絶」。今蘇邵故蹟久亡，兹大書石刻范公此記者，乃乾隆八年六月既望岳州太守黄公□□□特請華亭張文敏公照書丹也。頃者韓公命搨工遍拓紙本以詒同好，益見公深契此記命意所在，吾知公他時得范公之位，必能行范公之政，可於今日卜之矣，遂書此以質於公。然方甥亦服官有日也，愚更願其將張公所書此記拓本裝潢成軸，懸諸官齋，朝夕諷玩以自勵焉。

光緒二十九〔年〕歲在癸卯冬十二月大寒後六日桐城蕭穆謹識於岳陽樓下西偏之税釐局中。

書朱子張魏公行狀後

魏公一代名臣，惟殺曲端、劾李忠定二事最不當於人心之公。朱子爲魏公行狀，亦載此二事，遂直魏公，後人又不免以朱子爲偏黨。夫以南軒之賢，朱子與南軒又厚，天下安有爲密友之父行狀而議其過失之理，在朱子亦不能不稍有回護之筆，以慰孝子慈孫之望，良友之誼宜然也。夫魏公生平受累，多在不深知人之故，然其心無他，精忠大節自不能泯。爲朱子計者，行狀正宜專搜其美而以劾李忠定、殺曲端二事闕之，以聽天下後世公論，爲良友之誼亦盡，在南軒之意亦安，必以此二事大書特書爲魏公美談，實貽後人口實。嗚呼！此詞尚體要之道，學者亦不可不深究也歟！

全謝山鮚埼亭集論魏公殺曲端事最爲明暢，據此則端實有可殺之道，魏公不得爲過。唯劾李忠定事不能爲之解耳。弟華注。

校宋本夢溪筆談書後

往年於南海馮竹儒觀察案頭見宋本夢溪筆談一部，即乾道二年六月日左迪功郎充揚州州學教授湯脩年校刊二十六卷本也。每半頁十二行，每行十八字，每卷第二行間有沈括存中四字，每條第二行以下上空二格，凡北宋某宗及朝廷、上、詔、乘輿等字皆上空一格，廟諱缺筆亦不一。舊爲南昌彭文勤公所藏，末有朱、墨兩跋各二行，一爲乾隆甲辰，一爲嘉慶丙辰，細讀一過，别字俗字甚多，亦不免時有脱訛至不可讀者。湯跋云：「證辨訛舛凡五十餘字，疑者無他本，不敢以意驟易，姑存其舊，以俟好古博雅君子。」蓋其所據原本如是，非其校勘不精也。今年夏以省親由海上歸里，陰雨不時，俗事紛沓，間取家藏張氏照曠閣本，照爲校録，凡宋本同異，不論是非，皆以朱筆注於旁行，其别字俗字亦附録二、三，又記其行款，以存宋本之式。然張刻係據毛氏汲古閣本校刊，舊本脱訛，頗多改正，便於觀覽，亦有脱訛數處，賴宋本補正，可葆也。

書戴田有先生與余生書後

此文蓋作於康熙二十二年癸亥，時先生授徒舒城，年三十一歲。後十八年辛巳，門人尤雲鶚爲先生刻南山集偶鈔，一時疏略，此書未及删削，亦並列於集中。後十年辛卯，武進趙都諫申喬乃發其事，先生所由獲罪者也。當是時九卿會鞫，爰書擬先生大逆，法當寸磔，族皆棄市，未及冠笄者戍邊；朱書、王源已故免議；尤雲鶚、方正玉、汪灝、劉巖、余生及方望溪先生坐謗法絞。時方孝標已死，以先生之罪罪之，其子登嶧、雲旅、孫世樵，並斬。方氏有服者皆坐死，且剉孝標尸。尚書韓菼、侍郎趙士麟、御史劉灝、淮揚道王英謨、庶吉士汪份等三十二人並别議降謫。蓋朱書與望溪先生嘗爲先生序南山集，王源、方正玉、汪灝爲先生序孑遺録，而方孝標著鈍齋文集、滇黔紀聞，語多觸忌諱。先生與余生書引方學士滇黔紀聞，有「余六、七年前嘗見之」語。余生者名湛，字石民，龍舒山人，嘗受學於先生。其餘諸公並與先生有文字交也。疏奏，仁廟惻然，凡議絞者改編戍，汪灝以曾效力書局赦出獄，望溪先生編旗下，尤雲鶚、方正玉免死徙其家，方氏族屬止謫黑龍江，韓菼以下平日與先生論文牽連者俱免議，得恩旨全活者三百餘人。

當先生與望溪、余生諸公之被逮獄中也，望溪先生爲三禮集注，而友人有入視者，則相與解衣盤薄，諮經諏史，旁若無人。先生以昔所編訂四書、朱子大全，康熙戊子之春，錢塘程逢儀鳳來鐫板行世，至此尚以爲未盡也，乃復重加編訂，朱墨條記，詳簡合宜，胸有所感蓄，亦時形諸歌詠。余生卒前數日，尚日購宋儒之書，危坐尋覽，而事先生禮不稍廢，蓋未嘗有幾微之懟也。先生與余生次第卒，而望溪先生蒙聖恩獲免，後每思先生及余生，輒悲涕焉。

穆生也晚，間嘗誦稽前賢遺事，每廢書而歎。又嘗讀先生獄中所校四書、朱子大全，手筆燦然，及望溪所爲余石民哀詞，慨然想見前輩雖顛沛流離、一命如絲之際，處之裕如，各成千秋大業，而不相怨尤，皆後人所宜取法，且不幸以文字被禍，又足爲書紳之戒也。

錢警石先生朱筆批：

雅鍊可喜。弟華注。

書錢辛楣跋方望溪文後

望溪先生與臨川李穆堂侍郎交最厚，其論文彼此多有不合，或面質證，或以書往還，或細評于本文之後，大抵穆堂持論多名通，望溪時拘守己見，然二公生平固彼此相重也。穆堂嘗自定其集曰穆堂初稿、穆堂類稿、穆堂別稿各五十卷，凡其精華所萃，則編爲類稿爲正集，嘗請望溪特序之，其傾倒於望溪者亦至矣。別稿卷三十九有書方靈皋曾祖墓銘後一篇有云：「篇首三句『家於桐』及『副憲公遷金陵』似俱未穩。如桐城止言桐，則嘉興有桐鄉，嚴州有桐廬，南陽有桐柏，四川有桐梓，後之讀是文者烏知其非桐鄉、桐廬、桐柏、桐梓邪？此減字法必不可用也。副使道易以副憲，則世俗於副都御史亦有此稱，後之讀是文者烏知其非副都御史耶？此換字法必不可用也。大作於此二者未檢點甚多，宜將全集逐一查改乃佳。又金陵，古無此地，秦始置縣，旋改秣陵，自秦至今千六百年，惟唐初曾復此名，亦二年即改，且後叙太母之葬又稱江寧，則金陵何地，江寧又何地耶？換字法之弊，其不可用，有如此者。」據此則望溪曾以曾祖墓銘寄示穆堂，穆堂細閱，不過將篇首三句論其未穩書於本文之後如是，蓋以書往還，非面示也。乃閲其全篇細評還之，非纔閲一行即還之也。

今錢辛楣潛研堂集有跋方望溪文乃云：「望溪嘗攜所作曾祖墓銘示，李纔閲一行即還之。望溪恚曰：『某文竟不足一寓目乎？』曰：『然。』望溪益恚，請其説。李曰：『今縣以桐名者有五』

云云，又述金壇王若霖嘗言靈皋以古文爲時文，以時文爲古文。論者以爲深中望溪之病。偶讀望溪文，因記所聞於前輩者。」由前所記，則辛楣實未見穆堂諸稿，妄聽前輩之言，爲此謬説；由後述王若霖之言，是又不知王氏生平亦傾倒於望溪，且王氏文學在當時爲傑出，然與望溪相較不免又大有間。王氏號爲知言，豈無自知之明乎？觀望溪送王篛林南歸序，兩人之風誼畢見矣。錢氏生平頗有以耳爲目之病，又素不喜方氏之學，今偶閲其集，又不欲深求，别無可疵，遂假昔人訛言以成此文，而不知自蹈於郢書燕説也。

書張舜欽先生中庸補釋後

鄉先生張君舜欽畢生研究經學，所著大學補釋、中庸補釋各一卷，王頌考一卷，困學齋文存二卷凡五十四篇，亦皆説經論學之文。先生殁後十餘年，其曾孫其昌以余曾與先生往還，特以所爲行述踵門乞爲志墓之文，並以先生生存所刊諸著見貽。余乃得盡讀所著，實能于四子六經沈潛反覆，確有心得，其與先儒説經頗有同異，非苟然也。

惟説中庸「君子之中庸也，君子而時中；小人之反中庸也，小人而無忌憚也」，下文「知者過之，愚者不及也；賢者過之，不肖者不及也」，蓋聖人明説此「時中」之君子與「無忌憚」之小人相去不啻天淵，此君子、小人之間尚有知者、愚者、賢者、不肖者四等之人，知者、賢者既非「時中」之君子，即愚者、不肖者亦非「無忌憚」之小人。然天下實有此四等之人，上不並于「時中」之君子，下不隸于「無忌憚」之小人也。先生釋此章云「小人即下文民也，人也，知、愚、賢、不肖皆是對君子言，則爲小人」云云，顯與經旨相背，實不免于知者千慮之一失，不能曲爲之諱。

惟先生諸著必傳于世，恐鄉里後進讀此書而忽之，爰書其所見於後。

書三魚堂文集後

古之學者必本躬行實踐，後人讀其遺書，寬厚精醇之氣流露行墨，令人矜躁之心恍然頓泯。後來諸儒講學，於先儒之言偶有不合，輒以嫚罵爲能，雖其學行正大篤實，而於先儒詆毁過當，亦令人想見其胸懷狹隘，不成大儒氣度。

平湖陸清獻公確守程朱，故於姚江一派攻詆甚力，至欲黜其從祀，以牛溲馬勃爲喻。夫儒者立言，在闡明聖學，扶樹道教，於先儒之不合正之可耳。當時朱陸兩家同異，不過「尊德性」「道問學」各有所主，其實擴而充之，未始非一本也。兩家同時相與，往復辨難，良友切磋之誼，固宜如此；而兩家門人致相水火，標榜門户，已非朱陸兩公之心。後來儒者豈可更蹈其陋習？姚江天資過高，於宋儒最尊陸子，以爲簡明直捷，直接孟氏之傳，其實何嘗不尊崇朱子？即有時不合，不免爲過高之論，在明代，諸儒已有論辨。至陳清瀾、張武承所著王學質疑、學蔀通辨，專攻姚江，窺其衛道之心，固各有所見，而涉於影響，深文亦往往多有。至姚江過當之論，不宜取法，學人皆知。清獻一代大儒，衛道心切，正之可耳，至爲文連篇累牘，議其崇祀，詆之爲牛溲馬勃，何爲也哉？

同時桐鄉張楊園先生亦力闢姚江，然發明尚多，氣象較厚。吾邑孫麻山至欲掘其墳，禁錮其子孫，攻擊較諸公尤烈，身遭無妄之禍，其來有自。總之，諸公嘵嘵置辨，心亦無他，只防後人誤入歧路，不知詆毀先儒過當，亦是胸懷狹隘，陷於輕薄矜躁，不成大儒氣度，不可不審也。

最是持平之見。觀湯睢州答陸平湖書，氣象寬大不侔，可知清獻是狷者之流，氣质近于狹隘，故於姚江一派竟至不能相容。若得聖人而師之，清獻固狷，文成未始非狂，其受裁成則一也。後賢主陸奴王，尤爲多事。弟華注。

題休復居詩集

寶山毛生甫先生嶽生以博學宏才馳騁一時，余向聞其名，即欲求其著述一寓目焉。蓋先生嘗與吾邑方儀衛、姚石甫諸前輩友善，諸前輩於其精博之外，亦極推許其詩，以爲不可幾及。己未之冬，偶於友人寓齋得其詩百餘篇，所謂休復居集者，假歸而誦之，但見其鍊字造句矜奇炫博，可供人愛玩耳，至於情致神韻，皆所缺如。歷觀古大家，無專以此爲宗也，則亦何以頏頡古人，維持雅正也哉！

聞先生生平精於史學，所最留意者尤在有元一代之事，因徧遊近代藏書之家，凡有關於有元一代之史者悉爲搜輯考訂，於元史之繁雜舛誤嚴加鈎剔，另爲一書。夫有元一代之史後人本難尋繹，或一人而有二傳，其實本爲一人，但爲多名所惑耳。先生於此書本傳之外，先立一表，於一人數名則取其名易記者列之於前，其餘一名某某，一名某某，即詳次之於後，使人易於尋覽。卷帙較原史少且數倍，而事實詳略合宜，文法精明簡潔過之。世有力學好義君子求此書稿本而爲之鎸板以傳，固可以衣被萬世。先生之所以不朽者，固不藉區區鍊字琢句之詩也。

夫詩之爲道雖小，而必欲卓然成家，傳世行遠，未有能出於孔子所謂「興觀羣怨」之旨也。出於「興觀羣怨」之旨之外，而以鍊字造句、矜奇炫博爲事，君子不貴也。然鍊字琢句，矜奇炫博，古人亦何可廢，而古人之所以傳世行遠者，固不僅此，此僅得詩學之一隅耳。

友人中多喜先生之詩且時稱道之，余不知其果真知其美之所在而好之耶，抑好異好奇，厭故求新，且慕其名與鄉前輩之推許耶？又或此數十篇非先生稱意之作，而全集中自有佳勝者存耶？姑記所疑，以質之深於詩學者爲决之。

嘉定錢詹事大昕在館時，以洪武所葺元史冗雜漏落，欲仿范蔚宗、歐陽修之例，別爲編次更定，或删或補，屬草未成，惟世系表、藝文志二稿尚存。氏族表仿唐書宰相世系之例，取其譜系可考者列为表，疑者闕之。藝文志取當時文士撰述録目補闕，遼金作者亦附見焉。今此二書，余皆購得之。生甫先生所爲元史稿本成，身前未及雕版行世，咸豐□□，文丈斗垣於青陽旅舍遇先生兄子某，言其稿本尚藏於家，且囑其善守之，他日有意謀爲梓行。文丈往時亦與生甫先生相善，故於此書知之甚悉也。今文丈又歸道山，寶山距吾鄉甚遠，數年以來賊氛頗熾，未知此書尚存、終得見之否。庚申孟冬補記。

謝吴絅齋學使

絅齋先生學士座右：前夕承送新刊尚書公所著養吉齋叢録三十六卷，今竟日寢饋其中，乃覺嘯亭雜録及姚總憲之竹葉亭雜記、林穎叔方伯之啓東録等著尚瞠乎其後也，宜多印數本，以惠藝林。儻來春在杭州重印，穆當搭印一、二十部，以餉同好，且有異書酬贈也。

章氏遺書宜及今鄙人精力尚健時籌資爲之，七十老人倘一旦溘先朝露，則此書自我而亡矣。王益吾先生書室嘗大書「需者事之賊」五字以自警，故其生平著書甚勤，刻書愈勇，每年必有成書一、兩部。今春三月與穆書云：「吾兄行年七十矣，弟今年亦六十有二，覺精神大不如前，自念著書之事可以戛然而止，惟文稿二、三百篇抄有清本，不敢自信，吾兄夙昔與弟論文，志同道合，望及時將大作攜之湘中，彼此互訂，相與有成，何如？」讀之令人頓增友朋關心親切之感。穆於明年春夏之間，決意到湘中一行，以踐所約，兼募資刊章氏遺書，似可得五、六百金左右，未嘗不一舉兩得也。尚祈大君子回杭時晤楊雪漁太史及丁修甫孝廉輩，一道鄙意，何如？

承惠多儀，不勝銜感，暫壯歸裝，他時刊章氏遺書，仍當别措此款，集爲刻書之用，特布數行，以鳴謝悃，並請升安。

穆于風平即行起程，知大君子交卸在邇，不敢上轅門煩擾清神，尚祈原恕，不勝銜感嚮往之至！

教弟蕭穆頓首謹上。三十日三更書。

與子培太守一

頃承以江西通志职官表九册、宦績録一册見示，穆已閲其大略，並於宦績録見吾鄉張太守寅小傳，即行録出，以補桐城縣志之所不及，於鄉邦大有生色矣。兹謹將原志奉繳。又前見尊藏徐相國元文手卷僅文字一篇，並有其同時諸大名公題跋，彼時未及一一細閲，愚以徐公此等文字均非出奇之作，何以動諸大名公題跋之多，均不知其命意所在，渴望將原卷飭送一閲，以祛所惑，至以爲荷。子培先生台鑒。

教小弟蕭穆拜啓。初三日申正。

與子培太守二

厚餽多端，將來不知何以圖謝！徐公卷子及西清劄記一本奉繳，所愧題跋不能出色耳。承示江雲卿飭差辦船，及雲卿差至，云初八日方有小火輪，至初七日當再通知，只得再住三、兩日矣。又昨至百花洲瞻張、江、沈三公祠，神主題款皆大謬不然，容當照京師飭建賢良祠神主之式開呈台覽，來日必須另作三主，乃合國家勑賜臣下之典禮也。

穆謹上。初五日傍晚。

寄曾保農通守

保農先生通守大人閣下：

久仰大名，不意天假之緣，忽於十一日由南昌過吴城，因乘興到望湖樓相遇，承雅誼邀至鴻雪軒茶話，想見風度端凝，胸襟開闊，名不虛傳，鄙人何幸相遇也！惟此樓不知起於何代，創修者又始於何人，舊有碑記不知其石尚埋沈于此間否？好在修建之時不難命工人細爲搜索，或可得之。知此時之修復，先生倡首，募之于富商大賈，落成之時，大君子亦應另有重修碑記，與舊碑並立，倘大君子已知、自爲之則不必言，否則請于便中細開創修節略一紙見寄，鄙人願爲先生效勞，代筆作一碑記勒石，以垂永久，未知可否？倘先生以爲可行，務將節略及前此碑記向某君所藏借出，即命貴署書記各代抄一分見寄，俾鄙人合看精撰一記，即由大通郵政局早爲寄上，命石工早刻，將來完工之時即行豎立，以示大家時時觀看。將來此地不乏過客，名流游觀至此，共荷大君子提倡風雅爲不可及也。特此奉稟，順請升安，統祈雅鑒。

教弟蕭穆謹上。

【校 記】

〔一〕「咸」下原稿脱一字，今以意補。後仿此。

〔二〕原稿作「家」，顯係筆誤，今以意改「蒙」，後仿此。

補遺卷二

跋日本圖書館書目

此日本東京圖書館近今所藏之書，明治十九年五月彼館所刊之目也。分二卷：卷一和書門，卷二漢書門。和書乃日本人著述，曰神書，凡一百四十七部；曰國史，凡八十四部；曰雜史，凡四百五十八部；曰傳記，附系譜，凡傳記一百四十三部，系譜四十七部；曰政書，凡二百九十六部；曰記録，凡一百零八部；曰武家，附兵法，凡武家八十四部，兵法八十九部；曰儒書，附教訓、子解，凡儒書一百六十八部，教訓六十三部，子解十部；曰醫書，凡五十八部；曰釋書，凡一百五十六部；曰農書，附物產、土木，凡農書二十一部，物產十一部，土木十三部；曰天文，附算法、卜筮，凡天文三十五部，算法四十七部，卜筮二十一部；曰地理，附紀行，凡地理二百六十四部，紀行五十四部；曰和歌，凡一百九十五部；曰和文，凡七十四部；曰詩文，凡二百二十一部；曰文墨金石，凡七十一部；曰音樂遊記，凡一百零七部；曰字書，凡七十二部；曰類書，附叢書、目，凡類書四十九部，叢書十六部，目録三十一部；曰小說，凡一百零三部；曰雜書，凡一百二十九部。總共和書□千□百□十□部。漢書門皆中國人著述，曰經書，凡二百零四部；曰正史，凡一百零十部，曰雜史，凡七十六部；曰傳記，凡十八部；曰政書，凡六十八部；曰儒家，凡九十八部；曰兵家，凡三十一部；曰醫家，凡三十四部；曰釋家，附道書，凡釋家六十二部，道書四部；曰農家，凡九部；曰諸子，凡三十三部；曰天文，附算法、占緯，凡天文十部，算法七部，占緯十三部；曰地理，凡二百十九部；曰詩賦，凡一百二十四部；曰文章，凡二百二十四部；曰藝術，凡五十七部；曰字書，凡四十二部；曰類書，附叢書、目録，凡類書七十一部，叢書三十七部，目録十四部；曰小說，凡五十二部；曰雜書，凡五十部。總共漢書□千□百□十□部。每書下注撰人姓名並刊本，寫本亦有注某年刊者。每類下行分册、函、架、號四格，横推如卷一和書門神書行下記此四字，各空一格，行之書頂格神代口訣忌部正通撰，寬文四年刊下方即記「五　一　一　一」四字，各空一格，與前行之「册　函　架　號」四字相並。「五」者乃五册也，「一」者乃一函也，「一」者乃一架也，「一」者乃一號也。以下各部行下仿此。其書只記册、函，而不記卷數。

凡此皆就其館所有者録之，不第中國之書多有未備，即其國人所著亦不皆備。如予所見彼國文正丙戌泉南卧雲山人周鳳瑞溪所撰善鄰國寳記三卷，權中納言從三位西山源光圀所輯朱舜水先生文集二十八卷，及懋齋野傳、今井弘濟、安積覺等所輯朱氏談綺四卷，均不見於此録者也。予嘗於東京各書鋪所見，此録所未有者尚有數種；而就此録搜求之十不及三、四者焉。欲求日本人著述，終以此館爲最矣。

又此館之書屬之於國，不出館門。中國出使日本欽差大臣黎公庶昌曾假此館所藏中國志書數種觀之，必先動公文乃行。蓋漢書地理二百多部皆中國各省及府、州、縣並山水輿圖等志，且有爲中土今亦罕有者也。

跋野獲編補遺

秀水沈德符景倩萬曆野獲編三十卷，訪求有年，甲戌冬乃得其補遺四卷。閲之，大旨具于自序，多有裨于明代史事，其全書賅博，足以徵信後世，亦可想見矣。

惟此書卷三「建酒樓」一条，記洪武二十七年定正蔡氏書傳爲書傳會選原刻「選」作「通」，誤似未了了。蓋蔡氏之書有元鄒季友晉昭爲之音釋，其書極精，會選大抵以鄒氏之書爲藍本，但鄒氏之書元明以來未能盛行于世，沈氏蓋未及見之，至不知鄒季友爲何人。又記永樂二年又有饒州人朱友季獻書專攻程朱，文皇命杖逐之，又疑爲其人同生一地，姓名又相似，漫不加考，至欲混而爲一，此等不免疏略。

卷四「經傳佚書」條記永樂中御史劉有年上儀禮逸經八篇，上不省；其後朝鮮國進顔子一部，亦不收。又近年癸巳日本議封貢，禮部主事劉元卿疏言先秦徐福入海時亦攜古經傳同往，此時焚書事未起，必有壁經全書在倭，宜詔取以補伏生之缺。時議以爲迂，亦罷不行。蓋其意深以爲惜也。劉元卿之疏似本歐陽文忠公日本刀子歌，其實皆影響之談。徐福乃一方士，豈預知焚書之禍，能見機攜古經傳行耶？且當時經傳部帙繁重，亦未易攜也。至朝鮮進顏子，亦當是後人掇拾經傳諸子中語成之，斷非當時古本全帙。若劉有年所上儀禮逸經，當是吴草廬之書。永樂間吴氏之書尚未甚行世，劉氏蓋不知吴氏所著，自以爲不傳之秘，抑或當時朝臣有知其書爲人間所有，不爲珍異者。其不省、不收及議以爲迂者，亦未嘗無見也。

其他亦間有穢瑣煩碎者，然昔人記載均所不免，要不足爲此書病也。

李眉生（鴻裔）先生批曰：後幅論斷處博而通。

跋潛書

光緒九年夏四月，中江李眉生廉訪鴻裔重刊其鄉先達夔州唐鑄萬大令大陶後更名甄别號圃亭所著潛書四册，凡九十七篇。當時余嘗游蘇州，與李君往還，時造其所寓蘧園，舊名網師園。李君曾舉此書相贈，余攜歸，藏之書笥，未暇細閱也。

近偶重檢大興王崑繩孝廉源所著居業堂文集，有潛書書後一篇，閲之，末段有云：「予曩聞其潛書甚佳，未之見。又聞其高岸寡許可，而獨賞予文。歿數年，予友楊耕夫及其壻王聲宏以其書贈予，而請余誌其墓。余讀之，初見其論學、論兵諸篇，卓識偉論，非近代所有，文亦駕唐宋而上，爲之狂喜，誌墓之文，鬱勃洋溢于胸不可遏。及見詆誣烈皇，屢著于篇，遂廢然髮指，不敢應其請。

余知其文必傳，恐聖明被其誣，不得已書此，以折其悖且妄，而與天下後世共見之。」王氏之論如此。

余乃取唐氏之書卒讀之，誠如王氏之言。論學、論兵諸篇卓識偉論，知其必傳矣。其書各篇叙事，往往設身譬喻，爽人心目，而古今遺文軼事亦往往流露行墨之間，王子許其書必傳，此君子一言以爲智也；至云「見其詆誣烈皇，屢著于篇，遂廢然髮指」，不爲誌墓，此乃所謂一言以爲不智者。夫莊烈亡國之道，其功過、古今人所共見。今試取唐氏之論觀之，可以知其不誣矣。唐氏之言曰：「莊烈皇帝亦剛毅有爲之君也，以藩王繼統，即位之初，孤立無助，除滔天之大逆，朝廷晏然，不驚不變，憂勤十七年，無酒色之荒，晏遊之樂，終於身死社稷。故老言之，至今流涕，是豈亡國之君哉！而卒至于亡者，何也？不知用人之方故也。當是之時，非無賢才也，袁崇焕以間誅，孫傳庭以迫敗，盧象昇以嫉喪其功，此三人者皆良將，國之寶也，不得盡其才而枉陷于死。使當日者有一張居正爲之相，則間必不行，師出有時，嫉無所施，各盡其才，而明之天下猶可不至于亡。然而跡莊烈之所爲，雖有居正不能用也。莊烈居高自是，舉事不當，委咎于人，無擇相之明；執國政者皆明黨之主，數舉數罷，易于敝帚，百職之任，何由得人乎？是以援私植黨，充于朝廷，傾人奪位，險于儀秦，將卒無忌，誅焚劫略，毒于盜賊，百姓畏兵如虎狼，望賊如湯武。迨乎季年，主慮昏亂，無所適從，誅戮亟行，四方解體，而明遂不可爲矣。」唐氏所論莊烈帝功過如此，實天下之公論，無溢美，無深文，即莊烈帝在天之靈有知，亦必許其知言也。

今讀王氏之書，論事論兵，表彰前哲，古今治亂之道，是非得失之故，著論深切，筆力條暢，與唐氏不相上下，惟論學則痛詆程朱而盛稱同時之顏習齋、李恕谷，或師之，或友之，其不知輕重，顛倒是非，悍無忌憚如此。然余亦知其書與唐氏之書並傳後世，然一詆程朱，一論莊烈帝，是非罪過恐未可以同日而語也。

跋朱武曹遊道堂集

寶應朱武曹封翁有經術，而當時不甚以文章著名。今觀其集四卷，諸體略備，均爲雅正，不失震川、望溪兩公家法。其同時諸君才學有加於封翁者矣，文體鮮有逮其純粹者也。惟記吾鄉姚端恪公逸事，乃云「得之桐城馬魯陳」。按馬公名宗璉，字器之，嘉慶己未進士，治經學有名於時。阮文達公嘗刊其左傳補注三卷行世。其母實爲姚端恪公之玄孫女。其舅氏即爲姬傳先生。其述先達遺聞軼事，當遠有淵源，可以爲信矣。至述端恪逸事，何其謬也！

姚氏自明以來，家世貴顯，端恪於崇禎癸未成進士後，父母均春秋無恙，母倪太夫人爲明太僕應眷之女，秉性嚴正，深明大義。甲申三月都城之陷，公自間道南歸，見父母於金陵，母尤痛責，公幾無地自容。首尾均見公集所爲倪太夫人行述。當馬君之時，姚氏之耆舊多存，端恪公之文集昭著，何竟漫不加考，而謂公「少孤貧，依寡嫂以居」乎？至述公「將詣京師入辭嫂」云云，尤爲荒誕不經。夫嫂既守節有年，教之成人，則公於應詔之時，教誡可耳，何至艷妝如新婦坐中堂及磨笄自刺乎？揆之事理，必不其然。惟公有伯母方太夫人未婚守節，明史列女載有方氏維儀及藝文志有清芬閣集七卷，是也。相傳公於順治間爲詔命所迫，入辭方太夫人，久不命見，既聞室中大言曰：「婢子速開箱取紅衣着我，我亦從此改嫁矣！」公痛哭再拜而出。然方太夫人亦僅聞有此說，並無艷妝之實事，不過假此説以責公應詔之未合。既知勢不可挽，亦姑聽之已耳，而方太夫人實以天年終也。

夫街談巷議，道聽塗説，不必盡爲庸人俗子，即君子亦時有之，特姚公此事出於修學好古之馬君爲可怪耳。他日晤朱封翁之後人，當以此事告之，或將此文删去，或加按語以著傳聞之訛，毋令俗語不實，流爲丹青也。

跋居業堂文集

大興王崑繩孝廉源與吾鄉先輩戴南山、方望溪及宿松朱字緑諸先生最相友善。王公殁于淮安寓居，望溪先生曾爲之傳云：「其古文既刻者多有，所著易傳十卷、平書二卷、兵論二卷及未刻古文藏于家。」余舊藏有王公選評春秋左氏傳四册曰文章練要，又聞尚有公羊、穀梁傳、國語、戰國策等書刊本，尚未之見。易傳等著既未刊行，想已亡矣。三十年前見吾邑方氏有居業堂文集二十卷，乃道光間武進管孝逸大令繩萊刊本，管君先世故與王公有姻親也。

王公故與戴、方、朱三先生以古文名世，顧三先生門徑不同，皆卓然爲古文家正宗，王公才氣略與戴先生相埒，特服古不深，爲文振筆直書，不加修飾，無甚法律，多有關于明代及國初文獻，議論亦時有奇闢，爲他文人所未及，不以古人文法繩之，亦足自傳；乃當時諸名公評語每以「文章奇妙」稱之，可謂盲人道黑白矣。

惟王公書唐鑄萬潛書後有云：「初見其論學、論兵諸篇，卓識偉論，非近代所有，志墓之文鬱勃洋溢于胸不可遏。及見詆誣烈皇，屢著于篇，遂廢然髮指，不得已書此，以折其悖且妄」云云，乃今觀王公此集，特又詆毀程朱，數數形于行墨，實染于顏習齋、毛大可、李剛主諸人之陋習。然詆莊烈皇帝爲亡國之君者，乃天下有識者之公言也；詆毀程朱大儒之學者，係庸夫無識者之私言也。此間是非功罪豈可同日而語哉？予又恐後人讀王公之書，一見此等狂悖之論，亦將「廢然髮指」也。語云：「人苦于不自知。」其王公之謂歟！

跋蜀輶日記

安化陶文毅公以嘉慶十五年庚午夏五月十五日奉旨偕史松軒編修評典試四川，往由直隸、山西、陝西入蜀，九月間竣事；改由川東水道，歷湖北、河南回京，成蜀輶日記四卷。凡山川形勝險阻，人情風俗盛衰，物産土地肥瘠，窮原究委，體大思精，考論古今形勢及歷代名人經營得失之故，又時抒偉論，紀載秦、晉、巴、蜀山水脈絡之所在，眼光四射，往往牽連數省。又深明古今沿革變遷同異分合之故，動中肯要。

惟入秦記潼關有云：「古函谷關在其東，漢代移置于此。」尚欠分曉。如公紀川陝山川古蹟之例，則此處應有發明，直揭明秦函谷關、漢函谷關之分，確在今之何地，兩關相距約幾百里，兼闢水經注云「潼關歷北出東崤，通謂之函谷關」及杜氏通典初謂「函谷關即潼關」之謬說，乃與通體相稱。又其經鳳翔有「是日館東湖蘇公祠，有王蘭泉宗伯昶所畫東坡三像，刻石壁間」云云，王公官至刑部侍郎予告，並未嘗官禮部，此當云「王蘭泉少司寇」，乃得其實。王公著述頗多，又嘗佐章佳文成公阿桂戎幕，兼有經世之略。嘗見其題方望溪先生與雷副憲鋐手札，書法瘦健，而不以善書名。今據文所記有畫東坡三像刻石，是王公兼通畫法矣，前此未之聞也，始標出之。

陶公由翰林改御史、吏科給事中，巡中城，巡南漕，出爲川東兵備道，擢山西按察使、安徽布政使，巡撫安徽、江蘇，總督兩江，所在均有政績，所著奏疏愷切詳明，具見經世遠略。此日記乃公壯年所作，所歷之山川大半出於險阻之境，乃於驚心動魄之時，尚能一一默識於心，早晚從容操觚，隨時留意，非素有鎮定涵養之功，不克臻此。後來歷任監司，封疆才略，已時流露行墨，讀者愼勿以〔爲〕尋常紀載，誤作模山範水觀也。

跋聰訓齋語

鄉先達張文端公著有易經衷論、書經衷論并篤素堂、存誠堂詩文集四十六卷，欽定四庫全書均爲著録。其文集後三卷附雜著飯十有二合説、恒産瑣言、聰訓齋語三種，其後人嘗取此三種，别刊行世。

穆往時讀公諸書，愛其氣象雍容，夷曠冲澹之趣，流溢行墨，文不求工，而世之號爲老于文事者不逮焉，殆朱子贊明道先生所謂「元氣之會，渾然天成」者也。此三卷尤切於民生日用涉世之言，穆每取存行笥，以備尋玩。今年春客於歷陽，日有餘功，復取是册重加研究，覺矜躁之氣、羈旅之感爲之頓釋。

嘗念近世儒者好談心性，掇拾元明以來語録，連篇累牘而實無當于身體力行者，視此其淺深得失固不可同年而語矣。

同治丁卯二月書于和州署齋。

跋明桂王致吴三桂書

頃得江陰老友金溎生大令武祥寄余以所著粟香五筆，第八卷載有見舊鈔本順治十年十一月前明永曆桂王朱由榔致書大清平西王吴三桂一書。大抵桂王此時已力屈勢窮，特乞吴三桂貸其死命，以畢餘年，情詞悽惋迫切，令人不忍卒讀。其時桂王在緬甸之赭硜，七月間，其從官盡爲緬人所殺，十二月初三日緬酋即遣數十人至桂王所，連坐擁之去，遂並其眷屬送吴三桂軍。明年四月三桂殺之。蓋三桂此時逆志未萌，正思得明之王子王孫，駢而誅之，以爲固位取寵地步。然在此時，朝廷已洞悉桂王在其掌握之中，三桂縱有保全桂王得遂其以畢餘年之志，其勢實有萬萬不能。然今亦不必爲之曲爲原宥，仍作爲大逆無道之一端可也。

吾意有王者起，天下粗定，宜恢其大度，登高望遠，已知天命在己，非他人所能妄干，正宜法周武王之所爲，力求勝朝之後，擇地加封，俾承宗祀，或於輦轂之下特造王府，優其禄養，聽其私立九廟，與國同休，乃爲仁至義盡。梅福有云：「存人所以自立，壅人所以自塞。」真有味乎其言之也！

跋趙司寇申喬題參戴編修名世疏

余少知鄉先輩戴編修名世致禍之由，實爲武進趙公申喬所劾，相傳即據南山集與余生書。後閱鄞人全氏祖望所作前侍郎桐城方公神道碑有云：「宗人方孝標者，故翰林，失職游滇中，陷賊而歸。怨望，語多不遜。里人戴名世日記多採其言。」又所作江浙兩大獄記有：「方孝標著鈍齋文集、滇黔紀聞，極多悖逆語。戴名世見而喜之，所著南山集多采録孝標所紀事」云云。據全氏所述，則戴氏當别有日記，爲趙公所見，兼南山集而劾者。余因訪求趙公原奏稿及所著自治官書剩稿等編，均不載此疏，疑不能明，置之久矣。去年秋遊吴門，一日在費屺懷太史念慈坐中晤趙生君宏名寬，乃亡友惠甫州牧次子也。君宏久知余名，且知與其先德有交，情致甚殷，余因詢及恭毅公尚有未刊奏疏否。據云「尚有二十餘篇，其參戴編修名世疏草稿尚存，不過二百餘字」云。余即約其回家鈔出見寄，久之未得。近日作字速之，昨乃録寄。觀其疏中只言「戴爲諸生時私刻文集，肆口游談，倒置是非，語多狂悖」云云，乃知其只據尤雲鶚于康熙辛巳所刊之南山集而言，所謂「語多狂悖」，始終不外與余生一書，乃知全氏所云「戴名世日記多采方孝標語」及「所著南山集多采録孝標所紀事」，皆爲無知妄作，且可藉知全氏好爲紀事之文，不必一一可信也。

蓋方孝標名元城，别號樓岡。南山集原刻與余生書中，只言「吾鄉方樓岡學士有滇黔紀聞一編，吾六、七年前嘗見之」，所言僅此。南山集犯禁之文僅與余生書一篇，其他文皆光明正大，亦絶無采録方樓岡學士之書一語，亦並别無日記之書，而方學士所爲滇黔紀聞即鈍齋文集中之一篇，不過十餘頁，只記桂王在滇中時事，未涉及國朝之事，亦絶無悖逆之語。

蓋康熙時文字之禁甚嚴，凡明季遺老、國初詞人有語涉明季、三藩之事者，皆干厲禁，故戴氏身不免刑戮，書不免於銷毁耳。然戴氏生于順治十年癸巳，爲國朝人，非明之遺老可比，而與余生書有「今以宏光之帝南京」云云，實爲膽大妄言，不知當時刊本出，方望溪、朱字緑、王崑繩、劉大山諸公見之，何不勸其將此文劈板不存，乃均憒憒若此。

若乾隆四年七月二十五日欽定明史書成，頒行以後，高宗純皇帝又特論甲申以後仍續載福王之號，乙酉以後仍兼載唐王、桂王諸臣，已隱寓後人修史神而明之之意，洵所謂聖人大公至正之心，上洞三光，下昭萬祀者矣。趙公之疏，外間未有刊本，藝林無由得見，今特録存，以明趙公之勃戴氏，不過只據南山集本，非别有日記及他悖逆之書云。

跋劉伯宗徵君無他技堂類藁詩説

此篇爲國初貴池劉伯宗徵君城題吾鄉先輩蔣一个户部臣所著無他技堂類藁之作也。今檢徵君所著嶧桐集詩文并未載，蓋徵君詩文雖爲其子孫所刊，本有遺帙。蔣公徵君行略有云：「徵君未死前兩月有寄書，今亦不見嶧桐集中。」此篇爲蔣之子孫校刻無他技堂遺藁，凡蔣公同時往來名公鴻儒所爲投贈序跋、題詞等作，皆一一登載遺藁之首，此徵君之作即從蔣公遺藁上録出，玩其詞氣，蓋作于順治乙酉、丙戌之後，古人所云「詩文知己」者是也。近時徵君族裔世瑋、世珩重刊嶧桐詩文集，頗有脱訛字句，余既爲假得舊本補校十之三、四，復于無他技堂遺藁録得徵君此篇，俾得補刊嶧桐集後，可与集中吁嗟行寄懷蔣一个之詩並傳云。

己亥十一月二十九日雨窗記。

跋黎蓴齋庶昌上穆宗毅皇帝兩書

蓴齋之上此疏，在同治初年，年甫二十有六。不第行文驅邁雄闊，格律精美而當，利病洞見癥結，條分縷析，雖未能即時一一采用，今又二十餘年，默觀大事改更，復有與條陳合者。

昔賈太傅之陳政事疏，諸葛武侯之隆中對，范文正公之上宰相書，文信國公之殿試策，皆在二十及三十以內之年，多未曾出山，而天下之形勢，祖宗之成法，以及用人行政之得失，並所以整頓規畫之方，指陳周密，利害分明。賈生不幸未竟其用；武侯、文正、信國三公後來致身將相，實皆克踐其言。

蘇文忠公有云：「古之君子如伊尹、太公、管仲、樂毅之流，其王霸之略皆定于畎畝中，非仕而後學者也。」然世人動云「古今人不相及」，今讀蓴齋此疏，真覺諸公去人不遠，平心而論，使諸公生于今日，所見所陳，恐亦無以有加。他日刊全集，宜以此兩書冠諸首簡，以誌皇太后暨先皇帝特達之知，且以昭國朝諸名公未有之盛事焉。

光緒十四年冬十二月書于日本東京大清使館。

跋新化游氏家譜

在昔蘇明允氏之爲族譜也，其引有曰：「觀吾之譜者，孝弟之心可以油然而生矣。」今觀其書，體製嚴謹，漢唐以來典型，賴以不墜。考公此譜之成，公子子瞻之生已二十年，尚不得與於其列，他可知矣。然其所謂「孝弟之心油然而生」者，蓋必其人本深明譜牒之法，具孝弟之資，一觀其譜，即心知其意，斯孝弟之心自然流落，非致飾也。若其人於譜學素不講求，又胸懷淺陋，觀公之譜，鮮不詫其爲簡爲略矣，孝弟之心何由油然而生哉？

近世士大夫頗知以族譜爲重，然又苦於不明蘇氏所爲族譜之意，往往誇多鬬靡，務勝前人，而不知其爲龐雜，爲懸疣，有如劉子玄所云「騈指在拇，不加力於千鈞；附贅居身，非廣形於七尺」者也。穆講求此學有年，於吾鄉僅得方、姚、葉、馬諸家，實能深明體要，質而不略，贍而不繁；數年前又得景城紀氏家譜第三刻一册，凡十八篇，爲文達公晚年手筆，皆薈萃漢唐以來古書所載名家譜牒之法，兼採歐蘇及唐宋大家碑誌書法而折衷之，其精確又高出吾鄉諸家之上，直可作一部古書觀矣。

今年夏五月，訪新化游公藏園於永定河道署中，一日，公出其家譜三册見示，蓋成於咸豐辛酉之冬，公時尚未出山也。統觀全帙，略窺其用意所在，誠如蘇明允氏所云「孝弟之心，可以油然而生」矣。末附贈梓人曾履安序，以其工於字畫，不肯爲苟簡之行，又時有名通之論，乃破例列於家譜之末，使後人有所觀感，又足覘公宅心寬厚，小善必録，後來經世之略，早基於此。觀公之譜，又足益人「取諸人以爲善」，「與人爲善」之心油然而生也。又載居家八則、懿訓二十頁，爲先賢格言服制十二頁，爲切要典禮，又有家禮考、敦本訓，用意亦見精密，而廁諸族譜之内，實與古法未合。然窮鄉僻壤，人人家有諸牒，人人家未必有大清通禮及先賢經世實用之書也。今各録其大略，别爲一編，與諸牒相輔而行，俾人一觀其譜，即兼明典禮之大及先賢識議之精，斯孝弟之心不益油然而生者哉！

三復之餘，漫書數語於後，且示後之講求譜牒之法者，但求切於人倫日用，不必定泥古法，又貴有變通之能，所謂禮雖先王未之可以義起者也。

光緒十年閏月二十八日書於永定河道防汛公署之西軒，在固安北關外十里鋪屬南岸四工。

新刊亭林先生餘集跋 代

右亭林先生餘集一卷，乃乾隆間長洲彭進士紹升得其原稿刊行者也。迄今百餘年，印本日稀，間詢之吴中人士，且有不知此集者。

今年秋應試金陵，偶過桐城蕭敬孚寓所，見行篋有一抄本，云昔得之友人新陽趙静涵所藏，海昌陳其章琢堂所依黄府次歐山館舊抄本而録之者也。敬孚曾以原刻本參校一過，云字句時有脱訛，又少与陸桴亭一札，不及抄本之善。先典假讀數過，爰爲重刊，即以抄本爲主，抄本間有脱訛，仍以原刻諟正之。至此集有關亭林先生生平忠孝大節并扶世立教之志，彭氏原序已盡之。又原刻有小像及津門沈氏兆澐贊，乃據孔氏繼垚摹明人所寫者，當得其真，今倩蕪湖朱小尊重摹之。

敬孚尚有亭林佚詩及同志贈言一册，先典近又抄得肇域志一部，以刻貲甚巨，且須細加校勘乃成完書，容當請海内同志者共圖焉。

跋臨川桂氏摹刻唐搨孔子廟堂碑拓本

舊聞臨川李春湖侍郎宗瀚藏有唐搨本漢史晨碑、北魏敬使君碑、唐歐陽信本化度寺碑、虞伯施孔子廟堂碑，號稱「四寶」，後歸其少子小湖大理聯琇。同治間，大理主講鍾山書院，余嘗到金陵，時与往還。彼時尚未知其有此「四寶」，故未能請出一見。直至大理殁後，乃得聞之。當侍郎存時，曾以化度寺碑摹刻一本，余二十年前曾見一拓本，模糊甚多，其字畫清明完好者頗近瘦弱，絶無唐人蒼勁工整之概，故未嘗購求。今年秋金陵康上舍祝三訪余于春申江上，以其婦翁歙人陳筱峰摹刻李氏唐搨孔子廟堂碑拓本見贈，乃同治間臨川桂薌亭觀察嵩慶假得大理嗣子博孫 孝 廉□家藏唐搨原本，請陳君摹刻者也。觀碑末摹刻李侍郎一跋，乃知侍郎存時亦曾以此碑摹刻一本以餉同好。今觀桂氏摹刻本，字畫瘦硬，参以秀潤，亦絶無唐人渾樸古厚之氣，不知侍郎摹刻之本較此何如？蓋石本較墨蹟當降一等，而翻刻較原刻又降一等，然大致終不可没也。

余追記侍郎摹刻化度寺拓本及今桂氏摹刻此本，頗疑侍郎所藏「四寶」皆非唐搨本之真。今細玩此拓本，懸揣侍郎原搨本當是宋、元、明間所搨北宋翻刻唐末原石搨本。蓋歐虞書法在唐人爲大宗，其原石在唐末已多模糊失真，而宋人翻刻至宋末元明之間搨本過多，又愈失其真耳。余雖未見侍郎原搨本，不能定爲何時搨本，然決非唐石原搨本可知也。又十數年前李氏曾以原搨四碑在上海石印數百本，一時名貴，未久即售出殆盡，惜彼時余未及寓目，今求之不得矣。

再跋臨川桂氏摹刻唐搨孔子廟堂碑拓本

虞伯施孔子廟堂碑拓本，今世所傳有陝石本及城武石本，余十餘年前見一世家藏有舊拓本，字體圓肥，略具唐人渾厚之氣，与此翻拓本不類，惜當時未及細玩何時何地所搨也。余既玩此翻刻本，臆斷李氏所藏原搨本決非唐人石刻之舊，又以意定原石當爲北宋翻刻唐末搨本，而李氏原本當爲宋末、元明之間所搨。旋卧思鄉先達姚惜抱先生曾有書夫子廟堂碑後一文，乃起挑燈檢惜抱軒文集閲之，有云：「當武后稱帝之時，磨去『唐』字，改題曰大周孔子廟堂之碑，故前署『司徒相王旦書碑額』，後復有『長安三年太歲癸卯金四月壬辰水朔八日己亥木書』凡二十一字，黄山谷見榮咨道家所藏舊搨本如此。」又云：「貞觀立碑年月是時既磨去，及文宗時祭酒馮審又請琢去大周字及武后年號，而元建碑之年竟不能知，如今本是也。」又云：「是碑宋初已毁壞，爲王彦超再建。文内「及金册斯誤」「及」字誤爲「反」，「榮光幕河」「幕」字誤爲「莫」，蓋再建時摹刻者失之耳。石既非舊，加又刓敝，至今執是以論伯施書法之妙，遠矣！」今按此拓本既無大唐貞觀立碑年月，亦無武后改題大周字樣，復無黄山谷見榮咨道家所藏有「長安三年」以下二十一字。又按本文「及金册斯誤」「及」字果誤爲「反」，「榮光幕河」「幕」字果誤爲「莫」，則李氏所藏原揭本實爲宋初王彦超再建石本，其拓本當在宋元之間無疑矣。然則李氏所藏史晨碑、敬使君碑、化度寺碑均稱爲唐揭本，豈可信哉！惜不得其所藏四原揭本，一一考驗之。

跋東坡赤壁賦

今江漢間名赤壁者凡五：黄州，江夏，漢陽，漢川，嘉魚也。周瑜焚曹操舟處，北與烏村相對，正在嘉魚，乃與史合。坡公所遊黄州之赤壁，非其地也。而賦中所云「孟德之困於周郎」，竟以黄州之赤壁當之，竊怪公不宜疏略若是。

及檢公全集，有與范子豐尺牘云：「黄州少西山麓斗入江中，石室如舟，傳云曹公敗所，所謂赤壁者。或曰非也。時曹公敗歸華容，路多泥濘，使老弱先行，踐之而過，曰：『劉備知過人而見事遲，華容夾道皆葭葦，使縱火，則吾無遺類矣。』今赤壁少西對岸即華容鎮，庶幾是也。然岳州復有華容縣，竟不知孰是。」又記赤壁云：「黃州守居之數百步爲赤壁，或言即周瑜破曹公處，不知果是否？」據此則公亦未詳周瑜破曹公之所在，亦不盡以黃州之赤壁爲信也。然則公借題發抒，以成飄忽震蕩之文，何害哉！

獨其文中一、二字傳刻失公之真，「盈虛者如代」，今本「代」誤作「彼」，「而吾與子之所共食」，「食」誤作「適」。「共食」者，釋書有「聲是耳之食，色是眼之食」，案上下文意，正用此也。

跋東坡所書柳子厚始得西山宴遊記墨蹟

余性拙於書，而於古人之書法（有）〔每〕篤好之。古人之書，體勢疏密不同，筆力剛柔各異，余所嗜者，以縱橫飄逸變化而不可繩以尺寸爲最，嚴謹者次之。至於古人之手墨，則不復問其疏密剛柔，且不拘其大小美惡，一以其人學問功業之高下，而施其愛慕之厚薄焉。

然古人之書法，惟列之金石，行世乃稍能久遠；如墨蹟流傳，或其人墳土未乾，即漸就散逸，年愈久而得者愈難矣。以余所見，宋以後者頗亦有之；宋以前則寡矣。非余果居培井，未能深求遠覽，蓋年愈遠，其勢實未能久存也。且天地尤物亦不能久留人間，而人偶有獲藏古人之手墨，亦若有數存焉。或其人有嗜古之癖，欲得前代某賢之真蹟，窮畢世之精力而不能得之；或其人偶思前代某公之真蹟，而一旦於無意中得之。信乎東坡所云：「天地之間，物各有主。」此其間似非偶然也。

近代郟令章邱張篤行修蘇文忠公墓，封樹立碑，夜夢坡公遣使致謝，並約於汝州相見。後以公事至汝，有人遺東坡墨蹟一卷，頗爲精妙。余幼誦坡公詩文，甚愛之，後得公殘墨刻數紙，並有遺像，乃華亭董文敏公所摹，又甚愛其書法。每誦公之詩文，且取公之遺像墨刻，時加瞻仰玩索。

今年九月，授經於黄山馬氏寓齋，有汪某者，余前相識也，知余性有嗜古之癖，乃以所獲東坡墨蹟一册持以授余，詢其所由來，乃粵賊陷城之後，得之於兵火之餘也。其册所書乃柳子厚始得西山宴遊記，前脱落一頁凡十字，年深紙故，且多殘缺，而字畫隱約可見，其從横飄洒，與前所藏墨刻亦大相彷彿，而神力精采過之，前後俱有夾板，前刻大篆字四曰「曾經御覽」，左右並下方刻小行書，乃錢塘袁太史枚題識也，後刻雙鉤大篆四曰「東坡真蹟」，後又刻行書十曰「龍眠張氏藏珍，子孫保之」。蓋子才太史不知得之何處，後又不知如何爲吾邑張氏有之也。摩挲良久，閲太史題識有「人生一世，留得幾行古人墨筆，便是大福」並張氏所刻「子孫保之」之語，不覺悲喜交集。此册所存於今七百餘年，宇宙之遷轉，人事之榮枯，幾經播閲，以至於張氏，不知其爲第幾主人矣。前人之所有，未嘗不欲其子孫保之也，而卒未能長爲一人所有，恒遷移流轉於宇宙之間，亦循環之理應爾也。必欲其子孫保之，豈理也哉！

余拙人也，既不克當太史之評，而郟令所獲，其先曾爲坡公修墓，封樹立碑，乃坡公之精氣神靈有感而報之。余何有涓埃之功於公，亦若公之精氣神靈有以感之者耶？然當日郟令所獲與此蹟之精妙未知何若？而公之精魂有知，亦能使其子孫保之，今猶無恙耶？嗚呼！當崇甯、大觀間，公之翰墨，盡令焚毁，及宣和間，上自内府搜訪一紙，至直萬錢。而梁師成以三百千取英州石橋銘，譚稹以五萬錢輟「月林堂」榜書三字。至幽人釋子，寸紙尺幅皆重購歸之。公之書翰，不待南渡，已爲世所寶貴如此，則今詎可淡漠視之歟！悲喜之餘，遂以此數語書之於後，且以示後之有能爲其主人者也。

跋石鼓文

石鼓文舊拓本及近代大學翻刻本，阮文達公翻天一閣宋拓本，余皆有之。少讀韓文公、蘇文忠公兩石鼓歌，信爲成周時遺物。後來遍閱唐宋以來諸公所論，知韓蘇之外，以爲成周遺蹟者尚有歐陽詢、韋蘇州、蘇勗、竇泉，董逌且以爲成王所作。至歐陽文忠公、朱文公、鄭漁仲等皆疑之，迄不能明。惟金人馬定國以爲宇文周時遺物，且以彼亦曾蒐于岐陽爲證，後人亦疑信參半。

而近代武億虚谷又定爲漢代遺蹟，即據本文「趨趨六馬」句，以爲「周制駕四，至漢始駕六」，定爲「漢人只習漢制，故脱手成文」云云。今案大戴禮記子張問入官，逸周書王會解、荀子勸學、終身、議兵等篇，吕氏春秋忠廉篇，皆有「六馬」之文。尚書五子之歌：「凛乎若朽索之馭六馬。」正義云：「經傳之文，惟此言六馬。」此爲僞古文，未考猶有可説。詩經衛風已先有「良馬六之」

之文，是周制亦未嘗不駕六馬也。虛谷輕言之，何正義亦云「經傳之文，惟此言六馬」耶？據詩經及大戴禮記、荀子等書，以周制駕四之說不足信；以之定石鼓文爲漢時之物尤不足信。

而愚終疑此鼓決非周時之物，直于其文之淺近者斷之，或者宇文時之善書者而學術不深尚襲詩經之成文而敷衍成篇者爲之。竊怪韓蘇二公皆文章巨手，尚于此等未能明辨，而贊歎不遺餘力，韓公且有「陋儒編詩不收入，二雅褊迫無委蛇。孔子西行不到秦，掎摭星宿遺羲娥」等句，一言以爲不智，不意此等瞽說妄言乃竟出之于能辨古書之真僞之大儒也。

跋董文敏公小楷書四種

右董思翁所臨宣示表、黄庭經、感甄賦、哀册四種小楷書，各四、五十字爲一册，末署「崇禎二年八月，將書金剛經，因臨此」，蓋公時年七十五矣。筆力剛勁，蒼老之中，仍寓秀逸之氣，較今所傳公諸墨拓本迥不相同，洵爲公晚年得意之筆。舊爲崑山徐尚書家藏，又轉入太倉畢澗飛書畫齋，咸豐間予得之於吾鄉一舊家。予書與公遠不相及，亦不相近，而特愛之，每出門必攜之行笥以備玩。

世傳公書多僞作，亦有得其八、九者。又相傳公有門下士吳楚侯易，書法酷與公相類。公官京師時諸求書者，公多令吳君代之，仍面授，求者各滿志而去。今外間所傳公書者，即吳君之筆亦罕有矣。

余所藏公墨迹一、二，不敢深信，而獨有信于此，蓋其神采奕然，精氣團聚，決非學公書者所能企也。

戊辰四月二十一日記于和州署齋。

跋趙子昂墨蹟

余家藏有趙承旨書韓公桃源圖詩墨蹟手卷，字大如盎。昔爲吉水解氏家藏，卷末有大紳并其兄子禎期手跋，卷端有國朝張文敏公得天大書「吳興墨寶」四字。後歸商邱陳氏。覽卷末陳望之淮并大紳跋，乃知承旨當日本有桃源圖畫，不知何時爲好事者分析，今畫尚存桂林陳文恭公家。承旨以書畫名，輝赫一時，此卷精采煥發，逸氣橫生，洵爲藝林寶物。

每怪世人重才藝而輕大節，前人有善書畫者，今得片紙，皆加寶貴，不復衡其學行何如，或有忠孝大節照耀人間，生平不屑以區區技藝自鳴，偶有楮墨流傳，未能工妙，輒以此瑕疵其人。承旨爲有宋宗室，不幸宋社傾危，崖山舟覆，既不能慷慨就義，又不能銷聲遁跡，接武桃源，乃甘與留夢炎輩爲伍，反顔事仇，吾不知當日對桃源圖愧汗發背否也！世人徒以技藝精工，奉爲圭臬，由此類推，凡古今人品技藝如承旨者，皆幸謬相引重，而忠孝大節〔者〕，不幸技藝非其所究，遂棄斥窮山斷壑，荒江墟市，往往然也。

夫因區區小技，名尊身泰，生平所行，有臧獲之所羞；愈久而其行愈掩，技藝益彰。然則，詩詞書畫反爲世人急務，世人得此即可掩終身極惡大罪，是則承旨此卷宜其久閲滄桑，今又爲拙人所有，且爲余拙人之鑒耶。

記徐元歎先生閲本北史

會稽章石卿壽康出示明南雍本信州路學刊本北史，爲明季吴門徐元歎波藏本，以硃、藍二色批點。末有徐公手跋云：「此書向有南監本，係至正年間信州路刊刻，糊突脱敗，幾不可讀。嘉靖初增補十分之一，新陳錯雜，日就刓落。秀水馮夢禎爲祭酒，復用重刻，其功甚大，然與二十一史兼行，不能獨購。波家貧，難致全書，從坊間覓得此書，復缺魏紀之二，中間缺落亦不少，輒往親故家借殘鈔録，劣得疏通。閲自天啓乙丑歲暮，卒業于丙寅四月初十日。奔走事故，廢學日多，動淹時序，有愧古人。徐波識。」余摩挲徐公點閲手筆並所補鈔各卷頁及自跋尾，不勝興感。貧士欲讀古書而力不能得，古今來如徐公者何可勝數！又有富貴之家，藏書極富，或及身爲仕宦所羈，或身後以貽子孫，而子孫或有愚騃，或有荒淫，或束之高閣，寒士想望，不能假其萬一。

余自志學之年，先君教育，衣食頗足，時家僅有書兩櫝，年二十始知購書，先君常戒之：「讀書貴精，勿貪多。」同治庚午四月，先君見背，余年三十六，已得書一、二千卷。又十年，光緒庚辰，前後所得已有三、四千卷。是年冬，鄰右失火，延及余家，燬去大半。至今將二十年，外間友朋所贈及自家節衣縮食所購，將近萬卷，較大藏書家則萬不逮，以視徐公則福命爲豐矣。將俟家境稍足，解脱外務，閉門一一補讀，不至如徐公所歎「奔走事故，廢學日多，動淹時序，有愧古人」，其可得邪？

己亥夏六月二十日客吴門，訪章石卿寓所閲書，十月二十八日在上海廣方言館補記。

讀湖南通志名宦傳附記

湖南通志名宦傳，自漢唐以來，至我朝同治間，凡十七卷，人或三兩行，或數十百行，皆簡明有法。吾鄉有明以前，宦績實無所有，惟有明中葉有方公佑、余公珊余，元本誤作俞。方公大美、姚公之騏凡四人，國朝有張公廷琛、方公世仁、石公文成、汪公志伊、姚公興潔、光公環、方公傳穆、鄧公尒昌凡八人。然張廷琛乃文端公之弟廣平同知夔之子，非文端之少子也。

吾鄉先達有明以來仕于湖南之有政績者實不僅此，姑置勿論。而汪公志伊於嘉慶十二、三、四年官湖廣總督，政績頗多，原不盡紀。惟初涖任時，洞庭一湖，盗賊充斥，出没無常，往來行人商賈時受其患。汪公於省城候補府、縣、佐雜等閒員，每日傳見十人，縱談公事十餘日，擇其精明强幹有智謀勇略者得十數人，各授方略，各帶兵勇若干人，僞爲商賈行人裝束者，分布湖中各要地，明訪暗察，獲盜多人，就地正法。餘盜聞風相繼逃亡，不兩月間，洞庭全湖無一盜踪。凡往來行舟，無論日夜，均平安無事，咸頌汪公功德及人，殊非淺鮮。此事後來續修湖南通志，名宦汪公傳中應行補載。又汪公官江蘇巡撫任内，特創定例，不許州、縣官認前任虧空，凡有虧空者令其自陳，察其情實，或勒其自賠；或登諸白簡；或憐其情有可原，爲之豁免。倘後任有暗中私行承認者，公知之必立爲參劾不少貸，以爲此等私相授受，多非良吏，大抵設法取之民間，爲害不淺。公後來督兩湖，督閩浙，亦以此法行之。此等功及于民，亦應補入名宦志中。

又畢沅官湖廣總督，實在乾隆五十三年之秋，此志作乾隆五十年，大謬。又畢公於嘉慶元、二年間辦苗疆事宜，實未妥善，身後數年，舊案查出，尚有革職賠累之事，此志尚未明晰。

又仁和吴鴻乾隆中任湖南學政，壬午鄉試鴻先期決科，亟許丁甡、丁正心、張德安、石鴻翥、陳聖清五人必售；揭曉首解正心，德安、鴻翥各冠其經，惟聖清名稍後。鴻作詩紀事有云：「喜極轉添知己淚，望深還慰樹人情。」人稱文章有神，競傳之云云。此等衡文在乾隆間直省學政類多有之，不足爲異，而吴鴻他事别無表見，亦登名宦，近于濫矣。且是科典試者爲嘉定錢詹事大昕，錢公亦有詩紀此事，與此志稍異。蓋錢公詩序乃鄉試之後，諸士子以場屋之文呈吴公決定，非先期決科之文也。是則頌衡鑒之精者，當屬之於錢公，不必定在吴公也，而錢公之名何以不載？

又秀水鄭贇善虎文乾隆間亦曾爲湖南學政，三年之中，頗有造士導教之德，又何以不與盧公文弨、姚公頤、錢公灃、張公姚成、葉公佩蓀、秦公瀛一律登載？故此志於吳公鴻則失之濫登，於鄭公虎文則失之漏登。

又康熙中，奉天徐治都任湖廣提督。武昌流賊夏包子肆掠，將南犯岳灃，治都邀擊于夏口，破之。未旋，桃源流賊萬人傑復肆掠，治都妻孔氏親督兵剿平之。事聞，授治都鎮平將軍，孔氏一品夫人以上湖南通志名宦傳。蓋夫人知兵受封，人以爲從來所未有。然咸豐間，粵西之賊，蔓延江西，將及廣信，時知府爲侯官沈公葆楨，其夫人林氏亦出謀發慮，佐沈公調兵堅守，有卻賊全城之功。事聞於朝，詔封林夫人爲一品夫人，與孔夫人前後相輝映。愚以爲此兩夫人倘生於明崇禎間，遇秦都督良玉，必收之麾下，訓練成軍，可決其各有所向克捷之功焉。

記烏程縣志重修本

余舊假歸安老友周萊仙烏程縣志一部，乃光緒五年重修本，時主修者爲湖州府知府郭式昌、烏程縣知縣潘玉璿、署烏程縣知縣馮健，總纂爲邑人周侍御學濬，纂修者爲汪學博曰楨，協纂兼繪圖者爲徐孝廉有珂、徐孝廉鳳銜、張訓導炳森，采訪者爲陳訓導根培、莫訓導文炳、桂訓導榮，校對爲周主事學洙。爲類三十有九，爲卷三十有六，爲册一十有二。統觀全編，條理峻整，詳贍而不失之繁蕪，簡明而不失之疏略，在近日各州縣志書可稱精本。惟莊氏史案，前人紀載凡五、六家，非疏略即舛訛，舊閱楊氏鳳苞秋室集，記此事極爲詳贍可信。今閱雜識一類有陳訓導根培所記，云楊氏尚小有舛訛，而以己所考訂載之。

先是，余訪友于英市客棧，晤武進汪子淵太史洵，偶談湖州莊氏史案事，汪君云：「舊閱南潯志，載此事極詳。案方未定之時，有滿人某公來爲湖州府知府，到任方六日，以失察莊氏明書版所在，罪在劈尸三十六塊。」余彼時頗以爲疑，以六日知府焉知此事原委？首禍之人罪至發墓剖棺，灰其骸骨，以六日知府即責以失察明書版之故，罪至與首禍之人相去不遠，由此類推，知此案牽連無辜者必多矣。將欲託湖州友人代覓南潯志書閱之。今閱此志「著述」一門，乃知南潯一隅之地，前後之爲此志者多至十有餘家，度其書未必皆有刊本，今日所存亦未詳凡有幾家，而汪君所閱之本亦未知出於何人。再閱楊陳二君所記，乃知官湖州知府之初蒞任者爲江都譚希閔，以欽差侍郎羅多等索賄不遂，乃坐譚隱匿罪，擬絞死於錢唐門外，並未有劈尸三十六塊之說。

然南潯諸志今日所存，此纂修、采訪諸君不應不見，蓋非失之蕪，則失之誣，故雜志四卷采取無幾，知諸君子皆爲學問中人，深明「辭尚體要」之道，外人有欲考求烏程一邑掌故者，即得此志已足，其他一切雜書等諸雲煙過眼可也。

記咸淳臨安志舊鈔本

余舊得歸安書友吴申甫醉六堂所售咸淳臨安志舊鈔本，據其簽條所記，乃歸安章紫伯綬銜得之于温鐵華，後又歸之烏程蔣維基。兩家簽條均記「臨瓶花齋、抱經堂兩家校本」，蓋盧公先有鈔校本，吴枚庵又假之盧氏，先後倩人録成，末有盧吴二公跋文可考。温氏鈔本又出於吴氏，而章君得温本所臨盧吴兩家校本，不知是温氏原本，抑章君所録也。

今按此鈔誤字尚多，未能精録，而盧吴兩家校本當更精細，且盧吴兩公不特校其原書脱訛之字，仍各有糾正潛氏記載之謬。今擇其要者標録數條，以餉近來有讀錢唐汪氏刊本者。顧此書今僅有汪氏刊本，而余尚未寓目，不知汪氏曾見盧吴兩家校本，有采録否？行當覓汪氏刊本細閲之。

記潘少伯林皐間集删刻本

武陵楊太史彛珍所删刻林皐間集一册，今季夏在館檢點藏書，忽得之，不記其所由來。繙閲大略，雖不甚洽愚意，中有記事小傳八篇，均足以存，將分别采入碑傳集中。因憶錢衎石給諫碑傳集有採潘諮之文者，爰檢錢氏元本，果有張少宰鱗别傳一篇，再檢此集，竟未之載。玩其叙述，實爲潘君之筆。蓋楊公刊此集時未得此文故也。楊公與潘君結交於京，在道光乙未。暨庚子，楊公再至京師，潘君已客遊山右。楊公本以古文名世，至此乃得潘君詩文集，讀而愛之，遂寓書山右，致傾奉之意。潘君乃先後彙寄所作，且屬楊公視其可存則存之。後來楊公簡存四十餘篇，重鋟之板，時在同治丙寅仲夏，潘君已殁矣。楊公之序並未著潘君何許人，序後付刊潘君自山右寄一書，时在庚子八月十三，乃知潘君名諮，自稱「垂老踽踽獨行」，其年當在五十左右，竟不知其殁於何年，又不知錢公得此文于何所。錢公殁于道光之季，凡同時人之作，有關碑傳，皆有所采。又想楊公與潘君往還，自庚子以後相距甚遠，不及時通音問，無由再訪庚子以後之作耳。又憶吴公大廷文集有跋此集之文，(亦)即(加)檢閱，乃知潘君爲會稽布衣，别無所記，他日當晤紹興友人詢之。

予既草此，旋閲定遠方君子嚴濬師蕉軒隨録卷四有記遊四松園事一條，云：「道光甲辰，予年十五，初應江南鄉試畢，戴君豫庭拉遊四松園，即陶文毅公所建印心石室。適會稽潘少白先生諮寓此，延入，問答間，縱談辛丑、壬寅間海氛不靖事，如林少穆、牛鏡堂、伊莘農、裕魯山諸公皆有褒貶。瀕行，先生持新刊詩文全集見贈」云云，乃知潘君詩文已自行刊有全本，尚在楊刊二十餘年之前。蓋潘楊兩君蹤跡東南遠隔，未能時通音問，潘君自刊其集，楊君不知，及楊君刊此，潘君下世已久矣。

潘君生平雖不甚悉，大約爲讀書稽古立品之士，以故多與一時名人往還。其文似學唐人孫可之一派，篇旨雖小，用筆峭潔可喜，在近人亦不多得也。

記宋本渭南文集

宋槧渭南文集五十卷，中本小字，每半頁十行，行十七字，爲公子子遹所刊，凡「游」字均缺筆作「游」。後來毛氏汲古閣刊本，字體改大，實據此本。舊爲吳門黃丕烈所藏，其跋記所得原委甚備，惟所記白堤錢聽默有云：「昔絳雲樓未火之先，有白髮老人自稱放翁，示夢于汲古毛氏，謂『我有集在絳雲樓，曷假之？』既寤，異其夢，遂向假歸，而越日火發，放翁集得免于厄」云云。然不知其爲詩與爲文，且斯言亦不果確否也。黃君雖記錢書賈之說，原不據以爲信，不過得此宋槧，記此以志欣幸，附存其說而已。

余以爲決無是事也。古人遺集孤本留落人間，有好古者思得其書而刊之。凡文人著述，精神所聚，英靈不泯，示夢于人，藉爲流傳，原不爲異。惟放翁詩文其始均爲其子先後校刊，流傳宇內，在明代尚不乏印本，而明代又有正德間汪氏刊本，又有無錫華氏活字版本，均爲文集，在毛氏刊本之先，流傳甚夥，非絳雲樓獨有此不傳之祕本也。放翁何至示夢于汲古閣主人哉？惟吾鄉先達戴太史憂菴雜記有一說云：「余購得陸放翁詩集一部，乃常熟毛子晉所刊者，因聞得一軼事，附記之：始放翁詩萬首，其行世者不及十之一、二。子晉聞其全集爲其子子聿所定，藏于家，距子晉時踰四百年矣。子晉因至紹興訪之。陸氏子孫世爲農，無讀書者。問其全集，有之，出篋授子晉，開放之，朽蠹特甚，遂逐篇抄之歸。至家，同縣錢尚書謙益借觀之。一日，子晉同一知堪輿者飲酒，（於）

〔言〕絳雲樓當有火災，君書在彼處者頗多，何不取還？堪輿術不甚精，至是子晉獨信之，列一書目送錢氏索之。錢先歸放翁集，不數日而絳雲樓災，書盡燬」云云。此記當得其實，惟前半云子晉至紹興訪陸氏之集，似爲陸氏全集稿本之未刊者，尚未明晰渭南文集五十卷爲其子遹所刊，劍南詩稿八十五卷爲其子子虡所編。前人有見宋槧十行行二十字，黃丕烈亦有殘宋本，毛氏所得當爲陸氏守藏之刊本照鈔之，因得之不易，一時聽術者之言而取之，初非有神異之説也。

今劍南詩稿宋槧本想宇内亦尚有之，此渭南文集黃氏藏本數年前爲會稽章石卿壽康得于滬上，今歸安老友周萊仙以毛氏刊本借校之，無甚同異，知毛氏刊本甚精，想所刊劍南詩稿亦據宋本，今與宋本等而重之可也。今石卿之本已于丙申冬售于江陰繆筱珊太史，合並記之。

補遺卷三

欽加二品封典賞戴花翎鹽運同銜江蘇候補知縣桐城張君墓誌銘

并序　代李相國作

同治初年鴻章奉旨統師平吳駐節上海，時軍務繁劇，在在須人，知交中有以張君﨑甫薦者。時予三弟季荃亦督兵至此，張君故與余弟有舊，知君才識可用，余遂檄君督理前路糧臺。君果能實事求是，運籌決策，不辭勞怨，屢犯危險而氣不少餒。旋克復蘇常等府。余方期君大有所用，乃一夕爲公事渡吳淞，值夷舶轟巨砲，同舟人多血肉紛飛，君雖幸無恙，而兩耳已不能聰矣。自是遂絶意仕進，辭差歸里。嗣余弟亦倦于游宦。適兩江總督曾文正公方整頓兩淮鹽務，奏改票引招商承運，富紳多觀望不前，君知此舉上有裨于國，下有便于民，中亦有利于商，毅然決策請余弟領運爲四岸倡，不十年兩淮之鹽暢行大江南北。余既服君有操奇計贏、算無遺策之能，而轉惜君不能大展其才、爲國家棟梁之具也。自是二、三十年，余嘗總制于北，君獨高卧于南。余屢欲乞休，與君輩優游林下，迄不可得。前年秋，聞已棄人間世。今年秋余奉使外洋還朝，君之孤繼良等以君狀來，將以十月二十四日葬君于桐城城北冰水澗保上灣之原，且以銘幽之文爲請。念君與余昆弟交游數十年，義不容以不文謝。

按狀：君姓張氏，諱稷字昀甫，號穎生，安徽桐城人。張氏故桐城華族，君六世祖諱淳，明隆慶戊辰進士，官陜西布政使參政，事績具明史循吏傳。九世祖諱杰，康熙間歲貢生，官蘇州府學訓導，與太傅文端公爲同懷兄，太傅少嘗受學，世所稱「吴門先生」者是也。曾祖曾進，邑庠生。祖諱裕勳，太學生，候選縣丞。父諱同準，郡庠生。均誥封通奉大夫。曾祖妣吴氏、祖妣姚氏、妣殷氏均誥封夫人。通奉公三子：長保福，太學生，候選通判；次即君；三開祁，同治甲子科副舉人，歷官江蘇上元、銅山等縣知縣，升海門撫民同知，在任候選知府。君幼有夙慧，凡讀書能過目成誦，工楷法，精繪事；稍長尤留心經世之學，兼工六藝勾稽之術。余統兵平吴，曾佐余戎幕，緣克復蘇常等府功，由主簿奉旨賞戴花翎，加鹽運同銜，以知縣歸江蘇即補，未幾以重聽歸里，與余弟季荃領運鹽務十數年。余弟不幸以病亡，君乃獨任其事。性慷慨，好結交，嘗急友難，籌二萬金爲之轉圜。凡有義舉，不分畛域，務求有濟。捐建文廟，重修家譜，族戚貧寒，交游緩急，無遠邇，無親疏，必各量其處境，盡力施予。又先後捐拯畿輔水災，奉旨賜建「樂善好施」坊額，賞二品封典。甲午夏，倭人犯順，海防戒嚴，部議方籌捐餉精，君聞之，擬赴揚州與同人協力商辦，以維大局，已尅日就道，未幾遘疾，以八月二十一日歿于樅陽鹽舸，距生于道光四年甲申八月十八日，享年七十有三。

夫人方氏，有賢行。子四人：長繼良，候選鹽大使；次兆芝，郡庠生，户部主事，出嗣季弟開祁；三兆齡，增貢生，江西分宜縣知縣；四兆頤，候選知縣。女二：長適同里候選縣丞姚潤，次適附生李杜。孫五人：家豫，家益，家鼎，家燕，家乾。孫女□人，均適士族。銘曰：

儉約以治身，寬厚以待人，有理繁撥亂之經綸，抱雅志而終不能伸。維好施樂善之德澤長存，庶幾足庇賴于子孫。

原任福建莆田縣知縣兼襲雲騎尉桐城馬君繼配周宜人墓誌銘 代

宜人姓周氏，前工部營繕司郎中贈道銜桐城馬公瑞辰之冢婦，福建莆田縣知縣馬君建勳之繼配也。

宜人先世蘇州人，祖澍，乾隆間進士，官雲南□□□道，歿于任所。父驥，貧不能歸，寄籍雲南，嘗爲府縣幕客。

宜人生而仁厚，性聰慧，年少勤於鍼黹，治家事有法。道光八、九年間，馬君以鹽大使分發雲南，署昆明縣知縣，元配吴宜人適以病歿，遂聘宜人爲繼室。先是，吴宜人彌留之際，宜人夢有婦人告之曰：「吾有子女，將以爲累矣。」既覺，驚且疑。洎歸馬君，乃悟夢中婦人即吴宜人也。自是撫二子一女，無異己出，御諸婢妾，整肅中將以寬恕，未嘗有疾言厲色。馬君歷任雲南諸州縣，內事悉賴宜人治之，馬君因得盡心於民事。道光己酉，馬君之母方太恭人以疾終于里第，偕宜人奔喪歸里，宜人哭之慟曰：「恨不獲朝夕一侍吾姑，得盡婦職也。」咸豐癸丑冬十月，粵西賊陷桐城，馬氏纍遭家難，轉徙邑之東鄙，數年間，兵荒交作，艱險備嘗。宜人以己未冬十月朔日病歿於長山頭寓舍，距生於嘉慶丙寅年二月十八日，享年五十有三。有子一人名鴻漸，府經歷銜。女二人，長適今廣東候補知府何士俊，次適邑庠生光進垣。同治庚午年五月十三日，鴻漸將葬宜人於懷寧縣之許家冲，以予與有世誼，先以書來請銘其墓。銘曰：

汝南在吳爲巨族，發軔滇中遂不復。兩世清貧能自固，或仕或隱名德慕。宜人廿四適扶風，相夫教子善持躬。中年履豐不矜嬌，晚遇艱屯兼食蓼。懿哉修德不獲酬，未周六甲曜靈休。堯年之鄉新窑里，令子爲卜葬於此。森松翠柏交枝柯，宜人之兆永不磨。

誥封夫人林公元配楊夫人墓誌銘 并序

光緒二十三年夏六月二十七日，無錫林稚眉觀察元配楊夫人以疾終于金陵中正街寓宅。逾年戊戌冬十二月初六日安葬江西新建縣祖塋附近雙港熊姓山原。觀察以穆嘗從之遊，以銘幽之文見屬。

按狀：夫人姓楊氏，常州武進人，父少瀛官江西南昌少尉，母□氏亦常州世族。夫人幼聰穎，性柔順，静默寡言，臨事能明大義，最爲父母所鍾愛。年二十一來歸林氏，時觀察伯兄□□宦於杭州，奉母□太夫人就養，夫人侍奉維謹。時林氏家業方隆，内外家人族戚，食指紛繁，夫人能善體□太夫人意旨，極意經營，恩義備至，秉心公平，曲盡婦道，人各志滿，咸稱賢淑。歲在乙酉，觀察就兩江總督曾忠襄公幕府之聘。癸巳春，觀察分發直隸，留夫人侍養□太夫人於江寧，逾年甲午，中日失和，海氛不靖。觀察奉檄辦理江南、兩湖、北軍等處糧餉，羽書繁綜，日無暇豫。夫人奉□太夫人命寓書：只盡心國事，慎起居，毋以家事爲念。丙申秋，觀察請假南旋省親，僅居一月，見夫人常抱沈疴，摒擋家務，時形竭蹶，然尚條理不紊。丁酉夏，觀察奉調總辦江南機器製造總局諸務，回寓三月，夫人疾遂不起，彌留之際，無他言，祇以未能長侍君姑爲憾。距生于咸豐六年丙辰冬十一月□日，時年四十有一。子一祥慈僅四歲，出嗣長房。女一，字丹徒尹太守恭保之子克成。銘曰：

粵有賢媛，有德有言。德爲壼範，言有本元。嶽嶽華胄，賴有弟昆。友悌深至，半仗閨門。内和外穆，薄俗能敦。淑哉夫人，終惠且温。畢生懿行，永踐斯論。方時隆盛，遽隕魚軒。桃花之鄉，虎形之原，卜奠幽宫，令名長存。

姚曉帆先生暨子植齋處士家傳

曉帆先生諱德森，桐城白苓潤姚氏。幼聰穎，從父磊山公讀書，日誦千言。年七歲，偶入市，見卜者畫六十四卦，即知其次序之訛，長老咸以大器目之。家世清貧，常仰給外家吳公宗普。年十八，即爲童子師，以承菽水。父殁後，家益落。兄弟三人，伯氏早夭，先生居次，季弟某多疾不能自存，祖業若干悉付之；仍有不給，時以館穀濟之。有叔某，子弱家貧，先生供養之餘，復給月費若干，身後殯殮，均以身任之。以故先生行年五十，尚無餘積。某年，與弟同館金陵宗人麟紱家，友愛彌篤，弟旋殁於館中，先生極力營歸其喪，仍撥私業以安孤兒寡婦。先生壯年喪妻，期服後，親友咸勸續娶，輒以婉言謝之。暨館于姚石甫廉訪家，又有〔議〕以宦家女爲配者；（又）館于金陵，復有（議婚）某氏，願以千金爲妝奩者，均託故拒之。蓋懲世之繼配類少賢淑，爲前妻兒女之累也。與人重然諾。累膺當時達官貴人之聘，一以道義自處，以故所至皆敬重焉。先生雖以清潔自好（乎），而遇戚友之困乏者，必盡力爲之經營以濟，所至之地，均以「姚善人」稱之。最後就浙江鎮海縣知縣賴公晉之聘，歲餘，因閱試卷過多，積勞成疾。慮不復起，力辭館歸，甫七日而殁。時年五十有七，是爲道光二十五年十月十六日也。

子名光燦，字世培，一號植齋，少受業于先生，與先生均累困場屋。先生殁後，能繼其志。族黨中事無巨細，必盡力維持而玉成之。族中數千人均知奉法維謹。鄉里亦均以好相推許。生平不事家人生産，衣食恒苦不給，而悠然自得，曾無戚容對人也。殁于光緒九年三月初七日，年六十有二，妻某氏，有子三人：明忠，明孝，明發，孫四人：正甫，正啓，正興，正宏。

論曰：余與植齋交二十餘年，已不及見曉帆先生。聞植齋言先生學行如是，因爲書之。植齋嘗館余家，又爲道及先生航海就鎮海縣賴公之聘，同舟十數人皆疲癃殘廢不堪言狀者，又有一人狀貌奇古，頗類世畫八仙中之鐵拐李者然，惟有一人衣履整潔，爾雅溫文，年約五、六十餘，與先生談養生涉世之道甚悉。又言人家父祖棺木總宜早葬，久則雖得吉地，亦不甚得力云云。舟未泊岸十餘丈，諸人均不知所在，僅先生一人在舟中，乃悟皆爲散仙游戲人間者也。余因知先生亦生有自來，非常人所有之奇遇焉。植齋秉性高曠，能不墜先生家風，尤足尚也。余故附著於篇云。

祭左氏節母文

嗚呼！宇宙茫茫，人生繁夥，衰榮遞嬗，其孰能揣？或享厚福，或遭坎坷，獨有堅貞，令名不墮。

維太孺人，及笄適左，上事翁姑，下而碎瑣，一身肩之，無不安妥。仁孝賢淑，鄉里許可。羣方嘆羡，終享其昌。風雲變幻，倏忽靡常。方時隆盛，黔婁婦孀，羅幬頡易，素帷初張。歌悲黃鵠，淚灑沅湘，古有皮金，字今尚香。刀繩在室，誓步餘芳。輾轉抽思，白首在堂。顧瞻前後，幼子在傍。倉卒一決，孰可堪當？鉛膏是斥，井水爲坊。營生蔫草，耕織蠶桑。家難疊作，摧斷肝腸，流離險阻，艱苦備嘗。惟有一心，星日同光。寒暑推移，風恬雨霽。悉心籌畫，得飽粗糲。子又生孫，綿綿勿替。追思疇昔，恍如隔世。

昔我先母，往來里第。惟太孺人，最與諧契。憐予小子，以女孫妻。不肖受室，先母早逝。侍太孺人，又十餘歲。白髮盈盈，操作猶鋭。言念往事，咨嗟隕涕。命予小子：我命之窮，汝誌我言，知我持躬。旦暮地下，銘我幽宫。言猶在耳，忽訃云終。二載牀褥，神遊太空。嗚呼！年躋大耋，壽亦云豐。孫又生子，炯炯雙瞳。清修苦節，百世可風。於時爲塞，與天爲通。椒漿敬奠，聊申寸衷。魂兮有知，暫下鴻蒙。嗚呼痛哉，尚饗！

答諸生問明建文出亡事

余少閲明人記載及長老所傳，燕王靖難師臨金陵時，建文帝從地道出亡。余中晚之年嘗到金陵，中間曾數到明故宫遺址最高處，仰觀俯察四面地形，斷無有能通地道出亡之理。然不出亡，則宫中火起灰燼之餘，何獨有周后之尸而無帝尸，究竟帝安所在？乃知明史建文本紀云「不知所終」，最爲得體。然前人紀載紛紛，且有首有尾，仍于列傳中附入程濟一傳，以存出亡疑案，亦尚合法。

（又）〔按〕明人紀載之最先者，有吴江史仲彬致身録一書，且言建文三至其家。萬曆間此書刊本出，士大夫有疑信參半者，惟嘉興沈德符野獲編力闢其妄，且云「僞撰之人不曉本朝典制，所稱官秩皆國初所無，且妄創俚談，自呈敗缺」云云。此下歷引陸薛及英宗實録等書，俟後一一詳補。

愚以爲諸家所説互異，惟英宗實録所載，當日實有僧一充建文。至萬曆甲戌神宗御日講，問輔臣以建文君出亡事。張居正對曰：「此事國史無攷，但相傳正統間于雲南郵壁題詩有『流落江湖數十秋』之句，一御史異而詢之，自言建文帝，欲歸骨故土，遂驛召入宮養之，時年已八十，後不知所終」云云。以上亦野獲編所載。蓋張公尚不知英宗實録載僧人楊應祥僞充建文君之事也，張公聽流俗之言以對之耳。

若如鄭端簡遜國諸臣記末載建文故太監吴諒見建文君，證以某年食鵝肉之事，是當時已認爲真建文君，養于宮中，後來葬之西山，不封不樹云云，則宮中必世代相傳：建文君晚年入宮供養及葬，果確有其事，則自仁宗以下，英宗、神宗何至絶無所聞耶？此建文君出亡，晚年斷無再出之理可知也。

然余終疑建文出亡，究竟爲何術也？後來閱近人方濬師蕉軒隨録所載有明人某所記建文出亡之事，較諸家爲得其真。蓋燕王靖難之師未至金陵之先，建文君曾招五百名僧入宮誦經，欲借佛力以解此難。未幾，燕師逼近京城，建文君情急(頓)〔智〕生，披剃、衣僧服，混于五百僧人而出。此説最爲得實。吾疑此中固有天意，或建文君有特識，知五百僧中有有道者，相與偕隱，或彼時暫藏其荒刹，或後來擇地偕隱，以終天年。但自出亡，實不知所終。

此外如明人及國朝谷應泰之書一切雲遊賦詩晚入燕京之説，概作子虛烏有觀，可也。

記漢長沙太守韓玄墓

余舊聞湘鄉禹君孚言：有三國時長沙太守韓玄墓，至今尚顯威靈，在今學使院後，每任學使下車，必虔爲致祭，署中乃得平安云云。

今余于役長沙，訪求古蹟，有本地父老云：「北門内有紗帽塘。(爲)三國時魏延救黃忠，追殺長沙太守韓玄，投其帽於此塘，相沿至今，名爲紗帽塘。舊時墓前本有祠屋三間，有守冢人奉祀。今年久失修，卑陋下濕，守冢人以葦席蔽其旁居之，因久無生計而去。又當日墓南爲長沙府治，前後居此者數見靈怪，或聞堂上呵叱聲；風雨之夕有偉丈夫衣冠坐立；或數處皆見之，官不自安，徙治今所。今爲提學之署，然怪異尚常有之」云云。

余按韓公之事，陳壽國志只記玄領守長沙，自荆州牧劉表之時，魏武克荆州，未暇易置守令，故黃忠、劉磐共守攸，並仍舊任而統屬於玄。至昭烈南征四郡，玄以城降，其見於正史者僅此。故韓公生平功績，史氏失書，而稗官小説如三國演義等書所載，父老相傳，均不能信。今即史氏所載而推求之，黃忠有絶大本領而能事玄，甘爲之下；韓公於昭烈南征之際，即偕三郡俱降，兵不血刃，四郡安堵，去逆就順，此其生平本領智識，實駕乎當時羣雄之上。久領長沙，亦必於地方大有功烈，故二千年來英魂毅魄長留兹土。當時墓前本有祠屋三間，年久失修，士人漸忘其本，以致春秋失祭，則長沙士大夫之不學，又不考求故事之過也。春秋左氏傳曰：「鬼有所歸，乃不爲厲。」今韓公之靈僅藉每任學使一祭，無歸甚矣。他日當會長沙講求典禮之君子，仍當修復故祠，春秋致祭，乃得報本反始之義焉。

記年羹堯遺事

年大將軍羹堯生平事績，除國史列傳所載之外，皆不甚詳悉。蓋其伏法以後，其有善可稱，有績可述，士大夫即有所知，皆不肯記載，而小説如兒女英雄傳等書所紀出身之事，又不必可信。而乾隆以後，故老云亡，年遠益無所稽矣。

舊見一説部書，今忘其爲何人所著，有記年公一事云：年公在陝甘軍營，一夕傳令某將帥：「賊將來偷營，速出隊前往至某地迎擊，出其不料，可獲賊之器械多端。」諸將帥各爲詫異，以年公居數重營壘之中，昏夜外無軍報，何以知之？然諸將帥素知年公軍令森嚴，不敢不出隊前往。至某地，果遇賊，大隊勇猛前驅，頓見官兵，知已預聞，慮力不能敵，即棄軍裝，紛紛回竄。官兵追至數十里，果獲器械無算回營，天亦將明矣。諸將帥稟見，云：「若不聽余言，汝輩幾於身首異處矣。」諸將帥因請其預知之故，曰：「汝輩總不時時留心，昨夜不聞有大隊鴻雁紛紛見過乎？此雁向宿某湖，無千軍萬馬見過，不能驚起也。賊偷我營，某湖爲必由之路，故羣雁皆驚而起。但雁飛較賊爲速，余固料賊此時當到某地，汝輩速爲出隊，行至某地，必當與賊相遇也。」諸將帥乃欣然悦服。然此等知識在年公尤其小焉者也，不過略見一班，知其時時留心，處處用意耳。

猶憶三十年前，余訪廬江友人黃君業良于其家，伊有親友懷寧楊冕周，時亦到此，與之盤桓數日。楊君爲勤恪公諱汝穀之元孫，以世家子而習聞故事。一夕，談及年大將軍之爲人，年與楊公同爲康熙庚辰科進士，勤恪於雍正初服官京師，其孫某爲冕周伯叔祖行也，以年公與乃祖爲同年，特往陝甘軍營，欲張羅若干爲營生之計，乃到年營投帖，一兩月不得見面，欲歸，又苦於無資，日困守旅舍。一日有兩差官至，問：「楊少爺安在？大將軍速命傳見。」楊君喜出望外，匆匆隨差官前往。一進軍營，見兩路旁各架木桿長刀，對搭中路，人行兩面刀下，每前行一兩步，背後即有兩刀倒地，距背不過三四寸，約行里許，路盡，將到客堂。回望一路，刀皆倒下矣。差官屬楊君在堂西下立俟。堂中只一大椅坐位，俄而年公乃出，衣冠皆道裝，有二童子持雲帚侍。年公即高踞上坐，問曰：「汝爲楊某之孫乎？來此何事？」對曰：「祖父久宦京師，家中食指數十人，恒苦不給，困厄不支，特來求大將軍稍爲資助，爲一家營生之計，然實非祖父之意也。」年曰：「我知之矣。汝祖本與我爲同年，汝且下去。」差官乃引至原路出營，而兩面刀架如初，幾于身膽俱碎。將到旅舍，本地撫軍已至，云：「大將軍教我爲楊少爺餞行，但今日即可起程，一路均有夫馬供應，無須另用盤費。」飲至中席，又有兩差官至，持信封一，將封內一紙手出云：「大將軍教楊少爺一看。」並無一字，紙上惟八个墨圈。差官仍將此紙入封持去，并云：「楊少爺可以起程矣。」席罷，撫軍親送上馬，乃別。一路遇驛站，供應皆極豐腆。乃未到皖三日前，本城大憲已遣人日到楊家問訊云：

「楊少爺已回家否？」至楊甫入城，撫、藩、臬即親出迎迓，寒喧畢，藩司乃曰：「年大將軍有信，由本藩庫送銀八萬與楊少爺應用。」旋即運至其家。余舊聞長老云：年大將軍性極侈豪，軍中一切應用，酬應非至五百金，概不登帳。今由楊君之事觀之，(而)年公生平之侈豪於此可略見一斑；而篤念交遊，待其子孫之風誼亦于此可略見一斑矣。

記曹文正公軼事

歙縣曹文正公，道光間相宣宗成皇帝，無所短長，故當時有「庸庸碌碌曹丞相」之號。然與宣宗君臣一體，造膝所陳，均關國家大計，宣宗必深爲嘉納，皆非當時所知。公薨後，宣宗乃明降哀詔，有云：「朕所行大政，皆同曹某所商，外人勿謂其生平無所作爲也。」然後天下乃曉然知公自有見真之地，休休有容，不自滿假，君臣魚水相諧，非偶然也。

頃遊西江，主於舊交嘉興沈子培太守曾植南昌府署之西室，間壁即其幕友仁和徐次笙上舍鏞辦公之室。一夕來余室談話，乃知其曾祖訪巖方伯寶森道光二十三、四年間曾官安徽布政使司，護理巡撫，旋歿于任所。其未達時，久寓京師，爲曹文正公幕府。曹公進奉文字及一切酬應諸作，均出其手。(故)晚年所自定文集二十四卷，凡代曹公之作均不列入，另有手稿一册秘藏于家。嘗爲家人(僅)述曹公年幼時及官政府時各一事，有足異者，因便誌之。

一，公年五、六歲，家塾讀書，秉性頑劣，好裝扮烏龜之戲，恒用一脚盆覆于地上，已入于中，時伸一頭兩手兩足出于盆外，遊行地上，宛然一龜形也。其太翁文敏公聞而惡之，一日猝然到塾，探其動静。時公正爲此戲，見太翁至，即以全身縮于盆内。太翁若爲不知，即終日坐于塾中，至晚乃舍之而去。家人輩以公必死，忙然掀盆，而公在内呼吸如故，家人乃扶之起，以温湯飲之，而公悠然自得也。

一，公官政府時，曾有一疏，繕摺畢，用刀截去上下方紙片，歸于整齊。夜半起，懷摺上朝，一路所見，燈光照影，見身不見首，乃大駭。即出疏就燈光細閲，有無忌諱，反覆尋思，均無違礙；忽見上方「皇上」之「皇」字已將「白」字截去爲「王上」，復大駭回寓，此疏即不復繕寫再上，乃相安于無事云。

由前一事觀之，知古今賢達偉人幼少所行，亦時有不法之事，識者不得即執此以量其將來。由後一事觀之，知臣下陳奏于君，必誠必敬，一無所苟，稍不自檢，即有身家性命之憂，貽笑于天下後世。然吾尚疑曹公此疏不知所陳何事，雖公自視實無違礙，然恐一時行之似（爲）〔尚〕中肯；亦恐貽患于他端，及行之年久，百弊雜出，〔故〕特神使鬼差，誤截「皇」字以警戒之。觀公駭懼之餘，即不復繕寫再上，亦必實有可以不上之道也。

癸卯秋九月二十日上午書于南昌府署之西寓。

吴文節公遺事附記

吴文節公遺事，余已記其大略，今又聞其所親之後人吕宋廷云：公少年好食鴨掌，其法：做一長方鐵絲籠，下方以銅鐵板爲底，籠開一洞門，將鴨閉入籠中，下方用一瓦爐貯炭火，以鴨籠置于火上，熾板熱，鴨不勝其苦，東西跳走，久之遍身精華萃于一掌，掌厚而大，乃將鴨全身取出，肉已銷磨，只截兩掌，命庖人以法烹調，其味極美。公嘗食此。由識者觀之，則公他日得志上達，其侈豪饕餮，不惜物命，必定如年羹堯、王亶望之所爲矣。乃吴公此舉有所親知之，力爲勸戒，公乃不復多爲，漸漸而止。後來居官竟能刻苦儉約。其奉命出官雲貴總督時，中過某縣，縣令某躬進燕窩一器，公不之識，問「此何物？」某令以燕窩對。公乃大駭曰：「聞此爲最貴之品，得亦不易，價亦不菲，我萬不能食。」力卻之。此與少年所嗜，判若兩人，人豈易爲輕量哉！

年羹堯之督師西征也，其軍營養天下名庖人多至二、三百，每庖人只辦菜一品，均有異味可口。度每日戕害物命不知凡幾，(然而)其詳均不可得而聞之；惟有小炒肉一品，須用猪十數口乃能辦得一器。其法：辦猪十數口，每一猪用一屠人，又用粗人二名隨屠人後，屠人將猪一鞭，猪即狂奔，屠人及粗人各隨猪後追之。猪奔馳良久，力不能勝，遍身精華萃于一體一所。屠人見某所肉跳，即知其精華所萃，速用利刃將跳肉割下。各屠人共聚，將所割之肉交于某庖人，用法烹調，其味美不可言。(此)年公伏法後，(各)庖人四散。有杭州某生娶一婦，問其出身，云：「曾爲年大將軍庖人之一。」某生大喜曰：「汝既爲年大將軍庖人，辦菜必精。」婦曰：「年大將軍有庖人二、三百，各辦一品，我只能辦小炒肉一品，他非所能。」某生又喜曰：「汝既會此，將來常常爲我辦小炒肉，何如？」婦曰：「汝尚不配食此。」某生詰問，如前所云，某生乃索然曰：「誠如汝言。」然其心不能忘，常常思一小試。數年，適杭州有一公事，須用豬數口，某生適司其事。乃向婦謀：「可就此少辦一嘗，以償夙好。」婦乃允之。某生一嘗，連舌吞下，云：「天下美味，莫過于此云然。」婦言：「此全在我烹調得法，若不如我法，雖有良肉如此，經他庖人手，尚無此出奇之味。然年大將軍美品極多，此品尚非所措意，亦不命之常辦也。」

王亶望飲食侈豪，不惜物命，尚在年公之下。生平喜食鴨羹煮豆腐，其法：用一木籠，兩頭各通一洞，將鴨養于其中，一頭以鴨頭出外，就近用水、米各一器，令鴨就食飲，一頭之洞爲鴨洩糞之用。鴨久養籠中，肉日肥嫩。其養鴨之籠以數十百計。每日用一鴨之羹以伴豆腐，爲食品之一。然此舉較吳公當日暴殄物命之法，似尚稍勝一籌；而吳公及早回頭，所以能善始善終，終爲一代偉人，較之年王二人均（爲）〔終〕伏法，賢愚善惡，大有霄壤之分也。

書趙恭毅公官偏沅巡撫事

武進趙恭毅公由知縣起家，歷官刑部主事及員外郎、浙江布政使、浙江巡撫、湖南偏沅巡撫，內升左都御史，遷户部尚書，統惟康熙三十年至四十年以病免家居，其餘服官中外近三十年，惟康熙四十一年官偏沅巡撫至四十九年十二月內升左都御史，計公之服官惟湖南最久，自知縣起家至户部尚書均多政績可紀，讀公自治官書，令人肅然起敬。近湘鄉老友禹君孚卿前後爲余述公官湖南遺事，乃少時應試長沙，聞諸老輩盛稱之，爲外間記載所未有。

一，長沙嶽麓山有□□寺焉，佛殿柱極粗大，中皆空洞，柱設暗門，由內啓閉，外懸銅鐘，擊之以爲啓閉暗號。殿旁建高樓數間甚壯麗，多設卧榻，扃鐍甚嚴。凡進香求嗣之婦女有姿色者，僧令居住樓房，誑言夜間有佛子現身，可以度種受胎。婦人喜佞佛，多信之。淫僧夜深擊柱鐘，有慣使之女僕啓門延入，由空柱中猱升以達於樓，儼若從空下降者，未曉即去，形迹俱泯。或留宿數宵，或經旬始返，雖宦家眷屬，皆受其染，歸家後竟有懷妊生子者，羣信爲佛子度種而不知淫僧之僞託也。趙公撫湘時，於地方利弊民生疾苦無不關心。聞寺僧不法事，微服往察，徘徊佛殿，偶敲銅鐘，即有婦人啓柱門，見非僧徒，急闔扉去。衆僧聞聲而至，見趙公，不知爲巡撫也。請問至再，不吐實；因其看破消息，事干未便，用殿前大鐘覆之，外備多柴，四面環燒，冀鍛鍊以致於死，藉滅其口。時近黄昏，火光燭天，城中官員恐岳麓聖廟及書院有災，趨稟撫軍，不知所往。兩司知撫軍之素好微行也，心益驚疑，急會同中協率兵勇渡江入寺撲救，火息見鐘，令多人掀開，而趙公在焉。幸鐘大質厚，火熾難透，未至傷命，然已昏迷不省人事矣。一面護送撫軍回轅，圍捕衆僧，嚴訊得其故，婦女悉放出，縱之還家，一面將淫僧盡行正法，其寺即以一火了之云。

一，爲湘省兩司參案焉。有某年正月元宵，省城大出燈會，人物花鳥，珍禽奇獸，裝扮多端，舉國若狂，滿城士女聯袂往觀。趙公邀同兩司微行街市，藉覽燈景而察民情。至一織屨之老者家，借榻而坐，出貲令購酒脯，對酌閒談。趙公問此燈何名，彼燈何名，老者一一相告。最後車上坐一官人，一手持銅鏡，一手捧水盂，趙公問之，則曰此某撫臺，居官廉正，百姓以明如鏡清如水相比擬。又後兩獅燈，遍身掛綵帛金錢，前兩足作搓摩歡喜狀，趙公復問，老者囁嚅，堅詢之，則曰此因藩、臬兩司皆愛錢，作此以形容貪態耳。相與一笑而散。公知兩司孕恨老者侮己，必來提拏也，繞道行數十武，復至其家，曰：「爾失言，頃偕來者即兩司，禍不遠矣！」促令互換衣服，「其速逃！」公乃據櫈織屨，俄而衙役持鍊鎖拏紛擁而去。至縣署，邑宰坐堂上喝令：「跪！」公曰：「我無罪，何故跪？且年老，可以不跪罷。」衙役强拉之，公曰：「欲我跪則易，欲我起則難耳。」邑宰盛怒，方以觀燈侮辱事相詰問，燭光下細視知爲撫軍，即離案跪地，叩頭如搗蒜，口稱：「罪該萬死！求大人起身。」公曰：「我固言欲跪則易，欲起則難也。但此事與爾無干，可傳兩司來，當面説話。」兩司飛輿而至，惶恐跪拜，再四請罪而後起。公數兩司曰：「爾等貪婪，種種不法，我已具摺奏參，摺尚未及拜發，汝等且同我到署，將參摺與爾等一看，如有某件不實，不妨相告。」兩司見其摺，件件皆有實據，均默默無言，但叩頭請罪而已。

又言岳麓山洞有一大蟒爲地方害，人不能制。趙公亦設法覓好獵人，用彈子時伺此蟒出洞，以彈打死，其害乃絕。其他察吏安民之事，不能悉記。湖湘老年人尚有深知者云。

此事前半數年前與孚老對門而居時談及之，今相晤復話前事，以備遺忘。孚老又述參劾其時兩司貪婪之事，乃總爲記之，命曰趙公官湖南偏沅巡撫遺事云。

時癸卯閏月十六日下午記。

書自作武進趙恭毅公軼事後

余舊與湘鄉禹君孚卿談及武進趙恭毅公之爲人，禹君乃舉公爲偏沅巡撫時軼事兩端，余曾爲文以記之。然余於公私訪洪恩寺事，終不能無疑於心。蓋余十餘歲時，曾見吾鄉優人唱此曲，名曰火燒紅紗寺，而禹君述其鄉老所傳似是紅巖寺，且云寺在長沙西門外對江之岳麓山，時余均未悉此等之名到底爲某兩字也。

頃于役長沙，一日晤葉煥彬吏部德輝，談及此事，葉君云：「此寺名洪恩寺，在今長沙南門外□里，今長沙優人唱此戲，乃于成龍事，非趙恭毅事也。」余曰：「康熙間，同時有三于成龍，又有一喻成龍，而三于公〔中〕，號北溟、謚清端者乃山西永寧人，官至兩江總督；號振甲、謚襄勤者乃漢軍廂黃旅人，官至河道總督；同時又有一于成龍，康熙二十一、二年官江寧府知府，乃于清端所舉者，均未嘗有宦於湘湖之事，惟喻成龍曾爲湖廣總督，在康熙四十二年，四十五年即因事革職，時趙公官偏沅巡撫，在康熙四十一年，至四十八年乃昇京秩入京。喻公官總督不過四年，似無由到長沙干預趙公之事。」而葉君云「今湘中唱此戲，久屬之于于成龍，而洪恩寺實在南門外，不在岳麓山。」余以舊閱三公本傳，恐年久記憶不清，亦未暇與葉君深論此事，姑爲唯唯否否而已。

今歸里，歷湘江，時水淺舟膠，無聊之極，乃草文數篇，候回里後再取三公本傳詳之。惟官江寧府知府之于成龍，余昔未詳何許人，亦不知其終於何官。余昔僅見之於于清端之傳。今閱湖南通志名宦傳，均無三于公之名，則私訪洪恩寺之事仍當屬之於趙恭毅，於當日情事乃合也。

記姚薑塢先生軼事

同里方丈鍊秋嘗述其尊公儀衛先生云：薑塢編修歸田時，有同年某生來爲邑令。一日，先生有所親爲産業與人爭訟，乞爲一言以自固，先生屢辭謝不允，其人含怒而去。後數日，先生夜閉户觀書，忽一人自屋而下，執利刃，且懷數百金擲於几有聲，前曰：「某以與人訟，乞子一言於邑令，何執之堅也？今將傳刃子之腹中，子如能易，當以數百金爲壽；若不悟，請以血染吾刃矣！」氣色甚厲，屢以刃擬之。先生觀書丹黄如故，不爲動。其人無可奈何，乃袖刃懷金而去。先生平生潛德隱行如此類甚夥。其曾孫石甫廉訪所著姚氏先德傳、東溟文集、寸陰叢録、識小録載先生事頗詳，此事獨軼。宜興吴德旋撰先生墓表，載此事亦未了。今特記之，以示讀先生書者，宜以平生潛德隱行爲師表焉，勿徒羡其學識之精博也。

記章墨亭談印度洋海島事

由印度坐海舶西行萬餘里，有平山岡焉，長三千餘里，横一千餘里。其地四時風景如三春一般，林木茂盛，花開花落，果生果熟，均因時不爽。其人長不過三尺，面目如中華人，而身有毛，常棲樹上，或駕樹木爲窩如屋，一窩只一男一女爲夫婦，常生子女。其人即以果木爲食，四時花果不絶。往時均赤身露體，近亦以樹葉爲衣。其俗男死婦亦即碰死，否則其族類扯婦死與夫同埋。不與外人相接，外人至亦不懼，亦不爲害，或有抱其嬰兒以去者，其夫婦皆哭，還之乃喜。

某年英國主聞之，特派兵船數隻，遣一欽差往至其地，欲感而化之，就而撫之。其族類不答，各紛紛逃入深林，英使怒無可如何，乃縱火焚其山林，燒其族類。未幾，天降大雷雨，其火頓滅，而山上黑水隨流入海，英兵飲水死者凡二、三千人。英使乃遣弁回禀英主。英主曰：「是殆上蒼不欲其向化，聽其自生自養可也。」乃悉召使者兵弁回國，至今不復再至矣。其島之族類花木，至今蕃衍如故，是真别有天地矣。

此光緒五年吾鄉章墨亭從丁禹亭軍門至英京取中國所定造之某某兩兵船，往來均過此山，其詳乃得之于英人云。

記莫菁林事

餘姚莫菁林理問貽金世業運售石炭，往來吳楚間，擁資數十萬金。賦性豪俠，重然諾，戚友有干求者，無不各如其意資給之。咸豐間，經兵燹，凡從前自楚南至鎮江，沿長江一帶，所設行棧泊船隻盡毀于賊；平日又好侈豪揮霍，家遂中落。以布政司理問需次江蘇，鬱鬱以卒，時□年□月□日也。

其人少不讀書，粗解文義，而性頗靈慧，工圍棋，善推算星命。少客楚南，從一舟子學祝由産科一門，極有神效。其友人周季貺太守星詒甚豔羨之，請從授受。菁林謂曰：「學此有損無益，徒爲人役而已。」因力勸勿學，且戒以後亦萬勿從他人學也。據云：祝由有七十二科，内各兼一咒人邪術，故請授受之初，師必令立誓，戒不得受治疰人家叩謝儀物及飲食；有延之者，雖己有事極繁冗，亦必立應之。苟違其誡，必應所誓無爽。「即如我輩，戚友及交遊甚廣，酬應又多，凡爲人治病疰者，豈能過從其家謝絶飲食之理？故不如不學之爲貴也。」菁林終身無子，有妾六、七人皆不育，自云必少年初學立誓之應云。

又菁林好冶遊，嘗于某年小除夕在蘇州偕友四人從閶門外往南濠萬年橋，入胥門，時夜已深，途遇一人，身體魁偉，過于常人，冠白布梁冠，衣麻衣，趿草履，手持一大葵扇徑尺掩面，循屋簷避道而行。菁林等初不爲意，行十數武，思念深夜初遭大喪，孝子何事凶服獨行？又時嚴冬而手持葵扇，尤足詫異。與同人言，欲追躡，覘其面目，同人力沮之乃已。至次年三、四月間，見者五人，三人病亡，菁林與一友大病幾殆，計見此凶服人時，不出百日也。

己亥夏六月訪老友周季貺太守于蘇州鎮撫司前其從子家，留數日，追談往事，季老及此，因記之。

書李子鶴事

李子鶴，名長松，安徽廬江人。祖某，父某，皆士族。子鶴早年力學，即知自愛，寡嗜欲，與同里江龍門太守開、孫廩生勲及桐城方魯生太學潛相友善。生平讀書，於前人多所欽慕，惟不以錢塘袁簡齋大令枚之爲人爲然。見書肆有小倉山房詩文集及他著，必購而焚之。見他書有袁簡齋名，亦必以指剔之，必滅其跡而後已。人有問者，亦不自知其所以然，但云「吾特鄙其爲人」而已。中道光辛卯科江南鄉試副舉人，次年復應壬辰恩科鄉試，以八月初七夜疫死于江寧旅次。友人方太學等爲之經紀其喪。

先是，其父李翁在鄉里喜問外事，爲縣令及怨家所惡，亡命粤東，游幕自給，十餘年父子不通音問。一夕李翁已就寢，忽聞有敲門聲甚急，乃急起啓户，見一官人坐大轎，紗燈大硃書「南海縣正堂」，即有人持名片直入，官人衣蟒袍補褂隨之，至李翁榻前行禮，自稱「翁子李長松」。李翁諦視良是，驚問所由來。官人曰：「男前兩生本一道者，誤聽人言，偶動塵心，投生爲袁簡齋，迷其本性，有玷儒林，雖享文名壽考，皆爲過分，蒙上帝以男前生道力尚深，因薄譴投生爲翁家之子。男此生雖無善狀，而三十年來小心謹慎，不敢爲非，上帝憐男尚能改過自新，今夕已死于金陵，均賴友朋收殮，即赴本地城隍之任，故特來省翁。但翁十餘年不知家事，男去年中江南鄉試副榜第幾名，頭場四書文三篇爲某題，五言八韻詩爲某題，今復應恩科鄉試，已不及矣。但家鄉之事已息，翁可早歸，歸而茹素，不問外事，尚有兩孫可保無恙。否則，翁年不永，兩孫亦不能保矣。」丁寧至再，乃辭別，拱手上轎而去。李翁旋如夢醒，大駭，汗流浹背，坐以待曉，見堂几果有李長松三字名片，確爲其子子鶴手書。盥面畢，即見主東言之。主東以夢幻難憑爲解。李翁曰：「固也，〔然〕此三字確爲吾兒親筆。十餘年不通音問，此三字從何而來？」主東曰：「尚有他説可證乎？」李翁曰：「伊云：去年中江南鄉試第幾名副榜，四書文三篇，試帖詩一首，爲某題某題。」主東因覓得辛卯科江南鄉試題名録，果一一相符，亦不能不以爲信矣。李翁即力請辭別歸里。離廣東省城百餘里某地搭一舟。夜復夢其子子鶴來告曰：「此爲盜船，明日日中至某江中必劫客。翁一早可付舟資，託故而去；遲一日另搭一舟可也。」李翁醒而記之，天將明，不俟船開，即付資上岸。日中在逆旅，果聞有盜舟在某地劫客到官報案之事。于是益信前夜所言所誡真爲其子子鶴之魂矣。歸里後頗守其誡。方先生旋聞李翁遠歸，特往見之。李翁撫兩孫背慟哭，歷歷言之如此。逾二、三年復往省之，時李翁已萌故轍，亦不茹素，人亦漸衰，兩孫亦有疾。又逾一、二年往省之，則李翁與兩孫相繼死矣。

咸豐丙辰、丁巳之間，方先生館于邑紳馬氏寓，居吾里之官塘；穆亦受業于朱魯岑先生黄家山。馬氏寓所相距十里，方先生每月必二、三次訪朱師，談論三兩日，穆亦常往請業，凡先輩遺事，無所不聞。一日，與穆談及李君之事，且曰：「余與李君初未識面，彼此因江龍門書信傳言問候，凡七年。壬辰秋在金陵，一日，與李君遇于唱經樓下，佇立相視，李君揖余曰：『子可是桐城方魯生？』余亦揖曰：『子可是廬江李子鶴？』同行者均爲詫異，以爲未曾相見而相識也。遂握手深談，宿其寓。後七日，李君以疫死。前一日，余往問之，無他言，自知不起，諄諄以亡友孫君勷家事爲託。孫君故與李君爲心性交，中年死，其繼妻朱氏殉節，只一母一女，李君常常周卹之。李君死時，江君適不在金陵，故以孫君家事轉託於余。後來江君養其母，而以其女爲子婦。」

又曰：「李君狀貌頗類子而稍肥，死時年正三十。余當日曾以李君之事告諸光律元先生，光公因考袁簡齋之卒年月日，正爲李君生之年月日云。」

附記

方魯生先生于咸豐丙辰秋爲穆談李君之事，穆時年二十二，尚未知袁簡齋先生生卒之年也。逾年方先生出游山左。又逾年穆偶閲姚姬傳先生袁隨園君墓志銘，乃知卒于嘉慶二年，年八十二。方先生云李君死時年三十，則當生于嘉慶七、八年之間，距簡齋先生之卒巳五、六年矣。不知當日光公失考，抑方先生誤記也。總之，輪迴之事，古今記載卓然有之，卻不必拘定此之卒年月日即爲彼之生年月日；且有古人託生于千百年以下。如晉之王敦投生爲吾鄉先達張文端者。故袁李之事卓然可信，正不必以彼此之生卒年月日不合爲疑。方先生當日常爲鄉人談此事，有戴孝廉鈞衡曾爲一文紀之，方先生見而大怒，以爲揚其亡友之父之過。戴君刻集遂不復存稿。同治乙丑冬，方先生由四川學政懷寧楊學士秉璋文幕回里，穆重見于皖城，丙寅春又再見于縣城，皆未舉前此所談袁李生卒年分有差之事爲質。又二年，方先生以天年終。三十年來因其有誠亦未敢私紀之。然嘗爲江浙友人談及，慮有記載參差者，仍追記之如此。

又咸豐間方先生嘗作懷舊詩數首，有一首云：「吾友李子鶴，三生何奇哉！死爲南海尉，生恨袁簡齋。」後尚有四句極佳，今不復記憶。頃檢其子厚之大令敦吉所刊毋不敬齋全集，此詩已經删去，別有李子鶴小傳一篇，絶不及其身後事。惟方先生當日云有兩子，今小傳只載「一子，後數年殤，」又當以小傳爲據云。

記甘鳳池事

康熙、雍正間江寧有勇士甘鳳池者，武藝粗成，家居無聊，乃至北方，思爲行劫之計。一日于山東大道見有標客乘馬解銀鞘數十箱前行，甘大呼曰：「且止！將銀鞘箱數隻借與老子應用！」標客曰：「子來，予與爾言！」甘至，標客即于馬上執其辮、反背，打馬即走。甘即兩足懸挂，手足直豎不動。行三十里，標客即手拋擲三丈以外，曰：「汝去罷！」甘乃直立于地不倒。標客乃下馬曰：「汝上好工夫！」甘曰：「那個能説我靡有工夫麼？」標客曰：「汝何處人？姓某？」甘曰：「南京人，姓某。」標客曰：「汝將是甘鳳池耶？」甘曰：「是也。」標客曰：「汝之武藝雖我們標行皆知，但汝欲爲此事，本領尚小，何不投我們標行，兼可學習？」甘從之數年，又得與江湖豪客往還，技勇益高天下。

又其少時曾與外來一僧角，僧負而逃，曰：「甘某，三十年再會！」甘以爲不過大言逃走，久已忘之。甘有一子，頗有父風，晚年偕其子雲游。一日傍晚，行至某山下，四望無人烟。又前行里許，山下有澗，水邊有菜葉，上有一徑，光潔異常，乃知山上必有人家。循徑而上數十百步，兩旁山石皆有人手足印跡。甘謂其子曰：「這是習武藝人，用功當如是。我老矣，汝宜留心！從事于此乃佳。」一路行而且言。未幾，有三、四僧人前來問訊，且曰：「子得非甘師父歟？吾家老和尚望之久矣。今知必來，特命小僧迎接。」甘亦忘其所以，未幾至一大庵，老和尚已于門首相迎，曰：「甘師父，子識老僧歟？某年與師父相遇見笑，云三十年相會，此其時矣。且在荒刹留住數日，當請師父吃一餐齋飯。」甘乃悟三十年前果有與一僧相角(負去)之事。逾日，老僧云：「某日當請吃齋飯。」甘因認錯哀求，求老師父饒命。僧力拒不能，久乃曰：「汝既不肯吃老僧齋飯，亦要請吃一餐粥。」甘又哀求，僧即作色曰：「甘師父，汝再勿推辭！老僧已降格相從矣。」未幾設席。

甘看四路無門可逃，只上有樓。方即席後，甘偕其子向上一躍，將頭衝開樓板，從屋上飛出，狂奔里許，迴望老僧手一黑杠，遥呼曰：「甘某勿逃，老僧定與爾不能甘休也！」先是甘在庵中見老僧身體擁腫拳曲，幾若篤老無能爲者，至此乃勇猛異常，輕捷可畏。乃狂奔一山，下有茅屋三間，一老婦在門首理柴，甘乃跪求救命，老婦曰：「可是鐵和尚與汝爲難？」曰：「是。」老婦曰：「且避入我屋。」頃之老僧至，問曰：「有兩人過此否？」老婦曰：「有之，即在我家。」老僧曰：「老母教他出來，我定不饒他。」老婦先以好言力勸：「不要如是，伊避汝，即是怕汝，將何爲？」僧曰：「我生平本敬老母，今若留藏，我定不依。」老母亦作色曰：「我不教他出，汝難得有某法否？」老僧跳舞怒駡，終不敢一入其室。老婦看僧已無禮可止，乃呼曰：「小女出來，將此老秃奴廢去罷！」即有少女出，將一指直刺僧喉下，立斃，抛棄野外。老婦因問甘往事甚悉，且曰：「此秃奴用三十年功磨鍊，一身皆成鐵石，刀斧均不能入，惟喉嚨尚未鍊好，我早知之，故小女易以從事，若再過三、兩年，即老婦亦無如之何矣。」因問甘子完姻否，甘云：「未也。」老婦曰：「汝可在我家暫住，我即以小女配汝子，此天生一對佳偶也。」蓋老婦本領極大，實爲劍俠，故素爲老僧所敬畏焉。甘子又經此女教法，亦成勇士云。

此兩事乃亡友邑人姚伯厚所述，尚有他事，今記不清，僅記此兩端，未即書出。寒窗無聊，忽憶二十年前嘉興沈藕生以乃祖蓮溪觀察雜記一册中載甘鳳池事三則，與此類而不類，因援筆將亡友姚伯厚所述附識之。

記句容黃墅村巫氏牡丹

句容城西北五十餘里瑯玡鄉有黃墅村，有巫姓，家有白牡丹花一株，每至穀雨時輒開，將近百朵，每瓣白質黃邊，其心則五色斑爛。昔時揚州有牡丹偶開金帶圍者，彷彿似之。

土人相傳，有明中葉，有一獵人逐一鹿，鹿直入此村，有巫氏老媪當門坐，其鹿突跪老媪前，媪知其求救，乃指入室，避于房中。俄而獵人至，問媪「曾見一鹿否？」媪以入前門、出後門對。獵人忙奔去。久之，鹿出，復向老媪跪謝而去。三日復至，口銜一枯枝，復跪老媪前，似以此爲謝者。媪乃棄置曠地上。次年春，此枝忽生枝葉，未幾開花，乃知爲牡丹，村人咸嗟異之。自是年年茂盛。

咸豐間，粵西賊陷金陵，僞天王洪秀全聞之，使賊到巫氏將此花移栽金陵僞宮中，其花頓萎。洪賊怒，即命數賊往黃墅，將花台所餘根株悉掘去之，令其絕種。至次年，原掘處復發花根，至今每逢穀雨時花開茂盛如故。相傳此村明代時時失火，自鹿銜此花，至今三四百餘年，此村一無火災，乃知此鹿以此異種爲報，不第矜奇炫異、悅人耳目，乃爲此村永鎮火患也。

今年春二月余應署句容縣知縣張君紹棠之聘，議續修句容縣志。一日与本邑張蓬仙瀛、駱近亭崇先諸分修者談本邑故事，蓬仙偶及此事。逾日，余往金陵，偶憩句容城西十五里土橋鎮，到一雜貨店，店人葛某等皆略知巫氏牡丹原委，有一土人孫成聚言之尤詳，凡鹿跪巫媪救謝及花能避火，均張君所未及者。是日爲穀雨後三日，此地距黄墅村北往僅三十餘里，度其花開正盛，大可往觀，以時勢未便，姑記其大略，將以俟之來春云。

庚子二月二十四日。

記夢

己亥秋八月初五夜半後醒，以長孫觀瀾初殤，憂不能寐。起步中庭，桂花盛開。又追念此孫于初一日要夥工抱至桂樹下折桂數枝；又欲折大枝，余婉言止之，孫頗不悦，攜小枝快快而入。余益覺悔恨。知天明尚須時刻，復就枕卧。未幾，夢至浙人俞蔭甫太史樾家，暢談文字，太史極爲親密，相得甚歡。蓋同治癸酉春，余初就館于上海江南機器製造局，太史偶以事至此，本局總辦南海馮竹儒觀察焌光設饌特請太史，余同數名公陪飲，後來遂不復再見。□□秋余偶得太史所著茶香室續鈔，中有記蘇州府知府况太守鍾事及明季人遺事，言之不詳，且有舛訛，余時抱疾，乃勉力草書數十行以報知太史。太史旋答書云：「此書已刊布，不及追改。即當以先生所示詳載于筆記中，以誌良友雅誼。且樾生平著書三百餘卷，遍示同人，從未有進言如先生者，然樾書舛訛當不止此，以後尚望先生隨時指示之，則嘉惠于樾多矣」云云。

余于太史所著諸書，實未(有)〔盡〕閲。逾二、三年，績溪胡子繼學博培系示余以所刊遠祖宋胡少師舜陟年譜，前有太史一序，力辨宋史高登傳載少師欲爲秦檜父立祠于古縣事之謬，余少時讀朱文公大全集曾載此事，略記似實有其事，彼時無朱文公集在行笥，未能檢閲詳悉以申明之。

是夜夢與太史談論間，忽記太史有胡少師年譜序，爲少師洗刷爲秦檜父立祠事。余乃曰：「先生文集未曾(一)〔盡〕讀；〔但〕曾見(爲)胡少師年譜序，深爲少師欲爲秦檜父立祠辨誣。然朱文公大全集有乞褒録高登狀，明載宋高宗嘗嘉高登之忠。調静江府古縣令時，秦檜當國，帥臣胡舜陟以其父嘗宰是邑，欲爲立祠以悦其意，高登獨持不可，舜陟欲以危法中之，召致獄官驗問訊掠，訖無罪狀，前後極爲詳明。宋史高登本傳似據朱文公大全集乞褒録高登狀爲之。宋史蕪雜不足據，可也；豈朱子文集此狀亦不足據邪？」太史曰：「安有爲人祖先作年譜序而訐其祖先醜行之禮？」余曰：「是也。然宋史及朱子文集均長存天地間，有目共見；先生何不于少師隱而不書，專叙他美，不亦可乎？」太史乃笑而不答，余亦隨寤，乃歷歷記之，旋又復寐。(後)〔復〕夢與太史有言，〔然〕無關此事。天明即起，滁面畢，即行草此，尚待他日再檢朱文公集詳之。

湯陵記

成湯之陵在漢以前皆莫可考，劉向所云「殷湯無葬處」是也。今河南之偃師、安徽之亳州皆有湯陵，大抵皆後人因此兩地均爲成湯所居、所都三亳之遺蹟，或其地本有古冢，以意當之，未可非也。

戊子之春與邑友方深甫相晤于皖城，伊久客山西，余因詢其所聞所見山西風景及古人遺跡，伊因述同治十一、二年間山西滎河縣傍黄河邊有古冢爲水所嚙，崩頹過半，冢中古物銅器銅泉甚多，爲土人所取，驗之乃是湯陵。旋爲地方官所知，即爲修封。其中古物尚多，有古鼎一尊，土人先得來，售諸袁小午侍郎保恒，凡三千金。深甫亦得古錢數枚，彼時不在身邊。深甫回縣城，數年下世，余遂未能再晤一索觀之。又惜彼時未及細詢深甫陵中有無碑志，何以明其定爲湯陵也。

追録舊遊何氏青山石屋寺後記

石屋寺在桐城南鄉青山之中，爲何氏世業。予以同治乙丑夏四月訪友人徐子椒岑于龍潭橋寓居，時其族人春泉大令源亦來此，同留數日。一日三人散步，行三、四里，緣溪上山，見大石門，左右各有巨石高丈餘，上駕大方石，縱三丈，横二丈，厚丈餘，其中可容數十人。東西洞開，儼如一屋，寺即因此得名。由東出西，有榴花十多株盛開，紅艷奪目。又行十多步，右有大方石壁，鐫何文端公大八分書十數行，雄奇可玩。又上行數武，折而向南，至石屋頂，四方寬平，足容百人，可以遠眺。乃回轉間行百多步，入寺門。寺僧已煮茗相待，並以麵食見餉。余以此地幽邃清曠，爽人心目，將欲借山靈之氣，來此讀書一兩年，必有所得，因屬椒岑先爲一記，代達鄙意，乃別山僧回寓，後來此志竟未能償。

至壬申、癸酉間，予館于上海廣方言館，時何氏族人海曙太守錫之亦以差事需次大東門外江海關右，時與往還。一日偶及舊遊石屋寺事，海曙云：「此間有一故事，雖涉奇幻，而父祖以來相傳，確有所據，可以相告。吾先方伯公諱如申，當明萬曆間偕弟文端公諱如寵讀書于此。一年歲暮，不名一錢，未便回家。除夕，兩公仍堅苦讀書。夜將半，忽聞大聲發于寺後山中。兩公急出覘之，見山忽開大洞，明亮如晝，近而察之，見洞中白鏹堆積纍纍。文端公急拉先公衣袂，促之回寺。吾先公曰：『我兄弟窘迫至此，來朝以後日用方長，借擻無門，合家大小將作何生計？不乘機就此暫借一鏹，俟身事稍好，即如數仍送還茲土，尚未可謂之失節也。』乃入寺自書借券一紙，納諸洞中，隨手取一鏹出洞，行數十步，回望山洞已闔，黑暗如故。遂藉此營生，後來又有他遇，先後發籍，服官中外，久未歸里。吾先公官至浙江布政司，一日查庫，少白鏹一隻，詰諸庫吏，庫吏已先拾得借券一紙，墨迹如新，惶惶上呈。先公閱之，頓憶前事，乃納券如數償之，亦未言其所以。合署喧傳，均不知其所以然也」云云。

予亦憶少時閱宋元人説部書中有一事與此相類，彼時未之深信，未及强記，今惜不能舉其書以相證。然無論前人此事有無，但以何氏兩公服官各數十年，清風亮節爲中外所欽仰，天道無親，常與善人，造物偶然假此默佑，且兼試兩公志節何似，亦未可知。大凡古今(來)至奇至幻之事，無所不有；事後證驗，實非皆出子虚烏有，此不過奇幻之一端耳。

辛丑秋七、八月在館卧疾，久未起牀，近來疾稍間，偶在牀畔架上抽書一本，卧而閲之，乃椒岑文集，見所爲遊石屋寺記所叙當時風景，歷歷在目。忽憶及二十餘年之前聞海曙太守所談，未及載於隨筆，遂强起追爲此記，即以何氏兩公軼事特著録之，且以示鄉邦後進：處困之時總要志氣堅定，如何氏兩公之所行，方爲載福之器也。此記以「後」名者，何也？以椒岑之記在三十六、七年前故也。

九月朔日雨窗書。

追録舊在京師承光殿前觀玉甕及古栝記

光緒十年甲申夏五月，余附海舶訪友於天津及固安，因乘輿至京師，仰觀天子宫闕之壯，藉以開拓心胸。一日，同數友散步入西安門，由金鰲玉蝀橋東行數十步，路北圍以圓城，設睥睨，中搆金殿，穹窿如蓋，華榱綺牖，旋轉迴環。余舊閲高江村侍郎士奇金鼇退食筆記，知其爲承光殿，俗名圓殿是也，然今俗均名團殿。門者招余輩數人入東掖門，歷級上升，正中有亭，覆碧玉甕一座，形方而圓外，雕刻魚龍出没波濤之狀，其中似可容水一石。舊閲陶南村輟耕録，知爲元時廣寒殿中之物，名曰「酒海」，不知何時流轉民間。至我朝乾隆十年，高宗純皇帝聞某寺中有此物，即命以千金贖之，陳設於此，特命羣臣四十八人高會賦詩，一時喧傳，以爲韻事。余摩挲良久，竊歎此物幽沈四、五百年，卒賴明天子物色得之，仍登天府，謂非此物之幸歟？

亭東數武有古栝一株，枝葉廣蔭數畝，江村所記「枝幹槎牙，形狀偃蹇，如龍奮爪拏空，突兀天表，金元舊物是也。在有明時尚有數株，今止存其一。」又云：「殿廢於康熙七、八年間。有蝙蝠大尺餘者。南向二亭，高出雉堞上，門閉塞，久不啓。余朝夕騎馬過其下，輒愛古栝之夭矯蒼翠，而於雪朝月夜，更徘徊不忍去」云云。蓋江村在康熙間供奉内廷，聖眷最隆，賜第於西華門外金鼇玉蝀橋西。早朝退朝，承光殿前乃必遊之路，故所云如此。余意此殿既經久閉，大約至乾隆十年得玉甕陳設於此，乃得常開。門者云：相傳乾隆皇帝每歲常數數至，又云：此松乾隆皇帝每至必徘徊其下，且封爲「摭陰侯」焉。

乃引余上承光殿，中有寶座，乃紫檀爲之，寬三、四尺，前有紫檀條桌一方，桌前東西各陳古銅器一。或云一爲諸葛武侯銅鼓云。殿上有「懸圃風清」扁額，殿前兩柱有「九陌红塵飛不到，十洲佳氣曉來多」楹帖，均爲高宗御筆。門者又云：同治間，湖廣總督合肥李中堂入覲，同治皇帝曾召見於此，當時皇帝尚不肯登此殿。乃引余到東一小室中，有低長板坑，云皇帝坐此，李中堂即跪其前奏事，余見其地極爲偪窄，真所謂「天顔咫尺」也。門者復引回殿下，西首有大方桌一，曰：是日同治皇帝更衣進御食，即在於此。又引入後進中屋，設一小榻，上覆繡花大黄緞綿被褥，又東一室，壁上粘貼高宗御筆山水一小幅，極爲工緻。

旋出殿門，東行數武有一亭，門者云：相傳乾隆皇帝常同和珅下棋於此。余又散步、遠望，時風日清華，四面湖光山色，争奇獻麗，不可名狀。江村兼載明李文達賜遊西苑記云：「圓殿巍然高聳，曰承光殿。北望山峰，嶙峋崒嵂；俯瞰池波，蕩漾澄澈。山水之間，千姿萬態，莫不呈奇獻秀於几窗之前。」韓右都御史雍賜遊西苑記云：「圓殿，觀燈之所也。殿臺臨池，環以雲城，歷階而登，殿之基與睥睨平。古松數株，聳拔參天，衆皆仰視。時則晴雲翳空，炎光不流，暖風徐來，花香襲人。倚睥睨而窺其西，以舟作浮橋，横亘池面。北則萬歲山在焉。」蓋有明時此地均在大内，雖公卿大臣非賜遊均不得入。至我朝列祖列宗特弛其禁，自東安門、西安門以内，神武門、西華門以外，空地均歸於民間，作行人往來大路。惟神武門外之景山，舊名煤山，承光殿北之萬歲山，殿南之紫光閣，仍爲禁地。非列祖列宗臨幸召見大臣，及遠方不靖，出師征討，功成奏凱，特賜文武勳臣宴會於紫光閣，平時雖公卿大臣，無故亦不得擅入。余甲申之役得入承光殿者，門者以列宗不常幸此，終日寂寥，乃私招遊人過客入内遊觀，藉得遊資，以充應用，蓋無時無之，實非區區一人特干厲禁，幸逃法網也。

第三公所述此地風景，今昔無殊，余無以加，即就原文節録於此，以備後人遊覽之所未及，且有未閱高氏之書者，觀前三公所記，參之余所目覩且爲三公所未及知者，可以知其大略矣。當時余及同人既出殿外，南行數百步，即紫光閣，亦有門者私招遊人入觀國朝文武功臣畫像。時余與同人以遊資既竭，廢然而返，至今有遺憾焉。不知去年庚子之變，此殿此閣尚能巍然如故否？他時重入京師，倘能仍償夙願否邪？

紹興春波橋記 并序

余舊遊紹興，訪春波橋故址，曾作一記，久失其稿，屢欲追録，一時忘卻當時若何措詞，仍行栖毫。昨夜忽夢遊其地，故迹宛然，因感陸放翁與其夫人唐琬相别于此情事，今晨勉力濡墨握管不置，搜索枯腸，忽另出新意，以成此篇，較之舊作大有異同，尚未知孰爲工拙也。辛丑五月十九日。

紹興府城内外以春波名橋者有二，余所遊者，乃東郭門内不一里，古禹迹寺前，俗名羅漢橋者是也。橋西石額横勒「春波」二字，故識者皆以爲春波橋。

昔陸放翁娶其太夫人之姪女曰唐琬，文而有德，伉儷情深，而不得志于太夫人，遂命絶褵。夫人歸母家數年，鬱鬱以居。忽春日，放翁偶遊沈氏園，時唐夫人已先至此，乃遣婢致酒肴，放翁愴然下淚，題釵頭鳳詞兩闋于壁，唐夫人亦援筆和之，同行至園北橋上，揮涕而别。未幾，唐夫人鬱鬱而歿。數年後，放翁重過沈氏園，而園已易主，詞刻石龕，放翁感傷舊事，賦七言律詩一章，次聯「林亭感舊空迴首，泉路憑誰説斷腸」是也。又再過沈園，復題二絶句云：「落日城頭畫角哀，沈園非復舊池臺。傷心橋下春波綠，曾見驚鴻照影來。」「夢冷香銷四十年，沈園柳老不吹綿。此身行作稽山土，猶弔遺蹤一泫然。」蓋此橋北爲古禹迹寺，供大禹神像，橋南附近即沈氏園。後人以此橋名「春波」，係因放翁詩有此二字得名。

余以壬辰秋訪老友周季貺太守星詒於紹興，時住東郭門内徐氏故宅，距此橋不過數百步。感放翁與唐夫人相别故事，常徘徊橋上，或夕陽回寓，猶想見落日城頭風景。細看此橋，石料堅厚，制極古樸，當爲漢唐故物。大凡江浙橋梁，無論鄉城，均有石額勒石，疑此橋本名「春波」，放翁之詩似因橋名湊合爲之。今「波」字三點已剥落，左邊「皮」字尚完好如故。玩放翁此兩絶句，當是晚年由西蜀南歸，感念唐夫人，無聊之極，特到沈園故址，徘徊橋上，撫景傷情，復成此二詩，以抒哀情。然當太夫人命之絶褵數年，放翁未免時時傷懷，竟不敢私與唐夫人偶一相會，且未嘗以書信往來。釵頭鳳詞所云「山盟雖在，錦書難託」是也。至不期在沈園相遇，不過以詞寄情，即行相别，不復再見。想見放翁平生立身謹飭，不敢稍違母命，非僅以文采風流自命已也。

余又想朱文公嘗論陸放翁，以爲能太高，迹太近，恐爲有力者所致。暨放翁晚年再出，果有爲韓侂胄作南園、閱古泉記之事，見譏清議，余卻以爲不然。韓侂胄在當時雖以威福自用，有玷家聲，至定議伐金，實心存君國。殆公私交困，授首金人，君子尚哀其志，原其心。即金人得其首，葬之安陽祖墓，謚曰「忠繆」，蓋論其忠於謀國，繆於謀身也。放翁臨終有云：「王師北定中原日，家祭毋忘告乃公。」可見放翁平日與韓侂胄往來，必深知其時抱「春秋大復仇」之義，忠節可嘉，故不復念其他行，然亦僅爲作此兩記而已，始終固未嘗爲韓任用，作威福于其間也。余固以放翁確爲忠孝兼全之人，與馬融爲梁冀作西第頌，湛若水爲嚴嵩作鈐山堂集序，情事迥然有别，即朱文公之説亦可存而不論。至唐夫人之節與李易安相同，流俗雖均有改嫁之説，俱屬誕妄。唐夫人節已見於放翁釵頭鳳詞，李易安之節初發之于盧氏見曾，繼考之於俞氏正燮，三詳之於陸氏心源。

重修雲間書院碑記

國家棫樸作人，敦崇儒術，天下各行省、郡、縣庠序規制確遵古典，又各立書院，招諸生肄業，爲朔望論文講藝之所，法至美也。松江西門外舊有鶴城書院，嘉慶七年，郡守康公茂園以介于市廛，朝暮喧譁雜遝，不足以崇整齊嚴肅，乃鳩紳士公議，移于城内府儒學之北，且更其名曰「雲間書院」。垂六十年，士林稱便。

同治五年秋，某攝篆兹郡。時當兵燹之後，牆宇傾圮，僅在講堂上房一區，既不足以扃門課藝，而經費無存，士子脩脯膏火之資亦復不給。若因陋就簡，殊非國家培養善類、造就人才之至意。乃竭愚忱，先行籌資，悉加修理，且仿康公往時勸捐之法，未逾年，輪奂一新，頓還舊觀。

落成之日，且進諸生而告之曰：兹郡素稱文章節議之邦，非尋常之郡所易企也。國家以制舉之文取士，而書院每月朔望必論文課藝，非專爲掇科第釣名譽以致利禄之資也。自有明以來，兹邦先達以制舉文名者，蓋莫不講其本，研究六經之旨，取裁于諸史百家，本之於躬行實踐，斯發爲文章。由是達而在上，則勛名著于寰區；伏而在下，則内行醇美，亦足以師世範俗，而文章翰墨，亦因之以照耀人間。即以兹邦先達約略言之：如徐文貞、陸文定之功業爛然，馮御史、吴副□、徐刑部之清風亮節，陸僉事、張太守，董尚書之文章書翰，陳黄門、夏考功之效命疆場、取義成仁，及近代周太守、施制軍、顧觀察、葉侍□以及王相國、尚書昆弟，文采風流，節義功烈，尤足與前賢相埒，是皆〔由〕制舉之文而出，諸生之所共知者也。而夏方伯正夫先生有云：「君子有可惜：此生不學一也，此日閒過二也，此身一敗三也。」當時誦爲名言。此外不藉制舉科第爵位而重者，如徐伯臣先生博通經籍，著述等身；林貞文獨精天官，潛心濂洛；陳眉公之風流儒雅，超然物外。諸生曾各講求實用，不以舉業自矜，亦不以舉業爲病，本學問爲文章，藴之爲德行，行之爲事業，力以夏公「三可惜」爲戒，接武前賢，予于諸生有厚望焉！

遊百花洲謁張江沈三公祠記

余少時即聞江右名勝之地，外有滕王閣，内有百花洲，五十年來銘諸心久矣。念年垂七十，欲到此以償夙願，今生恐無望矣。今〔年〕九月初，忽動訪舊之心，先後附大小火輪舟，於月幾望抵江西省城，乃客于沈子培太守南昌府署，時與本城士大夫之有舊及吾鄉宦遊于此者數人日相往還。忽忽半月有餘，將訪滕王閣故蹟。或云：「閣巳荒殘，無有可觀。」乃戛然而止。

忽思及百花洲風景，遂於十月朔日乘輿獨往東湖，數十步有橋，兩面夾欄，又數十步入門，左爲勅建張江二公祠，右爲沈文肅公專祠，兩祠雖分，而中間門户相通，乃從沈公祠西廊繞北，由三曲石橋行凡二十步，中有一亭，穿亭二、三十步至湖中一山，以土戴石，中建一亭，曰「冠鰲亭」，可以宴客，可以眺覽湖中及四面人烟風景。復下山，由東石堤戴土行百步，中有一亭，穿亭，又百步，至蘇翁亭，乃湖中突出平地，前人遂建大堂一間，四面有壁，外作亭形，中供宋隱士廣漢蘇公雲卿神位。蓋蘇公當日隱居之地，土人欽其高節，殁後特建此亭以表揚之，且以志其遺迹也。亭前尚有空地，可以雜種花木；傍湖尚可建一樓房，上下各三間，招茶房酒館三、四人居此，春秋佳日以供彼都人士游覽之用。湖中一堤，下石上土，又當雜種桃、柳、芙蓉等花木，爲春秋點染湖亭生色，俾游人爽目，與會淋漓，乃與「百花」之名相副。惜今只四亭高聳，以致游客興(象)〔趣〕索然，不稱「百花」之名矣。

回至三公祠小憩，追念咸豐、同治間，三公在此，次第均有全城卻賊之勳，垂芳百世。張爲涇陽張公芾謚文毅，江爲新寧江公忠源謚忠烈，沈爲侯官沈公葆楨謚文肅，三公生平功績詳國史列傳，在江右功績詳于江西通志宦績録。然各省通志宦績一類均爲外省人來官本省有功績者乃詳載之。張沈二公於咸豐、同治間先後官江西巡撫，故通志均詳爲立宦績傳。至于江公時爲湖北按察使，咸豐三年粤匪陷九江時，張公爲江西巡撫，檄徵四路援師，練兵積穀爲固圉計。五月，賊入犯南昌，乃檄江公赴援，江公率兵先賊三日至。張公自度將略非所長，又察諸將之才實無出江公之右者，乃大集將吏于庭下，延江公上坐再拜，而以兵符授之，令一切得專制。江公素英敏，勇于任事，又感張公能虛懷善下，皆出于至誠，慨然任而不辭，益出心思才力，相與堅守，自五月至八月，賊屢攻屢卻，迄不得逞，一日宵遁，省城獲全，江公之力也。江公旋蒙恩加二品頂戴，尋擢安徽巡撫，賊陷廬州，發憤投水死。詔于立功之地湖南、江西皆立專祠，而江西通志復援漢灌嬰、元巴延布哈德濟之例，乃照張沈二公之例，一律立宦績傳。惟沈公官江西爲久，同治元年擢江西巡撫，四年，假歸出章江門，行李蕭然，僅有四擔，别無長物，旋爲兩江總督曾文正公所聞，與同官咸爲嗟嘆之。此乃國史及江西通志所未載。時余在曾公幕中與聞之，特附志于此。沈公後再起爲福州船政大臣，光緒元年詔補兩江總督，尤著清德，其治家之法，特出人意表，同官燕見有知其法者咸贊美之。公笑曰：「此乃創格，只可我自爲之，若他人效之，則悖矣。」余另有記載，此不贅述。

癸卯十月初三夜半草于南昌府署之寄舫。

遊百花洲謁張江沈三公祠後記

余於朔日游百花洲謁張、江、沈三公祠，其時多在祠外小步，眺覽湖中及四面人煙風景，拜謁之下，實未及在祠内周覽陳設也。今晨，偶晤徐次笙，據云沈公祠東西兩室尚有林夫人遺迹，樓上尚有沈公畫像，余正念前此匆匆一行，未能盡慊，即到百花洲重謁三公之祠。

初到沈公祠，瞻仰神主，題「兩江總督世襲一等輕車都尉贈太子太保謚文肅沈公諱葆楨之位」，再瞻張公神主，題「江西巡撫都察院左副都御史贈侍郎謚文毅張公諱芾之位」，江公神主題「安徽巡撫贈總督謚忠烈江公諱忠源之位」。瞻視畢，不覺大駭。當日三公蒙恩勅建專祠，何等鄭重，而於神主題款全不知效法前人，全不明國家典章制度，師心自用，繆妄至此！

蓋勅建之祠意在尊君，與一鄉一邑私建專祠題主大有分別。今照國家典章制度，如張公神主只應題「贈侍郎左副都御史前任江西巡撫賜謚文毅臣張芾」，而江公神主只應題「贈總督原任安徽巡撫前任湖北按察使司調辦江西軍務賜謚忠烈臣江忠源」，而沈公神主只應題「贈太子太保世襲一等輕車都尉兩江總督前任江西巡撫賜謚文肅臣沈葆楨」，均不得有「之位」兩字，一如京師勅建賢良祠題主之式，乃與今國家典章制度相合。

(究竟)穆以爲此等典禮原非今之士大夫所能皆知；間有一、二知者，又不曾承辦此事，不能不責之于禮部。凡奉旨勅建各省專祠，禮部當預先頒發題主之式，行文各省大吏知之，祠成立主照此格式，庶乎得之。然余歷年所到金陵、蘇、杭等地所見勅建專祠，題主無不與今江西勅建三公之祠之神主錯繆不約而同者，然則余又何可專責之江西之官長哉！謹將所見大書特書，以呈今江右明禮之官長講求今國家典章制度者，倘以余言爲不繆，速爲照改，再選一潔凈栗木高一尺二寸寬三寸爲之栗主，便于古今來所稱栗主之義及今國家制度均合，是則區區之忱所深望也。

思慮悵悒久之，乃至沈公祠東西二室，一挂墨刻林夫人于咸豐間沈公守廣信時致遵義鎮饒公書，一爲林夫人配祀沈公祠記，再上樓觀沈公畫像，不甚維肖，於西閣一坐，覽觀湖中及人烟風景，頗足怡情。然非有此三祠樓閣壯觀，則百花洲爲之減色矣。

寄舫記

癸卯秋九月中旬，余因事特到南昌訪舊交沈子培太守曾植于府署。余與沈君相交二十多年，僅三見其面，旋即各別。前年，余在上海廣方言館，沈君時亦客此，一日特到館中相訪，余適他出，旋以疾歸里，未及往候，時以爲歉。今到南昌，沈君一見余名帖，且喜且訝曰：「適從何來，遽至于此？」寒暄之餘，即掃除西室一間，爲作卧榻，倘有外客，可在花廳相會。居之數日，日談話，歡然相得。

一日，其幕友杭州徐次笙來小坐談，乃與余間壁而居者，云此舊爲隙地，同治間有鳳陽王之藩來署南昌府，慮門上及家人有作姦犯科之事，已深居上房而不之覺，特闢此地爲三室，榜曰「寄舫」，以便察署中門上家人之動静。又自跋榜額云：「寄之爲言，暫也。予以輇材，猥權首郡，惕深臨履，曷敢存五日京兆之心？因于署之西偏隙地爲屋，顔之曰『寄舫』。昔人云『莫道官如傳舍』，則迹雖寄而心不敢以爲寄耳。同治癸酉立春濠洲王之藩識。」余察此室中分三間，而額在西偏，大約爲常常會便客之所，中室即辦公之用，東爲燕寢之室，即余所居是也。

余念人一服官，全在精神周到，若公務之餘即深居上房，養真處優，于署中雜人所行不法之事安所得知？前人有居官清正而于門上家人毫不加察，以致身敗名裂，爲累多矣。今王君特爲此舉，誠能知所先務。時王公之年尚少，有精明强幹之稱，後來歷任江西名郡，至光緒二十三、四年終于臨江府任所，計服官二十五、六年。想到各任均有辟室之舉，惜余於外省服官者政績均不了了，又未知王君服官行政果有以異于人邪？容當晤江西老輩之官，一一訪之。

余既記此，次日沈君來晤，先談及前任署撫武昌柯遜庵中丞逢時之爲人，云其實有本領，足稱其任，凡一省州縣民情直行上達，遂致兩司無權，不能無怏怏之望。余謂：「凡官大吏，總宜一省大小之員均和睦，聯爲一氣，乃可洊臻治理。若只上下相通，中有隔絶，譬如人之有疾，血脈不能流通，必有致亡之道。若柯君之所爲，(尚)與虞廷『往哉汝諧』之義尚未盡合也。」余乃及王君有寄舫之事，沈君尚未之知，余乃述次笙之説歷歷言之，沈君亦不甚以爲然，且云：「凡服官公私邪正不全在行迹，若如王君之所爲，則因就此與門生家人聯絡一氣，通同作弊，亦未始不可。」余又不覺爽然自失，大有知其一不知其二之感焉。因補記之，以志世間事不可以形迹論，亦不可執一而論也。

癸卯秋九月二十四日未刻書。

贈復堂

昨日人還自皖濱，傳君狀貌一時新。若非別有陳驚坐，定是如來有化身。

故里詩人高達夫，闊心搔首久踟蹰。爾來尺素如相問，先報尊容似大蘇。

録自譚獻復堂日記

附録一

蕭穆傳

陳衍

蕭穆，字敬甫，安徽桐城人。同治初年，粤寇既平，曾國藩總督兩江，注意文事，延攬學人。穆以縣諸生上書幕府，時上海方創立機器製造局，附設翻譯館，譯歐美史學、輿地、天算、聲光、化電諸書，用文筆雅馴者討論修飾，穆首與焉。顧薪水至薄，穆飲食衣服至樸儉，饌之美者惟豕肉蒸菽乳，月數嘗耳。局若館隸江海關道，別以候補道員駐局爲總辦。穆常自提籃入市市物，所謂總辦者坐馬車遇之耳，其爲總督所禮也，則命僕代之提。已而，穆索回自提。嗜積書，大亂初定，價極廉，書賈多集上海，穆節省衣食之餘，益以賣文所得，一用市書。日夜考求，遂熟於目録板本之學。士夫之説學而宦游東南者多從之求，則販貴，所贏益市書，故一寒士而積書至數萬卷，間多善本。長沙王先謙任江蘇學政，刊皇清經解續編，又續姚氏鼐古文辭類纂，取材出於穆者十八九。穆嘗語其友陳衍曰：「吾辛苦旅食數十年，於曾文正公所謂租蔬魚豬書車諸物居然略備，亦以豪矣！」

爲文長於考證，敍跋居多。楷書粗拙，得祕本校勘迻寫，夜静目昏不少休，晚年用時患目疾。

所刊若羅願鄂州小集、徐鉉騎省集，皆札記精詳。未有刻本者其餘則以屬大通李氏、貴池劉氏。與祥符周星詒、大興傅以禮、瑞安孫詒讓交久而摯。詒讓刻札迻、周書斠補，皆穆任校讎。光緒末年卒於家，年七十矣。予不能有其書，遽鬻於嘉興沈氏、貴池劉氏。劉氏爲搜集遺文刊焉。

陳衍曰：目録校勘之學，有清爲極盛。穆蓋何焯、盧文弨、黄丕烈、顧廣圻之流亞也。中國國家無巨大文庫，私家藏書罕能久者。獨寧波天一閣歷數百載，今日亦盜賣流海外矣。舊籍之亡，烏知所届耶！

録自石遺室文集

附録二

蕭敬孚先生傳

姚永樸

蕭先生諱穆，字敬孚，桐城諸生。少謁曾文正公於安慶，文正語人曰：「異日纘其邑先正遺緒者，必此人也。」先生屢應江南鄉試不售。客上海製造局廣方言館，得俸輒購書，築小樓於家庋之，不戒於火，燼焉。踵求不怠，久乃逾其舊。猶謂未足，踔海至日本以求之。所儲皆善本，或孤行於世人未見者，蓋先生所至，書賈每盈座焉。

是時吾邑先輩如方先生宗誠著書多談性道及軍國利病、吏治得失，徐先生宗亮亦究心邊事，吳先生汝綸尤喜以泰西學説爲吾國倡，惟先生壹意編摩古籍。與後生言，於字句異同、刊本良否以及前聞軼事，歷歷然如數室中物，而無一語及世務。吳先生每思廣以異域之事，見必極論，先生意不與之合，譏嘲轟發，然吳先生退未嘗不重先生。在上海凡數十年，四方賢公卿，下逮游客，語及聞見治熟，必曰「蕭君」。先生既篤意文獻，見有力者，必誘之刊書。所刊數十種，皆躬爲讎校，不取酬。

初，先生嘗從市中得邵陽魏公光燾先世遺稿，其家無副本，聞之輦金以求，先生笑曰：「父祖之業，固宜傳之子孫，何言財乎？」卒歸其書。及光緒末，先生老矣，而家益貧。總辦製造局者不相知，奪其事。會魏公總督江南，過上海，首詣先生，縱談三日。總辦大驚，急謝過，增俸至倍，先生歎曰：「是謂我將不利於若而貨之也。」仍受故俸。而稱其所長於魏公，人以爲長者。

先生於光緒某年月日卒，年六十有幾。所著曰敬孚類藁，嘉興沈子培提學、合肥蒯禮卿觀察爲鳩資刊行，凡十六卷。

論曰：當今之世如先生，有不以爲迂闊者乎？顧其學於古人，深有所得，宜乎愛之篤而護之周也。永樸少學古文詞，一日過上海，先生勸之用力經史，謂「匪是無以爲文章根本」，語意肫勤。由是始知從事樸學。今先生亡久矣，天下多故，聞所藏書散佚殆盡。而永樸浮沈斯世，深夜懷舊，愧負先生，撰次遺事，慨焉不知涕下也。

録自蜕私軒集

附録三

蕭敬孚先生傳

馬其昶

蕭先生諱穆，字敬甫，一字敬孚，縣學生。家世爲農。小時父督之耕，泣而受杖，潛入塾中問字。遇名流宿學必敬禮，隨所往，輒手提布袠，裹書數册。聞某所有異本，必鈎致之。會亂後，書悉出，賈賤，遂大購書。客遊公卿間，布衣樸野，説書史不离口。館上海三十年，交遊益附。篤於故舊，送别必遠出，佇望久之乃去。接後生，必勖以經史大義。

其學無專主，博綜羣籍，喜掌故。師事嘉興錢警石，於顧亭林、全謝山諸家之書尤熟。復多見舊槧，考其異同，朱墨雜下。遇孤本多勸刻，所校印凡百十種。徐騎省集勘正至五、六過。他書類是。益留意鄉邦文獻，叩以前聞軼事，其所不知，未有能知者也。

其相識遍天下，在上海居方言館，同館中習西學者朝夕見，未嘗款洽，人亦誚其腐拘。没後，藏書散軼，人争傳寶。書賈盗其收藏印記，價輒倍蓰。沈子培提學、蒯禮卿兵備及他相知有力者，共刊其遺文，爲敬孚類稿十六卷。

馬其昶曰：蕭先生爲先子舊交，又夙蒙器賞，嘗出其所纂桐城文徵、桐城耆舊傳狀碑誌匯鈔寫目相示，謂「異日悉當歸子」，今吾書成，而皆已不見。悲夫！茫茫終古！次二先生（吴汝綸、蕭穆）事，泫然久之。

録自桐城耆舊傳

附録四

文獻學家蕭穆年譜

吴孟復

蕭穆，字敬孚（亦寫作「敬甫」或「敬父」）。上代本姓陳，由徽州婺源之陳村，來桐城南鄉會公里，贅于蕭氏，因從其姓。乾隆中，遷居湯家溝東十五里，土名錢氏小墩（今屬樅陽縣）。

曾祖名章任，字成玉。祖父名永興，字握中，爲里中富室劉氏司事。父錫光，字宜勉。曾讀書，屢試不中。年三十二，遭水災，乃棄舉子業，復爲劉氏司事。母左氏，國子生知來之女。左知來爲鄉間塾師，開門授徒。繼母范氏。妻左氏。長子名受謙。次子名受鎔。六女：第四女嫁貴池方氏；五女嫁桐城南鄉胡氏。六女，癡，未出閣。其余三女早夭。

清道光十五年（一八三四） 丙申 生

時其家僅有薄田十餘畝。

道光二十四年（一八四三） 甲辰 九歲

小時，父督其耕牧，蕭穆不願，父怒杖之，泣而受杖。但仍潛至塾旁，聽人讀書。是年，父乃使之入塾，從師受書。夜歸，其母必使背誦日間所讀，無一字齟齬，乃悦。幼時，性情剛暴，見乞丏往往詈駡，其母訓之，蕭穆感而改正。

道光二十六年(一八四五)　丙午　十一歲

是年，母卒。

咸豐三年(一八五三)　癸酉　十九歲

娶左夫人。是年，馬起昇集同人講學於麗澤精舍，穆亦與焉，是爲交友、講學之始。是年，太平軍佔領安慶及桐城。桐城城内讀書老輩多移居鄉間，其大家藏書亦多散出。蕭穆因之得親師友，以廣見聞，並收得某些圖籍。

咸豐四年(一八五四)　甲寅　二十歲

是年，讀書於左氏宕村。與左莊交好。時從其借鄉先輩遺書瀏覽。曾借得劉大櫆評選之唐宋八家文選。即手録副本以歸。讀之愈久，愈見劉所評點之能開人神思。自言：己之稍知古文之法實由劉氏此本及其文集啓之。又言：方苞論文主義法，古文約選，評選最爲嚴謹；劉氏論文主品藻，所選之本，博大寬廣，評定精審；姚鼐以識勝，其古文辭類纂所録唐宋八家文，亦未甚出此范圍。是年始知購書。

咸豐五年(一八五五)　乙卯　二十一歲

讀書於歐窰劉氏書齋。

咸豐六年(一八五六)　丙辰　二十二歲

是年，受業於朱道文（字魯岑）。朱以「讀書窮理，明體達用」相勖。夏，交蘇求敬（字懋甫），蘇稱蕭穆「秉心忠直」。蕭穆少時最喜誦曾鞏所作諸記，以爲説理、記事、考據各體皆備。蕭穆二十左右，除讀經史外，致力於古文，以此提高閲讀、寫作之能力，於後來成就大有裨益。但時已留心朝章國故，注意網羅文獻，開始收書、抄書。

咸豐七年（一八五七）　丁巳　　二十三歲

是年，仍從朱道文學。曾至桐城北鄉訪求古書。時其族有人買得舊書數千卷，蕭穆聞之趕往，日夜翻閲，並取數十部歸。中有孫麻山遺集，爲禁書（孫名學顔，文字獄受害者），驚喜過望。因以遍示友人，勸人抄録副本。後又從方澤裔孫處借録孫學顔遺詩。

是年前後，有與姚麗山書，言近年專搜前輩之書，欲各抄一副本，分藏兩處。蕭穆一生以書爲命，而尤盡心於故鄉文獻，蓋自此已然。得書而不自祕惜，力求傳播之，並圖保存之，以便他人閲讀。此種精神，尤足感人。

咸豐八年（一八五八）　戊午　　二十四歲

春，始見文漢光，時時就問鄉先輩遺事及當時人文才學，增廣見聞。又常與馬起昇、馬復震等論學談藝。蕭穆後以淹雅博洽著名，此時已開始積累。

咸豐九年（一八五九）　己未　　二十五歲

文漢光來蕭穆家，聚談數日。蕭穆往魯山鉷中，訪方東樹之孫山如，借觀方東樹所臨盧文弨手校十三經注疏。按方東樹頗薄漢學，然其用功尚如此，可見並非束書不觀，與「枵腹」者有別。

其夏，于里中得左堅吾刪訂之海峰文集。左爲劉大櫆之外孫，又是其弟子。所謂「刪訂」，即是在字句上作某些修改。蕭穆認爲左之刪訂劉大櫆文，乃本之于劉大櫆之刪訂「唐宋八家」文，還認爲俟有重刻海峰集者，當遵左所刪訂。按：左本惜不得見。我選劉大櫆文選時，亦有數處稍作刪定，但即本此意。劉大櫆集之校點，則一字未易，所以存真。　是年，蕭穆又從汪志伊後人（名正堃）處，見到方苞手札六通，並作跋語，言伊秉綬、汪志伊各藏有方苞手札數十紙，戴鈞衡刻望溪集時，只録入二十七紙。孟復按：合肥劉文典藏方苞手稿，其中亦有書札數通；廬江劉十枝輯望溪文三續補遺，在劉文典所藏之外又有所增入。上海古籍出版社出版之方苞集，均未輯入。特録之，以引起學術界注意，訪求補刊，責在後來。

咸豐十年（一八六〇）　庚申　二十六歲

是歲，劉宅俊（號悌堂）館於鄰村，蕭穆以子姪禮見，且呈所作文一册請正。劉甚爲稱許，謂其學問甚好，文章氣力醇厚，頗近先秦兩漢。但批改塗抹，不稍假借。劉又以自己所作文章，請蕭穆評定得失。按：吾皖老輩待人之熱情，論文之嚴肅，求益之虛心，大約皆如此。我少時尚及見之。此種良好學風，值得發揚，特記於此。

蕭穆自言：「生長桐鄉，家世並無達者。惟早承庭訓，六經諸史，薄涉籓籬。彼時，乾嘉諸老（按即指朱道文、文漢光、劉宅俊等人），存者尚不乏人。乃各遊其門下，兼問朝章國故，有出於當時記載諸家之外者。」按：蕭穆之見方宗誠及交吴汝綸、徐宗亮諸文人學者，亦當在此數年間。

咸豐十一年（一八六一）　辛酉　　二十七歲

是年，爲戴名世作傳略。言戴之作品，除戴鈞衡所編南山集（當時題爲潛虚先生集）十四卷外，又搜求得紀略四首及他雜文一百餘首，詩三十首。

按：近安徽博物館發見憂庵集清稿本，未知是否即蕭穆所見之雜文。又陳石遺師（衍）石遺室詩話中言及戴送張英歸里詩五首，亦未知其是否在此三十首内。戴集尚待校編，故特記之。

是年八月，安慶、桐城爲曾國藩統率之湘軍佔領。蕭穆得見曾國藩及其幕友與賓客當在此年或下年春。曾國藩指導蕭穆「專以輔章國故爲問學大宗」，且爲之延譽。蕭穆早年，足蹟未出鄉里，所見只是桐城前輩。自此以後，多見江浙老學者，且「不憚跋涉造訪，從之問業」，因而途徑益寬，見聞益廣。按：有清一代，吾皖經學、文章，焜耀海内。惟目録、版本、與地之學，遜於江浙。蕭穆以窮鄉之寒士，終成爲清末之文獻名家。其關鍵即在於勤學好問，轉益多師。蓋自學可以成才，而無師不能自通。蕭穆之能自得師，取人爲善，值得效法，故特詳載。

是年，方宗誠在開封，曾向李濬言：蕭穆「年少而文高，學博而識遠」。又言：徐璈編桐舊集、桐城文録，未完成，以託方宗誠。方離皖客山東，又以託蕭穆。

同治元年（一八六二）　壬戌　　二十八歲

是年夏，以事至開封，識孫宇農、李濬。李濬爲蕭穆之敬孚類稿作序。此行似爲訪方宗誠。時方宗誠已離汴至鄂。故蕭穆亦於冬月由開封往武昌。時汪士鐸寓武昌。汪字梅村，江寧人。爲當時大學者之一，尤以目録學與古地理學著名。據其乙丙日記補所載，當天王洪秀全在江寧建立太平天國時，汪與梅曾亮（上元人，古文家）、包世臣（涇縣人，經濟思想家、文學家、書法家）曾受天王尊禮，爲「三老」。後汪離天京，在湖北，爲胡林翼編纂讀史兵略，又撰胡文忠公撫鄂記。蕭穆過鄂，數往見汪士鐸論學。年底由鄂返桐城。

同治二年（一八六三）　癸亥　二十九歲

時曾國藩以兩江總督駐安慶。蕭穆曾往見之。姚永樸蕭敬孚先生傳言：「少謁曾文正公於安慶。文正語人曰：『異日纘其邑先正遺緒者，必此人也』。」時陳艾（字虎臣）、方宗誠皆在曾幕。蕭穆常至方寓，與陳亦有往還。

錢泰吉以上年冬來寓安慶。是年春，蕭穆見之於城西寓所。錢字警石，浙江嘉定人，著名考據家。當時年已八十，而讎校經籍，日有定程。治一書必貫首尾，朱墨交錯，點勘至數十周不倦。一書所閲宋元以來版本至數十種，皆蠅頭細楷標録於本書上下。蕭穆從錢的實踐中學得讀書治學方法，且行之終身。此爲讀書治學之好經驗，故特録之。錢對蕭穆亦甚關心，力疾以蠅頭小楷朱書批改其舊作文章，評其得失。卒前數日，還屢問：「蕭敬孚已入學（考中秀才）否。」

是年，朱蘭以太常寺卿督安徽。補行咸豐三年、四年、六年、七年歲科試。蕭穆應試，以第二名取入桐城縣學。

是年，蕭穆致書向汪士鐸請教。汪復書言：「漢魏儒者自博入」，「宋元儒者自約入」。「爲博爲約，皆須竭其畢生精力。」其「互相非詆，不知交相資益，則門户之積習，争勝之客氣耳」。又曰：「管商、申韓、孫吴與吾儒交相濟，亦如服鄭、程朱之爲博、爲約，宜相資助」。且謂：「如孔子生於今，其必有以感喟而爲世儒設之鵠。」意謂：漢宋既當兼資，九流亦宜相濟，即使孔子復生，也不會抱殘守缺，必將開拓新境界，指出新道理。

同治三年（一八六四） 甲子 三十歲

於安慶見莫友芝。莫字子偲，貴州遵義人。以目録學、地理學著稱，爲當時老師宿儒之一。蕭穆自言「行年三十以來，始有志於當代（清代）文獻」。莫友芝曾以己藏清初學者孫奇逢手稿示之，蕭穆後來作跋，尚言及此。時又於桐城周家得見左光斗尺牘，亦爲作跋。按：蕭穆治學之途徑、方法，深受汪士鐸、錢泰吉、莫友芝三人影響。其以一介寒士，而能交天下有學問之人，讀天下難得見之書，亦與汪莫之提挈有關。

是年，曾國藩統率之湘軍攻下天京（江寧，即今南京）。太平天國亡。曾以兩江總督開府江寧，奏請舉行鄉試（即考舉人）。蕭穆至江寧應試，未中。

時汪士鐸由武昌返江寧，蕭穆往其家見之。此後二十余年，時相往還。

同治四年（一八六五） 乙丑 三十一歲

是年，吳汝綸考中進士。蕭穆曾偕吳同見曾國藩。

冒廣生回憶言：「蕭敬孚先生告余：渠與吳先生同以文謁湘鄉（曾國藩）。湘鄉詢吳先生鄉、會試座師、房師。知吳先生會試出周（畇叔，冒之外祖）房，曰：『吾門生也……然則汝小門生也』。吳先生遽拜揖，稱小門生。湘鄉又曰：『小門生尊而不親，不如門生』。吳先生遂再拜，稱湘鄉曰『老師』，自稱曰『門生』矣。既而問蕭來意，蕭以謀食對。湘鄉即就客座書一字使謁合肥。書曰：『桐城蕭穆，今之讀書種子也。豈可使讀書種子而無噉飯地耶？』合肥得書，聘爲上海製造局編纂。蕭告余此語時，已噉製造局飯三十余年矣」（見小三吾亭詩手稿中注語）。

金天羽皖志列傳稿蕭穆傳：「同治初年，金陵克復。曾國藩督兩江，注意文事，延攬學人。穆以縣諸生上書幕府。時上海方創立機器製造局，附設翻譯館，譯歐美天算與地聲光化電諸書，用文筆雅馴者討論修飾，穆首與焉。」

按：蕭穆自言：「自同治十一年壬申之冬，客遊上海。」且同治六年，蕭穆在和州，九年在皖撫英翰幕，九至十年，總理桐城縣志事，故十一年冬之前，無由至滬。金冒兩家所記，時間上略有出入，特爲考正。且蕭穆在前此兩、三年已見曾國藩（見上述）。冒記曾問蕭來意，蓋亦欲其拜門，而「蕭以謀食對」（原話當作「求一噉飯地」，蓋如此乃與下文相應），正見蕭穆樸野之性情與峥嶸之骨格。當「九州人士走求官」於曾李之門時，此極難能可貴。故特表出之。

同治五年（一八六六） 丙寅 三十二歲

是年，蕭穆在江寧，復見莫友芝，常往就教。得觀孫星衍手校水經注。

同治六年(一八六七)　丁卯　三十三歲

春，客於和州知府游智開署。代作陳廷桂(歷陽典録作者)傳。

是年，再應江南鄉試，復被擯。在江寧，再見曾國藩，談及劉大櫆歷朝詩約選。曾言：曩在京師曾見抄本全部，借觀大略，其精博爲從來選本所未有。又云：倘可搜求，當爲付官書局刊印。此書後由蕭穆及吴汝綸集資刊出。

同治七年(一八六八)　戊辰　三十四歲

春，至安慶。蕭穆客皖撫英翰幕，當在此年。時徐宗亮亦在幕中，爲英翰校刊劉海峰集。

是年，於安慶書肆得汪志伊自撰年譜，並作跋。汪亦桐城人，號稼門，曾官兩廣總督，持身儉約，居官廉正，人稱「汪豆腐」。跋中言其清廉事迹，甚爲動人。年譜未見，聞安慶圖書館尚藏有抄本，安徽省圖書館亦藏有稼門奏議抄本。此皆吾皖文獻，故並記之。

是年，交劉恭冕。劉字叔俛，寶應人，寶楠之子，世傳經學。由劉處得觀寶楠所撰寶應圖經，並爲作跋。由跋中看出蕭穆亦精於方志學。又於劉處借讀王懋竑讀書記疑，謂「其中微言奥論，考訂羣書字句謬誤，皆確有根據，開高郵王氏父子先聲」，擬請有力者刊行之。

同治九年(一八七〇)　庚午　三十六歲

正月，長子受謙生。

蕭穆時館於皖撫英翰幕中。時時由安慶回里省視父病。四月，父病逝。蕭穆由安慶奔喪歸，得視含斂，但仍以未盡侍奉爲憾，哀慕過甚，遂得心疾，舉動一切失常，久之始愈。

是時，蕭穆已購得書二、三千卷。

是年，安徽將修通志；各州縣開始修志。蕭穆與馬起昇總理桐城志稿。

同治十年（一八七一）　辛未　三十七歲

是年，仍總桐城縣誌稿事。

同治十一年（一八七二）　壬申　三十八歲

蕭穆入上海製造總局，當始此年。

夏，編定姚鼐惜抱軒尺牘，又以劉大櫆與姚鼐之手札附后。

冬，應製造局總辦馮焌光之囑，校閱本局所刊各書，住廣方言館中。皖志列傳稿所言翻譯館即廣方言館。

自此以後，三十余年，蕭穆只身在滬，住一小樓。母、妻均在故鄉，每年兩次回桐省視。又常因校書、刻書往來於江寧、蘇州等地。是年，曾至蘇州。時何紹基寓蘇州金絲巷，蕭穆往訪，暢談終日。何字子貞，湖南道州人，學問博雅，見聞淹洽，工詩，能書。

劉熙載來製造局訪蕭穆。劉字融齋，江蘇興化人，學問亦博，尤工文章。時爲上海龍門書院山長。

自是七、八年間，常相過從，交誼至厚。時南北文人學者，經過上海，必訪蕭穆，互觀所藏書籍，商量學術，交換見聞。施補華與高仲沄同來訪，每每談論竟日，或至丙夜不去。明年，施爲蕭穆文集作序，言其文學、性情、品行，「粹然無可訾議」。

同治十二年（一八七三）　癸酉　三十九歲

仍在上海製造總局，住廣方言館（以下不再著録）。擕古書抄、校本數笥，與趙元益等互相交換閱讀，且作抄校。按：安徽省博物館藏有蕭穆札記數册，即讀書而隨手劄録者。

蕭穆在上海，俸入甚薄，但節衣縮食，用以購書。終身大布之衣；日常蔬食，其美饌亦不過猪肉蒸豆腐，一月也只數嘗。出門步行，市物亦自己手提。一天，總辦乘馬車經過，見之，大驚，急下車，邀上車，蕭堅辭，乃令其隨從者代之提物。蕭穆俟總辦走後，令其人去，仍自提歸。以此，月俸雖薄，尚多購書，加以精于鑑别，故多得善本。相傳曾得魏光燾先世遺稿。其家無副本，聞在蕭穆處，輦金以求。蕭穆却其金，而以書歸之（皖志列傳稿）。

同治十三年（一八七四）　甲戌　四十歲

曾往蘇州，訪劉履芬、薛福成於江蘇書局。劉爲貴池人，即劉世珩之父。父子均好刻書。薛字叔耘，無錫人，曾國藩弟子，以能古文與通洋務知名。借孫星衍校水經注，歸録副本，並作記云：「孫氏自記有云頃得休寧戴東原本，所校極精，多與鄙意相合，復是正數十條，始知閉門合轍非虚語也。」蕭穆因言：「視先生（指孫）此記，尚未見仁和趙氏一清之本，故此本有與趙氏相同者，未申明之。近人有見戴氏校本多與趙氏相同，以爲戴氏竊趙之本成之。其實，趙戴兩公同時從事於此，戴氏成書較趙稍後，兩公意見時有相同，即孫先生『閉門合轍』之説也。」趙戴一案，紛論已久，蕭穆論最宏通，故特標出，以見其持論之公。

光緒元年（一八七五） 乙亥 四十一歲

去年，曾國藩卒於兩江任，沈葆楨代爲總督。沈爲林則徐女婿，有清名。禮重蕭穆。蕭穆曾代撰文。蓋先生常以刻書事來江寧也。姚永樸蕭敬孚先生傳：「先生在上海，凡數十年。四方賢公卿，下逮游客，語及見聞洽熟，必曰蕭君。先生既篤意文獻，見有力者必誘之刻書。所刊數十種，皆躬爲讎校，不取酬。」

光緒二年（一八七六） 丙子 四十二歲

秋，交袁昶。袁字爽秋，桐廬人，以詩名，通曉時務。曾任蕪湖關道，創辦中學。又好刻書，所刊漸西村舍叢書等，蕭穆常爲校勘。

光緒三年（一八七七） 丁丑 四十三歲

光緒初年，蕭穆曾爲馮竹儒校刊三唐人集。是年作記舊抄本吕和叔文集。上海某秀才託人以周道遵之爾雅臆辨求售，索價過昂，力未能收，然仍爲作跋。言其「穿穴經傳，條貫融洽，博引而不失之煩碎，簡明而不失之疏略。」此書罕見稱道，特記之。

光緒六年（一八八〇） 庚辰 四十六歲

曾至江寧，省視汪士鐸。汪年已八十，扶杖出見，談論甚洽。回上海，又往龍門書院，訪劉熙載，劉旋來回訪。

時已購得書三、四千卷。十二月，鄰居失火，延及蕭穆居室，藏書盡焚。此後，又繼續搜求，二十年後，所藏竟達一兩萬卷。

光緒七年（一八八一） 辛巳 四十七歲

秋，爲唐炯購得影宋本毛詩要義；復由莫仲武（繩孫）處借舊抄本對校。知某氏藏本脱訛尤夥；而影宋本之脱訛有賴莫本而得諟正者，亦十之二、三。後復得一影宋本，又得吳興一舊家抄本，用以互校。蕭穆爲唐氏校刊此書，對其訛脱不可讀者，復就原書所引古書善本及阮元校勘記稍爲改正，但改正的不過十之二、三。因爲改的太多，即非魏了翁所著原貌。此點在校勘實踐中有重要意義，故特記之。

光緒九年（一八八三） 癸未 四十九歲

毛詩要義刊成，蕭穆代唐炯作序。

夏，於上海吳申甫書坊得賈閬仙集舊抄本，乃盧文弨手校。因並馮班、何焯兩家批校共録一册，並作跋文。皖志列傳稿言：「蕭穆爲文，長於考證，序跋居多。楷書粗拙；但得祕本必校勘迻寫，夜静目昏不少休。」

光緒十年（一八八四） 甲申 五十歲

夏五月，附海舶到天津。復訪游智開於固安縣南關之永定河道署中。假咸豐固安縣志閲其大概。

閏月初，至北京，居十數日，仍返汛南四工館小住。復取固安志閱之，作記，且取其中有關文獻異聞者，以意摘抄數十紙。其記景城紀氏家譜第三刻本，當亦作於此時。蕭穆篤意文獻，尤重地志、譜牒，此亦一例。又跋桂苑筆耕集，蓋由作者崔致遠爲朝鮮人之故。

光緒十一年（一八八五）　乙酉　　五十一歲

冬，作重刊况太守集序，况即明代著名清官况鍾。此集校刊，蕭穆實司其事。

光緒十三年（一八八七）　丁亥　　五十三歲

五月，因母病回桐；母愈，復至滬。蕭穆在滬得疾，桂伯華（貴池文人）爲診治，服方稍愈。

仍事校刻古籍。皖志列傳稿言：蕭穆「所刻，若羅願鄂州小集、徐鉉騎省集，皆札記精詳。其他善本則以屬大通李氏、貴池劉氏」刻之。按：李名宗媚，字爰得，黟縣人，有錢莊在大通之和悅州，故傳誤爲大通人。蕭穆往來江上，常過大通，小住其錢莊中。現安徽省博物館藏蕭穆與李氏祖孫手札數十通，多商量校刊古籍之事。劉名世珩，字葱石，後寓上海。刊有聚學軒叢書、貴池先哲遺書、貴池五唐人集、二妙集、暖紅室匯刻傳奇等，爲清末著名刻書家。其刻書多得蕭穆之助。

是年，爲李宗媚校刻吴定紫石泉文集，告成後，又勸李刊刻羅願新安志。其書在揚州刊刻，蕭穆時往督校。明年夏刻竣，蕭穆作跋。

光緒十四年（一八八八）　戊子　　五十四歲

時黎庶昌（字蒓齋，遵義人）出使日本。黎校印白氏文集，多與蕭穆相商，校勘亦委之蕭穆。冬，往日本訪書，住使館中。從黎借觀所得抄本善鄰國寶記，並作跋。又於館員某君處見其所得大字本朱熹四書集注，審定爲清初高麗翻刻，但版式確仿宋刊原式，亦爲作記。又介宫島誠一郎往訪上於茂憲，得觀所藏宋建安本史記及慶元本兩漢書。又得日本舊刊論語集解及孟子趙注。又得日本舊抄本大日本史；又得日本舊刊春秋經傳集解，並考定其所據必爲北宋精本。一再作記，寫其考校所得。

又於使館隨員劉慶汾案頭，見日本老儒岡田篁所藏日本舊抄本鄭成功遺跡碑、銘、碑陰記及傳，中多異聞逸事。歸途過長崎，訪岡田，借抄之，並作記。

年底回國。

光緒十五年（一八八九）　己丑　　五十五歲

爲黎庶昌校刊續古文辭類纂。每日親自督工刊修。王先謙（字益吾，長沙人，亦曾國藩弟子。曾任江蘇學政，創辦南菁書院）亦編選續古文辭類纂，又於南菁書院編刊續皇清經解，皆多借蕭穆之助力。

是年三月作跋黄黎洲先生集外文，言及曾爲蒯光典（字禮卿，合肥人）校刊亭林全集。

函勸李宗煝刊印朱熹原本周易本義。

光緒十六年（一八九〇）　庚寅　　五十六歲

春由上海致書汪士鐸，以其年已八十有八，欲爲刊其胡文忠公撫鄂記。此書評議得失，涉及若干時人，故當時久不敢出。蕭穆以其事關掌故，故望其早日刊行。汪已目眵，不能復書，託人寄語，云書稿在山西書局。按：據鄧之誠骨董瑣記，此書稿後歸清華大學圖書館。

秋七月，至江寧，汪士鐸已於十日前逝世。蕭穆爲作傳。

秋九月，回桐城。因風濕，關節發炎。乃至江口湯池就浴。按：吾邑湯池温泉，至今仍爲療養佳地。此條可補志乘之遺。

光緒十七年（一八九一）　辛卯　五十七歲

春，黎庶昌自日本歸，蕭穆與之相見於上海，談論古書。黎以在日所得宋元舊刊本，輯爲古逸叢書，爲我國書史上一件大事。向皆知其出於楊守敬，實則蕭穆亦與有力。

作跋孫莘老春秋經解一文，辨王安石未嘗以春秋爲「斷爛朝報」。

秋，爲陳衍作八家四大文補注序。陳師字叔伊，號石遺。福建侯官人。後以經學、詩文著名，爲光宣詩壇領袖。當時「年甫逾壯」，蕭穆在序中稱其「精經學小學，撰著宏富」。姚永樸亦言：「永樸少學古文詞，一日過上海，先生勸之用力經史，謂非是無以爲文章根本。語意肫懃，由是始知從事樸學。」蕭穆獎掖後學，誨人不倦，如此。

八月，回桐城，過大通。李宗煝已病，以身後事託蕭穆。蕭穆回滬時，李已病卒。此後，蕭穆對李孫子嘉隨事指導，並助其繼續刻書，見於手札中者，情義之厚，至足感人。

光緒十八年(一八九二)　壬辰　五十八歲

夏六月，章善慶(字小雅)於上海安康里，展玩明天順刊歐陽文忠公集。以爲紹熙、慶元刻本既不可得見，讀歐集，自當以此本爲准。秋九月，至紹興，訪知府周星詒。皖志列傳稿：蕭穆與祥符周星詒，大興傅以禮(字節子，目録、版本學者)、瑞安孫詒讓(字仲容，文字訓詁學者，經學家)交久而摯。詒讓刻札逐及周書斠補，皆由蕭穆爲之校讎。

光緒二十年(一八九四)　甲午　六十歲

徐騎省集刻成。李宗焍生前，先託朱孔彰(字仲我)校勘，後又託蕭穆詳校。在此三、四年間，蕭穆每年必自資斧，兼帶禮物，親到湖州、杭州、紹興、温州、江陰、蘇州、松江等地，就藏書家借舊本徐集及其他古書祕本相參校。刊成後，猶繼續求書細校，寫成校勘記。數校之後，尚有四、五處脱落可疑，又託孫詒讓帶往北京，就四庫底本對勘，以爲「如此方可放心」。其治學之嚴謹，及其爲人謀之忠，均於此可見。

在後序中云：「校勘之家，遇不可解者，往往好以己意，直改本文，遷就己意。豈無千慮之一得？然天下之書，不能盡讀；即讀亦不能盡記。有昔人引用故事，今人不知其所本，輒以俗本習見者直改之，不訛而以爲訛，非是而以爲是，前誣古人，後誣來學，此亦昔人所論藏書之厄也。」指陳痼弊，發人深省。他「校此集，務守古人闕疑之義，采諸本之精華，存諸本之同異，但期不失古書之真面目而已。」洵爲校勘學中之精義名言。「然亦訛字諸本皆同，萬不能從者，不得不據所本以正之；亦有各本皆同，萬不能改者，亦不得不援所本以存之」，尤爲甘苦之談。所舉各例，多能啓人神思。

是夏，至蕪湖，訪袁昶於蕪湖海關道署。袁欲刊行古人及近人著作中之有益於經世實用之書十數種。先選定西清黑龍江外紀及薩英額吉林外紀二書，爲之校刊，並爲作跋。蕭穆之校刊古書與其關心朝章國故，皆有經世致用之意，於此可見。

光緒二十一年（一八九五）　乙未　六十一歲

在江寧校刊歷朝詩約選。吴汝綸邀同許振禕（字仙屏，官廣東巡撫）等集資刊刻劉大櫆之歷朝詩約選，推蕭穆總司其事。所集之資不足，蕭穆乃以己所珍藏之宋本孔子家語典當於劉世珩，得資以完成之。至光緒二十三年刻成。

晤何維樸（字詩孫，何紹基之子），談及何紹基在史館時所纂之高宗政要。蕭穆作文記之，文中特記：「清高宗因英國所進自鳴鐘一事，『特命詔海疆各督撫早籌海防，諭旨先後凡二十余道。』」蕭穆先後作世宗朱批鄂爾泰未刻摺稿恭紀、讀仁宗哀敬折獄論恭紀、記榕村語録續録，記吴三桂等文，皆有關清代史料，具見留心朝章國故。

劉世珩以蕭穆典當之宋本孔子家語影刊行世，蕭穆不僅不加干涉，還以自己舊録之惠棟等人手校本付之，並助其寫成札記，附刊於後。

莫祥芝（莫友芝弟）刻宋本張乖崖集。蕭穆助其校勘。據孫星衍藏影宋本校改數十處。更以新印本照孫本將其異同全録，不問是非，並其俗字亦酌録若干，以存彼本之舊。

光緒二十二年（一八九六）　丙申　六十二歲

在江寧，曾與繆荃孫等泛舟秦淮。繆字筱珊，號荃孫，江陰人，爲史學家、目録學家。曾官翰林，見聞廣博。談及永樂大典，蕭穆作文記之。又言四庫全書底本，多爲翰院中人零星竊去。有一人竊去八十多種，中有姚鼐所擬提要單片，夾黏本書之内。又記萬斯同明史原稿，尚在王仁堪（字可莊，福建人）家。又言王鴻緒與李清友善，李所交多明末魏忠賢閹黨人物，故王氏明史稿多回護閹黨。萬氏則無此矣。此類皆有助考史，故録之。

光緒二十三年（一八九七）　丁酉　六十三歲

劉世珩見蕭穆舊時抄録之惠松崖先生文抄（凡三十一篇），擬乞其本，刊入聚學軒叢書二集。蕭穆復於他處搜得惠氏遺文八篇，並以付之，且代作序。

是年，繼母范太夫人年九十。蕭穆自滬回里祝壽。

光緒二十四年（一八九八）　戊戌　六十四歲

蕭穆曾作宿松縣志附記及記乾隆亳州志等文，文中指出：①藝文志本來只應載邑人著述之書名、卷數；②但宿松志中有元人賈良之余忠宣公死節記、明人金星耀之諫崇禎皇帝止殺疏、有關經世史事實用，而外間概未之見，幸賴此志詳載之；③亳州志「藝文」一門，載本州人文及外間名人有關本州諸文，「蓋因本州人專著無多，不能成卷故也。」按：方志藝文一類最難掌握，蕭穆既由理論言之，又考慮到各地實際提出問題，足供研究與參考。

蕭穆時與日本學者島田重禮等交流文化、考論學術，時有書札往來。

光緒二十五年（一八九九）　己亥　六十五歲

三月，作跋程伯敷武昌管君傳，詳考管氏與王源關係，且云：曾見方植之（東樹）手批王源居業堂集，題云：「此集乃文獻所寄，宇宙不朽之篇，非尋常文士之比，學者當共惜之。」按：此條資料，有助於説明「桐城文派」與「顔李學派」之間關係，故録之。

七月，至蘇州，訪晤江標、費念慈。費字屺懷，博雅，富藏書，招蕭穆與周星詒、查燕孫（字冀甫）、章壽康（字石卿）、章鈺（字式之）同觀所藏宋元刊本十余種。費氏所藏書中有元和惠氏舊藏北監本漢書，惠棟自記言：朱筆爲其父（名士奇，經學家）所批，墨筆及注乃渠所參注。按：惠棟著有后漢書補注，于前漢未見其述作，不知此本尚在否，故特記之。惠棟又言「余家世通漢學（按惠周惕子士奇，孫棟三世傳經，世稱「吴派」），嘗謂：亂左傳者杜預；亂漢書者顔籀」。蕭穆不以爲然，指出：「此等論説，皆好爲大言，好爲僻論。幸其所言未践，使其用畢生之力，能爲兩書古注，世果能羣廢杜顔兩家之書而行惠氏之書乎？」蓋惠氏之學，好古尊聞，墨守漢師舊説（此本章炳麟説）；相較之下，蕭穆博采精擇，識更宏通。

是年前後，蕭穆頗留心明末史實，作有跋蔣一個先生徵君劉公伯宗（劉城）事略、跋啓禎記聞録、跋留都見聞録、跋桂王致吴三桂書等文。

十月回滬。十二月，繼母病。蕭穆歸邑侍奉。繼母病死，蕭穆哭泣至哀，作事略，言繼母對己撫愛備至。已壯年以後，每次自外歸家，繼母還爲其洗頭。蕭穆事繼母亦極孝敬。

光緒二十六年（一九〇〇） 庚子 六十六歲

是年，八國聯軍侵略我國，盤據我北京，掠奪我文物。蕭穆「北望神京，萬感交集」。是年夏，冒廣生過上海謁見。蕭穆稱其「年少才高，文采風流」。是年秋，至蘇州訪友。曹元忠、莫棠等得從論學。蕭穆奬掖後學，誨人不倦，此類皆是。冬初，大病。

光緒二十七年（一九〇一） 辛丑 六十七歲

代滁州李氏校刊古文辭類纂成，復代李承淵作校勘記，又代作序。此本能合康吴兩刻之長，而益加精審，最爲善本，孟復近日校注此書，即以此本爲底本。

張紹棠（桐城人，時爲句容知縣）修句容縣志成，蕭穆代作序。是時，蕭穆致書吴汝綸，論志書必當有圖，指出吴所修深州志無圖，實爲憾事。

光緒二十八年（一九〇二） 壬寅 六十八歲

是年，上海製造局總辦易人。新任總辦因蕭穆不事逢迎，撤其聘任。或勸蕭穆設法斡旋，笑而不答。會魏光燾新任兩江總督，照例先到上海檢閱。既至上海，首來拜見蕭穆。總辦大驚，亟勉人説情，補奉聘書，且將束脩增加一倍。蕭穆受其聘書，而卻其所增之俸，且言其人之長於魏。按魏以此年十一月護理兩江總督，明年二月實授。故此事當在此年或下年初。

光緒二十九年(一九〇三) 癸卯 六十九歲

秋，至南昌，訪知府沈曾植。沈號寐叟，又號乙庵，嘉興人。博聞廣記，淹雅宏通，尤精于佛學及元史，並以詩名。與蕭穆學術途徑相近，而互相推重。在南昌，居府署之寄舫。沈出觀徐元文感蝗賦卷子。蕭穆連作一、二、三、四四跋，對清初史事，多所考訂，復爲「三徐」辨誣。又作跋蕭尺木山水卷。

光緒三十年(一九〇四) 甲辰 七十歲

冬，至長沙，經岳州，登岳陽樓，作書范記後。

是年，蕭穆病卒於上海。

蕭穆著作甚多，然一生精力用於校書、刊書，故自著之書皆未成。刊行者僅敬孚類稿十六卷。沈曾植、蒯光典、徐乃昌(字積餘，南陵人，著名刻書家)、劉世珩等助資刊刻，光緒丙午刊成。現存札記、書札等尚待搜集整理。

陳石遺師(衍)、姚仲實師(永樸)各爲作傳，見石遺室文集與蜕私軒集。

後記：昔年十七、八，從陳石遺師受音韻學与宋詩。陳師時已八十，課後喜談光宣前輩逸事。嘗曰：「安徽文人，吾見者多矣。若言學問博洽，其惟蕭敬孚乎！真近代通人也。」又言：方姚之後，文法大明，作文甚易，江戴以後，經學亦有途轍可尋。惟博聞廣記，洞貫源流，非有數十年刻苦工夫，而又得師友之益者不可。信通人之難也。其後在桐城，姚仲實師、方仲棐丈又屢屢爲言蕭先生。復之有志於目録、版本之學，實由此始。自愧愚鈍，老而無成，然嚮往之情，久而愈篤。用謹掇拾舊聞，編爲年譜，聊以見私淑之心而已。

先生起自孤寒，而能自得師，取人爲善，終以大成，此自學成才之典範也。學以目録始，以抄校書爲工夫。以書爲命，使書受益。一點一滴，皆讀書治學之經驗也。先生交遊遍天下，譜其一人一生，而百年來儒林文苑皆在焉。彼其所見、所聞、所校、所刻，皆書史之掌故，文獻之可徵者也。方聞之士，或將有采於斯。

孟復今年亦七十矣，精力日衰，記憶減退，又苦行動不便，搜討未周。匡訛補缺，望之英賢！

一九八八年

録自安徽師範大學學報（哲學社會科學版）

叢書常務編輯・諸偉奇
責 任 編 輯・彭君華
裝 幀 設 計・蔣萬景

安徽古籍叢書

敬孚類藁

(清)蕭穆 撰 項純文 點校 吳孟復 審訂

●

安徽省古籍整理出版規劃委員會辦公室編
黃山書社出版 (合肥市金寨路283號)
新華書店經銷 安徽新華印刷二廠印刷
開本：850×1168 1/32 印張：19.875 字數：41,5000
1992年6月第1版 1992年6月第1次印刷
印數：0001—2000

ISBN7—80535—3956/G・146 定價：10.50圓

《安徽古籍叢書萃編》書目

定本莊子故
康輶紀行　東槎紀略
北山樓集
疑庵詩
方望溪遺集
識小録　寸陰叢録
東萊詩詞集
明太祖集
王侍郎奏議
朱楓林集
敬孚類稿
施愚山集（全四册）
吴敬梓吴烺詩文合集
張孝祥詞箋校
賓山公家議校注
翠微南征録北征録合集
阮大鋮戲曲四種
老子注三種
杜詩説
朱書集
論語解注合編
郭祥正集
皖人詩話八種
績學堂詩文鈔
唐詩評三種（上下）
鈍齋詩選
老子注譯
莊子詮詁
説文假借義證（全五册）
劉銘傳文集
包世臣全集（全三册）
田間易學
莊屈合詁
田間詩集
田間文集
古事比（上下）
安徽出土金文訂補

道聽途説
蘭茗館外史
青泥蓮花記
秋崖詩詞校注
舌華録
明語林
夜雨秋燈録（上下）
包拯集校注
毛詩後箋（上中下）
壹齋集（上下）
孟子講義
楊仁山全集
不得已（附二種）
歙事閒譚（上下）
惜抱軒詩集訓纂
張孝祥詩文集
吴汝綸全集（全六册）
青溪集
藏山閣集

田間詩學（上下）
俞正燮全集（全三册）
皖人戲曲選刊　鄭之珍卷
詠懷堂詩集
所知録
文選箋證（上下）
七頌堂集
程瑶田全集（全四册）